THE PHILOSOPHY BOOK

"人类的思想"百科丛书
精品书目

经济学百科

心理学百科

哲学百科

科学百科

商业百科

政治学百科

莎士比亚百科

社会学百科

文学百科

福尔摩斯百科

电影百科

历史百科

艺术百科

罪案百科

宗教学百科

天文学百科

生态学百科

数学百科

古典音乐百科

更多精品图书陆续出版，
敬请期待！

"人类的思想"百科丛书

哲学百科
（典藏版）

英国DK出版社　著

康　婧　译

李锦程　审校

电子工业出版社
Publishing House of Electronics Industry
北京·BEIJING

Original Title: The Philosophy Book

Copyright ©2011 Dorling Kindersley Limited

A Penguin Random House Company

本书中文简体版专有出版权由Dorling Kindersley Limited授予电子工业出版社。未经许可，不得以任何方式复制或抄袭本书的任何部分。

版权贸易合同登记号　图字：01-2012-7751

图书在版编目（CIP）数据

哲学百科：典藏版 / 英国DK出版社著；康婧译. — 北京：电子工业出版社，2021.1
（"人类的思想"百科丛书）

书名原文：The Philosophy Book

ISBN 978-7-121-39879-7

Ⅰ．①哲… Ⅱ．①英… ②康… Ⅲ．①哲学史－世界－通俗读物 Ⅳ．①B1-49

中国版本图书馆CIP数据核字(2020)第209928号

责任编辑：郭景瑶　文字编辑：李影　特约编辑：牛天晓
印　　刷：鸿博昊天科技有限公司
装　　订：鸿博昊天科技有限公司
出版发行：电子工业出版社
　　　　　北京市海淀区万寿路173信箱　邮编：100036
开　　本：850×1168　1/16　印张：22　字数：666千字
版　　次：2021年1月第1版
印　　次：2023年3月第3次印刷
定　　价：168.00元

凡所购买电子工业出版社图书有缺损问题，请向购买书店调换。若书店售缺，请与本社发行部联系，联系及邮购电话：（010）88254888，88258888。

质量投诉请发邮件至zlts@phei.com.cn，盗版侵权举报请发邮件至dbqq@phei.com.cn。

本书咨询联系方式：（010）88254210，influence@phei.com.cn，微信号：yingxianglibook。

FOR THE CURIOUS

www.dk.com

"人类的思想"百科丛书

　　本丛书由著名的英国DK出版社授权电子工业出版社出版，是介绍全人类思想的百科丛书。本丛书以人类从古至今各领域的重要人物和事件为线索，全面解读各学科领域的经典思想，是了解人类文明发展历程的不二之选。

　　无论你还未涉足某类学科，或有志于踏足某领域并向深度和广度发展，还是已经成为专业人士，这套书都会给你以智慧上的引领和思想上的启发。读这套书就像与人类历史上的伟大灵魂对话，让你不由得惊叹与感慨。

　　本丛书包罗万象的内容、科学严谨的结构、精准细致的解读，以及全彩的印刷、易读的文风、精美的插图、优质的装帧，无不带给你一种全新的阅读体验，是一套独具收藏价值的人文社科类经典读物。

　　"人类的思想"百科丛书适合10岁以上人群阅读。

　　《哲学百科》的主要贡献者有Will Buckingham, Douglas Burnham, Clive Hill, Peter J. King, John Marenbon, Marcus Weeks, Richard Osborne, Stephanie Chilman等人。

目 录

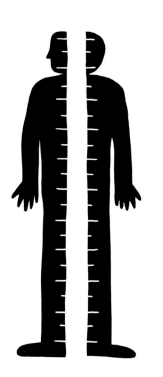

当代哲学

1950年至今

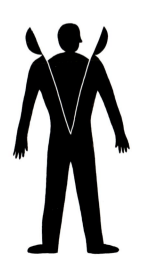

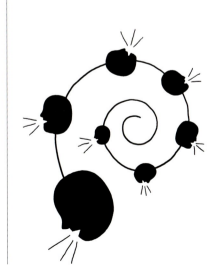

INTRODUCTION

前言

在大众的眼中，哲学是一片唯有聪慧而又古怪的思想家方能开垦的土地。可事实却并非如此。当人类摆脱了日常琐事的烦恼，获得思索生活和宇宙真谛的契机时，我们实际上正漫步于哲学的天地。人类天生具有好奇心，总会不由自主地对世界及自己在世界中所处的位置产生好奇。与此同时，人类又是极其聪慧的，这使得人类能够在产生兴趣之余还能做出推理。而推理的实质其实就是哲学思考，这一点我们大多数人可能并未察觉到。

哲学的真谛不在于发现基本问题的答案，也不在于不假思索地接受流俗观点或是传统权威，而在于通过运用理性推理寻找答案的过程。由于不满足于宗教和习俗所给予的既定解释，历史上的第一批哲学家，即希腊和中国的先哲们，开始试图探索更为合理的答案。正如我们会跟朋友和同事交流看法一般，这些先哲互相探讨观点，建立各种不同的"学派"以传授其得到的结论及悟道的方式。这些先哲鼓励弟子反对和批判那些可能束缚思想的观点，通过自己的思索寻求崭新、不同的答案。很多人认为哲学家都是在与世隔绝的环境里参悟出哲学思想的，这是极大的误会，事实上这种情况鲜少发生。新思想是通过讨论、检验、分析及批判他人的思想产生的。

辩论和交流

这方面的代表人物是苏格拉底。苏格拉底没有任何书面著作传世，甚至没有留下一条总结其伟大

好奇是哲学家的情感，
哲学的起源正在于此。

——柏拉图

思想的观点。苏格拉底确实将自己视作最有智慧的人类，因为他清楚地了解自己有多么无知。苏格拉底的遗产扎根于他所建立的哲学辩论和讨论传统中，通过质疑他人的设想来获得更深的理解，并引出基本真理。苏格拉底的学生——柏拉图的著作也几乎全部是以对话的形式组成的，苏格拉底在这些对话中则扮演主要的角色。其后的许多哲学家同样采用对话的形式，通过提出论点和反论而非简单地陈述其推理和结论的形式，来呈现自己的观点和见解。

任何将自己的看法公之于众的哲学家所遭遇的都绝不会是被大众完全接受，而是受到"是的，但是……"或者"如果……怎么办"这样的质疑。事实上，哲学家之间在哲学的每个领域内皆持有强烈的分歧意见。比如，柏拉图和他的弟子亚里士多德，在哲学的基本问题上就持完全相悖的意见，从那时起二人的不同观点成为其他哲学家理论思想的分水岭，激发了越来越多的讨论，也催生了更多更新的思想。

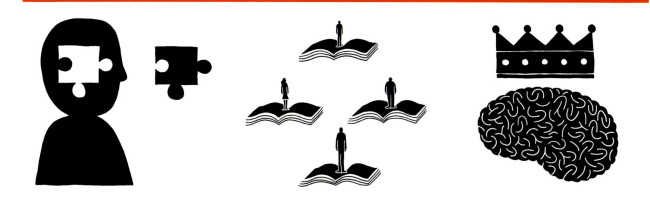

然而为什么这些先哲的观点在现今仍受到我们的探讨和辩论呢？为什么哲学家们还没有给出确定的答案呢？几千年以来困扰着哲学家们的"基本问题"究竟是什么？

存在与知识

大约2500年前，古希腊出现了第一批真正意义上的哲学家，正是他们周围的世界唤醒其哲学的好奇感：他们关注地球及所有生活在这个地球上的各种生存形态，他们关注太阳、月亮、恒星和行星，他们关注包括天气、地震及蚀相等在内的各种自然现象。他们为以上事物的存在寻找解释——不是宗教学说中有关上帝创造世界这类的神话传说，而是真正能满足这些哲学家的好奇和智慧的解释。先哲们关注的第一个问题就是"宇宙由什么构成"，这一问题随即被扩展成"存在的本质为何"。

这一问题构成了哲学的一个分支，我们现在称其为形而上学。虽然早期的哲学问题现在大都得到了现代科学的解释，然而相关的形而上学问题，如"为什么有物存在而非一片虚无？"却一直无法得到解答。

由于人类同样作为宇宙的一分子生存着，因此，形而上学也研究人类存在的本质，以及人类作为有意识的存在意味着什么？如何理解我们生活的这个世界？事物是否是独立于人类感知的客观存在？心灵和身体的关系为何？不朽的灵魂是否存在？形而上学中关注存在、本体论的领域庞大而宽泛，是大多数西方哲学流派的理论基础。

一旦哲学家们将收获的知识放诸理智的检验之下，另一个基础性的问题也浮出水面："我们如何认知？"这对知识本质及其局限性的研究则成为哲学的第二个主要分支——认识论。

认识论的核心在于了解人类获得知识、理解知识的途径。人类是否生而具备部分（乃至全部）知识，还是说经验才是学习的途径？人类能通过单纯的推理认识事物吗？这些问题对哲学思考来说至关重要，因为人类需要依靠自身的知识来做出正确的判断，同时也需要决定知识的范围和界限。否则，我们将会对之前所了解的一切产生怀疑，认为已知的一切不过是受到了感官的欺骗而盲目认同的结果。

逻辑和语言

推理建立在陈述的真实性之上，人类能够运用陈述构建一系列思想，最终得出结论。这一点对所有人而言似乎都是显而易见的事实，然而也正是"建立一种合理论证"这一想法将哲学与第一批哲学家出现前的迷信和宗教学说区分开来。先哲们必须找到一条证实其思想合理性

迷信使整个世界受火焰炙烤；唯有哲学可降下甘霖。

——伏尔泰

的途径。他们想到了逻辑学，一种随着时间的流逝不断打磨精致的推理技巧。起初，逻辑不过是用于分析某一观点是否站得住脚的得力工具，然而在运用的过程中，这一工具慢慢发展出规则和惯例，使逻辑学最终成为哲学衍生学科中的又一分支。

如同哲学的大多数分支一样，逻辑学与科学，尤其是数学有着密不可分的联系。逻辑学论证的基本结构——提出假设，然后通过一系列步骤得出结论——与数学证明的过程完全一致。因此，哲学家们经常借助数学为那些显而易见的、无可争议的真理寻找例证；许多伟大的哲学家，从毕达哥拉斯到勒内·笛卡儿，再到戈特弗里德·莱布尼茨，都同时是成就斐然的数学家，这丝毫不令人惊讶。

虽然逻辑学看上去似乎是哲学所有分支中最为精确、"科学"且只存在对与错的一支，然而倘若我们深入研究，就会发现事实远非如此简单。19世纪数学领域的发展使人们开始质疑亚里士多德所建立的

逻辑学规则。即便是在古代，著名的埃利亚芝诺悖论也从明显无误的论点中得出了荒谬的结论。

问题的主要症结在于哲学上的逻辑。它不同于数学，是用语言而非数字或符号表达的，因而需要经受语言所固有的含糊与精妙的考验。建立一条经得起推敲的论证需要精确严谨地运用语言，以及核查陈述和观点，以确保它们如实传达出我们的想法；而在研究他人观点的时候，我们不仅需要分析他人观点的逻辑思维过程，还需要分析他们所使用的语言，以判断其结论是否站得住脚。在这一过程中又产生了在20世纪中繁荣发展的又一哲学分支——语言哲学，而它旨在检验哲学言论中的术语及其意义。

道德、艺术和政治

由于语言具有不准确性，因此哲学家们尝试在解答哲学问题时通过澄清意义的方式克服这一弊端。苏格拉底对雅典民众的提问就试图直击其传统观念的根本。他提出了一些看上去简单明了的问题，如

"公正是什么""何为美丽"。他的目的不只为引出问题的答案，更在于引导民众自己探索答案。在讨论此类问题时，苏格拉底勇敢地向我们固有的生活方式及传统价值观发起挑战。

过上"好"日子是什么意思，公正和幸福究竟意味着什么、如何实现它们、我们要怎么做——这些问题构成了伦理学（或道德哲学）这一哲学分支的根本，而由"美和艺术由什么构成"这一问题衍生的相关分支则发展为现在的美学。

哦，哲学，你是人生的指南、美德的追随者、恶俗的驱魔人! 没有你，人类会变成什么样!

——西塞罗

 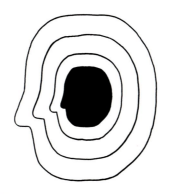 

对个人生活的伦理问题的思考会自然而然地引导我们进一步探索社会——如何治理社会、公民权利与责任等。政治哲学作为哲学的最后一条主要分支，研究的便是上述问题。从柏拉图的《理想国》到卡尔·马克思的《共产党宣言》，政治哲学家们已经提出不少他们认定的社会形态模式。

东方宗教与西方宗教

哲学诸多分支间不仅相互关联，还在很大程度上相互重叠，有时甚至很难界定某一理论究竟归属于哪一分支。与此同时，哲学的触角还深入到了包括科学、历史及艺术在内的诸多截然不同的领域中。由于起源于对宗教教条和迷信的质疑，哲学也会检视宗教领域，尤其会对如下问题发起质疑，如"上帝真的存在吗？""不朽的灵魂是否存在？"上述问题植根于形而上学领域，又与伦理学有所牵扯。比如，有些哲学家曾问过这样的问题：人类的道德感是由上帝赋予的，还是纯粹的人类观念？这一问题随后引起了人类是否具备自由意志这一问题的大讨论。

在产生自中国和印度的东方哲学体系（尤其是中国的道教及印度的佛教）中，哲学和宗教的界限比较模糊，至少与西方思维方式比较起来是这样。这也成为区分中西方哲学体系的最主要特征之一。虽然东方哲学并非完全是神启或宗教教条的产物，但这些东方哲学理念却经常与我们所认定的宗教信仰错综交织。即使哲学推理经常被用于为宗教信仰辩护，信仰与信念仍然成为东方哲学体系中一个不可分割的部分，这种现象在西方哲学中是不

世上之事物本无善恶之分，唯思想使然。

——莎士比亚

存在的。此外，东西方哲学还在起源问题上有所区别。西方哲学起源于古希腊哲学家的形而上学问题，而第一批中国先哲则认为这些问题已在宗教信仰中得到充分解决，转而关注更多道德和政治方面的哲学问题。

追随理性推理

哲学在历史上为人类提供了很多重要且影响深远的观念。本书为各位读者呈现的便是诸多知名哲学家思想的集合，同时附上他们的名言或思想的精练总结。其中最著名的便是笛卡儿的"我思故我在"。这句话位列哲学历史中最重要的理念之一，被大多数人视为哲学思想史上的一个重要转折点，正是这句话带领着人类走向现代新纪元。然而，这句话本身所携带的意义却并没有这么厚重，不过是对一系列有关确定性本质论点的总结，只有当我们审视其推理过程时，它才能够言之成理。只有在我们关注笛卡儿运用这一观念的领域，即这一结论会产生什么影响时，我们才会发现这

句话的重要性。

本书中的许多观点初看可能会令你迷惑不解。其中有些看起来不言而喻，而有些则相互矛盾，甚至向人类常识发起挑战。如有些观点看起来像是在为伯特兰·罗素对哲学的无礼评论"哲学的要义在于把某些不值一提的简单事物变成没有人会相信的复杂难辨的东西"提供依据。那么，这些观点的重要性在哪里？

思想体系

本书会为你呈现思想史上某些流派的起始理论。虽然这些理论现在在我们看来是不言而喻、平淡无奇的，可回想起来，它们的出现对当时的年代而言绝对是既新奇，又令人震惊的。尽管简单，这些思想却很可能会引导我们重新审视那些看上去理所当然的东西。本书所记录的各种哲学理论看上去或许自相矛盾、与直觉相悖，却能真正令我们开始质疑和思考各种对自身和世界的设想，同时改变我们看待事物的方式。书中的某些思想会引出许多哲学家至今还在思索的问题；某些观点可能与同一哲学家不同领域的思想理论相关联，或是源自对另一哲学家理论成果的分析或批判。这些后来的观念组成了推理系列的一部分，它们横跨几代甚至几个世纪，有的则成为某一特定哲学"学派"的核心思想。

许多伟大的哲学家以其相互关联的哲学理念组成了完整的哲学"体系"。比如，人类如何获得知识的观点激发了有关宇宙及人类灵魂的特定形而上学观。这一形而上学观随即向我们展示了哲学家心中的人类生活模式，以及理想的社会形式。然后，这一整套思想体系又成为哲学后辈们的哲思之始。

我们需谨记，这些哲学思想永远都不会过时。即使这些哲思的结论已由哲学后辈或是科学家们证实为错误的，也仍可对现如今的我们有所启迪。事实上，许多几百年来都为人所误解的思想最终却被后人证实是极具先见之明的，如古希腊的原子论。更重要的是，这些思想家建立起了哲学进程这一思考和组织我们思想的方式。我们必须谨记，这些思想不过是某位哲学家庞大思想体系的冰山一角而已，它们通常是其冗长推理过程的结论。

科学和社会

哲学的影响已超越了哲学领域本身，有些思想已引发主流科学、政治及艺术领域的运动。科学和哲学之间的关系往往是循环往复的，一种领域内的思想会触动另一领域的思想。实际上，已经存在一个研究科学方法及科学实践背后的思想的哲学分支。逻辑思考的发展影响了数学的发展，并成为依靠对世界的系统观察以解释世界这一科学方

怀疑是发现真理的第一步。

——德尼·狄德罗

法的思想基础。有关自我和意识本质的思想则发展成了心理科学。

哲学与社会之间的关系也是如此。所有伦理观都能在历史上的政治领袖身上找到追随者，它们塑造了我们如今生存的社会，甚至能促进社会变革。所有专业领域中的伦理决策都受伟大哲学家道德标准的影响。

思想理论的背后

本书所传递的思想来自各种社会和文化之中的人们，并受到各种社会和文化的影响与塑造。我们在审视这些观念时会对特定的民族或是宗教特色及这些哲学家们所生活的时代风情有一个大致的了解。

书中所记载的各位哲学家都有其鲜明的个性特质——有些天性乐观，有些悲观；有些谨慎勤勉，有些思想深远；有些会用清晰、精准的语言阐述思想，有些则诗意无限，更多使用稠密而又抽象的语言，令人不得不花时间理解其真正内涵。如果能阅读记载这些思想的原文，那你将不只会肯定或否定这些思想，追随这些哲学家的逻辑推理过程，更会对这些思想背后所体现出来的哲学家及其本性特质有所了解。比如，你可能会喜欢诙谐而又极富魅力的休谟，欣赏其清晰优美的散文式语言，却不会对他所说的每一句话完全赞同；你可能一方面认为叔本华的语言富于雄辩性，令人乐于阅读，另一方面却又清楚地感觉到他应该不是个讨人喜欢的人。

上面提到的思想家是非常有趣、非常具有启发性的（时至今日也仍然如此）。最伟大的思想家同时也是伟大的作家，阅读他们的著作能够像阅读文学作品一样让人收获良多；我们不仅能欣赏其文学风格，更能品评其哲学风格，即其呈现论点的方式。哲学不仅激发思考，也像伟大的艺术一样令人振奋，像数学推导一样优雅高贵，像餐后演讲一样诙谐幽默。

哲学所关注的不仅是思想——哲学是一种思考的方式。哲学领域中常常没有或对或错的答案，不同的哲学家对科学和宗教所无法解释的问题，在探究之后常常会得出完全不同的结论。

享受哲学

如果好奇是人类的天性，那么由探索发现带来的乐趣及战栗也只属于人类。人类可以从哲学中获得如同参与体育活动时的快感，以及欣赏艺术作品时的快乐。毕竟，我们从信仰和思想中获得的满足感并非来自社会、教师、宗教，甚至哲学家的传承或强迫，而来自我们个人的推理。■

思考始于分歧—— 不只是与他人的分歧，还有与自身的分歧。

——埃里克·霍弗

THE ANCIENT WORLD
700 BCE–250 CE

古代哲学
公元前700年—250年

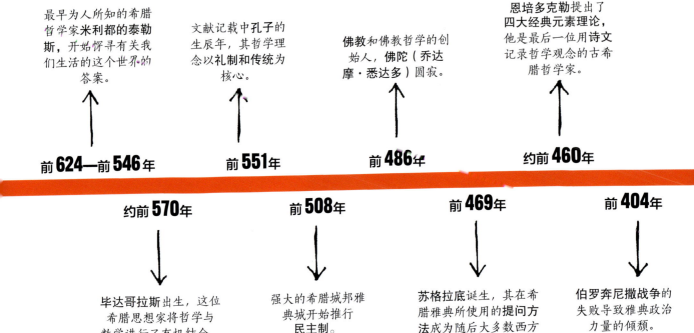

最早为人所知的希腊哲学家米利都的泰勒斯，开始惊寻有关我们生活的这个世界的答案。

文献记载中孔子的生辰年，其哲学理念以礼制和传统为核心。

佛教和佛教哲学的创始人，佛陀（乔达摩·悉达多）圆寂。

恩培多克勒提出了四大经典元素理论，他是最后一位用诗文记录哲学观念的古希腊哲学家。

前 624—前 546 年

前 551 年

前 486 年

约前 460 年

约前 570 年

前 508 年

前 469 年

前 404 年

毕达哥拉斯出生，这位希腊思想家将哲学与数学进行了有机结合。

强大的希腊城邦雅典城开始推行民主制。

苏格拉底诞生，其在希腊雅典所使用的提问方法成为随后大多数西方哲学的基础。

伯罗奔尼撒战争的失败导致雅典政治力量的倾颓。

人类自出现以来已对世界及自身所处的位置提出了无数问题。早期社会的大多数基础问题的答案都是由宗教予以解答的：用上帝的行为解释宇宙万物的运转，并为人类文明提供了一个基本的框架。

然而，有些人却从中看到了传统宗教解答的不足之处，开始根据理性推论而非习俗或宗教寻找答案。这一转变标志着哲学的诞生，而第一位为人所知的伟大思想家是古希腊米利都的哲学家泰勒斯。泰勒斯运用理性推理来探究宇宙的本质，并鼓励他人参与进来。他为后继者所留下的不只是对许多问题的解答，更重要的是一整套理性思考的程序，以及判断何为令人满意的解释的标准。出于这一原因，泰勒斯被大部分人视为第一个哲学家。

早期哲学家把关注的重点放在泰勒斯提出的一个基础问题上："宇宙由什么构成？"而他们对这一问题的解答组成了科学思考的基本，并将科学与哲学联系起来，延续至今。毕达哥拉斯试图用数学而不是用原始物质来解释世界，因此其研究成果也成为哲学史上的一个重要转折点。他和他的继任者用数字、比例及几何描绘宇宙的结构，虽然这些由数字串联起来的关系在毕达哥拉斯及其后继者看来神秘莫测，但在后人看来他们对宇宙的数化解读对科学观的兴起有着深远的影响。

希腊古典哲学

随着古希腊城邦的不断扩张，哲学在希腊的影响从伊奥尼亚不断蔓延至全国，尤其是雅典城，更是迅速发展成为希腊的文化中心。雅典的哲学家拓宽了哲学的范围，将各种新问题，如"我们是如何获取知识的"，以及"我们应如何生活"纳入研究范围。雅典人苏格拉底开辟了短暂却又影响深远的希腊古典哲学时代。虽然没有留下任何传世著作，苏格拉底思想的重要性却毋庸置疑——他引导了未来哲学的发展方向，以至于人们将所有苏格拉底之前的哲学家统统划归为前苏格拉底派。他的学生柏拉图在雅典创立了一所名为"学园"（Academy）的哲学学校，其

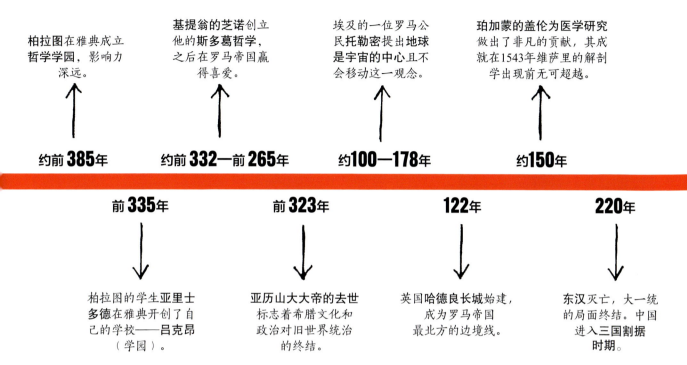

柏拉图在雅典成立**哲学学园**，影响力深远。

基提翁的芝诺创立他的**斯多葛哲学**，之后在罗马帝国赢得喜爱。

埃及的一位罗马公民**托勒密**提出**地球是宇宙的中心**且不会移动这一观念。

珀加蒙的**盖伦**为医学研究做出了非凡的贡献，其成就在1543年维萨里的解剖学出现前无可超越。

约前**385**年　　约前**332**—前**265**年　　约**100**—**178**年　　约**150**年

前**335**年　　前**323**年　　**122**年　　**220**年

柏拉图的学生**亚里士多德**在雅典开创了自己的学校——**吕克昂**（学园）。

亚历山大大帝的去世标志着希腊文化和政治对旧世界统治的终结。

英国**哈德良长城**始建，成为罗马帝国最北方的边境线。

东汉灭亡，大一统的局面终结。中国进入**三国割据**时期。

名源于"学术的"（academic）一词。柏拉图在这所学校中任教并发展了老师苏格拉底的哲学思想，将这些思想传递给了像亚里士多德这样的学生们，而亚里士多德毕业后也成了该校的教师，在那里度过了20年的岁月。上述三位伟大思想家——苏格拉底、柏拉图及亚里士多德——的迥异思想和思考方式组成了现今为我们所知的西方哲学的根基，三人的观点差异也持续成为哲学流派的划分标准。

古希腊的古典时期随着公元前323年亚历山大大帝的逝世而终结。这位伟大的君主统一了古希腊，而一度团结合作的希腊各城邦又相互竞争起来。公元前322年，哲学家亚里士多德去世，哲学也随

之分为了许多不同的思想流派，包括犬儒主义、怀疑主义、伊壁鸠鲁派及斯多葛学派在内的各大学派相继出现。

在接下来的两个世纪中，希腊文化随着罗马帝国的崛起而渐渐衰落。除斯多葛学派外，罗马人对希腊哲学没有过多的研究。然而希腊哲学思想之所以得以保存，其主要原因在于这些思想被妥善记录在手抄本中，并被翻译成了阿拉伯语，随着基督教及伊斯兰教的兴起在中世纪时期再次出现。

东方哲学

同时期的亚洲思想家们也在质疑着传统观点和世俗认知。公元前771年—公元前481年间的诸侯纷争

引发了一种哲学观念的兴起。它们不再热衷于探讨宇宙的本质，转而研究如何组建一个公平的社会，试图为生活在社会中的每个人提供道德指引，并在这一过程中观察究竟是哪些因素构成了世人眼中的"美好"生活。这便是所谓的"百家争鸣"时期，其中最富影响力的是儒家思想及道家思想，二者对中国哲学的影响一直持续到20世纪以后。

中国以南的国家也出现了一位具有同等影响力的哲学家——乔达摩·悉达多，即释迦牟尼。自公元前500年左右在印度北部兴起以来，其哲学教义已传遍印度次大陆及南亚的大部分地区，至今仍广为流传。■

水生万物

米利都的泰勒斯（约前624—前546年）

泰勒斯从细心的观察中得出，好的收成取决于特定的天气条件，而非诸神的帮助。由于成功地预测到了某年橄榄的好收成，据说他囤积了当地所有的橄榄油压榨机，通过出租它们满足不断增长的需求来从中获利。

古风时期（公元前8世纪中叶—公元前6世纪），希腊半岛的居民逐渐定居在大大小小的城邦中。他们开发出了一套用于书写的字母系统，并开创了如今的西方哲学体系。早期的各种文明依靠宗教来解释世间万象；而古风时期涌现出了一批新式思想家，开始尝试为这些现象找寻更为本质、更为合理的解释。

这些新兴科学思想家中最先为人所知的是米利都的泰勒斯。他没有任何著作存世，我们所了解的是他精通几何与天文学，并因成功地预言出公元前585年发生的日全食而名声大噪。思维方式向实践领域的转向令泰勒斯开始相信世间万事绝非出自超自然的干预，而是有其自然成因，且通过推理和观察就能发现的。

基础物质

泰勒斯需要先建立起第一条哲学准则作为研究的基础。于是他提出了这样一个问题："宇宙的基本构成材料是什么？"按照一元论的解释，世间万物最终都可划归为某种单一物质，这一理论在西方哲学

参见: 阿那克西曼德 330页, 米利都的阿那克西米尼 330页, 毕达哥拉斯 26~29页, 恩培多克勒 330页, 德谟克利特和留基波 45页, 亚里士多德 56~63页。

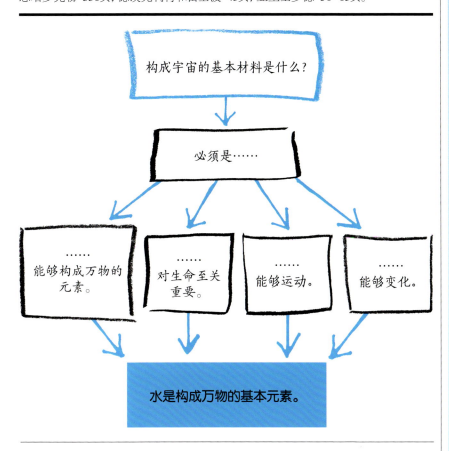

构成宇宙的基本材料是什么？

必须是……

……能够构成万物的元素。

……对生命至关重要。

……能够运动。

……能够变化。

水是构成万物的基本元素。

米利都的泰勒斯

关于泰勒斯，我们只知其生于并居住在米利都，也就是现在土耳其的海岸旁。其他生平事迹几乎无人知晓。泰勒斯没留下任何著作——如果他真的曾经写过的话。尽管如此，他还是担当得起希腊早期重要思想家之一这一身份的。亚里士多德和3世纪专为古希腊哲学家撰写传记的作者第欧根尼·拉尔修也经常在其著作中详细引用泰勒斯的哲学思想。

根据民间流传，泰勒斯不仅是一位哲学家，还积极参与政事，更是一位极其成功的商人。据称他曾游历于地中海东部，并在游历埃及的过程中学会了应用几何学，这一知识随后成为他演绎推理的基础。

然而，泰勒斯最重要的身份是教师，他被称为米利都学派哲学家的第一人。他的学生阿那克西曼德将其理论发展扩大，又成为阿那克西米尼的老师。据称，阿那克西米尼曾为年轻的数学家毕达哥拉斯授过课。

中正是由泰勒斯及其追随者率先提出的。泰勒斯论证道：构成宇宙的原材料应该是其他事物的构成成分，能够运动，能够发生变化。他观察到水对地球上所有生命形式来说都是不可或缺的，水不停流动，发生改变，组成各种不同的形态，从液态水变为固态冰再化为气态的蒸汽。因此，泰勒斯总结出，世间万物，无论采取何种形态，一定都是水在某种阶段上的变化形态。

泰勒斯还注意到，每个大陆都被水所环绕，进而推断出地球也一定是始于水的，并漂浮在水面之上。当某物在水中产生涟漪或震颤时，就会引发地震。

虽然上述理论细节非常有趣，却并不是令泰勒斯成为哲学史上主要人物的关键原因。泰勒斯对哲学最重要的贡献在于他是第一位为诸多基本问题探求合乎自然与理性的解答、而非将万事万物的成因归功于任性神明的一时兴起的思想家。泰勒斯及随后的米利都学派的哲学家们在找寻答案的过程中为西方世界建立起了未来科学及哲学的思想基础。■

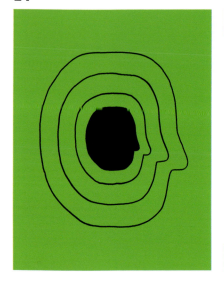

道可道，
非常道

老子（约前6世纪）

背景介绍

哲学类别
中国哲学

聚焦
道家

此前

公元前1600—公元前1046年 商朝的中国百姓相信命运是由神明所操控的，奉行祖先崇拜。

公元前1046—公元前256年 周朝的君主用"君权神授"的观念赋予其政治决策的正当性。

此后

公元前5世纪 孔子为个人发展和伦理治理制定了规范。

公元前4世纪 哲学家庄子将道家学说的重心从政府统治之道转移到了个人行为的指导上。

3世纪 学者王弼和郭象开创了新道家学派。

公元前6世纪时，随着西周的结束，中国进入诸侯纷争的春秋战国时期。政治格局的变化为产生新的社会统治阶级及朝廷官员提供了温床。这些官员的任务是为统治者提出谏言以助其建立更为有力的统治，在此期间，由这些官员所提出的大部分思想被称为"诸子百家"。

上述新思想与希腊哲学的兴起同时出现，关注的事物也有共通之处，如在不断变化的世界中寻求稳定性，为已由宗教所划定的问题寻找不同的答案等。不同于希腊哲学的

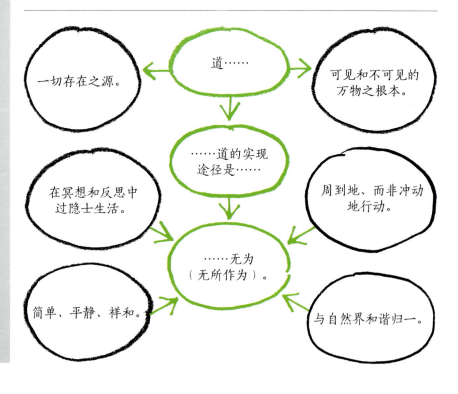

参见: 乔达摩·悉达多 30~33页, 孔子 34~39页, 墨子 44页, 王弼 331页, 田边肇 244~245页。

是，中国哲学的产生源于政治实践，因此关注的重心不再是宇宙的本质，而是更多地放在了伦理道德之上。

在此期间涌现的最重要的哲学思想之一来自老子的《道德经》。该书是最早尝试倡导基于遵循"道"而来的"德"的公正统治理论之一，成为道家哲学的理论基础。

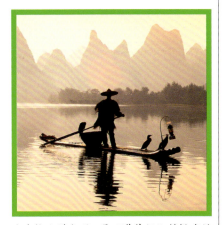

与自然和谐相处，是《道德经》所描述的和谐平衡的生活方式之一。对于这个渔夫而言，应该尊崇这种与湖和谐相处的生态观，而非竭泽而渔。

变化的周期

为理解"道"，我们需要先了解古代的中国人是如何看待这个不断变化的世界的。对他们而言，这些变化是周期性的、不断地从一种状态转换到另一种状态，比如从夜晚到白昼，从夏天到秋天。在他们眼中，这些不同的状态不是互相对立，而是相互关联的，一种状态从另一种状态中衍生而来。这些状态相互补充，共同组成一个整体。这种变化的过程就被视为"道"的实际表现，从中可衍生出构成世界的一万种表现形式。老子在《道德经》中论到，人类不过是这一万种表现形式中普通的一种，没有任何特殊地位。然而由于人类拥有欲望和自由的意志，人类可能会偏离世界之"道"，打乱世界的平衡与和谐。所谓得道指的就是遵从"道"而行。

正如《道德经》中所言，遵

> 知人者智，自知者明。
> ——老子

循"道"并非易事，就"道"进行的哲学探讨也是毫无意义的，因为"道"其实已超出了人类能够理解的范围。它以"无"为特色，所以我们只能通过"无为"来遵循"道"。"无为"按字面意思解读就是"无所作为"。老子的"无为"不是"不做"，而是按照自然的法则行事——顺从自发性与直觉，以此令人类的行为免受欲望、野心的影响，免除对社会习俗的依赖。■

老子

《道德经》的原作者究竟是谁，人们对此知之甚少，按照传统习惯一般都认为是老子。老子几乎已经被塑造成一个神话般的人物。有人也曾提出，《道德经》的作者并非老子，而是由多位学者的言论编辑而成。我们可以确定的是，周朝时期楚（原为陈）国诞生了一位学者，其名李耳或老聃，也就是后来我们所知的老子。据部分文献记载，老子时任周朝档案保管人，孔子曾向其讨教过礼制方面的问题。

而根据民间传说的描绘，周朝倾颓后，老子决意西行避世，在即将离开函谷关时，一名守卫认出了他，向他索要他的学问记录。老子为其写下《道德经》后便继续西行，此后再也没有人见过他。

主要作品

约公元前6世纪　《道德经》（又名《老子》）

数是宇宙的统治者

毕达哥拉斯（约前570—前495年）

背景介绍

哲学分支
形而上学

聚焦
毕达哥拉斯学派

此前
公元前6世纪 泰勒斯对宇宙提出了非宗教性质的解读。

此后
约公元前535—公元前475年 赫拉克利特否定了毕达哥拉斯学派，并称宇宙由变化统治。

约公元前428年 柏拉图宣扬了其完美形式的概念：完美形式只会显露给智性，而不是感官。

约公元前300年 希腊数学家欧几里得建立了几何学原理。

1619年 德国数学家约翰内斯·开普勒描绘出了几何学与物理现象之间的关系。

毕达哥拉斯出生时正逢西方哲学诞生初期。在此之前的25~30年间，在希腊的米利都，一群现被人统一称作米利都学派的哲学家开始尝试为自然现象寻求合乎理性的解释，从此开创了西方哲学传统。毕达哥拉斯童年就住在米利都附近，所以，毕达哥拉斯很有可能对米利都学派有所了解。像米利都学派的创始人泰勒斯一样，据称毕达哥拉斯也曾在去埃及旅行的途中学习了几何学基本原理。有了这一知识背景，也难怪他会借助科学

参见: 米利都的泰勒斯 22~23页, 乔达摩·悉达多30~33页, 赫拉克利特 40页, 柏拉图 50~55页, 勒内·笛卡儿 116~123页。

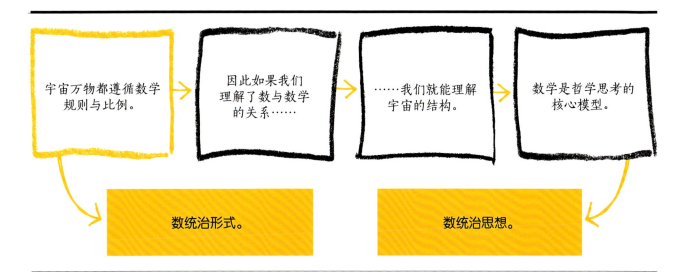

宇宙万物都遵循数学规则与比例。 → 因此如果我们理解了数与数学的关系…… → ……我们就能理解宇宙的结构。 → 数学是哲学思考的核心模型。

数统治形式。

数统治思想。

和数学展开哲学思考。

毕达哥拉斯学派

身为知名数学家与哲学家,毕达哥拉斯同时又极度信仰宗教。他相信灵魂的再生与轮回,在意大利南部的克罗顿创立了一种宗教教派,并把自己装扮成实际上的救世主。他的门徒们住在一个集体公社中,奉行严格的行为和饮食规范,并研习毕达哥拉斯的宗教和哲学理论。其门徒,包括他的妻子罗托那的西雅娜及其女儿们将毕达哥拉斯的思想记录了下来。这些门徒被统称为毕达哥拉斯学派,他们把毕达哥拉斯的思想奉为神示,哪怕某些"神示"实则出于公社内他人的发现。毕达哥拉斯信念的两面性,即神秘和科学,看上去似乎是不可调和的,可他本人却并不这么认为。对毕达哥拉斯而言,生活的目的在于通过遵守一系列严格的行为准则,通过冥想或我们称为客观科学思考的方式摆脱灵魂转世的轮回。他在几何学与数学中找到了在他看来是不言自明的、由神明所赋予的真理,并在神示的影响下钻研出了

毕达哥拉斯

人们对毕达哥拉斯的生平知之甚少。他没有留下任何著作,而且遗憾的是,正如希腊哲学家波菲利在其著作《毕达哥拉斯生平》中写道:"没有人确切知晓毕达哥拉斯究竟对他的伙伴们说了些什么,因为他们都是在不同寻常的寂静中观察世界的。"然而,现代学者相信毕达哥拉斯很可能出生于现在土耳其沿海的一座名为萨默斯的岛屿上。青年时期的毕达哥拉斯交游广泛,有可能在米利都学派中学习过,游览过当时的学习中心埃及。40岁的时候他在意大利南部的克罗顿创立了一个大概由300人所组成的团体,其成员的研究混合了神秘和学术。虽然是团体性质的,但毕达哥拉斯毫无疑问是团体的领导者。传说他在60岁的时候娶了一位年轻的女子,罗托那的西雅娜。出于民众对毕达哥拉斯崇拜的厌倦日益增长,他最终离开了克罗顿,逃到了意大利南部的麦塔庞顿,最终在那里逝世。他所创建的团体也于公元前4世纪末逐渐消失。

毕达哥拉斯定理表明，形态和比例是由各种可为人所发现的原理控制的，这说明人类很有可能最终探索出整个宇宙的结构。

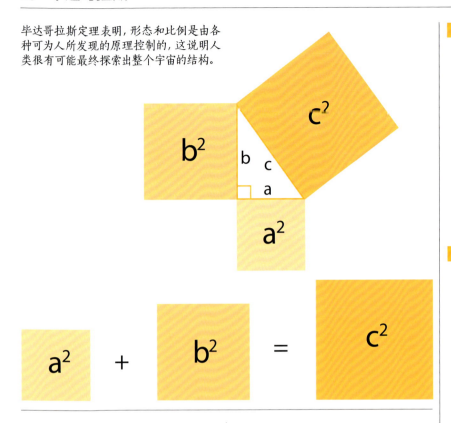

在弦线哼唱中，有几何。
在天体间距中，有音乐。

——毕达哥拉斯

数字1视作一个单独的点、一个整体、其他数字的起源，这没有太大的争议。按照这种思考方式，数字2是一条直线，数字3是一个表面或平面，数字4是一个立方体，以上对数字的见解与现代人对空间和体积的看法具有明显的一致性。

毕达哥拉斯学派对宇宙起源的解释遵循着一条数学模式：上帝在无限（宇宙出现前的虚无）中创造了有限，所有存在物因此有了实际的形态。通过这种方式，上帝又创造出了构成万物的可测单位。

数学证明。

由于这些数学发现都是纯粹推理的结果，因此在毕达哥拉斯看来，它们比单纯的观察更有价值。比如古埃及人发现三边比例为3∶4∶5 的三角形会构成一个直角，这种直角在诸如建筑一类的领域中有很高的实用性。毕达哥拉斯进一步解开了隐藏在直角三角形之下的潜在原理（直角三角形斜边长度的平方等于其余两边长度平方的总和），并证实其为普遍真理。毕达哥拉斯定理的发现具有极其非凡的意义，以至于毕达哥拉斯学派将其推崇为神明的启示。

毕达哥拉斯总结出宇宙整体必须受数学定理的支配。他认为可以运用数（数学比例和数学公式）解释宇宙的结构，与此同时也没有完全否定米利都学派"宇宙由一种基本元素构成"的观点，而是将研究由物质转为形态。

这一理论转变深深地影响了人类看待世界的方式，我们甚至能够原谅毕达哥拉斯及其学生为数字赋予神秘含义。通过探讨数字和几何学之间的关系，毕达哥拉斯学派不仅发现了如今已在诸多领域广为应用的平方数和立方数，还为这些数字添上了不同的特性，如把偶数标记为"美好"，把奇数标记为"邪恶"，甚至对数字进行了细致的划分，把4标记为"公正"等。数字10，以圣十字（由几排圆点组成的三角形）的形状在毕达哥拉斯学派的仪式中享有独特的意义。他们把

数字和谐

毕达哥拉斯最重要的贡献在于发现了数字之间的关系：比例与比率。在研究了音乐，尤其是那些悦耳动听的乐章之后，这一发现得到了补充与完善。传闻毕达哥拉斯是在听到铁匠工作时发出的声音才第一次萌发了这个想法。一名铁匠的铁砧大小是另一个人铁砧大小的一半，当两人用锤子共同敲击时发出

的声音正好构成了一个八度音阶。虽然不知道这个故事的真假，但毕达哥拉斯确实有可能通过拨弦实验确定了协和音程之间的比例（即两个同时播弹的弦是否能产生和谐悦耳的音乐与相差的音符数量之间的关系）。毕达哥拉斯发现，这些协和音程之所以能够相互和谐是缘于它们之间构成了精确简单的数学比例。这些系列，即我们所称的泛音列，令毕达哥拉斯确定，他在抽象的几何学中发现的数学魅力在自然世界中同样存在。

星体和元素

介绍到这里，毕达哥拉斯不仅已经向我们证明宇宙的结构可以通过数学词汇描述，即"数统治形态"，同时也证明了声学是一门严谨的科学（数控制比例）。在此基础上，毕达哥拉斯又将他的理论运用到对宇宙整体的研究中，以展示恒星、行星与各种元素间的和谐关系。恒星和谐关系的观点受到了中世纪和文艺复兴时期天文学家的热烈追捧。他们进一步发展了这一理论，就天体音乐展开研究。毕达哥拉斯"各种元素皆和谐分布"的观点在其辞世2000多年后再一次受到了人们的关注。1865年英国化学家约翰·纽兰兹发现，化学元素间是根据分子重量分布的，每隔八个元素就会出现相同的属性，就像音乐

图为遵照毕达哥拉斯学派的数学比例建造的一座古典建筑，从组成部分的建造到整体结构的搭建全部运用了和谐的形状和比例。

的音阶一样。这就是八行周期律，这一定律帮助人类进一步发展了元素周期律，至今仍为我们所用。

毕达哥拉斯还建立了演绎推理的法则，这是一种从开头简单明了的公式计算（如"2+2=4"）一步一步推导成一个全新的结论或事实的过程。演绎推理法随后得到了欧几里得的完善，成为中世纪时期和随后的每一时期数学思考的基础。

毕达哥拉斯对哲学最重要的贡献之一是提出了抽象思考优于感官证据的观点。这一观点不仅在柏拉图的理念论中得到了运用，也在公元17世纪的唯理主义者所运用的哲学方法中有所体现。毕达哥拉斯学派第一次将理性思考与宗教相结合，共同解决了一直困扰哲学和宗教的一个问题。

我们对毕达哥拉斯的了解几乎都来自他人的转述，目前已知的大

> 理性是不朽的，其他的都不是。
>
> ——毕达哥拉斯

部分简短生平也是通过拼接而来。然而，毕达哥拉斯提出的各种观点为他赢得了几乎等同于神话传说般的地位（很明显，这一点对他本人而言非常受用）。这些观点是否确实由毕达哥拉斯始创已无关紧要，重要的是它们对哲学思考所产生的深远影响。■

诸法无我

乔达摩·悉达多（前563—前483年）

背景介绍

哲学类别
东方哲学

聚焦
佛教

此前
公元前1500年 吠陀教传到印度次大陆。

公元前10世纪—公元前5世纪 婆罗门教取代了吠陀教的地位。

此后
公元前3世纪 佛教从恒河流域向西传遍印度。

公元前1世纪 乔达摩·悉达多的教义第一次被记录了下来。

1世纪 佛教传往中国和东南亚。各种佛学开始在各地域间发展演变。

乔达摩·悉达多，后来被称为释迦牟尼，即"觉悟者"，生活在印度。这是一个宗教和神秘世界观受到普遍质疑的时期——如毕达哥拉斯这样的希腊思想家，开始运用理性检视宇宙，而中国的老子和孔子则将道德伦常划分于宗教教条之外。婆罗门教衍生自吠陀教——一种基于神圣的《吠陀》文本而来的古老宗教信仰——在公元前6世纪时成为印度次大陆占主导地位的宗教信仰，而乔达摩·悉达多则是第一位用哲学理性挑战婆罗

参见： 老子 24~25页，毕达哥拉斯 26~29页，孔子 34~39页，
大卫·休谟 148~153页，亚瑟·叔本华 186~188页，田边肇 244~245页。

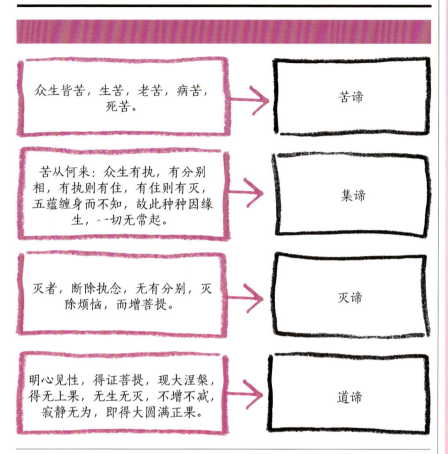

众生皆苦，生苦，老苦，病苦，死苦。	苦谛
苦从何来：众生有执，有分别相，有执则有住，有住则有灭，五蕴缠身而不知，故此种种因缘生，一切无常起。	集谛
灭者，断除执念，无有分别，灭除烦恼，而增菩提。	灭谛
明心见性，得证菩提，现大涅槃，得无上果，无生无灭，不增不减，寂静无为，即得大圆满正果。	道谛

门教教义的人。

尽管受到佛教徒的一致推崇，但乔达摩本身既非救世主，也非先知，他的一举一动也并不显露出其亦神亦人的身份。乔达摩的哲学思想源于理性思考，而非宗教神启，正是这一点令他在哲学领域中获得了与宗教同等（甚至有可能超出）的地位。他以哲学的方式探索真理，主张自己所提倡的真理能通过理性的力量传播给芸芸众生。如大多数东方哲学家一样，乔达摩对希腊哲学家所关注的形而上学中那些悬而未决的问题并不感兴趣，这种探究处理超出经验的实体问题，是无意义的思辨。相反，乔达摩关注生活的目标，包括对幸福、美德和"美好"生活等概念的审视。

中道

据称，少年时期的乔达摩享受奢侈和一切感官之乐，可后来他意识到这些世俗的快乐无法带来真正的幸福。他开始真切地感受到世间的苦难，把大部分苦难的成因归咎于疾病、年老、死亡，以及匮乏。

乔达摩·悉达多

我们对乔达摩·悉达多生平的了解大多来自其门徒在他去世几个世纪后为他所撰写的各种传记，而这些传记在很多细节方面存在相当大的差异。我们可以确定的是乔达摩在公元前563年（前后）出生于蓝毗尼，也就是现在的尼泊尔。他的父亲是一位官员，甚至很有可能是某个宗族的首领。因此乔达摩过着奢华的生活，享受高贵的社会地位。

然而乔达摩却并不满足于这种世俗的快乐，他离开了自己的妻儿，踏上了灵性之旅的道路，最终在感官主义和禁欲主义之间发现了一条"中道"。他在菩提树下冥想，最终觉悟，并将其随后的生命奉献在印度旅行传教的伟大事业中。乔达摩圆寂后，他的教义以口口相传的形式在弟子间传递了400多年，随后被收录于《三藏》（三个篮子）中。

主要作品

1世纪 《三藏》（由悉达多的门徒重新叙述整理），内容包含律藏、经藏和论藏。

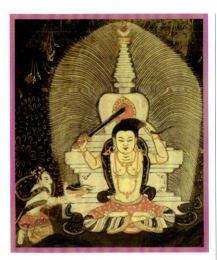

佛祖以削去头发作为脱离物质世界的象征之一。而据佛经所述，物质世界的各种诱惑是一切苦难的根源，必须予以抵制。

他意识到，人类靠沉溺于感官之乐以摆脱苦难的结果很难令人满意，即使真的有效果，这种效果也是暂时的。乔达摩发现，极端禁欲主义（苦行与节制）同样无法让人满足，更无从发现通往幸福之路。

乔达摩以此得出结论，自我沉溺和自我禁欲之间肯定存在一种中庸的生活方式，它能够带领人们找到真正的幸福，或是"觉悟"。他开始理智地思考自己的个人经历，以求从中发现这种中庸之道。

乔达摩关注众生皆苦。苦难是生活不可分割的一部分，而导致苦难的根源则是由人类的欲望和期望所引发的挫折。他把这些欲望称作"执念"，包括一些感官的欲望、世俗的野心，甚至是人类的自卫本能。乔达摩认为，满足了这些执念或许能够带来短暂的喜悦，却无法带来在心灵的满足和平静中所产生

的幸福感。

"无我"

在上述理论基础上，乔达摩进而发现，一旦人类能够摆脱这些执念的束缚，就可免受失望的煎熬，乃至避免苦难的折磨。他指出，执念产生的根源是人类的自私天性，这种自私绝非单纯指人类追求满足感的倾向。在乔达摩看来，自私是一种自我中心和自我恋慕——我们通常称之为"自我意识"。因此，要想挣脱这些招来苦难的执念，仅靠放弃那些我们所渴望的东西是不够的，我们必须克服这种产生渴望的恋慕，即"自我"。

然而如何才能做到这一点？欲望、野心和期盼都是人类的天性，更是绝大多数人活着的理由。在乔达摩看来，答案在于"自我世界皆虚幻"，正如他再次运用理性推理所证明的那样。宇宙万物皆非自因，而是某些前因所种下的果，我们每个人只不过是这一永恒过程中的一个暂时的组成部分而已，世界终将无常和无形。因此，伟大的整体中既不存在"自我"，也不存在"无我"，人类所经受的苦难就源于无法认清这一事实。这并不代表人类应该否认自己的存在或是个人身份，而是意味着我们应该理解存在和个体的实质——短暂和虚无。挣脱执念，从苦难中寻求解脱的关键不在于牢牢抓住独立"个体"这一观念，而在于把握作为永恒"无我"的一个组成部分的概念。

> 不管是从哪里读到的或是听谁说的，都不要相信，除非它符合你自己的推理。
>
> ——乔达摩·悉达多

八正道

乔达摩对苦难成因和实现幸福的途径的论证被收入到佛教四谛中，即苦集灭道：众生皆苦，欲望是苦难之源，灭欲即可脱离苦海，灭欲之道在于遵循八正道。最后一条佛家真谛其实是乔达摩为帮助其追随者获得觉悟而建立的一种实践指南。八正道（正见、正思、正语、正业、正命、正精进、正念、正定）实质上是一种道德准则，也是乔达摩最先着手寻找的实现美好

> 平静来自内心，无须自外界寻求。
>
> ——乔达摩·悉达多

生活和幸福的秘诀。

涅槃

乔达摩认为，地球上所有生命的最终目标在于终结苦难的轮回（生、死、重生），回到生命的原点。一个人可以通过遵循八正道克服自我意识，免受苦难的折磨，在觉悟中避免再次重生。这样的人已经意识到了自己在"无我"中的位置，成为永恒的一部分，到达涅槃的境界——"涅槃"一词有很多翻译方式，比如"不执""不存"，或按照字面意思翻译为"（像蜡烛一样）吹熄"。

乔达摩时期的婆罗门教和随后的印度教都将涅槃视为与神合一，但乔达摩非常谨慎地在论证这一观点时避免提到任何神祇或是生命的最终目的，仅将涅槃描绘为一种"无生、无起、无有、无形"、超出一切感官经历的状态。这是一种永恒不变的虚无状态，在这种虚无中人们才能最终得以免受生存的磨难。

万物由心造，相由心生。
——乔达摩·悉达多

觉悟之后，乔达摩在随后的多年时间里一直在印度旅行，进行着传道授业的工作。他一生中的追随者无数，佛教作为宗教和哲学开始建立起来。他的教导以口口相传的方式在其门徒中代代传诵，直至公元前1世纪时才第一次被门徒用文字记录了下来。随着佛教在印度的传播，佛教各流派也开始竞相出现，向东传播传入中国和东南亚，其流行程度不亚于儒家和道家。公元前3世纪时乔达摩的佛教教义已传入希腊，却没有对西方哲学留下太多影响。然而，乔达摩的哲学观与希腊哲学观中有很多相似之处，尤其是乔达摩重视将推理作为发现幸福的工具，以及其门徒同样运用哲学对话的方式阐明其教义。后来的西方哲学家的观点有些也与乔达摩不谋而合，如休谟对自我的认识和叔本华对人类境况的认识等，但直到20世纪，佛教才开始对西方思想造成直接影响。从那时起，越来越多的西方人开始在佛教教义中寻找生活的指导。■

法轮是佛教最为古老的标志之一，象征着实现涅槃的八条正道。佛教术语中"达摩"一词指的便是佛祖的教导。

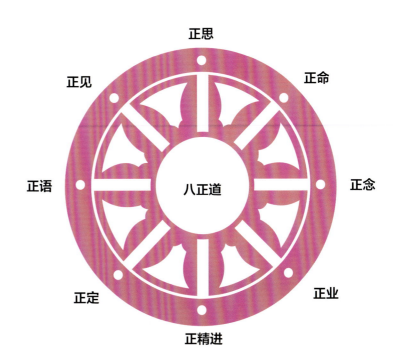

仁与礼

孔子（前551—前479年）

背景介绍

哲学类别
中国哲学

聚焦
儒家

此前
公元前7纪 百家争鸣。

公元前6世纪 老子推行道家思想。

此后
约公元前470—约公元前380年 中国哲学家墨子对儒家思想提出了反对意见。

公元前372—公元前289年 中国思想家孟子继承发扬了儒家思想。

公元前221—公元前202年 儒家思想遭到秦朝统治者的镇压。

公元前136年 汉朝推行以儒家学说为理论指导的文官考试制度。

9世纪 儒家思想以新儒家学说的形式获得重生。

公元前770年—公元前220年中国迎来了文化大发展大繁荣的辉煌时代，人们把此时期出现的诸类哲学思想统称为诸子百家。公元前6世纪时，周朝正走向没落——从春秋时期的稳定滑向名副其实的战国时期，正是这个时代孕育了孔子，又称孔夫子。与其他同时代的哲学家，如希腊的泰勒斯、毕达哥拉斯和赫拉克利特一样，孔子试图在变化的世界中寻求永恒，对他来说，这就是寻找让统治者实现公正统治的道德价值。

《论语》

与许多中国早期哲学家不同的是，孔子懂得以史为鉴。他本性保守，遵守礼制，敬奉祖先，二者正是周朝所奉行的准则：周朝统治者笃信君权神授，统治权力来源于所谓的天命赋予。

当时的中国社会等级森严，而孔子则正是朝廷谏言者，相当于现

> 君子素其位而行，不愿乎其外。
>
> ——孔子

在的文官。学者们需要通过自身的德行获得这一官职，无法世袭，孔子便是新派学者中的一员。他将早期经典与当时的新兴思想融为一体，创造出了独一无二的新道德哲学。

《论语》是我们了解孔子学说的主要来源，由孔子的弟子将其作品片段和语录收集整理而成。此书主要是一部哲学著作，由格言警句和逸事趣闻构成，用于指导统治者

孔子

据史料记载，孔子于公元前551年生于鲁国曲阜，原名孔丘，后被人尊称为孔夫子或孔子。孔子生于富裕家庭，除此之外，后人对其生平知之甚少。孔子在困苦的条件下仍不遗余力地学习，成为鲁国的一名官员。然而，由于他提出的建议并不受当朝统治者的青睐，心灰意冷之下，孔子辞去了官职，专心从事教育。他游历周朝四处讲学，晚年回到了曲阜，卒于公元前479年。孔子的学说以片段的形式在其学生之间口耳相传，随后被收集起来著成《论语》和其他儒家学者汇编的文选中。

主要作品

公元前5世纪 《论语》《中庸》《大学》

参见：米利都的泰勒斯 22~23页，老子 24~25页，毕达哥拉斯 26~29页，乔达摩·悉达多 30~33页，赫拉克利特 40页，田边肇 244~245页。

如何善政，然而文中用"君子"（相当于"绅士"）指代品德高尚的优秀男子，则表明孔子关注的不只是政治，还有社会。事实上，《论语》中的许多章节读起来更像是礼节规范。可如果只把《论语》视作一本社会或政治著作就大大偏离其本意了。支撑整部《论语》的核心是一套完整而复杂的伦理体系。

道德生活

诸子百家出现之前，人们一直在用神话及宗教传说解释世间万象，而权力和道德权威被一致认为是由上天赋予的。对于神明，孔子一直保持着鲜明的沉默态度，但他通常用"天"或"上天"指代道德秩序的源泉。据《论语》所言，人类是上天所选择的承载其意愿的代表。人类存在的意义是用道德秩序建立世界大同，这一思想与中国传统思想一致。孔子思想中打破传统的地方在于，孔子认为"德"——道德——不是上天单独赋予统治阶级的，而是可以在任何人身上培育的。成为鲁国的大司寇后，孔子则认为，中间阶级需和统治者共同努力，履行美德和仁爱（"仁"），创造一个公正和稳定的社会。

当时的社会等级森严，为调和理想与现实之间的矛盾，孔子提出，德行高尚的人不应只是处在社会等级顶层的贵族，还应包括那些理解自己的地位并完全接受这一地位的人。孔子采用了中国传统价值观中的"忠"（即忠诚）、"孝"（即孝顺）、"礼"（即礼仪）、"恕"（即互助）来对符合德行的行为方式进行界定。孔子称严格遵守以上价值的人为"君子"，即集美德、知识和良好举止于一身的绅士或品行优秀之人。

"德"的价值源于统治阶级，然而在日益没落的周朝却渐渐沦为空谈。孔子试图劝说统治者回归这一价值理念，重建一个公正的政府，可孔子同样笃信仁爱的力量，他提出只有以身作则而非使用暴力

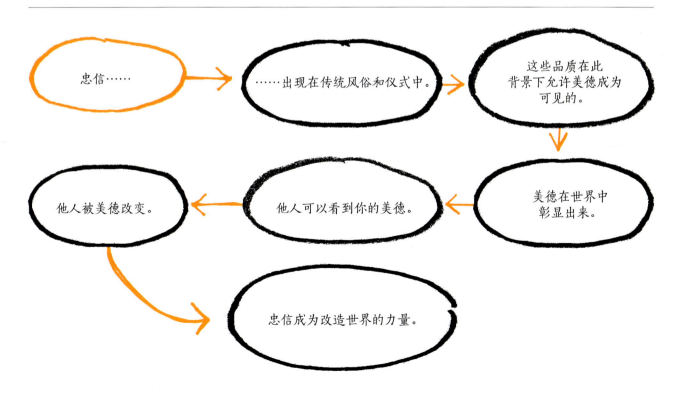

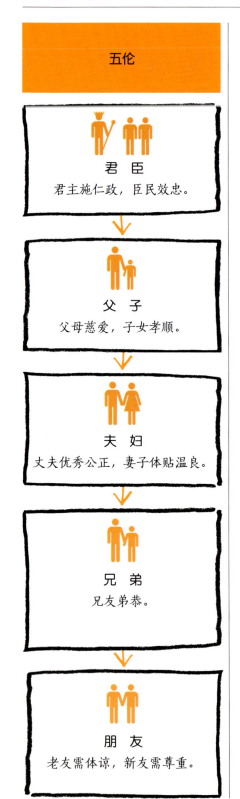

五伦

君臣
君主施仁政，臣民效忠。

父子
父母慈爱，子女孝顺。

夫妇
丈夫优秀公正，妻子体贴温良。

兄弟
兄友弟恭。

朋友
老友需体谅，新友需尊重。

镇压才能真正得到民心，人与人之间的关系亦是如此。

忠与礼

在有关人际关系的分析中，孔子运用"忠"即忠诚作为指导准则。他首先强调了人臣对君主忠诚的重要性，随后展示了父子、夫妻、兄弟和朋友之间的类似关系。上述关系的排列顺序很重要，政治忠诚为先，其次是家庭和族人之间的忠诚，再次是朋友和陌生人之间的忠诚。对孔子而言，这一排列顺序可以映射应有的社会现实，即各人应了解自己在社会、家庭和家族中的地位。

"了解自己的地位"则以"孝"即孝道为例证。孝道在孔子看来绝不仅限于对父母或长者尽孝。事实上，由于包含了祖先崇拜等传统习俗，孝道成为了孔子《论语》中最接近宗教信仰的部分。最重要的是，"孝"强调了上下级之间的关系，而这正是孔子思想的核心。

孔子最为保守的思想体现在他对"礼"即礼制的坚持，这不仅包括诸如先祖崇拜在内的一类传统礼制，还包括支撑当时中国社会生活方方面面的社会规范：从婚丧祭祀仪式到待客礼仪，从送礼到日常的诸如鞠躬和言谈措辞在内的礼貌等行为举止。这些在孔子看来都是内在"德"的外在表现，但需以诚治行，因为唯有"诚"才是上天认可的行为方式。君子通过这些伴有内在忠诚的外在表现，可以改变社会。

在孔子看来，礼制和传统是社会制约个人的重要因素。了解了自身在社会中的地位后，每一个单独的社会个体才得以成为"君子"，即拥有美好品德的人。

诚

在孔子眼中，榜样的力量可以改变社会。正如《中庸》所言："诚则形，形则著，著则明，明则动，动则变，变则化。唯天下至诚为能化。"

诚是孔子最不保守的思想。他认为变化的过程可以通过两种方式实现。"忠"（忠诚）的思想同样包含"尊重他人"的含义。孔子认为，一个人可以通过承认自己的不足（这一思想正同一个世纪之后的希腊哲学家苏格拉底不谋而合，苏格拉底认为，自己的聪慧之处就在于勇于承认自己的无知），然后观察并学习他人来成为一个"择其善者而从之，其不善者而改之"的君子。

自省

"忠"，即尊重他人，这一观念

> 知之为知之，不知为不知，是知也。
>
> ——孔子

与孔子价值观的最后一条"恕"息息相关。所谓"恕"，就是互助或自省，是控制人际交往的行为准则。所谓的黄金法则"推己及人"，在孔子那里，推行的是"己所不欲，勿施于人"。二者之间差距虽小，却至关重要：孔子不强调该做什么，只规定不该做什么，突出自我克制而不是行动。其谦逊的品格——这是中国古往今来一直高度推崇的价值观，也是孔子所阐述的人类的本性——从中得以体现。培养上述价值观既是忠于自己的体现，也是真诚的体现。

儒家思想

由于无法劝说当朝统治者接受其治国之道，孔子转而将全部的注意力放在了教学之上。包括孟子在内的孔子的弟子们将其言论著作收

孔子致力于建立一个人道社会，花了12年的时间游历中国各地，传播和教授忠和信的美德。

集成册，并对其理论进一步扩充，经历了秦朝的压迫后，在汉朝迎来了公元前后的一轮儒家哲学的复兴。从汉朝起，孔子思想的影响日渐深远，从管理、政治到哲学，几乎影响了中国社会生活的方方面面。与此同时，两大宗教——道教和佛教取代了传统信仰，在中国也进入了繁荣发展时期。虽然孔子对两大宗教不置可否，对神明持沉默的态度，却不可避免地对二者的方方面面带来了深远的影响。

新儒家学派在公元9世纪兴起，于公元12世纪达到顶峰，其影响力贯穿东南亚，辐射至韩国和日本。尽管传教士在16世纪将孔子的思想带入欧洲（并赋予孔子一个拉丁化的名字Confucius），然而对欧洲人来说，儒家思想仍是陌生的，其影响力有限，直到17世纪末，儒家经典著作得到翻译才改变。

除去自1911年以后的帝国倾颓时代，即使曾受到统治阶级或官方的批判，孔子的思想也一直是许多中国传统道德和社会习俗的根基。近年来，一股重学孔子的热情在中国兴起，这股新风将孔子思想与中国现代思想和西方哲学融合在一起，创造出了一种新的混合型哲学——"新儒家思想"。■

万物皆流

赫拉克利特（约前535—前475年）

背景介绍

哲学分支
形而上学

聚焦
一元论

此前

公元前6世纪 米利都学派的哲学家们提出宇宙由一种特定的物质构成。

公元前6世纪 毕达哥拉斯声明宇宙的潜在结构可以通过数学方法予以界定。

此后

公元前5世纪初 巴门尼德运用逻辑演绎的方法证明变动是不可能的。

公元前4世纪末 柏拉图同样将世界描绘为处在变化的状态之中，却否认赫拉克利特的观点。

19世纪初 格奥尔格·黑格尔将其辩证的哲学系统的理论建立在对立统一之上。

当早期希腊哲学家试图用科学揭开宇宙的物理性质时，赫拉克利特则认为宇宙是由神圣逻各斯所掌管。赫拉克利特把神圣逻各斯视为一种普适性的宇宙法则，且万物依照这种法则而生，宇宙的物质元素在这种法则的作用下保持平衡。有时他也会把逻各斯解读为"理性"或者"论证"。

赫拉克利特相信，诸如白天与黑夜、炎热与寒冷这些相互对立的事物之间的平衡令宇宙成为一个统一的整体，世间万物都是某种单一的基本过程或是基本物质的组成部分，这正是一元论的核心宗旨。但赫拉克利特也声称，这些相互对立的组合之中会不断产生张力，因此万物必须处在一种永恒的变化状态中。比如，白天会变化为夜晚，而夜晚最终也会转化回白天。

赫拉克利特以一条河为例来阐明他的理论："人不可能两次走进同一条河流"。这句话的意思是，在人踏入河流中的一瞬间，新的水流会立刻取代这个人最初触碰到的那些河水。而在当时，河流总是被描述为某种固定不变的东西。

赫拉克利特相信，宇宙中的所有物质都处在永恒的变动之中，这一观点与米利都学派的哲学家们的观点背道而驰，如泰勒斯和阿那克西米尼都认为，万物的本质都是永恒不变的。■

向前和向后的道路其实是同一条。

——赫拉克利特

参见： 米利都的泰勒斯 22~23页，米利都的阿那克西米尼 330页，毕达哥拉斯 26~29页，巴门尼德 41页，柏拉图 50~55页，格奥尔格·黑格尔 178~185页。

一切即一

巴门尼德（约前515—前445年）

背景介绍

哲学分支
形而上学

聚焦
一元论

此前

公元前6世纪　毕达哥拉斯提出，构成宇宙基础的不是某种物质，而是数学结构。

约公元前500年　赫拉克利特声称万物皆处于变化之中。

此后

公元前5世纪末　埃利亚的芝诺用悖论展示出人类经验的虚幻本质。

公元前400年　德谟克利特和留基波提出宇宙由虚空中的原子构成。

公元前4世纪末　柏拉图提出了理念论，认为抽象理念是现实的最高形式。

1927年　马丁·海德格尔在其著作《存在与时间》中重新提出了存在意义的问题。

巴门尼德的思想是希腊哲学史上的一个转折点。由于受到毕达哥拉斯逻辑科学思考的影响，巴门尼德在对世界物理性质的探索中采用了演绎推理的方法，并在研究中逐渐走向了与赫拉克利特完全相悖的观点。

在事物存在（"是"）的大前提下，巴门尼德的推论是，同一事物无法不存在（"非"），否则二者将构成逻辑矛盾。因此不可能出现万物皆不存在，即虚无的状态。无中无法生有，事物必须以某种形式存在；这种永恒的形态不会改变。

巴门尼德从这一思考模式中总结出，真实存在的物质必须是一个永恒不变、不可分割的整体，即"一切即一"。巴门尼德为后来的哲学家留下的更为重要的启示是，他在理性推理中证明了人类感知世界的错误性和矛盾性。我们似乎经验到变化，然而我们的理性却告诉我们，改变是不可能发生的，因此，

对宇宙的认识是哲学界最早探索的问题之一。20世纪时，量子物理的出现为巴门尼德用纯理性思索得出的结论提供了科学的依据。

我们能得出的唯一结论就是，永远不要依赖通过感官获知的经验。■

参见：毕达哥拉斯 26~29页，赫拉克利特 40页，德谟克利特和留基波 45页，埃利亚的芝诺 331页，柏拉图 50~55页，马丁·海德格尔 252~255页。

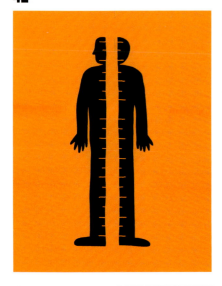

人是万物的
尺度
普罗塔哥拉（约前490—前420年）

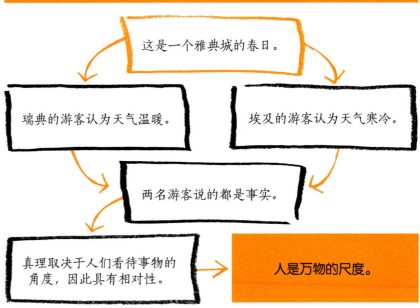

这是一个雅典城的春日。

瑞典的游客认为天气温暖。

埃及的游客认为天气寒冷。

两名游客说的都是事实。

真理取决于人们看待事物的角度，因此具有相对性。

人是万物的尺度。

公元前5世纪时，雅典城逐渐发展成一个重要和繁荣的城邦，在伯利克里（公元前445—公元前429年）的领导下进入了学术和文化发展的"黄金时代"。在这一繁荣的时代背景下，希腊各地的居民纷纷迁居雅典，而对于那些理解并能够解释法律的人来说，希腊更是一个遍地都是机遇的好地方。当地推行民主政策，法律系统健全，任何被起诉的人都有为自己辩护的权利。起初法庭上还没有律师，但很快便出现了一批获得认可的法律顾问，普罗塔哥拉便是其中的一员。

万物皆有相对性

普罗塔哥拉用法律和修辞学知识帮自己的雇主辩护，主要围绕现实情况展开，注重帮助委托人打赢

参见: 巴门尼德 41页, 苏格拉底 46~49页, 柏拉图 50~55页, 米歇尔·蒙田 108~109页, 雅克·德里达 308~313页。

> 阻止人类获取知识的因素有很多，包括自身的困顿和生命的短暂。

——普罗塔哥拉

一场民事案件而非证明某个观点。不同于一般律师的是，他能够在辩护的过程中看出自己辩词中隐含的哲学意蕴。对普罗塔哥拉而言，每个论点都有两面性，每一面都有等同的合理之处。他声称自己可以"把糟糕的案件转变成好的"，不仅证明了论证的价值，更体现了其言论的说服力。通过这样的方式，普罗塔哥拉发现人类信念具有主观

性，持有某种观点或看法的人才能评判事物的价值。这种崭新的哲学观将人类置于理论的中心，延续了之前将宗教置于哲学论证之外的传统，把哲学关注的重点从对宇宙本质的理解转移到了对人类行为的审视之上。

"人是万物的尺度"所传递出来的主要意义是信念具有主观性和相对性，故而普罗塔哥拉否定有关真理、公正或美德的绝对定义的存在。他指出，那些在一个人看来正确的东西，另一个人可能会认为是错误的。这种相对主义同样适用于道德标准，比如何为对，何为错等。对于普罗塔哥拉而言，永远美好的东西是不存在的。某物之所以具有道德或正确的性质，无非是由于某人或某个社会赋予它这一特性而已。

普罗塔哥拉是当时法律和修辞领域诸多教师中最具影响力的一位，是当时知名的智者（Soph-

ists，来源于希腊语sophia，意为智慧）。苏格拉底和柏拉图嘲讽这些智者不过是一些巧舌如簧的家伙罢了，但正是由于普罗塔哥拉的出现，才使得伦理学向"不存在绝对事物，以及一切包括道德评判在内的判断都具有主观性"这一观点迈出了重要的一步。■

在普罗塔哥拉看来，绘制于公元前5世纪的希腊水罐上的两个哲学家所发掘的"真理"，其真实性取决于两人的修辞和雄辩技巧。

普罗塔哥拉

普罗塔哥拉生于希腊东北部的阿布德拉，成年后作为教师游历各地。他在某一时期前往雅典，成为希腊城邦统治者伯利克里的谏言者，而于公元前444年受命为殖民地图利编订法典。普罗塔哥拉是不可知论的拥护者，据民间传说他后来因不虔诚而被判刑，其全部著作被公开销毁。

虽然柏拉图在其对话录中花了相当长的篇幅探讨普罗塔哥拉的观点，但是由普罗塔哥拉所撰写的著

作至今只剩残片存世。

据说普罗塔哥拉活到了70岁，然而其确切的去世日期和地点不详。

主要作品

公元前5世纪 《论众神》《真理》《论存在》《争论的艺术》《论数学》《论国家》《论野心》《论美德》《论事物的原始状态》

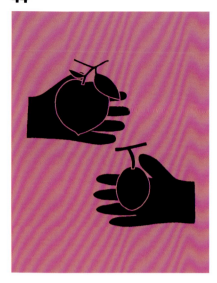

兼爱与非攻

墨子（约前470—前391年）

墨子生于公元前470年，距孔子去世的年份不久。虽然接受的是以古典典籍为基础的中国传统教育，可渐渐地他开始厌恶儒家经典中对宗族关系的强调，并最终开创了以大爱（或"兼爱"）为核心的思想流派。墨子对"兼爱"的定义是人类应该摒弃对地位和关系的偏见，平等地关爱每一个人。在墨子的眼中，墨学这一"滋养和维持一切生命"的哲学，应该把关注的重点放在仁爱和遵天道之上。

墨子相信，人类的行为总是互助互惠的。我们以何种方式对待他人，便会受到相似的回应，这便是"投桃报李"的含义。在墨子看来，当统治者能够采纳这种兼爱天下的原则之时，冲突和战争便可消失；如果世间的每一个人都能施行这一原则，那么社会将更加和谐，创造出更多的社会生产力。这一哲学理念与19世纪西方哲学家所提出的功利主义有很多相似之处。

墨子出身不高，毛泽东十分推崇他。墨子人人平等的观点至今仍受到现代中国人的尊崇。■

参见： 老子 24~25页，乔达摩·悉达多 30~33页，孔子 34~39页，王弼 331页，杰里米·边沁 174页，田边肇 244~245页。

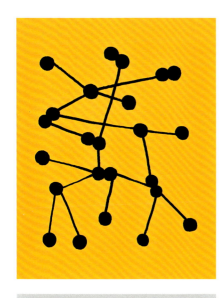

世间唯有原子和虚空

德谟克利特（约前460—前371年）

留基波（前5世纪初）

背景介绍

哲学分支
形而上学

聚焦
原子论

此前

公元前6世纪初 泰勒斯提出宇宙由一种基本物质组成。

约公元前500年 赫拉克利特宣称万物处在永恒的变化之中。

此后

约公元前300年 伊壁鸠鲁学派总结出由于构成身体的原子在死亡后将消散，因此不存在所谓的来世一说。

1805年 英国化学家约翰·达尔顿提出所有单质都是由一种能够合成化合物的原子构成的。

1897年 英国物理学家约瑟夫·约翰·汤姆森发现原子能够被切分成更小的粒子。

自公元前6世纪以来，哲学家们开始考虑宇宙是否由一种基本物质组成这一问题。公元前5世纪时，两名来自希腊阿布德拉的哲学家德谟克利特和留基波提出，万物都是由细微、不可分割、不变的粒子构成的，并将这些粒子命名为原子（atomos一词在希腊语中意为不可分割）。

第一个原子理论

德谟克利特和留基波认为原子之间存在空隙，这样原子就能在这些空隙间自由移动。在移动的同时，原子会彼此冲撞，重新分布，从而使物质发生改变。这两名思想家认为，这些永恒原子的数量虽然无穷尽，但彼此结合所能合成的化合物的数量却是有限的，这也解释了现存物质数量有限的原因。构成人类身体的原子在人去世时不会消亡，而是分散开来组成了新的形式。

德谟克利特和留基波开创的理论被后人称为原子论，它为后人提供了第一个完整的、无需借助神明概念资源的宇宙机械论观点。原子论同样界定了组成物质的基本单位，对后世的物理学发展，特别是公元17世纪以后直至20世纪令科学界产生革命性改变的原子理论具有至关重要的意义。■

人类是宇宙的缩影。
——德谟克利特

参见：米利都的泰勒斯 22~23页，赫拉克利特 40页，伊壁鸠鲁 64~65页。

未加审视的
生活不值得过

苏格拉底（前469-前399年）

背景介绍

哲学分支
认识论

聚焦
辩证法

此前

约公元前600-公元前450年 爱奥尼亚和意大利前苏格拉底时期的哲学家们开始试图解释宇宙的本质。

公元前5世纪初 巴门尼德提出，人类只能通过理性推理认识宇宙。

约公元前450年 普罗塔哥拉和智者派学者将修辞学运用到了对哲学问题的解答之中。

此后

约公元前399-公元前355年 柏拉图在《申辩篇》和其他对话录中描绘了苏格拉底的特征。

公元前4世纪 亚里士多德承认自己对苏格拉底哲学研究方法的借鉴。

虽然经常被人们称为西方哲学的创始人，苏格拉底本人却并没有撰写过任何哲学著作、建立什么学派，甚至没有提出过任何哲学理论。他真正做的，不过是对自己感兴趣的问题锲而不舍地发问，并在发问的过程中发展了一种崭新的思考方式，或是审视自我思想的方法。这种方法被后人称为苏格拉底反诘法，或辩证法（之所以使用"辩证"这个词是由于这种方法主要是通过互相对立的观点间的相互辩证展开的）。在苏格拉底居住的雅典城这一方法则为他树敌无数。

苏格拉底被诽谤为一名智者

参见: 米利都的泰勒斯 22~23页, 毕达哥拉斯 26~29页, 赫拉克利特 40页, 巴门尼德 41页, 普罗塔哥拉 42~43页, 柏拉图 50~55页, 亚里士多德 56~63页。

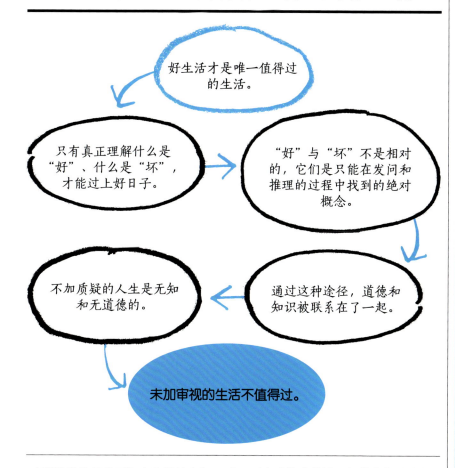

好生活才是唯一值得过的生活。

只有真正理解什么是"好"、什么是"坏",才能过上好日子。

"好"与"坏"不是相对的,它们是只能在发问和推理的过程中找到的绝对概念。

不加质疑的人生是无知和无道德的。

通过这种途径,道德和知识被联系在了一起。

未加审视的生活不值得过。

苏格拉底

　　苏格拉底生于公元前469年的雅典,其父母的职业是石匠和助产士。苏格拉底本应继承其父的事业,却在偶然的情况下获得研习哲学的机会,直到他前往部队服役。他在伯罗奔尼撒战争中表现优异,随后回到了雅典,一度曾跻身政坛。其父去世后,苏格拉底继承了大笔的遗产,足够他和妻子赞西佩衣食无虞。

　　此后,苏格拉底成为雅典城的名人,与雅典公民展开各种哲学探讨,拥有了一批自己的年轻学生。苏格拉底最终因腐蚀希腊青年思想的罪名被处以死刑。虽然获得了流放的权利,苏格拉底却接受了死刑这一邪恶的裁决,于公元前399年被灌下致命剂量的毒药而亡。

主要作品

公元前4世纪–公元前3世纪　柏拉图在《申辩篇》和大量其他对话录中记录下了苏格拉底的生活及哲学。

(以欺骗为目的而与人争辩的人),更以用诋毁传统的思想腐蚀青少年的罪名被判处死刑。但是苏格拉底也拥有很多追随者,柏拉图就是其中的一位。他在自己书写的一系列以"对话录"命名的著作中记录下了苏格拉底有关检验思想正确性的观点。多亏了这些对话录——其内容分为《申辩篇》《斐多篇》及《会饮篇》三部分——苏格拉底的思想见地才得以保存,继而引导了西方哲学的发展方向。

生命的目标

　　苏格拉底生活在公元前5世纪下半叶的雅典城。据传青年时期的苏格拉底学习过自然哲学,研究过各种解读宇宙本质的学说,但随后便投身于城邦政治中,开始关心更多诸如公正的本质一类的现实伦理问题。虽然是辩证法的开创者,但苏格拉底本人对赢得辩论或是为盈利而辩论(对许多同时代人的一种指控)没有任何兴趣。苏格拉底不关注问题的答案或是解释,他所做的仅是检视人类加诸自身的各种概念(如"好""坏""公平"等)的基础,因为他坚信,认识自我才是哲学的首要任务。

　　苏格拉底关注的重心随后放在

了审视生活之上，也正是由于对人类最珍视的信仰（其中大部分是关于人类自身）不知疲倦的质疑才为他树敌无数，但他仍投身于这一伟大事业直至生命的终结。根据柏拉图记录下来的苏格拉底在审判中的辩词，苏格拉底宁愿选择死亡，也不愿生活在无知之中："未加审视的生活不值得过。"但是，审视生活究竟涵盖哪些内容？对苏格拉底而言，审视生活是一种质疑那些人类每天都会使用，却又从不加以思考的所有核心概念的过程，以此揭示这些概念的真实含义，暴露我们的知识或是无知。苏格拉底是第一批思考"美好"生活构成因素的哲学家；对他而言，"美好"生活便是做正确的事以获得心灵的平静，而非遵从社会的道德模式。评判"正确的事"的标准只能是严格的检验。

苏格拉底否认诸如美德一类的概念皆具有相对性这一观点。相反，他坚持这些概念都是绝对的，不仅适用于雅典或希腊公民，在全世界范围内也是通用的。他相信，美德（在希腊语中为areté，在当时其意为优秀和圆满）是"人类最宝贵的财富"，没有人真的愿意去做坏事。那些做坏事的人背叛了自己的良心，心里也不会觉得好受；同时，因为人人都在追求心灵的平静，因此坏事根本不是我们乐意去做的。他认为，人类因为缺乏智慧和知识才会做坏事，进而总结出"唯一好的是知识，唯一坏的是无知。"知识与道德不可分割——知识是"唯一好的"——出于这个原因人类必须不停"检验"我们的生活。

关怀灵魂

在苏格拉底看来，知识对来世也起到重要的作用。在《申辩篇》为苏格拉底所做的序言中，柏拉图引用了他有关未加审视的生活的一句名言"我想告诉你，让每一天在探讨与美好有关的话题中度过，与此同时审视自身和他人，那真是人类所能做到的最棒的事情了。"获

> **我是一名世界公民。**
> ——苏格拉底

苏格拉底的辩证法是一种简单的发问法，运用这种方法能够指出许多常见的错误假设，而且有些特定的知识宣称就建立在这些假设上。

提问：神明是无所不知的吗？

回答：是的，因为他们是神明。

提问：神明之间会有意见分歧吗？

回答：当然，神明之间总是在斗争。

提问：那么神明会对何为真与何为正确产生分歧吗？

回答：是的，我认为他们肯定会这样。

提问：那么神明是否会犯错呢？

回答：我认为会这样。

那么神明们不可能无所不知！

得知识，而非财富或高人一等的社会地位，才是生活的终极目标，这目标无关寻找乐趣或是满足好奇——而是人类真正存在的理由。此外，在苏格拉底看来，所有的知识最终都是对自我的认识，正是这种自我认知才创造出了如今生活在这个世界上的每一个人，正是这种自我认知助长了人类对于不朽灵魂的关注。在柏拉图的《斐多篇》中，苏格拉底说道，一种未加审视的生活会使灵魂变得"像喝醉了一样困惑和愚蠢"，而一个聪慧的灵魂应该能最终摆脱流浪的旅途，获得稳定与永恒。

辩证法

苏格拉底很快以好问的心灵成为雅典家喻户晓的人物。传说他的一个朋友在德尔斐的阿波罗神庙向女祭司询问谁才是世界上最睿智的人，得到的神谕解答是世间没有人比苏格拉底更聪明。苏格拉底听说这件事后震惊无比，匆匆赶去拜见自己认识的最无所不知的智者以澄清这一谣传。然而他发现，这些智者只不过是自以为见闻广博罢了；在苏格拉底的检验下，这些人的知识显得那么狭隘。

然而，苏格拉底检验这些人的知识时所用的方法才更加重要。他将自己置于一个无知之人的立场，仅通过不断发问的方式揭露出了这些人观点的矛盾性和知识的缺口，从而逐渐得出自己的见解，他把这

公元前399年，苏格拉底最终因质疑雅典的道德根基而被处以死刑。图为苏格拉底一手接过令其致死的毒药，一手挑衅地指向天堂的方向。

一过程与母亲的助产士职业相类比，因为它能催生新思想。

通过以上探讨，苏格拉底开始意识到德尔斐神谕的正确性：他确实是雅典最聪明的人，不是因为他见闻广博，而是因为他勇于承认自己的无知。他还注意到了德尔斐神庙入口处的铭文"gnothi seauton"（"认识自己"）的重要性。为了认识世界、认识自我，人类必须意识到自身的无知，抛弃一切前见。唯有这样才有可能发现最终的真理。

苏格拉底开始加入到雅典人民之中，积极讨论诸如爱、公平及忠诚的本质一类的话题。他的目的虽然在当时受到了人们的误解，被批判为一种邪恶的诡辩——为了向别人炫耀自己的聪慧，而非传授知识——甚至不是为了让人们了解他们所学到的知识，而是在于探索已有思想。正是通过这种以自己为主导的、与不同的人的交谈，苏格拉底才获得了越来越多的见解。他在一系列发问中揭露了对手的观点和假设的矛盾性，引领他们接受一套新的结论。

这种从无知的角度理智审视某

一观点的方法标志着哲学思想史上的一次彻底改变。这是我们已知的对归纳论证法的第一次运用，即首先运用这种方法确认一系列以经验为基础的前提的正确性，随后在结论中导出一个普遍真理。这种有力的辩证方式经过亚里士多德和弗朗西斯·培根的发展（后者更将其作为自己科学研究方法的起点）不仅成为西方哲学的基础，更成为所有实证科学的基础。■

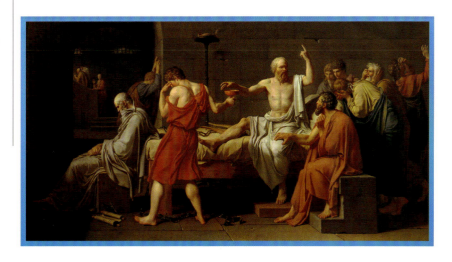

世俗知识
不过是影子

柏拉图（约前427—前347年）

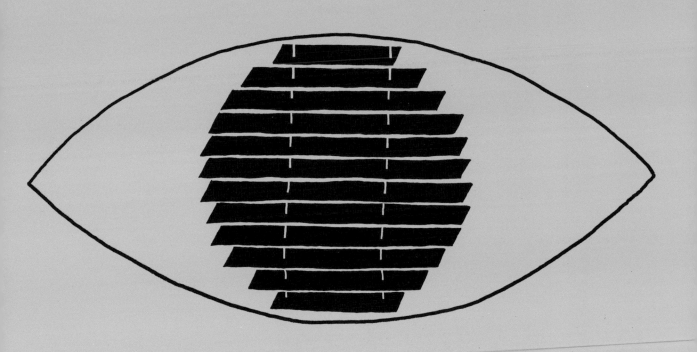

背景介绍

哲学分支
认识论

聚焦
唯理主义

此前

公元前6世纪 米利都学派提出各种理论解释宇宙的本质及构成宇宙的物质。

约公元前500年 赫拉克利特认为万物都处在永恒的变化之中。

约公元前450年 普罗塔哥拉提出真理是相对的。

此后

约公元前335年 亚里士多德提出人类可以通过观察身处的世界来发现真理。

约公元250年 宗教人士普罗提诺创建了新柏拉图学派。

386年 希波大主教圣奥古斯丁将柏拉图的理论融入基督教教义中。

真实的世界是理念的世界，它包含了万物的理想形式。

从出生开始，人类的心灵中就带有这些完美形式的概念。

人类所生活的虚幻世界——感官的世界，则包含这些完美形式的瑕疵摹本。

人类对世间万物，诸如狗的理解，不过是对心灵中这些概念的瑕疵摹本的认识罢了。

世间万物都是理念世界中理念完美形式的影子。

元前399年，柏拉图的导师苏格拉底被判处死刑。由于苏格拉底没有任何著作存世，因此柏拉图便承担起了为子孙后代记录这一伟大导师所授知识的工作。他首先撰写了《申辩篇》，在其中复述了苏格拉底审判中的辩词，随后又在接下来的一系列对话录中将苏格拉底作为对话的主角。有时人们很难弄清这些对话中哪些是苏格拉底的思想，哪些又是柏拉图自己的见解，然而通过运用导师所开创的辩证法探讨和解释自身的想法，柏

拉图呈现了自身的形象。

柏拉图首先关注的大部分内容都是苏格拉底曾探讨过的：为抽象的诸如"公平"和"美德"一类的道德价值寻找合适的定义，以及反驳普罗塔哥拉有关对错相对性的观点。在其著作《理想国》中，柏拉图描绘了自己对理想城邦的构想，探讨了有关美德的方方面面。然而，正是在这一过程中，他处理了不少非伦理学领域的问题。像其他早期希腊思想家一样，柏拉图也研究宇宙的本质及构成宇宙的物质，

探索那些不变的永恒事物之所以能够存在于这个变化的世界中的缘由。柏拉图对上述问题的结论与前辈们不同。在柏拉图看来，自然界中的"不变"与道德和社会领域内的"不变"的性质是完全一样的。

寻求理想形式

柏拉图在《理想国》中记述了苏格拉底提出的有关美德或道德概念的问题，为上述概念做出了清晰准确的定义。苏格拉底有一句名言"美德即知识"，比如若想行事公

参见: 米利都的泰勒斯 22~23页, 赫拉克利特 40页, 普罗塔哥拉 42~43页, 苏格拉底 46~49页, 亚里士多德 56~63页, 圣奥古斯丁 72~73页, 普罗提诺 331页。

正, 你必须先了解究竟何为公正。柏拉图指出, 在提到任何人类思维中的既有道德概念前, 必须首先研究运用这一概念的真实意图, 以及这一概念的本质。他提出了这么一个问题: 人类是如何分辨出正确、完美及万物的基本形式, 即适用于一切社会和时代的形式的? 通过发问, 柏拉图实则在向我们暗示, 在他看来世间事物的理想形式必须真实存在, 无论这些事物是道德概念还是有形物体, 必须通过某些方式能为人所认识。

柏拉图探讨了一些人类生活中出现的事物, 比如床。看到床时, 我们能认出它是床, 即使每张床都有所不同, 我们也能辨认出所有的床。不同品种的狗外形差异就更大了, 然而所有的狗却共同拥有"像狗"的特征, 这种特征是能被我们所认识的, 也是我们获取对狗的认知的依据。柏拉图认为, 不仅这种"像狗"或者"像床"一类的特征是真实存在的, 我们的心灵中还存在一个理想的床或狗的形象, 借助这个形象, 我们便能认出任何依托于这一理想形象构建出的特例来。通过借助一个数学上的例子以加深自己的论证, 即人类可以按逻辑步骤算出直角三角形斜边长的平方等于其余两边长度平方的总和, 或是任何一个三角形三角之和永远

为180度, 柏拉图向人们展示了真正的知识应该是通过理性推理而非感官知觉获得的。即使现实世界中并不存在完美的金三角, 或是完满的直线或圆形, 但我们仍然能够使用理性在心理中理解它的含义。因此, 柏拉图又提出: 这种完美形式究竟能否真实存在?

理念的世界

通过推理, 柏拉图得出了唯一的结论 ——与物质世界隔绝的理念或形式的世界肯定存在, 那些有关完美的"三角""床"和"狗"的理念便存在其中。根据他的总结, 人类的感官是无法直接感知到这个世界的——推理才是唯一的认识途径。柏拉图甚至进一步论述出理念的王国才是真正的"现实", 人类生活的世界不过是"现实"的摹本罢了。

为阐明这一理论, 柏拉图运用了随后被人们称为"洞穴之喻"的

> 倘若殊相是有意义的,
> 那么共相肯定存在。
> ——柏拉图

寓言。他让人们想象出一个洞穴, 人类从出生开始便受困于这个洞穴之中, 被捆缚起来面朝黑暗中的穴壁而站。囚犯后面有一个明亮的火堆, 将影子映照在穴壁之上。火堆与囚犯之间有一面壁垒, 有人不时在附近走动, 拿起不同的物体, 这些物体的影子被反映在穴壁之上。这些影子便是囚犯们对世界的理解, 他们并不了解这些事物本身。

洞穴之喻讲述了人类对世界的认知被局限于现实和真理的影子中, 柏拉图使用了这个寓言以解释其完美形式或理念世界的观点。

根据柏拉图的理念论，我们看到的每一匹马都是一个"理想的"或完美形式的马的影子。人类只能通过自身的理性能力达到这个领域。

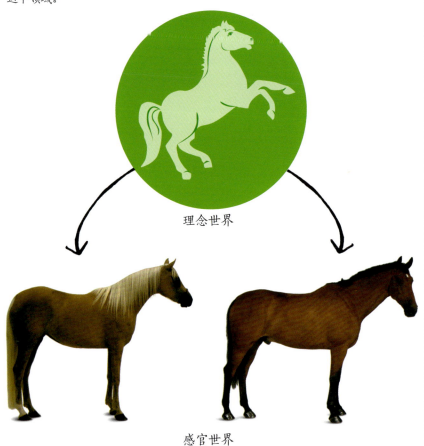

理念世界

感官世界

倘若某个囚犯能解开束缚转过身来，便能亲眼看到真实的物体。然而由于一生都受困于洞穴中，他很可能会在看到物体时感到困惑，或是被火光惊吓，很有可能会转回身继续面壁，坚守自己所了解的那个现实。

柏拉图相信由人类感官所感知到的物质世界正如洞穴墙壁上的图像一般，不过是现实的影子罢了，这一观点成了理念论的基础。理念论的内涵是人类有能力通过自己的感官认识的世间万物，每一个在理念的世界里都有其相对应的"形式"或"理念"，即该事物永恒、完美的真实形象。然而由于人类通过感官所认识到的事物不过是以主观经验中各种不完美或不完整的真实形式的"影子"为基础的，因此人类其实并没有掌握任何有关这些事物的真实知识，充其量不过是一些意见罢了。而真实的知识只能来自对理念的研究，只能通过理性推理，而非具有欺骗性的个人感官经验获得。除了区分开这两个不同的世界，即表象世界和柏拉图认定的

真实世界，这个理论还解决了在变幻的世界中寻找永恒的难题。物质世界一直经历着变化，但柏拉图的理念世界却是永恒不变的。他不仅将理念论运用到具体物体上，如床和狗，还将其引入了抽象的概念之中。在柏拉图的理念世界中存在着真正的公平，而环绕在人类所生活的物质世界中的各种公平的案例不过是它的影子或摹本罢了。同理，有关美好的概念也是一样，真正的美好存在于理念之中，是一切哲学探索的最终目标。

与生俱来的知识

人类如何通过认识理念，从而进一步具备识别它们在物质世界中的各种不完美摹本的能力？柏拉图提出，我们生来便具备理解理想形式的能力，即使这种能力并不为人所觉察。他认为人被分成了两个部分：身体和灵魂。其中身体控制感官知觉，通过这些感觉人类得以认识物质世界；而灵魂掌管理性，通过理性，人类得以认识理念。柏拉图进一步总结出，永恒不朽的灵魂在人类出生前便已存在于世界中，在人类死后重归理念的国度。当我

我们所说的学习不过是一种回忆的过程。

——柏拉图

马可·奥勒留是161—180年间罗马帝国的君王。他不仅是一位位高权重的统治者，还是一位著名的学者和思想家。他正是柏拉图提到的哲学家应该统治社会这一想法的真实体现。

们通过自身的感官观察理念在世界中的各种变体时，我们通过回忆认出了它们。必须通过理性这一灵魂的特质方可唤起对这些与生俱来的知识的回忆。

对柏拉图而言，哲学家的任务是通过使用理性揭示出各种理想形式或理念。在《理想国》中他还提出这样一个观点，即哲学家，或是那些真正感受到哲学家召唤的人，应该成为社会的统治阶级，因为只有真正的哲学家才能理解世界的本质和道德价值的真谛。然而，就像"洞穴之喻"中那位看到真实物体而非影像的囚犯一样，我们中的大多数人宁愿转回头面对那个我们熟悉和舒服的世界。柏拉图发现，要想说服其他哲学家接受真正的哲学使命是非常困难的。

无与伦比的遗产

其实柏拉图本身就是他理想中的真正哲学家的化身。他曾就普罗塔哥拉的追随者和苏格拉底之前提出过的伦理问题进行论证，却在这一过程中第一次探索出了通往知识本身的途径。他还对自己的学生亚里士多德留下了深远的影响——哪怕他们双方在理念论上持完全相反的意见。柏拉图的思想随后在中世

人类的灵魂是永恒不朽的。

——柏拉图

纪伊斯兰教和基督教思想家的哲学观点中再次闪现，其中包括将柏拉图思想引入基督教教义的希波大主教圣奥古斯丁。

获得知识的唯一方式是使用推理，而非感官观察。通过倡导这一理念，柏拉图还奠定了17世纪唯理主义的基础。他的影响至今仍有所体现，其书中所涵盖的方方面面的主题令20世纪英国逻辑学家阿尔弗雷德·诺斯·怀特海发出这样的评论："柏拉图之后的西方哲学只不过是柏拉图哲学的脚注。" ■

柏拉图

虽有大量著作存世，但柏拉图的生平却鲜为人知。他于公元前427年出生于雅典的一个贵族之家，人们称他为"柏拉图"（意为"见闻广博的"）。柏拉图本该投身政治，但最终却拜师苏格拉底。苏格拉底被处以死刑之后，据说柏拉图对雅典失望透顶。他离开了这个城市，曾在意大利南部和西西里岛居住过一段时间，最终于公元前385年回到希腊。他在那里建立了一所学园（"学术的"一词便来源于此）并任

园长，直至公元前347年逝世。

主要作品

约前399—前387年 《申辩篇》《克力同篇》《高尔吉亚篇》《大希庇亚斯篇》《美诺篇》《普罗塔哥拉篇》（早期对话录）

约前380—前360年 《斐多篇》《斐德罗篇》《理想国》《会饮篇》（中期对话录）

约前360—前355年 《巴门尼德篇》《智者篇》《泰阿泰德篇》

真理存在于我们周围

亚里士多德（前384—前322年）

背景介绍

哲学分支
认识论

聚焦
经验主义

此前
公元前399年 苏格拉底提出美德即智慧。

约公元前380年 柏拉图在其以苏格拉底为主角撰写的《理想国》中提出了理念论。

此后
9世纪 亚里士多德的著作被翻译成了阿拉伯语。

13世纪 亚里士多德的著作有了拉丁语翻译版本。

1690年 约翰·洛克开创了英国经验主义学派。

1735年 动物学家卡尔·林奈根据亚里士多德的生物学分类体系在其著作《自然体系》中开创了现代分类法的基础。

亚里士多德17岁时前往雅典师从伟大的哲学家柏拉图。当时柏拉图已经60岁了，也已提出了完整的理念论体系。根据这一理论，所有世间现象，诸如公正和绿色等，都是其相对应的理想形式的影子。正是这些理想形式赋予了世间摹本各自的特性。

亚里士多德是一名勤奋的学生。毫无疑问，他从自己的老师那里学到了不少知识。然而两人的秉性却大相径庭，柏拉图睿智并信赖直觉，而亚里士多德却极具学者气质和讲求条理性。尽管差异巨大，二人却彼此尊重，亚里士多德更以学生和教师的身份一直留在学园中，直至柏拉图去世20年之后方离开。令人惊讶的是，亚里士多德并没有被选为柏拉图的继任者，他也因此离开了雅典，开始了随后被证实为成果斐然的爱奥尼亚之旅。

柏拉图的理论受到质疑

离开了教学岗位后，亚里士多德得以释放自己对野生生物的研究热情，也正是这一经历加深了他对柏拉图理念论错误性的认知。亚里士多德的观点对柏拉图确实造成了一定的影响，因为后者在后期的对话录中承认了自己早期理论中的一些缺陷。这种想法是很有诱惑性的，却也没有确切的证据。我们能确定的就是柏拉图知晓亚里士多德用以反驳理念论的第三者论证。具体论证内容如下：如果形式领域中存在一种所有世间之人借以模仿的完美人类形式，那么这种完美形式若想具备任何实在的内容，就必须以人类形式之形式为基础——而这一形式也必须依托于更高等级的形式之形式之上，如此无限延伸。

亚里士多德随后对理念论的反驳更为直截了当，与他对自然世界的研究有更直接的联系。他意识到，完全没有必要幻想出这么一个形式的假想领域，人类完全可以看到各种真实事物，它们也日复一日不断出现在我们周围。

可能由于父亲是医生的缘故，亚里士多德把兴趣放在了现如今的

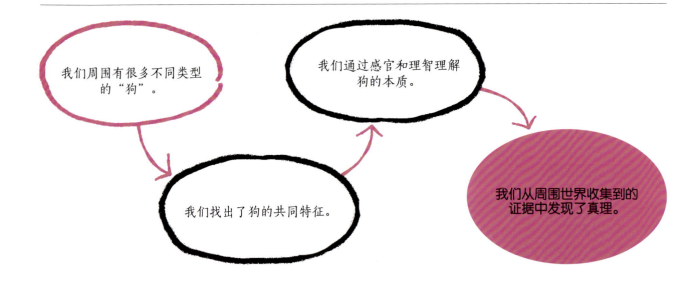

参见: 苏格拉底 46~49页, 柏拉图 50~55页, 阿维森纳 76~79页, 阿维罗伊 82~83页, 勒内·笛卡儿 116~123页, 约翰·洛克 130~133页, 戈特弗里德·莱布尼茨 134~137页, 乔治·贝克莱 138~141页, 大卫·休谟 148~153页, 伊曼努尔·康德 164~171页。

柏拉图和亚里士多德在共性的本质这一问题上持不同的意见。在柏拉图看来，共性存在于理念的高层领域内。而对亚里士多德而言，共性遍布于我们所生存的地球上。

我们的感觉。

事物的基本形式

随后，和自己的老师一样，亚里士多德开始致力于在这个变化的世界中寻找恒久不变的牢固基础。可最终的结论是，在这样一个只能通过灵魂感知的形式世界中寻找支柱是完全没有必要的，其证据就存在于我们身处的世界中，通过感官即可发觉。亚里士多德相信物质世界中的事物并非其理想形式的瑕疵摹本，每种事物的基本形式实际上内在于该事物的每一个体中，比如，狗所传递的内容不仅有狗所共通的特点，它是内在于每一条狗的特性。通过研究特殊事物，我们便能一窥其种类所共有的、恒常的本质。

亚里士多德推理出，自然世界

一切按照本性行动的事物在本质上是良善的。
——亚里士多德

生物学领域，而柏拉图的哲学理论则特征鲜明地以数学为基础。不同的人生背景也解释了两人在哲学研究方法上的差异。数学，尤其是几何学，研究的是与日常生活联系不大的抽象概念，而生物学则与我们生活的世界息息相关，几乎完全以观察为基础。柏拉图通过诸如完美的圆（自然界中并不存在）一类的观念以证明形式领域的存在，而亚里士多德则发现，只要仔细审视和观察自然界，就能发现某些恒定物常量和永恒物质。

相信感觉

亚里士多德的观点完全颠覆了柏拉图的理论。柏拉图强调质疑自己的感觉，而亚里士多德则依靠感觉收集到的证据支持自己的理论。在研究自然界的过程中亚里士多德了解到，通过观察自己遇到的每一个特定的植物或动物的特征，他就能够勾勒出使之区分于其他动植物的完整图像，并以此推断出它的本质。他更通过研究证实了自己的想法，即人类并非生而具备如柏拉图所说的识别理想形式的能力。

每当一个孩子看到一只狗的时候，便会注意到这个动物身上有着与其他狗的相似之处，从而使他最终能够识别出狗这种动物的特征。因此这个孩子就具有了狗之为狗的观念或"形式"。人类正是以这种方式从自身经验中认识这个由各种共性区分出不同物种的世界——而我们体验世界的唯一方式就是通过

人类天性渴望求知。

——亚里士多德

亚里士多德区分了许多不同的知识类别，了解了许多时至今日我们还在学习的知识，如物理学、逻辑学、诗学、伦理学、政治学及生物学。

的样本的真实性同样存在于与人类息息相关的各种概念中。诸如"美德""公正""美丽"和"美好"一类的观念可以通过完全一样的方式予以检视。在亚里士多德看来，心灵在人类初生之时就像"一块干净的白板"，我们获得的观念都来自我们的感觉。人类没有任何与生俱来的观念，刚出生的婴儿是没有任何是非观念的。随着我们在生活中不断遭遇各种事关公正的案例，我们开始注意到这些案例间有着相似之处，并逐渐建立和修改有关公正的概念。换句话说，观察公正在现实世界的各种呈现方式是了解这一永恒不变的观念的唯一途径。

亚里士多德并没有否定共性的存在，而是质疑这些共性的本质及人类认识它们的过程（后者成为"认识论"，或知识论的基本问题）。自此，亚里士多德脱离了柏拉图的哲学体系。二者在人类如何获知普遍真理这一观念上的差异将后来的哲学家们分为两派：相信

人类拥有先天或天赋知识的唯理主义者（包括勒内·笛卡儿、伊曼努尔·康德和戈特弗里德·莱布尼茨）和坚称一切知识皆来自生活经验的经验主义者（包括约翰·洛克、乔治·贝克莱及大卫·休谟等）。

生物分类法

柏拉图和亚里士多德各自的理论发展方式暴露了两人的不少性格特点。柏拉图的理念论宏伟而又超凡脱俗，具体体现在他陈述实例时会使用一些富有高度创造性的苏格拉底及其同时代的人之间的虚构对话展开。而亚里士多德的理论则更贴近实际，语言也更加朴实和学术化。亚里士多德对于真理存于现世而非更高维度这一观点深信不疑，因此他开始收藏各种植物群和动物群标本，并根据它们的特征进行分类。

亚里士多德为这一生物分类法发明了一套分层系统，也是第一套

生物分层系统。它拥有美丽的结构层次，构成了分类学的基础，而且至今仍为人所用。首先，亚里士多德将自然界分为生物和非生物，并将注意力放在了对生物的区分之上。随后，他将植物与动物区分开来，所运用的便是其共性理论的观点：我们或许能够不假思索地区分动物与植物，但我们是如何知晓这种区分方式的呢？在亚里士多德看来，解答这个问题的关键就在于每个范畴所共有的特征。所有植物共有"植物"的形式，而所有动物共有"动物"的形式。一旦了解这些形式的本质，我们就能在这些物种的任意个体中找到它们。

亚里士多德对自然界的分类越细致，这一事实便越明显。比如，为将某个标本归为鱼类，我们必须先了解鱼的特征，当然，这些特征可以通过经验获得，完全不需要任何与生俱来的知识。随着亚里士多德渐渐从最简单的有机体到更复杂的人类构筑起一个完整的生物分类，这一事实也被一再证实。

目的论解释

在亚里士多德划分自然界的过程中，另一事实也逐渐显现出来：生物的"形式"不仅关乎其物理特征，如皮肤、毛皮、羽毛或是体型，还关乎它的各种行为和行为方式，而后者在亚里士多德看来具备了伦理学内涵。

为理解生物学与伦理学之间的关系，我们必须首先明白，对亚里士多德而言，世间万物都能通过四个成因解释其存在。这四个成因分别是质料因，即事物的构成材料；

形式因，即事物的形态或组成方式；动力因，即事物成形的过程；目的因，即事物的功能或目的。而最后一种成因，即"目的因"，与伦理学息息相关。在亚里士多德看来，伦理学和科学不分家，是生物学的一门逻辑延伸学科。

他用了眼睛的例子解释这个成因说：眼睛的目的因，即功能在于视物。该功能便是眼睛存在的目的，或"telos"（"telos"是希腊词语，意为赋予"目的"或研究自然界各种物质存在的目的）。因此，有关某物的目的论解释实为对该物质存在的目的的解读，认识某物的目的也就是认识某物的"好"或"坏"，比如好眼睛是视物清晰的眼睛。

对人类来说，能够实现所有目标，或尽所能实现圆满的人生才是"美好的"。一个能够发挥自己生而具有的个性特征的人是"美好的"，在追求美德的过程中——在亚里士多德看来，美德的最高形式是智慧——唯有发挥出自己所有的能力，这个人才能收获幸福。那么我们又回到了最初的问题，即人类是如何识出"美德"的呢？对亚里士多德而言，问题的答案再一次指向了观察。观察过周围人们的生活后我们才可理解"美好生活"的本质。

三段论

亚里士多德在分类的过程中制定了一套成系统的逻辑形式，并将其应用在每个自然界标本的分类之中。比如，所有爬虫类生物的共同特征是冷血，因此，如果某样标本的血液是热的，就肯定不属于爬虫类。以此类推，哺乳动物的共同特征是幼年时期必须吃奶，因此如果某个标本属于哺乳动物的话，那它幼年时期肯定以母乳为食。亚里士多德从中总结出了一套思考模式，即由两个前提和一个结论组成的三个命题模式：若A与X相同，B属于

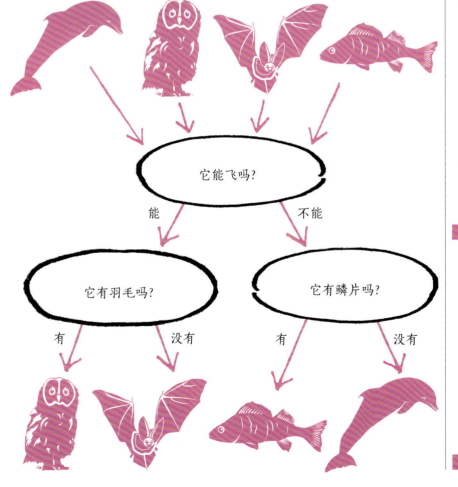

亚里士多德的生物分类是人类第一次细致地对自然界进行审视。这种分类法从观察一切动物的共同特征入手，再将拥有共同特征的动物区分细化为更为精确的种类。

它能飞吗？

能　　不能

它有羽毛吗？　　它有鳞片吗？

有　　没有　　有　　没有

虽然代表的领域不同，林奈和居维叶一直是我膜拜的偶像，但是和亚里士多德比起来，两人不过是还在上学的小孩子罢了。

——查尔斯·达尔文

"苏格拉底会死"是哲学历史上最为著名的三段论的结论。亚里士多德的三元论，即从两个前提推导出结论的一种简单演绎法，构成了第一套正式的逻辑体系。

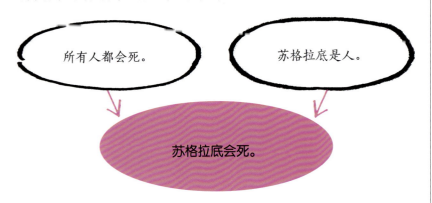

每种行为都必须由以下七种原因中的一种造就：机遇、本性、强迫、习惯、理性、愤怒和欲望。

——亚里士多德

A，则B也属于X。"三段论"的出现标志着第一个正式的逻辑体系的诞生，且直至19世纪为止，三段论一直被视为逻辑学基础。

然而三段论的意义远非亚里士多德自然系统分类法的衍生物这么简单。通过运用逻辑进行分析推理，亚里士多德意识到，理性的力量并非来自感觉，它必须是某种与生俱来的特征，也是人类特征的一部分。虽然人类并非生而具备，却生而拥有理性这种内在官能，而若要从经验中学习，理性是不可或缺的。将这一事实引入分层系统中后，亚里士多德又进一步发现，这种天生的理性能力正是使人类区分于其他一切生物的决定性特征，具备这种能力的人类站上了生物链的最顶层。

古希腊的衰落

亚里士多德惊人的思想体系和对柏拉图理念论的革命性颠覆使其哲学理论对后世造成了绝非他在世时所能匹敌的深远影响。当然，他

的研究成果也并非毫无瑕疵：其地理和天文学研究就存在纰漏；他的伦理体系支持奴隶制度，认为女性是低等的人类；他的逻辑学说以现代标准衡量的话也是不完整的。然而瑕不掩瑜，亚里士多德哲学体系中的优异之处对哲学和科学界来说无异于一场革命。

然而，亚里士多德生活的时代正处于古希腊时代的末期。亚历山大大帝，也是亚里士多德的学生，先于亚里士多德逝世，标志着希腊历史中希腊化时代的开端，更见证了雅典影响力的衰退。罗马帝国逐渐成为地中海地区的主宰者，而罗马帝国从希腊采纳的是斯多葛哲学。柏拉图和亚里士多德所领衔的两大学派——由柏拉图和亚里士多德在雅典建立的柏拉图学园和吕克昂学园——虽继续运营，却早已势不如前。

由于疏忽，亚里士多德的诸多文稿都已遗失。据传他曾书写过成百上千条论述和对话录以阐述其哲学理论，然而如今残存的仅是一些

以演讲稿和教师笔记的形式记录下来的只言片语。对后人来说，幸运的是这些残片被亚里士多德的追随者妥善保存。通过梳理这些残片，人们已经能够勾画出亚里士多德完整的研究范围。

亚里士多德的遗产

随着7世纪伊斯兰教的产生，亚里士多德的著作被翻译成了阿拉伯语并在阿拉伯国家中广泛流传，成为包括阿维森纳和阿维罗伊在内的中东地区学者们的必读文献。而在欧洲西部，由波埃修翻译的拉丁语版本的亚里士多德逻辑学著作（于6世纪时出版）则是该地区人们了解亚里士多德的唯一途径。直至9世纪，亚里士多德的所有著作再度从阿拉伯语翻译为拉丁语，该情况才得以改善。在此期间亚里士多德的思想被收入了如今的许多知名著作中，如《物理学》《尼各马可伦理学》及《工具篇》。13世纪时，托马斯·阿奎那勇敢地向当时围绕亚里士多德著作的禁令发出挑战，将其

中世纪基督教教义为世间生命勾勒出一套层级制度，而上帝则是这套层级制度的主宰。这就是所谓的伟大的存在之链，亚里士多德在思想史上留下的影响可以从伟大的存在之链中得以一窥。

思想融入了基督教哲学中。圣奥古斯丁曾采用同样的方式采纳了柏拉图的思想，至此柏拉图和亚里士多德二人的哲学思想在基督教内部相

互争执冲撞起来。

亚里士多德的逻辑思想（收录于《工具篇》中）一直被视为逻辑学的标准教材，直至19世纪数理逻辑的出现才撼动了它的地位。其生物分类法统治了中世纪时期的西方思想，被人们视为"自然的阶梯"或"伟大的存在之链"。这种分类法描绘了一套由人类统治的完整的生物体系，在该体系中，人类的地位仅次于上帝。除此之外，文艺复兴时期，亚里士多德的实证方法同样在学界占据了主导地位。

17世纪勒内·笛卡儿《方法论》的出版使经验主义者和唯理主义者间的争论达到顶峰。笛卡儿和后来的莱布尼兹和康德选择走唯理主义道路，而洛克、贝克莱和休谟则坚定地站在了经验主义者的阵营中。这些哲学家间的差异再次体现在双方的性格和背景之上，即欧陆对英国、诗意对学术、柏拉图对亚里士多德。虽然这场争论最终在19世纪平息，但近来一股研究亚里士多德的热潮却再度兴起，亚里士多

凡在心灵之中的，无不先在感觉之中。

——约翰·洛克

德的重要性也被再度评价和衡量。其伦理思想尤其引发了当代哲学家们浓厚的兴趣，他们把亚里士多德有关"善"的功能性定义视为破解当代人伦理语言运用方式的关键。■

亚里士多德

亚里士多德出生在哈尔基季基半岛上的城市斯塔基拉（位于现今希腊东北部地区），他的父亲是马其顿王室的家庭医生。亚里士多德接受贵族教育，于17岁那年被送入柏拉图学园就读，以学生和教师的身份在学园中度过了20年。柏拉图去世后，亚里士多德离开雅典前往爱奥尼亚，花了多年时间研究当地的野生生物。随后他被任命为马其顿王室的教师，一边教育年轻的亚历山大大帝，一边继续自己的研究。公元前335年，在亚历山大大帝的鼓

励下，亚里士多德回到雅典，开创了吕克昂学园，与柏拉图学园相抗衡。亚里士多德的大部分著作都是在自己的学园中撰写的，其哲学思想也在这一时期形成。公元前323年，亚历山大大帝去世，雅典城中爆发了一股反马其顿王朝的情绪，亚里士多德逃往埃维厄岛上的卡尔基斯市，于公元前322年去世。

主要作品

《工具篇》《物理学》（于9世纪时整理成书）

死亡与我们无关

伊壁鸠鲁（前341—前270年）

伊壁鸠鲁出生之时，古希腊哲学已在柏拉图和亚里士多德二人的思维碰撞下达到了巅峰。当时的哲学关注重点从形而上学转移到了伦理学上，也从政治伦理学转移到了个人伦理学上。而伊壁鸠鲁，则从早期哲学家们的研究，如苏格拉底对基本的人类概念和价值的真理审视中，找到了孕育出一个崭新的哲学学派的种子。生命的终极目标在于追求心灵的平静，则是这一新学派的核心思想。伊壁鸠鲁认为，欢乐和痛苦是善恶之源，包括美德和公正在内的品性便是由这一根源衍生而来，因为"快乐的生活是明智、诚恳和公正的生活，而明智、诚恳和公正的生活需要快乐。"人们经常会对伊壁鸠鲁主义进行错误的解读，认为这不过是一种追求感官之乐的思想。而对伊壁鸠鲁来说，最大的快乐只能在不受恐惧和痛苦束缚的情况下通过知识、友谊、有节制的生活获得。

惧怕死亡

伊壁鸠鲁认为，阻止人类获得心灵平静的障碍之一便是对死亡的恐惧，而宗教信仰往往会加深这种恐惧：如果触怒了神明，便会在来世遭受严酷的惩罚。伊壁鸠鲁并没有用永恒不朽的说法对抗这种恐惧，相反，他转而试图为人们解释死亡的本质：人类在死亡之时是没有意识的，因为人类的意识（灵魂）在死亡之时就已破灭。为进一步解释，伊壁鸠鲁引用了原子论哲学家德谟克利特和留基波的观点，

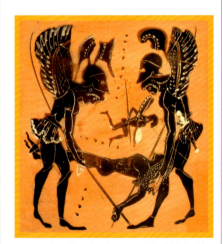

上图中无情可怕的死亡之神塔纳托斯被用于象征古希腊人犯了罪孽后在死亡和来世会遭受的痛苦和折磨。

参见： 德谟克利特和留基波 45页，苏格拉底 46~49页，柏拉图 50~55页，亚里士多德 56~63页，杰里米·边沁 174页，约翰·斯图尔特·密尔 190~193页。

生命的目标在于幸福。

感觉会随死亡而消逝，因此死亡时身体不会感到痛苦。

意识会随着死亡消逝，因此死亡时情感上也不会感到痛苦。

恐惧造成不幸，对死亡的恐惧则是其中的主因。

无须惧怕死亡。

如果能克服对死亡的恐惧，就能收获幸福。

即宇宙是由原子或虚空构成的。随后，伊壁鸠鲁指出灵魂不可能是虚空，因为灵魂会随着肉体运转变化，那么灵魂就必须由原子构成。这些组成灵魂的原子分布于全身各处，在人类死亡之时变得脆弱不堪，人类也因此丧失一切感觉。如果人类在死后已丧失精神或生理上的一切感觉，那么在活着的时候承受由惧怕死亡带来的痛苦就真是无比愚蠢了。

伊壁鸠鲁一生中吸引了一小部分狂热的追随者，然而由于被贴上了蔑视宗教的标签，他一直都不怎么受欢迎，其大部分哲学思想更是受到主流哲学界长达几个世纪的忽视，直至18世纪才在杰里米·边沁和约翰·斯图尔特·密尔的思想中重新闪现。而在革命政治领域里，伊壁鸠鲁学说的宗旨又与美国的《独立宣言》互相呼应："生命、自由，以及对幸福的追求。" ■

伊壁鸠鲁

伊壁鸠鲁出生于爱琴海上的萨摩斯岛，其父母都是雅典人。他的哲学启蒙老师是柏拉图的一名弟子。公元前323年，亚历山大大帝去世，随后全国爆发了激烈的政治冲突，伊壁鸠鲁与家人被迫搬去现在土耳其的克勒芬，在那里与德谟克利特的弟子瑙西芬尼继续进行哲学研究。

在公元前306年搬去雅典之前，伊壁鸠鲁主要在莱斯波斯岛上的米蒂利尼和希腊兰普萨库斯讲学。他在希腊建立了伊壁鸠鲁学派，该学派由其朋友和追随者组成。如今伊壁鸠鲁主义中的大量哲学思想都是伊壁鸠鲁在该学派中提出的。

伊壁鸠鲁在病痛的折磨中活到了72岁。他忠于自己的信念，将自己生命的最后一日描绘为真正的幸福日。

主要作品

公元前3世纪初 《论自然》《准则学》《梵蒂冈语录》

知足常乐者最富有

西诺普的第欧根尼（约前404—前323年）

柏拉图曾将第欧根尼描述为"疯了的苏格拉底"。虽然这话听上去是对第欧根尼的侮辱，但也不算偏颇。第欧根尼与苏格拉底在美德和反对物质享受方面想法一致，只不过第欧根尼的想法走向了极端。他认为为了过上美好生活，或为使生活有意义，人类必须挣脱由社会所施加的各种外在限制，以及由自身的欲望、情感和恐惧所造成的内心的不满。如若能顺从理智与本性，能毫不羞愧地拒绝世俗传统，放弃对财富和享乐的欲望，安于过上一种简单生活的话，生活就能变得美好而有意义。

第欧根尼是犬儒主义的开创者。犬儒主义这个词条来自希腊语，意为"像狗一样"。从这个词中我们可以看出犬儒主义者摒弃一切社会习俗规范，顺从本性生活的决心。第欧根尼自己就过着一种贫穷的生活，他的庇身之所不过是一个废弃的木桶而已。犬儒主义者们

第欧根尼拒绝世俗的价值观，流落在大街之上。他嘲笑习俗传统，只吃那些丢弃的残羹冷炙，身上仅由破布蔽体，尽管他是故意这么穿的。

宣称，越顺从本性摒弃世俗，就越接近理想的生活状态。

最幸福的人，按照第欧根尼所言，也就是"最富有的人"，是那些能够摆脱文明社会的习俗和价值观的限制、顺从自然规律生活的人，即"知足常乐之人"。■

参见：苏格拉底 46~49页，柏拉图 50~55页，基提翁的芝诺 67页，圣奥古斯丁 72~73页，弗里德里希·尼采 214~221页。

生命的目标是与大自然一致
基提翁的芝诺（约前332—前265年）

背景介绍

哲学分支
伦理学

聚焦
斯多葛主义

此前
约公元前380年 柏拉图在其著作《理想国》中提出了其有关伦理和城邦制度的思想。

公元前4世纪 西诺普的第欧根尼通过极端穷困的生活方式展示其犬儒主义原则。

此后
约40—45年 罗马政治家和哲学家塞内卡在其《对话录》中延续了斯多葛学派的哲学传统。

约150—180年 罗马统治者马可·奥勒留写出了根据斯多葛哲学研究而来的12卷《沉思录》。

1584年 佛兰芒人文主义者尤斯图斯·利普修斯出版著作《德·康斯坦夏》，将斯多葛主义和基督教结合在一起创造出了新斯多葛主义。

亚里士多德去世后涌现了两大哲学学派，其中一个是由伊壁鸠鲁开创的享乐主义，另一个则是由基提翁的芝诺开创的斯多葛学派。前者吸引力有限，而斯多葛学派则更受欢迎，影响时间更长久。

芝诺与第欧根尼的一名学生共同研究犬儒主义，并受到了这种生活方式的吸引。芝诺不愿在形而上学思辨上花时间，而是逐渐相信自然法则才是宇宙的主宰，自然法则又是由某个至高无上的立法者制定的。在芝诺看来，人类完全无力改变现实，为了享受这种现实提供的福利，人类又不得不接受现实的残酷和不公正。

自由意志

另一方面，芝诺也认为，人类在出生时被赋予了理智的灵魂，可以借此追求自由意志。没有人会被迫追求"美好的"生活，这全取决于个人的选择，取决于个人是否愿意摒弃自己无力控制的东西，无视痛苦和欢乐、贫穷和富有的差别。倘若真能如此，这个人就能达到各方面与自然的和谐，顺从至高无上的自然立法者所制定的规则而生存。

斯多葛学派深受希腊化时代的希腊民众的欢迎，并随着罗马帝国的扩张吸引到了更多的追随者。斯多葛学派在罗马帝国开枝散叶，成为伦理学的基础，无论是在个人领域还是政治领域，直至公元6世纪才被基督教所取代。■

> 幸福就是持续不断的美好生活。
> ——基提翁的芝诺

参见: 柏拉图 50~55页，伊壁鸠鲁 64~65页，西诺普的第欧根尼 66页。

THE MEDIEVAL WORLD
WORLD
250–1500

中世纪哲学

250年—1500年

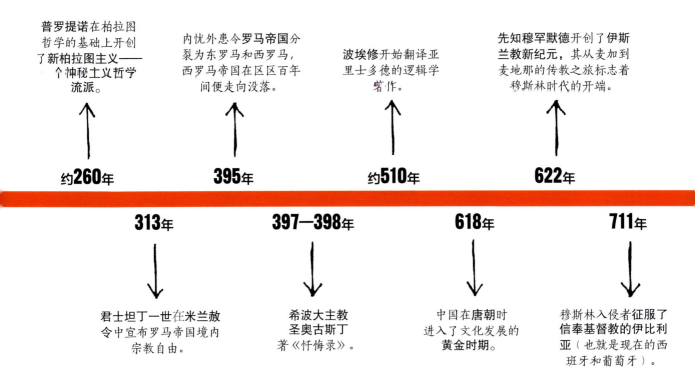

普罗提诺在柏拉图哲学的基础上开创了新柏拉图主义——一个神秘主义哲学流派。

内忧外患令罗马帝国分裂为东罗马和西罗马，西罗马帝国在区区百年间便走向没落。

波埃修开始翻译亚里士多德的逻辑学著作。

先知穆罕默德开创了伊斯兰教新纪元，其从麦加到麦地那的传教之旅标志着穆斯林时代的开端。

约260年 **395年** **约510年** **622年**

313年 **397—398年** **618年** **711年**

君士坦丁一世在米兰赦令中宣布罗马帝国境内宗教自由。

希波大主教圣奥古斯丁著《忏悔录》。

中国在唐朝时进入了文化发展的黄金时期。

穆斯林入侵者征服了信奉基督教的伊比利亚（也就是现在的西班牙和葡萄牙）。

除斯多葛主义外，罗马文化中并没有留下太多哲学的印记。而斯多葛主义之所以受到罗马人推崇的原因就在于其对德行和履行个人职责的强调。因此，古希腊时代所建立的广博得多的哲学传统在罗马帝国统治时期遭到了有力的排斥。雅典人依旧研习哲学，然而哲学在此时期的影响力已大不如前，甚至没有出现任何有影响力的哲学家，直到3世纪普罗提诺出现并建立了重要的新柏拉图学派，情况才有所好转。

罗马帝国的政治和文化影响力在进入公历纪元后的第一个千年里双双削弱，与此同时基督教也融入了罗马文化中。5世纪，帝国覆灭后，教会成为西欧的主导权威，其影响力一直持续了大约1000年。随着基督教影响力的逐渐扩大，希腊哲学思想，尤其是其中有关独立于宗教教义的理性检验的内容就更显得尴尬了。与宇宙本质和生活品德的组成要素相关的问题由圣经予以解答，不再被视为哲学主题进行讨论。

包括希波大主教圣奥古斯丁在内的早期基督教哲学家曾试图将希腊哲学融入基督教之中，而这也是经院哲学的主要任务。所谓的经院哲学，是一种源于修道院的哲学研究方法，以其严谨的辩证推理而闻名。经院哲学家们关注的不再是"上帝是否存在"或"人类灵魂是否不朽"一类的问题，而是转向了对上帝和不朽灵魂信仰的理性化辩护。

黑暗时代

欧洲大陆随着罗马帝国的衰落和倾颓进入了"黑暗时期"，其传承的大部分希腊和罗马文化也一同消失。教会垄断了知识的学习，得以留存下来的真正的哲学是一种被认为能够与基督教兼容的柏拉图主义，以及由波埃修翻译的亚里士多德逻辑学。

与此同时，世界其他角落的文化则进入了大发展、大繁荣的时期。中国和日本的文化，尤其是诗和艺术文化走向"黄金时代"，传

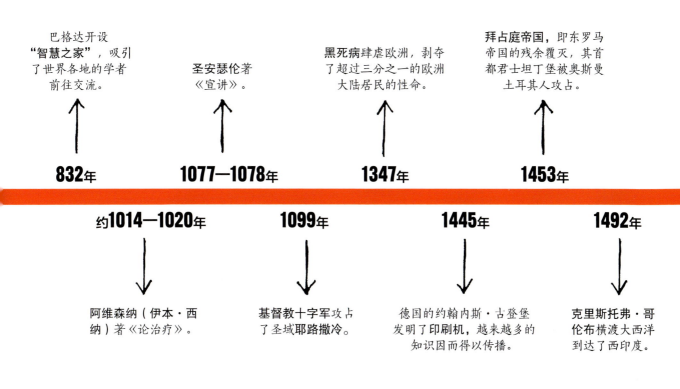

巴格达开设"智慧之家"，吸引了世界各地的学者前往交流。

832年

圣安瑟伦著《宣讲》。

1077—1078年

黑死病肆虐欧洲，剥夺了超过三分之一的欧洲大陆居民的性命。

1347年

拜占庭帝国，即东罗马帝国的残余覆灭，其首都君士坦丁堡被奥斯曼土耳其人攻占。

1453年

约**1014—1020**年

阿维森纳（伊本·西纳）著《论治疗》。

1099年

基督教十字军攻占了圣域耶路撒冷。

1445年

德国的约翰内斯·古登堡发明了印刷机，越来越多的知识因而得以传播。

1492年

克里斯托弗·哥伦布横渡大西洋到达了西印度。

统东方哲学也和东方宗教和谐相融。在亚历山大大帝曾经的领土上，希腊的哲学遗产获得了比在欧洲更多的尊重。从6世纪开始，阿拉伯和波斯的学者们将古典希腊哲学家们的著作妥善保管并翻译成自己的语言，与伊斯兰文化融会贯通。

随着伊斯兰教不断向东扩张传入亚洲和北非，并进入西班牙，其影响力也开始在欧洲有所体现。到12世纪时，有关伊斯兰国家的各种新思想和新发明的消息已能传播至位于其北方的英国，而欧洲学者们也开始借由伊斯兰翻译的各种文献重新研究古希腊数学与古希腊哲学。其中尤其以亚里士多德的

著作为重，其承载的哲学思想在中世纪时期的教会中得以重现。由于柏拉图哲学为对上帝和不朽灵魂的信仰进行理性辩护，它更易被基督教思想所接纳，而亚里士多德的哲学思想则受到了教会权威的质疑。尽管如此，包括罗吉尔·培根、托马斯·阿奎那、邓斯·司各脱和奥卡姆的威廉在内的基督教哲学家们以满腔热情接纳了新亚里士多德主义，并最终通过努力令教会承认了该学说与基督教信仰的相容性。

一种新理性

除了通过引入哲学令教会重焕生机以外，伊斯兰国家还为中世纪时期的欧洲带来了丰富的科学技术

知识。波斯将亚里士多德的科学研究法予以精炼，而当这些科学研究法传入欧洲后，更是以其在化学、物理、医学，特别是在天文学方面的先进性逐渐动摇了教会的权威地位。

15世纪末期，古希腊思想和新观念的重新引入令欧洲进入了文艺复兴时期，人们的思想也在此时发生了转变：从一味依靠宗教信仰转为借助理性推理寻求问题的答案。当包括伊拉斯谟在内的人文主义者发起改革运动时，教会内部也出现了反对的声音。而哲学家们则将注意力从上帝和不朽的灵魂转向了科学和自然世界中的各种问题。■

上帝并非恶之源

圣奥古斯丁（354—430年）

背景介绍

哲学分支
伦理学

聚焦
基督教柏拉图主义

此前

约公元前400年 柏拉图在《高尔吉亚篇》中提出，恶不是物，而是物的缺乏。

3世纪 普罗提诺复兴柏拉图的善恶观。

此后

约525年 波埃修在其著作《哲学的慰藉》中引用了圣奥古斯丁学派的性恶论。

约1130年 皮埃尔·阿伯拉尔拒绝不存在邪恶事物的观点。

1525年 德国牧师马丁·路德发起宗教改革，发表《意志的捆绑》，论证人类一直是不自由的。

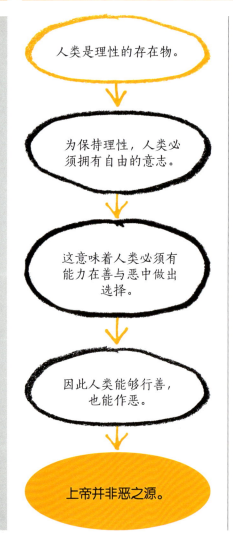

人类是理性的存在物。

为保持理性，人类必须拥有自由的意志。

这意味着人类必须有能力在善与恶中做出选择。

因此人类能够行善，也能作恶。

上帝并非恶之源。

圣奥古斯丁对与恶相关的问题尤为感兴趣。倘若上帝是至善至美、无所不能的，那么世界上为什么还会有恶？这个问题成为包括圣奥古斯丁在内的基督徒，以及犹太教和伊斯兰教的信徒们研究的核心，因为这个问题将一个显而易见的真相，即恶的存在深化为一场对上帝是否存在的争论。

圣奥古斯丁能够轻而易举地解释这个问题的其中一个方面。他认为，虽然上帝创造了世间万物，却并没有创造恶，因为恶并不是物，而是物的缺乏。打个比方，一个盲人所受的恶便是丧失光明，而盗贼所受的恶便是丧失诚实。这种思考方式是圣奥古斯丁从柏拉图及其追随者身上借鉴的。

本质的自由

圣奥古斯丁还需要解释为什么上帝会允许世界上存在这些本性或道德上的恶或缺陷，而他的解答则围绕人类是有理性的生物展开。圣奥古斯丁认为，为了创造出包括人类在内的理性动物，上帝必须给予

参见: 柏拉图 50~55页, 普罗提诺 331页, 波埃修 74~75页, 皮埃尔·阿伯拉尔 333页, 大卫·休谟 148~153页。

他们自由的意志。而拥有了自由的意志就意味着人类拥有了包括善与恶在内的选择权。出于这个原因,上帝不得不使第一个人类,即亚当,拥有选择恶的可能性。而根据《圣经》记载,这种可能性成为现实,亚当违背了上帝的命令偷吃了知识之树的果实。

事实上,即使没有《圣经》的支持,圣奥古斯丁的论点也是站得住脚的。理性是一种通过推理评估各种选择机会的能力。这种评估的过程只有在拥有选择的自由,包括选择作恶的自由时才有可能实现。

圣奥古斯丁还为这个问题提供了第三种答案,即将世界视为美好的事物。虽然宇宙中存在邪恶,然而正是因为邪恶的存在才使得这个世界变得更加美好:正如不和谐音符的存在使和谐乐曲变得更加悦耳

动听,或黑斑点能令图画更显美丽一样。

对自然之恶的解释

从圣奥古斯丁的时代开始,大多数基督教哲学家都采取他的方式解决与恶有关的问题,而基督教哲学的反对者们,如大卫·休谟,则对基督教提出质疑,指出了理论中的弱点。比如,缺乏健康的这种说法就像是玩了一个文字游戏一样:疾病的成因或许是因为缺乏某物,但是病人所遭受的痛苦确是真实存在的。此外,像地震和瘟疫这样自然界中的邪恶又该如何解释呢?

不信仰上帝的人可能会认为,邪恶的存在正是万能和仁慈的上帝并不存在的证据。但是对那些忠实于上帝的人而言,圣奥古斯丁的观点才是真正的答案。■

令亚当服从上帝命令的东西同样也能令他犯罪。

——圣奥古斯丁

在圣奥古斯丁看来,没有恶的世界也就没有人类的存在,人类是能够自主选择行为方式的理性动物。就如亚当和夏娃一样,人类的选择赋予了人类犯罪的可能性。

圣奥古斯丁

圣奥古斯丁于公元354年出生于北非的一个名为塔加斯特的小乡镇,他的母亲是一名基督徒,而父亲却是一名异教徒。他接受的教育使其成为一名修辞学家,并在其家乡、迦太基、罗马及米兰传授修辞学且声名远扬。

圣奥古斯丁一度信奉摩尼教——该教派将善与恶视为统治宇宙的双重力量,然而在米兰大主教安布罗修的影响下,他开始被基督教所吸引。公元386年,圣奥古斯丁经历了一场精神危机,人生从此发生了改变。他放弃了自己的工作,全身心地投入在基督教著作的撰写中,其中大部分文章都极富哲学性。395年,他开始担任北非的希波大主教直至逝世。圣奥古斯丁卒于希波,享年75岁,时年希波遭到了汪达尔人的围剿和洗劫。

主要作品

约388—395年 《论自由意志》
约397—401年 《忏悔录》
约413—427年 《上帝之城》

上帝预测了人类自由的意志和行为

波埃修（约480—525年）

背景介绍

哲学分支
认识论

聚焦
基督教柏拉图主义

此前
约公元前350年 亚里士多德概括出所有声称对未来做出正确预测的言论中存在的问题。

约公元前300年 叙利亚哲学家杨布利柯提出，知识的多少取决于认知者的能力。

此后
约1250—1270年 波埃修"上帝置身于时间之外，卓越超凡，远非人类所能理解"这一观点得到了托马斯·阿奎那的赞同。

约1300年 约翰·邓斯·司各脱提出，人类的自由取决于上帝自身的行动自由。上帝在对自身不变，却又自由的意志的认识中，洞悉了人类的未来和自由的行为。

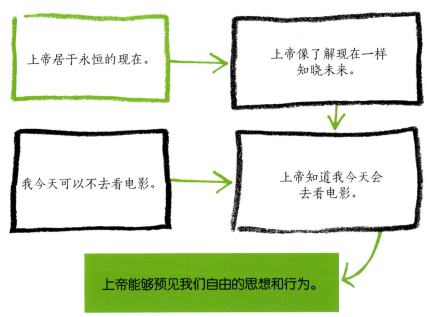

上帝居于永恒的现在。

上帝像了解现在一样知晓未来。

我今天可以不去看电影。

上帝知道我今天会去看电影。

上帝能够预见我们自由的思想和行为。

罗马哲学家波埃修接受的是柏拉图主义哲学传统的训练，他也是一个基督徒。他以成功地解开了亚里士多德之前的一个问题而出名：如果上帝已经知晓我们未来会做的事情，那么人类又怎会拥有自由的意志？

解决这个矛盾的最佳方法是想象日常生活中的某个情景。比如，今天下午我有可能会去看电影，或者会写作。最终我选择了去看电影，既然这样，（在事情发生之前）我今天下午会去看电影便成为了事实。然而如果看电影已然成为事实，那么看上去我就失去了写作的选择。亚里士多德是第一个解释这个问题的人，然而他给出的答案却并不十分清晰。亚里士多德似

参见: 亚里士多德 56~63页,托马斯·阿奎那 88~95页,约翰·邓斯·司各脱 333页,贝内迪克特·斯宾诺莎 126~129页,伊曼努尔·康德 164~171页。

乎认为,像"我今天下午可能去看电影"一类的句子没有错与对的分别,或至少不像"我昨天去看电影"这样的句子一样对错分明。

时间之外的上帝

波埃修所面对的问题比上面的更加艰涩。他认为,上帝知晓一切,包括过去、现在与未来。因此,如果我今天下午会去看电影,

> 了解万物的关键不在于事物本身,而在于认识者自身的能力。
>
> ——波埃修

上帝现在就会知道。因此,看上去我就不是真正拥有选择写作的自由,因为这个选择与上帝已经知晓的选择相冲突。

波埃修提出,同样的问题可以用不同的方式认识,具体取决于认识者的本性。比如,我的狗,只能通过自己能够感知到的一些品质理解太阳,如视觉和触觉。而人类,则可以通过推理了解太阳所属的范畴,或是组成太阳的元素,以及太阳与地球之间的距离等。

波埃修采用了类似的方式看待时间。人类置身于时间之流中,只能通过过去(已经发生的)、现在(正在发生的)和未来(即将发生的)三种方式认识各种事物。我们无法了解尚未明确的未来事件的结果。相反,上帝则不受时间的约束,他居于永恒的现在:在上帝看来,过去、现在与未来是相同的。正如我知晓你正在做着这件事不会

波埃修影响力深远的著作《哲学的慰藉》中与哲学女神探讨自由的意志、宿命论,以及上帝对永恒现实的看法。

影响你不做的自由一样,上帝像了解现在一样知晓我们未来的行为,也不会影响我们行动的自由。

现如今的一些思想家认为,既然我还没有决定今天下午是否会去看电影,那么对于这个未来我们尚一无所知,无所不知的上帝也无法了解我究竟是否会付诸行动。■

波埃修

阿涅西斯·波埃修是一位信奉基督教的罗马贵族,生于罗马帝国土崩瓦解、东哥特人统治意大利的时期。他七岁的时候成了孤儿,由罗马的一个贵族家庭抚养长大。他受到了极其优秀的教育,能说流利的希腊语,对拉丁和希腊文学及哲学知识都有深刻的了解。波埃修一生致力于翻译和评述希腊文献,尤其是亚里士多德的逻辑学著作,直至他被任命为东哥特国王的首席参谋。五年后,他成为宫廷谋乱的牺牲品,遭受叛国罪的错误指控,被处以死刑。他在狱中等待最终的行刑前写下了其最为著名的《哲学的慰藉》。

主要作品

约510年 亚里士多德《范畴篇》评述

约513—516年 亚里士多德《解释篇》评述

约523—525年 《哲学的慰藉》

灵魂有别于肉体

阿维森纳（980—1037年）

阿维森纳是阿拉伯文明中最重要的哲学家，也是世界最伟大的思想家之一。与其前辈阿尔肯迪、阿尔法拉比和后辈阿维罗伊相似的是，阿维森纳主动将自己标榜为一名哲学家，而非伊斯兰教神学家，并主动选择了古希腊智慧和推理证明之路。尤其要指出的是，阿维森纳将自己视为亚里士多德的追随者，其主要著作也更像是亚里士多德哲学的百科全书。

然而，这些对亚里士多德哲学思想的解读之作都是在阿维森纳的重新思考和综合下完成的。在某些学说，如宇宙始终存在这一观点

参见: 柏拉图 50~55页,亚里士多德 56~63页,阿尔·肯迪 332页,
托马斯·阿奎那 88~95页,勒内·笛卡儿 116~123页,吉尔伯特·赖尔 337页。

如果我被蒙住眼睛,飘浮在空中,无所触碰……

……我将无从了解自己的身体。

但此时,我会清楚地感知自身——"自我"或"灵魂"的存在。

因此,我的灵魂不属于肉体,与肉体完全不同。

灵魂有别于肉体。

阿维森纳

阿维森纳在公元980年出生于布哈拉,即现在的乌兹别克斯坦附近的一个小村庄。虽然他大多数著作都是用伊斯兰国家的通用语言阿拉伯语写就的,但他的母语却是波斯语。阿维森纳年少时期便显现出与众不同的天赋,很快便在逻辑学和哲学,甚至是医学领域超越了老师们的水平。仍处于青少年时期的阿维森纳的卓越的医者才能就被萨曼王朝统治者曼努尔知晓,后者慷慨地将自己宏伟的图书馆借予阿维森纳使用。

阿维森纳一生以医者和政治谏言者的身份服务于各位萨曼王朝的王子。他21岁开始写作,一生著作200余册,主题囊括形而上学、动物生理学、固体力学和阿拉伯法学。阿维森纳在扶持自己的赞助人阿拉·道拉参与竞选的过程中去世,其死因很有可能源于某人蓄意调换了他治疗急腹症的药方。

主要作品

约1014–1020年 《论治疗》
约1015年 《医典》
约1030年 《指示与评论书》

上,阿维森纳与亚里士多德保持一致,无视这些观点与伊斯兰正统间的冲突。然而,在另外的一些领域中,阿维森纳又与亚里士多德的观点完全相悖。一个令人吃惊的例子便是他对心灵(自我或灵魂)与肉体关系的解读。

心灵与肉体不同

亚里士多德认为,人类(以及其他动物)的心灵和肉体不是两种不同事物(或"实体"),而是一个整体,其中心灵是肉体的"形式"。正因如此,心灵才负责掌管包括思考在内的一切人类行为。因

此,亚里士多德似乎不认为有任何事物能在肉体死亡后继续存在。

与此相反的是,阿维森纳则是哲学史上最为著名的"二元论者"之一,他认为肉体与心灵是两个完全不同的实体。在这一观点上其最伟大的前辈便是柏拉图,后者认为心灵是禁锢在肉体中与肉体完全不同的东西。柏拉图认为,在死亡时,心灵便会挣脱肉体的束缚,转世到另一具肉体中。

阿维森纳在试图证实心灵与肉体的不同本质时设计出一个思考实验,后人称之为"飞人"。这种方法在阿维森纳的著作《论治疗》中

的《论灵魂》篇中有所体现，旨在剔出任何有可能予以反驳的知识，留下绝对的真理。这与后期17世纪著名二元论者笛卡儿的著作不谋而合，而后者同样只愿意相信自己能够确认的事实，摒弃其他知识的干扰。阿维森纳与笛卡儿二人都希望展示这一事实，即它只有知道自己的存在，心灵或自我才会存在；心灵完全不同于人类的肉体。

飞人

阿维森纳试图通过飞人实验检验在剥夺感觉、无法依靠感官收集信息的情况下，人类还能获知何种知识。他要求人们想象出这样一个场景：假如我在刚出生的状态下就已拥有所有常态智力，假设我在被蒙住双眼的情况下在空气中飘浮，由于躯干分离而无法碰触任何事物。假设我已没有了任何感觉，我依旧能够确定自己的存在。然而，自我究竟是什么？自我不可能是身体的某个部分，因为我确实不清楚自己是否拥有它。我坚信存在的自我无法用长度、宽度或深度来衡量，没有延展度，也没有物质性。如果我能够想象出，比如一只手的话，那么这只手在我看来就不属于那个我确信存在的自我。

从这种假设中可进一步推理出人类自我不同于肉体躯干或是任何物质这一观点。阿维森纳提出，飞人实验是一种提示自我意识存在的方式，而心灵是一种不同于肉体的存在。

阿维森纳还提供了另外一些证明心灵非物质性的方法，大多数方法的理论依据都基于这样一个事实之上：心灵能够获取的知识无法承载于任何物质之上。我们能够轻易看出那些物质形态的事物是如何与

> **上帝与灵魂的私密对话发生在灵魂摆脱一切物质束缚与上帝直接接触之时。**
>
> ——阿维森纳

我们的物质器官相容的：我看到的墙壁画面在眼睛的晶状体结构上延伸，墙壁的每个部分都与晶状体的一个部分相呼应。而心灵不是感觉器官——心灵能够获取的是诸如"人类是会死的理性动物"一样的各种定义，而这句话中的每一个部分都需要被心灵迅速吸收。因此，心灵绝不可能与肉体或者是肉体的某一个部分相似。

不朽的灵魂

阿维森纳进一步总结出，当肉体死亡时，心灵不会消失，心灵是不朽的。虽然主流思想认为包括肉体与心灵在内的一个完整的人能够在来世再度复活，但是阿维森纳灵魂不朽的结论却并没有使其思想为主流思想所接纳。结果是阿维森纳在公元12世纪时被伟大的伊斯兰神学家安萨里攻击和批判，而后者以阿维森纳完全摒弃了伊斯兰教中死

阿维森纳的医学知识渊博，就连当时的皇室成员也向他求医。其医学著作《医典》对17世纪中叶之前的欧洲医学界产生了深远的影响。

> 我思故我在。
>
> ——勒内·笛卡儿

人复活的核心教义为由将其视为异教徒。然而，也正是在公元12世纪时，阿维森纳的著作被翻译成拉丁语，其二元论在基督教哲学家和神学家中受到广泛欢迎。阿维森纳对亚里士多德文献的解读令这些哲学家和神学家们对不朽灵魂的信仰更加坚定。

无可置疑的自我

在此200年后，即13世纪50年代，托马斯·阿奎那便对亚里士多德的著作进行了宗教性更强的解释。他的解释中强调了心灵和肉体是紧密联系在一起的，而这一观点也受到了16世纪和17世纪神学家们的广泛接受。然而1640年时，笛卡儿再度回归与柏拉图思想更为接近的二元论，其观点也与阿维森纳的观点极为相似。

在笛卡儿的想象中存在这样一个魔鬼，正试图欺骗他接受任何有可能成功骗到他的事物。随后他意识到，唯一无法令他受骗的，便是他存在的事实。笛卡儿提出的自我与阿维森纳飞人实验中的自我完全一致。与阿维森纳一样，笛卡儿随后得出结论，即"我"或自我完全不同于肉体，必须是不朽的。

机器中的幽灵

对阿维森纳和笛卡儿二元论观点的一个强有力的反驳是由阿奎那提出的。他认为，思想的自我和感受身体的自我是同一个自我。比如，我观察到腿上有某处疼痛的方式与船员发现船上漏了一个洞的方式是一致的。腿上的疼痛属于我，就像我的哲学思考或我的午餐属于我。

随着人们对脑科学的深入的了解，大部分当代哲学家都对心灵-肉体二元论持反对意见。阿维森纳和笛卡儿二人对生理学都非常感兴趣，并对包括运动和感觉在内的各种身体行动进行了科学阐释。然而，理性思考的过程却无法运用二人同时代的科学方法解读。现在，

我们能够准确解释思考是如何在大脑的各个区域进行的，虽然还无法肯定这是否意味着能够在不提及自我的情况下阐释思考的过程。20世纪英国伟大的哲学家吉尔伯特·赖尔用漫画将二元论者口中的自我嘲讽为"机器中的幽灵"，更试图阐明人类无须借助这一"幽灵"，照样能理解和生存于这个世界之中。

现如今，哲学家们从内部划分成了几个派别，一小部分人拥护二元论，一大部分人则认定心灵只是大脑，而大多数人则赞同思想是大脑物理运动的产物，却又坚持认为大脑的物理状态（即大脑灰质、神经元等）及源于它们的思想是截然不同的两部分。

仍然有诸多哲学家，尤其是欧洲大陆的思想家们坚持采纳阿维森纳思想实验的成果。在他们看来，这一实验表明每个人都对自身有着不符合科学理论客观观点的第一视角的解读（即"我"）。■

菲利普·普尔曼的故事《北极之光》借鉴了古希腊有关人类灵魂或守护神的思想，即人类的灵魂或守护神是一种不同于肉体的、能够以完整的动物，比如猫的形象出现的存在。

只要想到上帝便可知其存在

圣安瑟伦（1033—1109年）

背景介绍

哲学分支
宗教哲学

聚焦
柏拉图-亚里士多德主义

此前
约400年 希波大主教圣奥古斯丁通过我们对不变真理的掌握证明上帝存在。

1075年 圣安瑟伦在其著作《独白》中发展了圣奥古斯丁的上帝存在证明。

此后
13世纪60年代 托马斯·阿奎那对圣安瑟伦的"本体论论证"提出反对观点。

1641年 勒内·笛卡儿在其《沉思录》中使用了圣安瑟伦的"本体论论证"结构。

1979年 美国哲学家阿尔文·普兰丁格通过运用模态逻辑建立真理重塑了圣安瑟伦的"本体论论证"。

虽然基督教哲学家们坚信上帝的存在是一件有关信仰的事情，但是中世纪时期，这些哲学家同样迫切地想要通过理性论证予以证实。由11世纪在亚里士多德逻辑学、柏拉图思想和自身智慧的基础上展开研究的意大利哲学家圣安瑟伦开创的本体论论证或许是其中最为出名的。

在本体论论证中，圣安瑟伦幻想自己正在同一个否认上帝存在的愚者争执。双方争论的焦点放在劝说对方接受两件事：其一，"上帝是否是最伟大的"；其二，"上帝是否存在"。这场争论的结果是这个愚者不得不承认自身观点的矛盾性，或认同上帝的存在。

这一争论得到了包括勒内·笛卡儿和巴鲁赫·斯宾诺莎等伟大哲学家的认同，但也有许多人赞同愚者的观点。与圣安瑟伦同时期的马木提的高尼罗就提出，我们能够使用同一个论证证明某地存在一个远超过任何岛屿的奇妙之岛。18世纪时，伊曼努尔·康德指出，这一论证将存在当成了事物的属性，就像描述我的一件夹克那样："它是绿色的，粗呢料，是真实存在的。"然而存在却不像绿色这种属性一样：如果这件夹克并不存在，那么它也不会拥有绿色或粗呢的属性了。

康德认为，圣安瑟伦的观点，即存在于现实和心灵中的事物要比单纯存在于心灵中的事物重要，是错误的，然而在这个问题上其他哲学家却站在了圣安瑟伦的一边。画家开始作画之前，难道没有意识到现实的画作比心中的概念更伟大吗？■

我们认为，可以想象的最伟大的事物莫过于上帝。
——圣安瑟伦

参见: 柏拉图 50~55页, 圣奥古斯丁 72~73页, 托马斯·阿奎那 88~95页, 勒内·笛卡儿 116~123页, 贝内迪克特·斯宾诺莎 126~129页。

圣安瑟伦	愚者

如果上帝存在，那么他将是世间最伟大的存在，你同意吗？

我同意。

那么你同意"高于一切的事物存在"这一思想存在于你的心灵中吗？

是的，存在于我的心灵，却并不存在于现实。

那么存在于现实和心灵中的事物要比仅存在于心灵中的事物更加伟大，你同意吗？

是的，我认为是这样——我手中真实握着的冰激凌肯定比只存在于我想象中的好多了。

那么"高于一切的事物存在"这种想法没有真实存在的事物重要，对吗？

是的，真实存在的事物更为重要。

那么现在你不是在说有高于"高于一切的事物"的事物存在吗？

这话没有道理。

确实是这样。解决这一矛盾的唯一方法就是承认上帝（即高于一切的事物）确实存在——存在于思想和现实之中。

圣安瑟伦的"本体论论证"写于1077—1078年，却由德国哲学家康德于1781年命名。

圣安瑟伦

　　坎特伯雷的圣安瑟伦出生于1033年的意大利奥斯塔。他20岁时离家前往法国贝克的修道院，师从当时著名的逻辑学家、语法学家和圣经评论家兰弗朗克。圣安瑟伦1060年成为贝克的僧侣，随后又成为长老，最终于1078年成为修道院院长。他在英格兰四处旅行，虽然身体欠佳，又缺乏政治经验，圣安瑟伦还是于1093年被任命为坎特伯雷大主教。由于试图用宗教力量对抗皇权，他与盎格鲁·诺曼国王威廉二世和亨利一世之间爆发了冲突。冲突最终得以解除，而圣安瑟伦则卒于坎特伯雷，享年76岁。

主要作品

1075–1076年 《独白》
1077–1078年 《宣讲》
1080–1086年 《论魔鬼的堕落》
1095–1098年 《神为何成人》

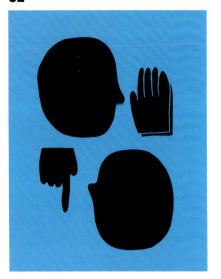

哲学与宗教 并非不可调和

阿维罗伊（1126—1198年）

背景介绍

哲学分支
宗教哲学

聚焦
阿拉伯亚里士多德主义

此前

11世纪90年代 安萨里公开批判伊斯兰亚里士多德主义的哲学家。

12世纪20年代 依本·巴哲在当时受伊斯兰教影响深刻的西班牙国内建立了亚里士多德主义哲学。

此后

1270年 托马斯·阿奎那批判了阿维罗伊主义者们接受基督教教义和亚里士多德哲学之间相互冲突的真理。

14世纪40年代 纳博纳的摩西出版了一系列阿维罗伊著作及书评。

1852年 法国哲学家欧内斯特·勒南出版了《阿维罗伊研究》一书，为现代伊斯兰政治思想留下了深远的影响。

阿维罗伊在法律界任职，是中世纪时期最严厉的伊斯兰政权之一阿尔摩哈德地区的法官。然而，他却把工作结束后的每个夜晚花在对某位古代异教哲学家——亚里士多德哲学作品的评注之上。而在阿维罗伊的诸多狂热读者中，其中便有一位是阿尔摩哈德统治者艾布·叶尔库白·优素福。

阿维罗伊通过一种社会等级理论将宗教和哲学的冲突予以调和。在他看来，只有受过教育的精英人士才能进行哲学性思辨，而他人则有义务接受《古兰经》的教义。阿维罗伊并不认为《古兰经》的字面信息能够传达出对宇宙完整准确的解读，相反，在他看来，《古兰经》是对真理的诗意接近，这正是大多数未受教育者能够掌握的。

但是阿维罗伊同时相信，受过教育的公民需要在宗教上承担运用哲学推理的义务。无论通过哲学推理的过程是否能够发现《古兰经》字面意义的错误，他提出，文本是

> 阿维罗伊：我们认可《古兰经》的真实性。

> 但其中某些部分存在明显的错误。

> 《古兰经》文本体现的是诗化的真理，必须通过哲学推理进行解读。

哲学与宗教并非不可调和。

参见: 柏拉图 50~55页, 亚里士多德 56~63页, 安萨里 332页, 伊本·巴哲 333页, 托马斯·阿奎那 88~95页。

> 哲学家们相信宗教法则是必要的政治。

——阿维罗伊

必须得到"解释"的,即应该忽视词组的字面意义并在此采纳亚里士多德的哲学所证明的科学理论。

不朽的智慧

阿维罗伊一直希望摒弃掉部分已被人广为采纳的伊斯兰教教义以保持哲学和宗教的相容性。比如,几乎所有的穆斯林都相信宇宙有起源,而阿维罗伊则赞同亚里士多德的观点,即宇宙始终存在,《古兰经》中也没有任何内容与这一观点

相悖。然而,死人复活作为伊斯兰教的一个基础信条,则很难与亚里士多德学派的宇宙理论相融合。阿维罗伊相信,人类必须相信自己能够获得永生,任何否认这一观点的人都是异教徒,必须处以死刑。与此同时,他又与自己的前人们在某一观点上意见相左,提出亚里士多德的《论灵魂》中并没有提到人类拥有不朽的灵魂。根据阿维罗伊的解读,人类的不朽唯有通过智慧的共享才能得以实现。

随后的阿维罗伊主义者

阿维罗伊对亚里士多德哲学(仅指其中的精英分子)的支持并不为穆斯林同族所接纳。然而,其著作被翻译为希伯来语和拉丁语,在13世纪和14世纪时产生了深远的影响。那些赞成亚里士多德和阿维罗伊观点的学者们成为后来的阿维罗伊主义者,其中有包括纳博纳的摩西在内的犹太学者,以及包括达

契亚的波埃修和布拉班特的西格在内的拉丁学者。阿维罗伊学派的拉丁分支将阿维罗伊解读过的亚里士多德视为经由理智验证过的真理的化身,虽然他们也承认这种真理中存在很多与基督教"真理"相冲突的地方。据称,这些学者们采纳的是"双重真理"理论,但是他们的观点更像是真理取决于发问的语境。■

12世纪时部分穆斯林人并不将哲学视为必修课程,然而阿维罗伊提出,若要批判性地参与到宗教中,哲学是不可或缺的。

阿维罗伊

1126年,阿维罗伊出生于科尔多瓦,该地区当时为伊斯兰统治下的西班牙领土。他被引荐给哈里发艾布·叶尔库白·优素福。哈里发艾布任命阿维罗伊为审判长,以及后来的宫廷医生。出于对亚里士多德的共同的兴趣,哈里发艾布·叶尔库白·优素福委任阿维罗伊撰写了针对包括哈里发艾布·叶尔库白·优素福在内的非专业人士对亚里士多德所有作品的一系列释义说明。虽然阿尔摩哈德地区的态度已越来越开明,当地群众仍对阿维罗

伊非正统的哲学理念持反对意见,甚至在1195年联合施压,导致新哈里发下令取缔了其一切著作,而阿维罗伊本人也遭到放逐。过了两年他被宽赦之后回到了科尔多瓦,并于次年逝世。

主要作品

1179–1180年 《关键的论文》
1179–1180年 《矛盾的矛盾》
约1186年 《亚里士多德〈论灵魂〉评注》

上帝不具备任何属性

摩西·迈蒙尼德（1135—1204年）

摩西·迈蒙尼德一方面用希伯来语修订犹太律法，另一方面又运用阿拉伯语阐述亚里士多德的哲学，并在两个领域中着重强调了自己对人格化上帝，即即看待人类的方式思考上帝这种行为的反对态度。对迈蒙尼德而言，这种行为最大的错误在于将《托拉》（即圣经旧约的第一部分）奉为字面意义上的真理，将上帝理解为一种真实有形的存在。任何有这种想法的人都该被驱逐出犹太社群。然而在《迷途指津》中，迈蒙尼德将这一想法推向了极致，开创了"否定神学"。否定神学真实存在于基督教神学中，将关注的焦点放在"以上帝不是什么来描述上帝"之上。

迈蒙尼德提出，上帝没有任何属性。我们之所以不能说上帝是"善的"或"强有力的"，是因为任

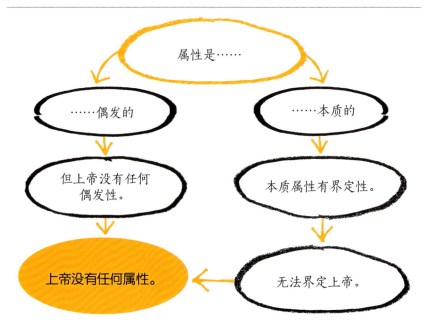

属性是……

……偶发的

……本质的

但上帝没有任何偶发性。

本质属性有界定性。

上帝没有任何属性。

无法界定上帝。

参见: 约翰内斯·司各脱·爱留根纳 332页, 托马斯·阿奎那 88~95页, 麦斯特·埃克哈特 333页, 索伦·祁克果 194~195页。

何一种属性其本质要么是偶发的（能够变化），要么就是本质的。例如，我的一项偶发属性就是我现在正坐着，或者我有灰色的头发和长鼻子。但是，即使我站起来，红头发、塌鼻子，我仍然还是那个我。身为人类，有理性、有寿命是我的本质属性——正是这种属性定义了我。人们普遍认为上帝没有偶发属性，因为他是永恒不变的。在迈蒙尼德看来，上帝也没有任何本质属性，因为本质属性本身具有界定性，而上帝是无法被界定的。因此，上帝没有任何属性。

谈及上帝

迈蒙尼德声称，人类可以讲述有关上帝的事迹，但这些事迹必须从获知上帝的行为，而非了解上帝本身的角度理解。《密西拿–托拉》中的大部分讨论都必须用这种方式

《密西拿–托拉》是一部犹太口传律法的完整转述，由迈蒙尼德用平凡朴实的希伯来语写就，其目的是令"儿童和老人"都能获知和理解所有犹太习俗。

当智者开始反思上帝的本质时，其理解能力就会退化为无知。

——摩西·迈蒙尼德

予以理解。因此，当别人告诉我们"上帝是造物主"的时候，我们必须明白这句话所透露的是上帝的作为，而非他的属性。

迈蒙尼德还认为，那些看上去似乎能为上帝添加属性的句子可以从双重否定的角度进行理解。"上帝是强大的"，这句话应该被解读为上帝不是无力的。你可以想象这样一个游戏场景：我想到了某种物体，然后告诉你这个物体不具备什么属性（不大、不红等），直到你猜出这个东西究竟是什么。而上帝则更加不同：我们只能从否定之中获得指引，且我们永远也说不清楚上帝究竟是什么。■

摩西·迈蒙尼德

摩西·迈蒙尼德（希伯来名Rambam）于1135年出生于西班牙科尔多瓦的一个犹太家庭中。其童年时期受到了丰富的跨文化影响：接受希伯来语和阿拉伯语双语教育。他的父亲，一位犹太教法官，则教授他在伊斯兰教影响下西班牙国内的犹太教律法。1148年穆尔希德王朝建立后，其家族逃离了西班牙，且在随后的十年中居无定所，直至定居非斯（在现在的摩洛哥境内）和后来的开罗。由于家庭穷困，迈蒙尼德转而学医，做了几年的皇室御医。与此同时，迈蒙尼德也任职犹太法官，可他却认为这个职位不应该接受任何薪金。1191年，迈蒙尼德被任命为开罗犹太教会的领导人。他的坟墓在其去世后成为犹太教徒的朝圣之地。

主要作品

1168年 《密西拿评注》
1168–1178年 《密西拿–托拉》
1190年 《迷途指津》

别悲伤，有失必有得

贾拉鲁丁·穆罕默德·鲁米（1207—1273年）

宇宙万物，包括人类在内，都是生命永恒长河中的一部分。任何以某种形态终止的事物都将以另一种形态重新诞生。如此循环往复，永无止境。

苏菲派，作为对《古兰经》的一种神秘主义和美学解读，虽然自其公元7世纪建立以来便成为伊斯兰教的一部分，却并不总被伊斯兰主流学者所接受。贾拉鲁丁·穆罕默德·鲁米，或更为人所知的简称鲁米，从小接受的便是正统伊斯兰思想的熏陶，而13世纪中期随全家从波斯东部边境前往安纳托利亚后才第一次接触到了苏菲派。苏菲派中通过爱与上帝结合在一起的概念引发了鲁米的想象，使鲁米从中进一步发展了苏菲派中阐释人类与神关系的部分。

随后鲁米成为一名苏菲教团的老师，并将自己视为上帝与人类沟

参见: 乔达摩·悉达多 30~33页, 阿维森纳 76~79页, 阿维罗伊 82~83页, 田边肇 244~245页, 阿伦·奈斯 282~283页。

旋转舞是苏菲派祭祀庆典中的一种舞蹈, 表现的是人类通过爱从无知向完美进化的精神之旅。

通的媒介。不同于伊斯兰惯例的是,他更重视迪克尔,即宗教祷告或连祷,而非对《古兰经》神示的理性分析。他还以提出各种狂热的神示而闻名。鲁米以传授自身经历和见解为任,并用诗歌的形式记录下来。其卓富远见的哲学理念核心在于宇宙及其万物皆处在无尽的生命之流中,而上帝则是其中永恒的存在。作为宇宙的一部分,人类也归属于这一连续之中,鲁米也在致力于解释人类在其中的位置。

鲁米认为,人类处于一个生、死和重生的连续过程中。这不是一个循环的过程,而是从一种形式到另一种形式并最终延伸至永恒的过程。死亡与衰退是生命长河中一个不可避免的部分,然而消逝的某物终将以另外一种形式获得重生。因此,我们人类不应惧怕死亡,也不应为消逝而感到悲伤。为确保我们能从一种形式向另一种形式成长,人类必须努力获得精神方面的发展

和对神与人类关系的理解。鲁米相信,这种理解来自情感,而非理智——来自可以通过音乐、歌曲和舞蹈得以增强的情感。

鲁米的遗产

鲁米思想中的神秘主义元素在苏菲派内部激发了更多的灵感,对伊斯兰教主流思想产生了影响,更在将土耳其大部分民众的信仰由东正教转化为伊斯兰教的过程中发挥了至关重要的作用。但是,这部分思想却并没有在欧洲大陆产生太大的效果——当时占据主导地位的依然是唯理主义。然而,进入20世纪以后,鲁米的思想开始在西方广泛流行,原因主要在于他对爱的解读与20世纪60年代的新世纪价值观遥相呼应。或许20世纪时鲁米最狂热的崇拜者便是诗人和政治家穆罕默德·阿里·真纳的导师穆罕默德·伊克巴尔,而前者在20世纪30年代一直为建立一个巴基斯坦的伊斯兰国而参与竞选。■

我作为一颗矿石陨落,随后化为植物;我作为一棵植物死亡,随后化为动物;我作为一只动物逝去,随后重生为人类。

——贾拉鲁丁·穆罕默德·鲁米

贾拉鲁丁·穆罕默德·鲁米

贾拉鲁丁·穆罕默德·鲁米,也就是莫拉维(大师、长老)或鲁米,出生于波斯的巴尔赫省。为躲避当时蒙古帝国的入侵,他举家逃亡,最终定居在土耳其的安纳托利亚。鲁米在当地遇到了波斯诗人阿塔尔和大不里士的沙姆斯,决定将一生奉献给苏菲派。他用波斯语和阿拉伯语写就了成千上万首诗。

1244年,鲁米成为苏菲教团导师,教授自己对《古兰经》的神秘情感的解读,以及宗教庆典中音乐和舞蹈的重要性。鲁米死后,他的追随者开创了苏菲派莫拉维教团。该教团以西方所熟知的"旋转的苦行僧"而闻名——作为一种独特的祷告方式,这些苦行僧会在教派庆典中跳旋转舞。

主要作品

13世纪初期到中期 《深刻的精神意义韵诗》《大不里士的沙姆斯诗歌集》《内在之内》《七次讲习》

宇宙并非恒久存在

托马斯·阿奎那（约1225—1274年）

背景介绍

哲学分支
形而上学

聚焦
基督教亚里士多德主义

此前

约公元前340年 亚里士多德提出宇宙永恒论。

约540年 约翰·斐罗庞努士指出，宇宙必有起源。

13世纪五六十年代 法国神学家们采纳了斐罗庞努士的观点。

此后

13世纪90年代 法国哲学家根特的亨利批判了托马斯·阿奎那的观点。

1781年 伊曼努尔·康德称，自己既能说明宇宙恒久存在的理由，又能展示宇宙并非恒久存在的理由。

1931年 身为比利时传教士和科学家的乔治·勒梅特提出了"宇宙大爆炸"理论，揭示宇宙的起源。

现如今，有关宇宙的存在问题，人们的观点依然分为两派：一派认为宇宙有起源；另一派则坚称宇宙是恒久存在的。现在，人们倾向于从物理学和天文学中寻找答案，然而在过去，这却是哲学家和神学家们所思考的领域。由天主教神父及哲学家托马斯·阿奎那这一中世纪最为知名的基督教哲学家所给出的答案最为有趣。他的答案不失为一种可行的解答方式，同时也传达出阿奎那将自身信仰与哲学理念相结合的方式，即使二者间存在许多明显的冲突。

亚里士多德的影响

阿奎那思想中的核心人物便是古希腊哲学家亚里士多德，后者的学说受到了中世纪思想家们的广泛研究。亚里士多德坚信宇宙是恒久存在的，更是世间万物，从如岩石在内的无生命物体，到如人类、狗和马等生物在内的存在之所。在亚里士多德看来，宇宙处在永恒的变化和运动中，而造成这种变化和运动的起因也只能是变化和运动本身。因此，第一次改变或运动是不存在的：宇宙必须是处在恒久的运动和变化之中。

伟大的阿拉伯哲学家阿维森纳和阿维罗伊非常推崇亚里士多德的这一观点，即使这一观点令他们与伊斯兰正统相冲突。然而，到了中世纪犹太思想家和基督教思想家那里，双方对亚里士多德的观点则采取了半信半疑的态度。他们认为，根据圣经所言，宇宙是有起源的，那么亚里士多德的观点肯定是错误的：宇宙并非恒久存在。那么这个观点必须要被当作信仰予以接纳，还是能够通过理性予以否决？

公元6世纪时，希腊基督教作家约翰·斐罗庞努士相信自己找到了证明亚里士多德观点错误的论证，表明宇宙绝非永恒。他的推论方法在公元13世纪时获得了许多思想家的模仿和发展，其目的都在于通过找出亚里士多德的错误以维护教会的学说。他们辩证的方式相当聪明，将亚里士多德自身对于无限

托马斯·阿奎那

托马斯·阿奎那1225年出生于意大利的罗卡塞卡。他就读于那不勒斯大学，随后罔顾家族的意愿加入了多米尼克会（一种新兴的、由高知的男性修道士组成的修道会）。见习期间，他先就读于巴黎，随后到德国科隆师从伟大的德国亚里士多德主义神学家阿尔伯特。回到巴黎后，阿奎那成为神学教授，后来又游历意大利开始了为期十年的布道经历。随后，阿奎那却出乎意料地被第二次任命为巴黎的神学教授。1273年他经历了一番人生的大起与大落；此后，阿奎那认为自己所做的一切不过是"一团枯草"，再也没有写过任何著作。他于49岁时逝世，于1323年被天主教廷授予圣徒身份。

主要作品

1256－1259年 《真理的争端》
约1265－1274年 《神学大全》
1271年 《论宇宙的永恒》

参见: 亚里士多德 56~63页,阿维森纳 76~79页,阿维罗伊 82~83页,约翰·斐罗庞努士 332页,约翰·邓斯·司各脱 333页,皮埃尔·阿伯拉尔 333页,奥卡姆的威廉 334页,伊曼努尔·康德 164~171页。

上图中,阿奎那的两侧站着亚里士多德与柏拉图,以显示阿奎那理论的胜利。其对古代哲学的理解被认为要远高于阿维罗伊之上,因此反映在上图中便是阿维罗伊躺在阿奎那的脚下。

> 亚里士多德提出宇宙永恒存在论。

> 圣经中称宇宙并非恒久存在。

> 世界确实有起源,上帝创造了这个世界,并让其得以永恒存在。

的看法作为出发点,以批判其宇宙永恒的观点。

人类的无限

在亚里士多德看来,无限即没有边界和局限。比如,数列是无限的,因为对于每个数字而言,其后总有一个比它大的数字。以此类推,宇宙存在的时间是无限的,因为对每一天而言,其后总会有新的一天随之而来。亚里士多德观点中的无限是"潜无限",因为这些日子是无法同时存在的;而"实无穷",即无限的事物同时存在则是不可能发生的。

然而,斐罗庞努士及其13世纪的追随者们认为,这一观点正暴露了亚里士多德从没有关注过的问题。他们指出,亚里士多德相信,宇宙中所有类型的生物是一直存在着的。如果这一观点是正确的,那么是否就意味着在苏格拉底出生的时代,宇宙中就已经存在无穷无尽的人类了呢?因为如果这些人是一直存在着的,那么苏格拉底出生时这些人也还是会继续存在。但是自苏格拉底的时代以来,出生的人类越来越多,那么从该时代到现在为止所出生的人类数量将超越无限。但无限之上已不可能存在更大的数字了。

此外,这些作家们进一步补充道,基督教思想家们坚信人类拥有不朽的灵魂。倘若如此,那么一旦已经存在无限的人类,那么也必须存在无限的灵魂;而这些灵魂必须是同时存在的,而非潜无限;而亚里士多德则称实无穷是不可能发生的。

借助这两条论点,并以亚里士多德自身的观点为出发点,斐罗庞努士及其追随者们相信自己已经完整地展示了宇宙并非恒久存在的原因。因而亚里士多德的观点是错误的,宇宙并非永恒,这也与基督教义中上帝创造世界的观点完全相合。

运动是永恒的。
——亚里士多德

> 上帝先创造了没有人类的宇宙，然后又创造了人类。

——托马斯·阿奎那

阿奎那没有花太多时间在这一推理系列中。他指出，宇宙有可能永远存在，但是包括人类和其他动物在内的生活在宇宙中的物种则应该有起源，那么由斐罗庞努士及其追随者所提出的问题就能得以避免。虽然为亚里士多德的观点辩护，但阿奎那却并不赞成亚里士多德的宇宙永恒论，因为这一观点与基督教信仰背道而驰。但阿奎那却并不认为亚里士多德的思想缺乏逻辑。与斐罗庞努士及其追随者一样，阿奎那试图证明宇宙的起源，同时也想证明亚里士多德的观点中没有瑕疵。他提出，自己的基督教同胞们搞混了以下两个不同的观点：其一是上帝创造了宇宙，其二则是宇宙有起源。阿奎那开始论证亚里士多德的观点，即宇宙恒常存在，有可能是正确的，即使上帝创造了宇宙，这一观点依然能成立。

创造永恒

不同于斐罗庞努士及其追随者的是，阿奎那坚持认为，虽然如圣经所言宇宙有起源，然而从逻辑学的角度观察这一事实却并非必然（或无可否认的）。如大多数基督教徒所信仰的那样，上帝创造了宇宙，这便成了宇宙的开端。而上帝同样能轻而易举地开创一个永恒的宇宙。如果某物由上帝所创造，那么其产生的全部原因就归于上帝，但这并不意味着该物质之前完全不存在。因此，人们完全有可能相信上帝创造的宇宙就是永恒的。

阿奎那举了一个例子证明这一观点的可能性。假设沙滩上有一个永不消失的脚印，虽然无从得知脚印出现前的瞬间，但我们仍能判断脚是踩出这个脚印的成因：如果没有脚的话，沙滩上也不会出现脚印了。

阿奎那与综合法

有时，历史学者会提出阿奎那"综合"了基督教与亚里士多德主义哲学的说法。阿奎那从两方提取自己需要的部分，将之糅合在一起。事实上，对阿奎那，以及大多数基督徒而言，必须毫无质疑或妥协地全盘接受基督教教义。然而，阿奎那的角度是与众不同的，因为在他看来，亚里士多德的思想与基督教教义并不冲突，而宇宙是否恒

阿奎那一方面笃信上帝的创世故事，另一方面又提出基督教信仰中的某些元素能够被理性地展示。在阿奎那看来，圣经与理性之间永远不需要发生冲突。

亚里士多德相信宇宙是无穷无尽的，每小时、每天都会被一个新的时间所接替。阿奎那对此却并不赞同，他相信宇宙有起源，然而出于对亚里士多德哲学的尊重，他又提出亚里士多德理论并没有任何错误。

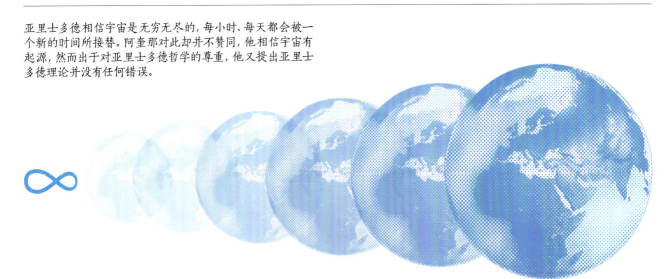

久存在这一问题不过是一个例外罢了。在这个问题上阿奎那认为亚里士多德是错误的，但是错不在基本准则，或是理性思考上。宇宙很有可能就像很多古代哲学家们所认为的那样是永恒的。由于无法接触到基督教神学启示，亚里士多德根本无从得知基督徒所持的相反观点。阿奎那相信，基督教中有许多核心教义是古代哲学家们无法知晓的，比如上帝是由三个位格组成的三位一体，其中的一位，即圣子，成为人类。但是在阿奎那看来，无论人类的推论是否正确，都不能得出与基督教教义相冲突的结论。这是因为人类的理性和基督教教义都来自同一源头——上帝，因此绝对不可能相互冲突。

阿奎那在法国和意大利的各所大学和修道院中任教，其所坚信的人类理智永不会同基督教教义相冲突的观念经常使他与同时代的学者们，尤其是那些科学领域的学者们发生激烈争执。这些科学家的理论

基础也来自亚里士多德的著作。阿奎那指责这些学者全盘接受某些观念而不加质疑，比如每个人都拥有一个不朽的灵魂，与此同时却又提出这些观念在理性上是错误的。

如何获得知识

上述哲学观点在阿奎那的著作中贯穿始终，更强烈表现在其哲学思想的两个核心领域中：对人类收获知识方式的解读，以及对心灵和肉体关系的评述。在阿奎那看来，人类通过各种感觉：视觉、听觉、嗅觉、触觉和味觉收获知识。这些感官印象只能赋予我们事物的表象信息。比如，从约翰所坐的位置，他能够对一种绿色和棕色结合起来的树状物体有一种视觉印象。而站在树旁的我，则能感觉到树干的粗糙、嗅到森林的味道。如果约翰和我是狗，那么我们对于这棵树的知识就只能局限在这些感官印象之上。但是作为人类，我们却能够超越这些单纯的感官印象，获取对这

棵树的理性认识，并能将其与其他的树木和生物进行界定与区分。阿奎那把这种理性认识称为"智力知识"，因为人类获取这种知识的方式是通过使用自身固有的智力而在感觉的基础上发现藏在表象之后的现实。除了人类之外，其他动物缺乏这种天生的能力，因此他们的知识就只能局限在感官之中。人类对世界所有的科学认识都是构建在这种智力知识之上。阿奎那的知识理论大部分从亚里士多德思想的基础

我们应该看清由上帝创造出来的事物与其恒久存在的状态之间是否存在冲突。

——托马斯·阿奎那

上细化加工而来。对阿奎那而言，作为一个虔诚的基督教思想家，人类不过是各种各样智能生物中的一种：人类死后从肉身脱离出来的灵魂、天使和上帝自身也能够获得这些智力知识。不仅如此，他们还能无需感官而直接把握事物的定义。阿奎那的这部分理论虽然没有在亚里士多德思想中有所反映，却又连贯地发展了亚里士多德理论。阿奎那再一次化解了基督教信仰与亚里士多德哲学的冲突，更使前者凌驾于亚里士多德思想之上。

人类的灵魂

根据亚里士多德所言，所谓智力，是人类的生活准则或"灵魂"。他相信所有的生物都有灵魂，而这也解释了为什么不同的生物在从事不同水平的"生命活动"时所表现出来的能力差异，比如植物可以生长和繁衍；动物能够运动、感知、寻找及避险；而人类则能够思考。

亚里士多德相信"形式"是区分事物、决定事物本质的关键因素。人类的灵魂便是其形式，正是灵魂为肉身赋予了一系列生命活动，让物质的身体成为能够运动的生物。所以灵魂和肉身是牵绊在一起的，这也令亚里士多德认定，即使在人类身上，这种生命和灵魂的关系只有在灵魂为肉身注入生命力的时候存在。一旦躯体消逝，这种关系也将终止。

阿奎那遵循了亚里士多德有关生物及其灵魂的观点，并进一步强调人类只有一种形式，即智力形式。虽然13—14世纪的一些思想家们同样吸取了亚里士多德观点的主要内容，却切断了其理论中智力与肉身之间的关联，以便与基督教义中人类灵魂不灭这一观点相容。然而，阿奎那却拒绝歪曲亚里士多德的观点，这令他更难就人类灵魂是否不朽这一点进行论证——虽然他已然这么做了，就像他一方面决意做一名优秀的亚里士多德主义哲学家，另一方面又想保持自己的基督教信仰一样艰难。

阿奎那之后

自中世纪以来，人们开始将阿奎那视为正统的天主教哲学家。而在阿奎那生活的时代，人们开始翻译阿拉伯语版本的古希腊哲学著作及其评注，使他成为一名亚里士多

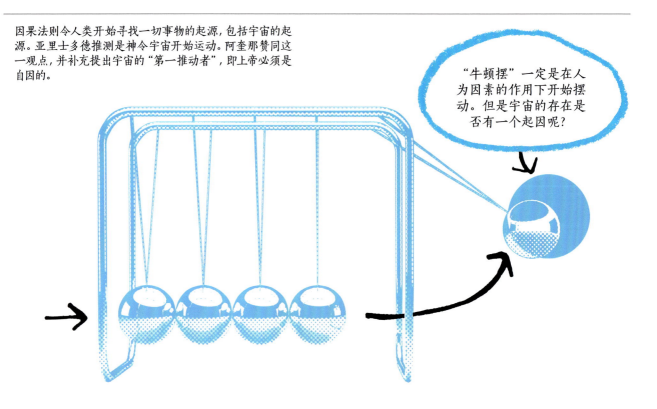

因果法则令人类开始寻找一切事物的起源，包括宇宙的起源。亚里士多德推测是神令宇宙开始运动。阿奎那赞同这一观点，并补充提出宇宙的"第一推动者"，即上帝必须是自因的。

"牛顿摆"一定是在人为因素的作用下开始摆动。但是宇宙的存在是否有一个起因呢？

宇宙背景辐射为"大爆炸"理论提供了证据，然而像阿奎那一样，我们仍然能对"大爆炸"是否为宇宙诞生的唯一形式存疑。

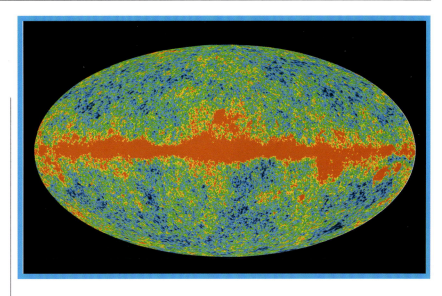

德哲学的狂热追随者，甚至忽视了其中与基督教教义无法相容之处。虽然阿奎那一直忠于教义，却无法令其思想在其死后不久免于被当作异教邪说而受到批判的命运。14世纪的一些伟大思想家和教师，包括世俗哲学家根特的亨利、方济会修士约翰·邓斯·司各脱和奥卡姆的威廉都更愿意相信，以亚里士多德论述为代表的纯粹的哲学推论经常是漏洞百出的。

约翰·邓斯·司各脱认为，阿奎那的亚里士多德主义思想中有关灵魂的观点是不充分的，而奥卡姆则几乎全盘否决了亚里士多德对知识的阐述。根特的亨利更是公开批判阿奎那提出的上帝创造出一个恒久存在的宇宙的观点。在亨利看来，如果宇宙已然存在，就没有宇宙不存在的可能，那么上帝又怎会有创造或不创造宇宙的自由呢？阿奎那对理性力量的极度信任表明，相比起同时代学者或后继者而言，他与上一世纪伟大的哲学家们，如法国哲学家和神学家皮埃尔·阿伯拉尔，在思想上有更多相似之处。

合乎逻辑的信仰

无论是阿奎那对哲学和基督教教义关系的基本观点，还是其对宇宙永恒论的独特解读，都在21世纪得到了响应。如今已经没有几个哲学家相信宗教的解读，如上帝的存在或者灵魂的不朽，能够通过哲学推理予以证明。但是，他们试图运用哲学证明出这样一个事实，即宗教信徒虽然把教义作为信仰，他们的整体观点相比起不可知论者或无神论者而言也并不缺乏理性或合理性。阿奎那一直致力于发展出一套合乎逻辑又与基督教信仰相容的哲学思想体系，这一观点正是对此的延伸和发展。对基督徒和非基督徒而言，阅读阿奎那的著作都需要极大的忍耐力。

哲学的作用

如今，我们已经不会像阿奎那及其他中世纪哲学家那样试图通过哲学或圣经找寻宇宙是否恒久存在的答案了。相反，人类开始借助物理学，尤其是由包括著名英国物理学和宇宙学家史蒂芬·霍金在内的现代科学家们所提出的"宇宙大爆炸"理论。"大爆炸"理论提出，宇宙是由一个温度极高的高密度状态扩张而来。虽然大多数人会借助于科学解释宇宙的起源，但由阿奎那所提出的论点却表明，这一主题仍与哲学领域息息相关。他揭示了哲学为智力探究提供辅助的方式，即哲学所能展示的并非所发生的案例，而是可能或不可能发生的，以及什么是能为人所理解的问题。宇宙拥有起源这一信念究竟是否合乎逻辑？这一问题至今仍困扰着哲学家们，理论物理学界目前也仍未找出答案。■

可以说时间始于宇宙大爆炸，从这种意义上而言，我们无法定义在这之前的时间。

——史蒂芬·霍金

上帝并非他者
库萨的尼古拉（1401—1464年）

背景介绍

哲学分支
宗教哲学

聚焦
基督教柏拉图主义

此前
前380年—前360年 柏拉图将"善"与"一"视为理智、知识和一切存在的本源。

5世纪末 希腊神学家与哲学家狄俄尼索斯将上帝描绘为"存在之上"。

约860年 约翰内斯·司各脱·爱留根纳将狄俄尼索斯的想法推广。

此后
1492年 乔凡尼·皮科·德拉·米兰多拉出版的著作《论存在与一》成为文艺复兴时期人们对上帝思想的转折点。

1991年 法国哲学家让·吕克·马里翁开始从上帝并非存在物的角度进行哲学探讨。

与中世纪绝大多数哲学家一样，库萨的尼古拉试图描述上帝的本质，强调上帝的本质无法为任何人类心灵所把握。尼古拉首先提出，人类通过理性思考事物，从中获取知识。因此，他进一步推测出，为理解上帝，人类必须努力界定上帝的本质。

柏拉图把"上帝"或"一"视为所有形式和知识的本源，也有一些早期基督教神学家把上帝奉为"存在之上"。尼古拉著作写于1440年，其见解相较于前辈更为深入。在他看来，上帝早于万物出现，甚至在万物出现的可能性产生前便已存在。理智告诉我们，任何现象在存在之前必须具备产生的可能性，在这种可能性没有出现前绝不可能产生。因此，尼古拉最终得出结论：上帝具有"非他性"。

> 我所了解的不是上帝，
> 我所理解的不像上帝。
> ——库萨的尼古拉

无法理解

然而，尼古拉在一系列推理中所使用的"物"这一词汇具有很强的迷惑性，因为"非他"并没有任何实质。根据尼古拉的说法，"非他"是"无法理解的"，产生于万物之前，"万物并非产自其后，而是通过他存在。"出于这个原因，尼古拉认为，比起其他词汇，"非他"更接近"上帝"的定义。■

参见：柏拉图 50~55页，约翰内斯·司各脱·爱留根纳 332页，麦斯特·埃克哈特 333页，乔凡尼·皮科·德拉·米兰多拉 334页。

无知的人生最幸福

德西德里乌斯·伊拉斯谟（1466—1536年）

公元1509年，德西德里乌斯·伊拉斯谟的著作《愚人颂》的发表标志着人文主义思想开始在文艺复兴早期蔓延至整个欧洲大陆，并预示着将在接下来的宗教改革中发挥至关重要的作用。这本书中充斥着对当时腐朽和争执不断的天主教会机智诙谐的讽刺。然而，《愚人颂》也向公众传递出了一个非常严肃的讯息：愚蠢，即伊拉斯谟眼中的天真无知，是人类与生俱来的一部分，也是为人类带来最大的幸福感和满足感的根本原因。相反，知识对人类来说则是一种负担，只能带来麻烦，让人过上苦闷的生活。

信仰与愚蠢

伊拉斯谟认为宗教也是一种愚蠢的表现形式，因为真正的信仰必须只能构筑在信仰而非理智之上。他将包括希波大主教圣奥古斯丁及托马斯·阿奎那在内的中世纪哲学家们融合在一起的古希腊唯理主义与基督教神学予以摒弃，因为在他眼中，如果用理性思考神学，将会导致宗教信仰的腐化。伊拉斯谟提倡，人类应该返璞归真，重回本心的信仰，与上帝建立起属于个人的、而并非由天主教教义所强行规定的联系。

在伊拉斯谟看来，圣经的真正精神是质朴、单纯及谦卑，这才是人类应该真心拥抱与接纳的，也是人类天性中最为基本的、通往幸福生活的钥匙。■

纯粹的人才能获得幸福。
——德西德里乌斯·伊拉斯谟

参见：圣奥古斯丁 72~73页，托马斯·阿奎那 88~95页，勒内·笛卡儿 116~123页，约翰·洛克 130~133页。

RENAISSANCE AND THE AGE OF REASON 1500–1750

文艺复兴和理性时代
1500年—1750年

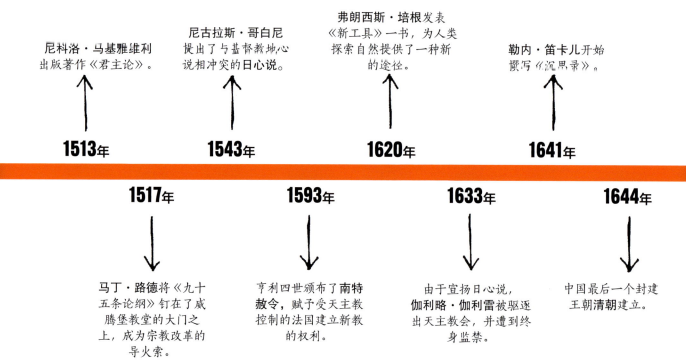

尼科洛·马基雅维利出版著作《君主论》。

尼古拉斯·哥白尼提出了与基督教地心说相冲突的日心说。

弗朗西斯·培根发表《新工具》一书，为人类探索自然提供了一种新的途径。

勒内·笛卡儿开始撰写《沉思录》。

1513年　**1543**年　**1620**年　**1641**年

1517年　**1593**年　**1633**年　**1644**年

马丁·路德将《九十五条论纲》钉在了威腾堡教堂的大门之上，成为宗教改革的导火索。

亨利四世颁布了**南特赦令**，赋予受天主教控制的法国建立新教的权利。

由于宣扬日心说，**伽利略·伽利雷**被驱逐出天主教会，并遭到终身监禁。

中国最后一个封建王朝**清朝**建立。

文艺复兴——一段欧洲文化创造力非凡的"重生"时期始于14世纪的佛罗伦萨，随后传遍欧洲大陆，持续时间长达三百年，被视为连接中世纪与现代时期的桥梁。该时期的一个显著特点是对古希腊和拉丁古典文化，而非单纯由中世纪经院哲学所吸收和同化的哲学及数学文本，再度兴起研究热潮。这是一场以人类，而非上帝为核心主题的运动。这股新人文主义首先反映在当时意大利的文学作品中，随后又逐渐显现在政治和社会结构中。随着科学新发现的不断涌现，包括佛罗伦萨和威尼斯在内的共和政体商业贸易迎来了繁荣发展时期，中世纪封建制度被摒弃，富

豪集团成为了统治主体。15世纪末文艺复兴思想已传遍欧洲大陆，教会再也无法垄断思想。如伊拉斯谟和托马斯·莫尔在内的基督教哲学家们都曾在教会内部提出新思想，并引发了改革运动。与此同时一种纯粹的世俗化哲学正渐渐浮出水面。不足为奇的是，第一位真正意义上的文艺复兴哲学家是一位佛罗伦萨人尼科洛·马基雅维利，其哲学标志着哲学研究的重心开始从神学向政治转移。

理性时代

　　科学的发展成为压垮教会权威的最后一根稻草。从尼古拉斯·哥白尼开始，到后来的约翰内斯·开

普勒，再到最后的伽利略·伽利雷，这些科学家展示了托勒密宇宙模型地心说的错误，颠覆了几个世纪以来基督教教义的思想统治。教会对此实施了强烈的打压，以异端分子的罪名对伽利略实施监禁，然而科学很快就追上了天文学的发展速度，为宇宙的运行方式提供了不同的解读，而这些崭新的解读方式随后则成为了一种新哲学流派的理论基础。

　　理性与科学发现战胜了基督教教条，成为17世纪思想的典范。英国哲学家们，尤其是弗朗西斯·培根和托马斯·霍布斯，率先在研究中将科学与哲学理性相融合，从而开创了理性时代。第一批"现代"

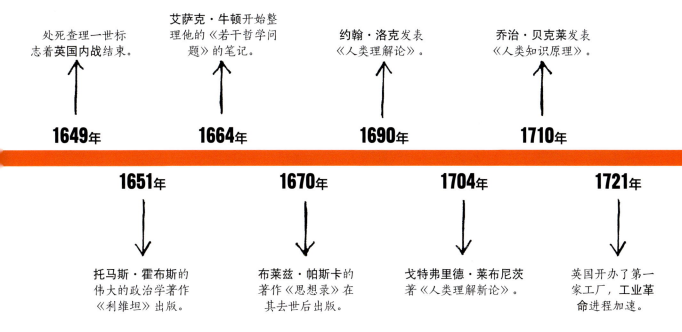

处死查理一世标志着**英国内战**结束。

1649年

托马斯·霍布斯的伟大的政治学著作《利维坦》出版。

1651年

艾萨克·**牛顿**开始整理他的《若干哲学问题》的笔记。

1664年

布莱兹·**帕斯卡**的著作《思想录》在其去世后出版。

1670年

约翰·**洛克**发表《人类理解论》。

1690年

戈特弗里德·莱布尼茨著《人类理解新论》。

1704年

乔治·**贝克莱**发表《人类知识原理》。

1710年

英国开办了第一家**工厂**，工业革命进程加速。

1721年

哲学家从此诞生，且自前苏格拉底时代以来，哲学与科学，尤其是数学之间的联系再度得到了重视。

唯理主义的诞生

17世纪时，欧洲许多著名的哲学家在数学领域同样卓富成就。法国哲学家勒内·笛卡儿、布莱兹·帕斯卡，德国哲学家戈特弗里德·莱布尼茨在数学领域中都做出了许多重要贡献。他们相信，正是哲学的理性思考过程为人类提供了认识世界的最佳方式。对"我能知道什么"这一问题的研究令笛卡儿逐渐走上了唯理主义的道路，即知识全部来源于理性，而唯理主义也成为随后一个世纪内欧洲大陆的主流哲学。与此同时，英国内部兴起了一种完全不同的哲学流派。约翰·洛克以弗朗西斯·培根信奉的科学推理为出发点得出：人类对世界的认识并非来自理性，而来自于经验。这一观点随后发展为经验主义，统治了17—18世纪的英国哲学。

欧洲唯理主义与英国经验主义间的分化（这一分化也曾将柏拉图与亚里士多德哲学分开）虽然存在，然而二者的核心思想中对人类地位的观念却是共通的：人类所特有的理智和经验是人类得以积累知识的关键。英吉利海峡两岸的哲学家们将关注的问题从宇宙的本质——这一问题开始由包括艾萨克·牛顿在内的科学家们进行解答——转移到探索人类是如何获得知识的问题上来，并开始探索人类心灵及自我的本质。但是，这些新的哲学思潮具有道德和政治的影响。不仅教会权威受到了文艺复兴思想的削弱，当时的贵族制和君主制同样受到了启蒙运动新思想的威胁。如果旧有统治者被赶下权力的舞台，那么，取代他们的将是一个什么样的新社会呢？

托马斯·霍布斯和约翰·洛克在17世纪动荡的英国打下了民主思想的基础，然而直到100年以后，其他地方的人们才真正开始质疑一成不变的社会现状。■

为达目的，
不择手段

尼科洛·马基雅维利（1469—1527年）

背景介绍

哲学分支
政治哲学

聚焦
现实主义

此前

公元前5世纪 柏拉图在《理想国》中提出,国家应该由一位哲学王统治。

公元前1世纪 罗马作家西塞罗提出,罗马共和国是最理想的政府形式。

此后

16世纪 马基雅维利时代的人们开始使用"不择手段"(马基雅维利主义的)这个形容词描绘各种奸诈狡猾的行为。

1762年 让-雅克·卢梭提出人类应该维护自由,抵制皇权统治。

1928年 意大利独裁者贝尼托·墨索里尼将《君主论》描绘为"政治家的行为指南"。

为充分理解尼科洛·马基雅维利对权力的看法,我们必须先了解他的政治背景。马基雅维利出生于意大利的佛罗伦萨,当时的社会正处在持续的动荡之中。虽未获得正式授权,但美第奇家族却公开掌控佛罗伦萨长达35年。马基雅维利出生时,洛伦佐·德·美第奇(伟大的洛伦佐)继任,令佛罗伦萨迎来了一段伟大的艺术大爆发时期。1492年,洛伦佐之子皮耶罗(不幸的皮耶罗)继任,然而其统治期非常短暂。由查理八世统治的法国于1494年大规模入侵意大利,佛罗伦萨市民群起反抗皮耶罗的统治,迫使他投降并逃离了佛罗伦萨。同年,佛罗伦萨建立起了共和政权。

圣马可修道院的多米尼克修士吉洛拉莫·萨沃纳罗拉开始控制政权,在他的统治下佛罗伦萨进入了一段民主政治时期。然而,由于指控当时罗马教皇贪污腐败的罪行,萨沃纳罗拉最终以异教徒的罪名被逮捕并受火刑。这一事件成为马基雅维利投身佛罗伦萨政坛的契机,他于1498年成为第二国务厅的秘书。

生涯和影响

1494年由查理八世所发动的侵略战争令当时的意大利陷入了一片动乱之中。当时的意大利内部主要分为五大势力:教皇、那不勒斯、威尼斯、米兰和佛罗伦萨,外部则遭受着主要来自法国、西班牙及神

参见: 柏拉图 50~55页, 弗朗西斯·培根 110~111页, 让-雅克·卢梭 154~159页, 卡尔·马克思 196~203页。

伟大的洛伦佐（1449—1492年）自其父亲去世后从1469年一直统治佛罗伦萨, 直至其逝世。虽然其统治手腕残酷专制, 佛罗伦萨共和国却在他的领导下走向了繁荣发展时期。

下, 马基雅维利的政治生涯本应得到重生, 然而1513年2月, 他却被错误地牵连进一宗针对美第奇家族的谋杀案中, 并因此被罚款、折磨和入狱。

虽然马基雅维利在监禁一个月后被释放, 但是他重回政坛的机会变得渺茫, 再找一份新的政治职务的愿望更是落空。因此, 他决定为美第奇家族的首领朱利亚诺写一本书。当时朱利亚诺已然离世, 因此马基雅维利将献词更改为朱利亚诺的继任者洛伦佐。该书采用了当时广受欢迎的写作方式——为君主提供谏言。

《君主论》

《君主论》语言幽默, 内容讽刺, 展示了马基雅维利对整个意大

圣罗马帝国等国际势力的打压和威胁。意大利城市佛罗伦萨在这些强大的军队面前显得脆弱且不堪一击, 马基雅维利花了14年的时间以外交官的身份游说于不同的城市, 竭尽全力地巩固这个摇摇欲坠的共和国。

马基雅维利在外交工作中认识了教皇亚历山大六世的私生子, 恺撒·博尔吉亚。当时亚历山大六世在意大利北部掌握重权, 对佛罗伦萨造成了严重的威胁。虽然恺撒是佛罗伦萨共和国的敌人, 但身处共和国阵营的马基雅维利——仍被其旺盛的精力、渊博的智慧和卓绝的能力所吸引, 从而写下了著名作品

《君主论》。

亚历山大六世逝于公元1503年, 其继任者教皇尤利乌斯二世同样是一位强大而成就卓越的领导者, 其军事及见机行事的能力都令马基雅维利印象深刻。不幸的是, 法国与罗马教皇之间的紧张局势令佛罗伦萨共和国倒向了与法国共同对抗教皇势力及其盟军西班牙的战争之中。而结果是法国落败, 佛罗伦萨也不能幸免于难。1512年, 西班牙解散了佛罗伦萨城邦政府, 美第奇家族回归, 红衣主教美第奇也重建起残暴的专制统治。马基雅维利被革职, 并被流放到佛罗伦萨的农场工作。在美第奇家族的统治

> **要令习惯于君主统治的民众保有自由是一件多么困难的事!**
> ——尼科洛·马基雅维利

利和佛罗伦萨的大量个人见解。他在这本书中提出,统治者的政治目标能够将任何在实现过程中所采取的手段或方式合理化。与其他君主谏言类书籍最为不同的是,《君主论》摒弃了所有与基督教教义相关的道德。马基雅维利希望为君主提供最直白实际的建议,因为与那些极为成功的教皇和红衣主教打交道的经验告诉他,倘若基督教价值观成为绊脚石,就要毫不犹豫地予以抛弃。

马基雅维利的理论以美德为核心,然而这种美德的概念不同于现代的伦理德行,而是更类似于中世纪时期的观点:将美德视为事物自身的力量或功能,就像植物或矿物拥有治愈能力一样。马基雅维利在书中写出了君主们所应具备、能够巩固其统治地位的美德、力量和能力。而美德这一词汇的拉丁原词本身又含有男子气概的意义("virile"),又与马基雅维利想要指出的美德对君主和城邦的作用不谋而合。在此,"美德"一词有时被用来表示"成功",以及描述一种令人憧憬、值得仿效的城邦。

马基雅维利的观点之一是君主不应受到道德的束缚,而应竭尽所能保全自身的荣耀和所统治的城邦的胜利与繁荣,这种做法随后被人们称为现实主义。马基雅维利并不认为在一切情况下结果都重于方式,一个聪慧的君主也需要摒弃某些特定的行事方式,因为即便运用这些方式能够实现最终的目的,也很有可能将自己暴露于未来的危险之中。

君主们需要摒弃那些可能会招致群众仇恨的统治方式。在马基雅维利看来,民众可能爱戴君主,也可能惧怕君主——更有可能二者兼备。虽然在他看来,君主更应为人惧怕而非爱戴,但是民众绝对不能仇恨君主,因为仇恨是反叛之源。同样,那些不公正对待自己民众的君主们也会遭到人们的谴责和鄙弃。君王应该以拥有同情心而非残酷暴政出名。为了更多人的长远幸福,建立普遍的社会秩序,可以允许对部分人施以酷刑。

在那些马基雅维利认为无法用结果合理化实现过程的情况中,上述规则就只适用于君王本身了。衡量公民表现的标准并不适用于一国之主。然而,即便是普通公民,在马基雅维利看来,传统的基督教道义对他们而言也是无足轻重的——这些道义并不适合一个强大的城邦。

马基雅维利在《君主论》中提出统治者需要了解如何像一头野兽一样行动,也必须效仿狐狸和狮子的品质。

统治者必须拥有狮子一样的凶猛以威吓那些试图废黜他的敌人。

统治者必须像狐狸一样狡猾以识别各种圈套和陷阱。

我们必须理解,君主无法完全遵守世俗标准中的一切优良品质。

——尼科洛·马基雅维利

君主或共和国

我们有许多理由可以质疑《君主论》一书所传达的并非马基雅维利自己的观点，其中最重要的一点在于该书与其另一重要著作《论李维》所传递出的思想在很多方面都有着明显的不同。在《论李维》中，马基雅维利提出，共和体制是最为理想的政体，只要存在或可以建立起一定程度的平等，国家就应该采取这一体制。只有平等不复存在也无法建立之时方可建立君主制度。然而，也有人提出《君主论》才是体现马基雅维利真实想法的著作：它描述了统治者如何在缺乏平等的情况下施行统治；如果君主制是一种必然的恶的话，那么最好尽可能地建立这一统治。

取悦读者

我们完全有理由认为，马基雅维利可以迎合读者的喜好，写出读者想读的内容。尽管如此，《君主论》一书仍不乏马基雅维利的许多

有史以来，冷酷向来被视为领导者的美德。20世纪时，法西斯主义独裁者贝尼托·墨索里尼使用了恩威并施的手段掌控了意大利的政权。

世界已经变得越来越像尼科洛·马基雅维利所描述的那样。

——伯特兰·罗素

真实观点，比如应更多地依赖公民民兵组织而非雇佣兵。困难之处就在于确定哪部分是他的真实观点，而哪部分不是。

也有人提出，马基雅维利试图在书中运用讽刺的手法。一个证据便是，马基雅维利在《君主论》的创作中通篇使用了当时的人民语言，即意大利语，而非只有精英才使用的拉丁语。当然，《君主论》

有时的确语含讽刺，而倘若马基雅维利"为达目的，不择手段"的观点本身就是一种讽刺的话，那么他书写这样一本篇幅精悍、内容看似简单的书的目的就可能比所有人之前所猜测的更加耐人寻味了。■

尼科洛·马基雅维利

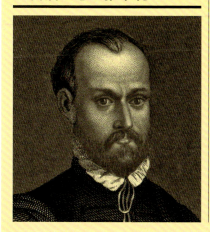

尼科洛·马基雅维利于公元1469年出生于意大利佛罗伦萨，其生命的前28年几乎不为人所知，仅可在其父亲的日记中窥到一些只言片语。第一篇直接提到他的文件是一封写于1497年的商务信函。然而，从马基雅维利的著作中我们可以很清楚地了解到他接受过良好的教育，很有可能在佛罗伦萨大学学习。

1498年，马基雅维利成为佛罗伦萨共和国的政治家和外交官，在1512年美第奇家族重新掌控佛罗伦萨并导致马基雅维利被迫引退后，

他投身于各种文学活动中，就像他一直不懈于回归政治舞台一样。最终他重获美第奇家族的信任，红衣主教朱利奥·德·美第奇命他编纂佛罗伦萨的历史。这本历史书于1525年完成，当时红衣主教已成了教皇克莱门特七世。马基雅维利于公元1527年去世，至死没有实现其重归社会的渴望。

主要作品

1513年 《君主论》
1517年 《论李维》

名望与心灵的宁静永远无法共存

米歇尔·蒙田（1533—1592年）

背景介绍

哲学分支
伦理学

聚焦
人文主义

此前
公元前4世纪 亚里士多德在其著作《尼各马可伦理学》中提出，若要做个有道德的人，必须善于社交，能够与别人建立密切的关系；只有野蛮人或神明才能自我发展。

此后
18世纪末 英国圣公会福音派教士理查德·塞西尔提出，"孤独让我们认清自己该有的面貌，而社会则让我们认清现实的自己。"

19世纪末 弗里德里希·尼采将孤独描述为一种自我审视的必要因素。尼采提出，单纯依靠自我审视就能令人类从不加思考地加入乌合之众的诱惑中解放出来。

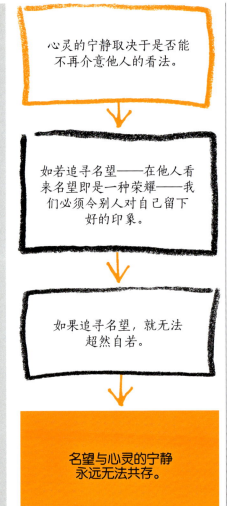

心灵的宁静取决于是否能不再介意他人的看法。

⬇

如若追寻名望——在他人看来名望即是一种荣耀——我们必须令别人对自己留下好的印象。

⬇

如果追寻名望，就无法超然自若。

⬇

名望与心灵的宁静永远无法共存。

在文章《论孤独》（记录在米歇尔·蒙田《随笔集》的第一卷中）中，蒙田选择了一个从远古时期便受到广泛关注的主题：融入社会所需承担的智力与道德方面的风险，以及孤独的价值。蒙田的本意不在强调肉体孤独的重要性，而是指出人类要培养出一种抵抗不假思索盲目从众的诱惑的能力。他将人类对获得同胞赞同的渴望与完全受物质和财富羁绊的情况进行比较。以上两种感情都会令我们变得不完整，然而蒙田并没有做出人类应该摒弃其中某种情感才能达到真正的超脱这样的结论。无论是渴望获得他人认同，还是追求物质财富，我们都能享受过程，甚至能从中有所收获；另一方面，即使丧失了这两种东西，我们也不会在情感上受其奴役或为其悲痛。

《论孤独》接着研究人类期待获得大部分同胞认同的渴望如何与对名望或荣耀的追求联系在一起。尼科洛·马基雅维利将荣耀视作一种值得为之奋斗的目标，相反，蒙田则认为对名誉永无止息的追求只

参见: 亚里士多德 56~63页, 尼科洛·马基雅维利 102~107页, 弗里德里希·尼采 214~221页。

会成为实现心灵宁静的过程中最大的绊脚石。在他看来, 那些渴望荣耀的人"只不过是把胳膊和腿伸出了人群之外, 而他们的灵魂和意愿则淹没在人群之中"。

蒙田并不关心人类是否应该追寻荣耀, 他所关注的在于我们应该摒弃对获得其他人眼中的荣耀的渴望, 且不应总是将他人的评价和认同作为价值标准。他还进一步提出建议指出与其渴望他人的赞同, 我们不如想象在我们周围存在着一些真正伟大和高贵的事物, 而在这些事物的面前, 即使是疯子也会将自己的缺点隐藏起来。通过这种想象, 我们将学会清晰和客观地思考, 用一种思虑更加周全和理智的方式行事。蒙田提出, 太过介意他人的观点会令人类变得腐朽, 因为我们要么会因为介意他人的观点而模仿那些邪恶之人, 要么会因为丧失了理智而对这些人心怀仇恨。

荣耀的诱惑

蒙田在其后期的作品中回归到对追逐荣耀这一行为的批判之上。他指出人们获得荣耀的机会是非常稀有的, 因此对荣耀过分尊崇完全没有任何意义。他在文章中写道: "我曾多次看到(财富)凌驾于美德之上, 多数时候更是远超过美德。"蒙田也指出, 鼓励政治家和政治领袖们将荣耀凌驾于万物之上, 就像马基雅维利曾经做过的那样, 只能令这些人越来越畏首畏尾、无所作为, 整天只想着向他人证明自己能力与成就的不凡之处。■

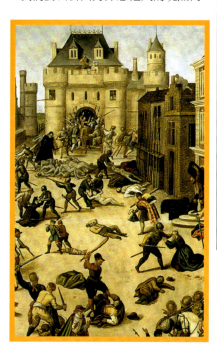

蒙田在法国宗教战争时期(1562—1598年)亲身经历了包括1572年圣·马塞洛缪大屠杀在内的狂热的群众暴动。

传染在人群中是非常危险的。你要么选择同流合污, 要么仇视厌恶。

——米歇尔·蒙田

米歇尔·蒙田

米歇尔·蒙田出生于一个富裕之家, 在家族位于法国波尔多附近的庄园中长大。然而, 直到三岁之前, 他都与一户贫困的农民家庭生活在一起, 这段经历也令他对寻常工人的生活并不陌生。蒙田接受的是家庭教育, 直至六岁前被家人要求只能说拉丁语, 而法语则成了他的第二语言。

自1557年起, 蒙田在当地的议会做了13年的议员, 他于1571年辞职并继承了家族的财富。

蒙田于1580年出版了自己第一卷《随笔集》, 并在其1592年去世前写就了另外两卷。1580年时他游历欧洲, 部分原因在于寻求胆结石的治疗方法。他于1581年回归政坛, 被选为波尔多市的市长, 任职到1585年。

主要作品

1569年 《雷蒙·塞邦赞》

1580—1581年 《游记》

1580年、1588年、1595年 《随笔集》(3卷)

知识就是力量
弗朗西斯·培根（1561—1626年）

人们经常将弗朗西斯·培根视为英国经验主义的第一人。经验主义的核心思想是所有知识必须最终来自感官经验。培根出生时正逢社会思潮从文艺复兴时期对远古时期杰出成就的再度发掘，转移到对科学研究方法的关注上。文艺复兴时期的科学家，如天文学家尼古拉斯·哥白尼和解剖学家安德雷亚斯·维萨里，已经做出了部分创新性的工作，但是培根所生活的新时代，也被人们称为科学革命时代，诞生了包括伽利略·伽利雷、威廉·哈维、罗伯特·波义耳、罗伯特·胡克及艾萨克·牛顿在内的数量惊人的科学思想家。

尽管中世纪大部分时期教会对科学的态度是宽容接纳的，然而这种宽容的态度，最终随着文艺复兴时期民众对梵蒂冈教廷的反抗日益激烈而停止。部分宗教改革家，如马丁·路德，就提出教会在为《圣经》所描绘的世界进行辩解时无法应对科学的质疑。当时的天主教会在路德的新基督教形态的冲击下已经丧失了不少教徒。作为回应，他

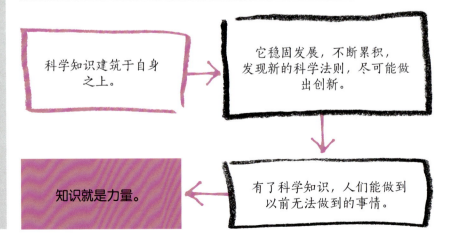

科学知识建筑于自身之上。

它稳固发展，不断累积，发现新的科学法则，尽可能做出创新。

有了科学知识，人们能做到以前无法做到的事情。

知识就是力量。

参见：亚里士多德 56~63页，罗伯特·格罗斯泰斯特 333页，大卫·休谟 148~153页，约翰·斯图尔特·密尔 190~193页，卡尔·波普尔 262~265页。

科学，而非宗教，从公元16世纪以来被越来越多的人视为获得知识的关键。上图描绘了丹麦天文学家第谷·布拉赫（1546—1601年）进行天文观察的情形。

们改变了自己的立场转而攻击科学事业。来自基督教两派的攻击严重威胁着科学的发展。

培根提出，人们应该接受基督教会的教导。但他也同样指出，科学必须同宗教分离开来，只有这样，人们才能更轻松和迅速地获得知识，才能通过运用知识来提高生活质量。培根非常看重科学这一角色的转变，他给出的其中一个理由是科学能够提升人们的生存状况，为人们带来学术和个人领域内的荣耀，而这一能力之前却一直被人们所忽略。

培根列出了一系列妨碍人类获得科学知识的心理障碍，将这些障碍统一称为"心灵的假相"，其中包括"种族假相"，即人类作为一个物种（或种族）过度归纳的倾向；"洞穴假相"，即人类忽视自然

界的本质，而将一己之见强加其上的倾向；"市场假相"，即人类用社会习俗扭曲实际经验的倾向；以及"剧场假相"，即由日渐泛滥的哲学和科学教条所施加的扭曲影响。在培根看来，科学家必须积极抗争上述不利因素以获得知识。

科学的方法

培根进一步提出，科学的进步取决于对日益增长的普遍性建立正确的法则。他提出了一种具有多种变体的科学研究方法，不再以大量的观察（如观察金属加热会膨胀的例子得出所有金属加热后都能膨胀的结论）为核心，而是强调通过寻找反面例证证实一种新理论，比如寻找是否有加热不会膨胀的金属。

培根在科学界的影响力令人们开始关注实际的实验研究。然而，他也因忽略"科学想象"这一科学进步的发动机而受到批判。■

到目前为止，经验是最有力的证据。

——弗朗西斯·培根

弗朗西斯·培根

弗朗西斯·培根出生于英国伦敦，从小一直接受家庭教育，12岁进入剑桥大学三一学院学习。毕业后接受了律师培训，却中途放弃，前往法国接受了一个外交官的职位。其父1579年去世后，培根失去了财政支援从而陷入了穷困之中，这令他被迫回归法律行业。

培根于1584年被选举为议会成员，但他与犯下叛国罪的埃塞克斯伯爵的交好阻碍了其在政坛的发展，直至1603年詹姆斯一世就任才有所好转。1618年，他被任命为英国上议院大法官，但由于被指控受贿，于两年后遭到革职。

此后，培根将全部精力投入在写作和科学研究上。在一次食物保鲜试验中，培根因在雪地中用雪填充一只鸡而不幸染上支气管炎，最终病逝。

主要作品

1597年 《随笔集》

1605年 《学术的进步》

1620年 《新工具》

1624年 《新大西岛》

人类是机器

托马斯·霍布斯（1588—1679年）

背景介绍

哲学分支
形而上学

聚焦
物理主义

此前

公元前4世纪 亚里士多德驳斥了柏拉图的人类灵魂独立性的观点，认为灵魂是肉体的一个形式或功能。

1641年 勒内·笛卡儿出版了著作《沉思录》，指出心灵和身体永远是不同的实体。

此后

1748年 朱利安·奥弗雷·德·拉·美特利在其著作《人是机器》中提出了机械论的人类观点。

1949年 吉尔伯特·赖尔提出，勒内·笛卡儿的"心灵和肉体是两个独立的实体"是一种"范畴错误"。

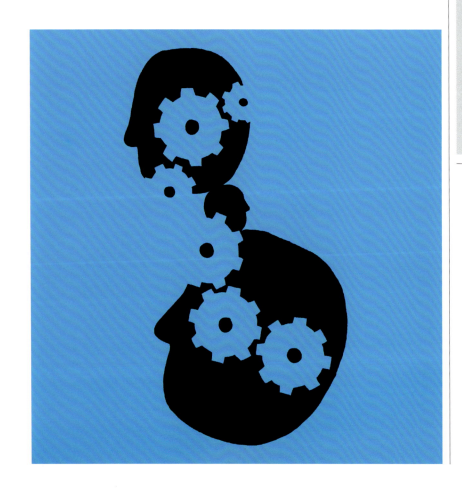

虽然以政治哲学而闻名，托马斯·霍布斯所关注的范围可远非于此。他的许多思想都颇具争议性，尤其是对物理主义的辩护。物理主义的主要内容是，世间万物的本质都是物质，其他包括心灵及超自然的东西是不存在的。在霍布斯看来，包括人类在内的一切动物都不过是由血与肉组成的机器罢了。

霍布斯支持的形而上学理论在其著书写作的17世纪中叶越来越受人欢迎。物理科学发展迅速，为各种长期以来一直不甚明了或被人误

参见: 亚里士多德 56~63页, 弗朗西斯·培根 110~111页, 勒内·笛卡儿 116~123页, 朱利安·奥弗雷·德·拉·美特利 335页, 吉尔伯特·赖尔 337页。

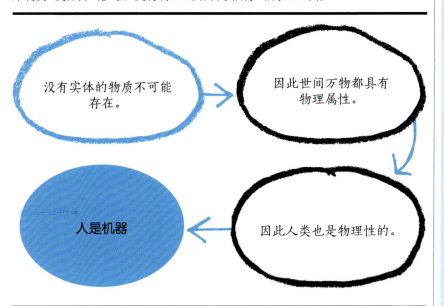

没有实体的物质不可能存在。

因此世间万物都具有物理属性。

因此人类也是物理性的。

人是机器

托马斯·霍布斯

托马斯·霍布斯在婴儿时期便失去了双亲,继而非常幸运地被一位富裕的叔叔所收养,并在他的抚养下接受了良好的教育。从牛津大学获得学位后,霍布斯成为德文郡伯爵儿子们的导师。这份工作为他带来了游历欧洲的机会,并让他在旅行的途中结识了许多著名的科学家和思想家,如意大利天文学家伽利略·伽利雷、法国哲学家马丁·梅森、皮埃尔·伽桑狄和勒内·笛卡儿。

1640年,霍布斯为躲避内战逃往法国,在那里一待就是11年。他的第一本著作《论公民》于1642年在巴黎出版,而阐述了其在道德、政治和社会和政府职能等方面观点的《利维坦》一书令霍布斯名声大噪。

霍布斯还是一名资深的翻译家和数学家,他一直从事着自己的写作工作直至去世,享年91岁。

主要作品

1642年 《论公民》
1651年 《利维坦》
1656年 《论政体》
1658年 《论社会》

解的现象做出了清楚明确的解释。霍布斯曾见过意大利天文学家、人们眼中的"现代科学之父"伽利略,也同弗朗西斯·培根有过亲密的接触,而后者的思想对科学实践有过革命性的帮助。

霍布斯在科学和数学领域中发现了与中世纪哲学的完全对立之处,中世纪哲学曾试图将理智与信仰之间的明显冲突予以调和。与同时期的许多思想家一样,霍布斯相信科学没有边界,有关世界本质的任何问题都能够通过科学得到合理的解释。

霍布斯的理论

在其重要的政治著作《利维坦》中,霍布斯提出:"整个宇宙——世间万物——都是有形的物质,即物体。"他进一步论述道:每一个物体都有"长度、宽度和深

度","不是物体的绝对不是这个宇宙的一部分"。虽然霍布斯强调万物的本质都是纯粹物理性的,却没有指出正是由于这种物理性质我们人类才能够观察和理解世间万物。同时,霍布斯也断言,某些对象或物体,虽然占据物理空间、拥有物理尺寸,却是不可理解的。他把这些称之为"精神",其中一部分是与动物行为,特别是与人类行为有

生命不过是躯干的运动罢了。

——托马斯·霍布斯

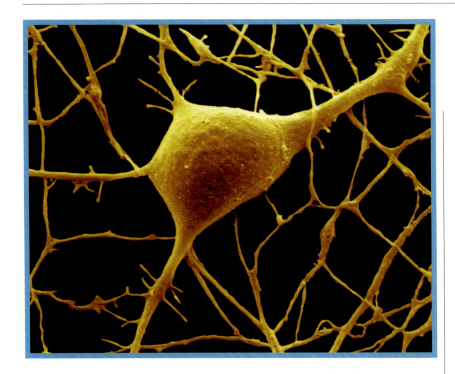

霍布斯认为"精神"传递着身体所需的各种信息。而我们现在已经可以了解，这一信息的传递过程是由神经系统中的神经元通过信号的传递实现的。

丰富这种方法的形式。然而，有关主观意识、第一人称经验的本质的这个难题却一直未能解开。看上去，物理科学的研究客体与意识经验的主体之间根本上无法相容，而这个问题似乎也是霍布斯没有意识到的。

霍布斯对自己信念的叙述并没有证明自己的观点，即世间万物，包括人类都是完全物理性的。看上去他并没有留意到存在无法察觉的物质精神这一理论基础也可以作为存在非物质实体的理论基础。对大多数人来说，那些不可察觉的事物更有可能属于精神领域，而非物质领域。此外，由于霍布斯的物理精神只拥有和其他物质一样的特性，

关的"动物精神"（与当时的大众观点一致）。这些动物精神流窜在身体周围，与身体一起运行，像动物的神经系统一样传递着信息。

有时，霍布斯又似乎将其物理精神的概念应用于解释宗教中的上帝和其他诸如天使等在内的实体之上。尽管如此，霍布斯却并不认为上帝属于一种物理精神，而应该被称为一种"无形体"。在他看来，上帝的神圣属性绝不是人类能够完全理解的，因此"无形体"是唯一能够接受并尊重神圣不可知的上帝的词汇。与此同时，霍布斯也清楚地阐述了自己的观点：所有宗教实体的存在和本质都事关信仰，绝不属于科学的研究范畴，尤其是上帝，将永远无法为人类所理解。人类唯一有可能了解上帝的就是他确实存在，他是宇宙万物的起因和创造者。

什么是意识

在霍布斯看来，由于人类有纯粹的物理性，与生物机器没什么两样，因此随后就遇到了解释人类精神本质的问题。他没有试图阐释如何解读心灵，而是简单地给出了一个在他自己看来是科学最终能够给出的、有些概括甚至有些将就的答案。他只把自发行动、欲望和憎恶纳入精神活动的领域，而上述现象都是可以通过机械论的观点进行研究和解释的。霍布斯没有提到任何澳大利亚现代哲学家大卫·查尔莫斯所提出的"意识的难题"。查尔莫斯指出，意识的特定职能，比如使用语言和对信息的处理，可以相对简单地用机械论词汇予以解释，几个世纪以来物理哲学家们一直在

心脏是一根弹簧，神经是一串串细绳，关节是轮子，上述部分共同工作令身体运作起来。

——托马斯·霍布斯

这也无法帮助解释人类的精神实质。

笛卡儿的二元论

霍布斯将自己的理论同勒内·笛卡儿在1641年出版的《沉思录》中提出的有关心灵和肉体的完全不同的思想联系了起来。笛卡儿认为，心灵和肉体之间存在"绝对的差异"，即心灵和肉体是两种完全不同的实体。霍布斯选择不予置评作为对笛卡儿的反驳。然而，14年后，霍布斯却在自己的著作《论政体》的某一段中再次提到这个问题，指出并批判了在他看来的笛卡儿思想中混乱不清的地方。他反驳了笛卡儿的结论，即心灵和肉体是两种完全不同的实体，而反驳的依据是笛卡儿所使用的"无形体的实体"一词不过是一串空话罢了。霍布斯将这串词组解读为"没有身体的身体"，从字面上来看实在是胡说八道毫无意义。尽管如此，他的解读肯定是基于自己的观点，即一切实体都是物体。因此，所有霍布斯提出的"无形体的心灵并不存在"的观点实际上都是从其"实体的唯一形态便是物体，没有形体的事物不可能存在"这一并不准确的假设中衍生而来。

一个简单的偏见

研究霍布斯对物质精神的定义后可以发现，他所称的"物质性"或"物体性"的意义从根本上来说是不清晰的。如果"物质性"只是单纯指代一切拥有三大空间维度的物体的话，那么这一理论就将我们在21世纪初的今天所认定的"物质"排除在外。比如，其理论中有关世界本质的部分就将现在的亚原子物理学排斥在外。

由于我们无法确定关键词汇"物质性"或"物体性"的实际意义，霍布斯的"世间万物都能用物理术语解释"的理论开始变得越来越不像一种科学原理，而更像是一种完全没有科学依据，且没有哲理性的对精神的偏见。但是霍布斯对世界本质的机械论解读与当时盛行的有关人类本质和社会秩序，以及宇宙的实体及其运转规则等观点进

> 人类的心灵除了感觉、思想及思想序列，再无其他运动。
>
> ——托马斯·霍布斯

行激烈挑战的精神相吻合，而且正是这一次思想革命为人类建立新世界打下了基础。■

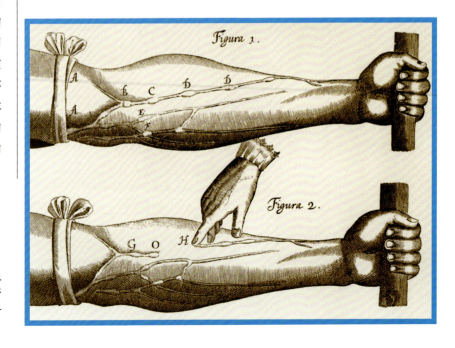

在霍布斯勾画其机械论观点之时，像物理学家威廉·哈维在内的其他科学家已经开始运用经验主义方法探索人类躯体的工作方式。

我思故我在

勒内·笛卡儿（1596—1650年）

背景介绍

哲学分支
认识论

聚焦
唯理主义

此前
公元前4世纪 亚里士多德提出，我们的一切行为（包括思考活动）都是在有意识的情况下进行的，因此人类能够意识到自己的存在。

约420年 圣奥古斯丁在《上帝之城》中写道，他确信自己的存在，因为如果他的观点是错误的，那么这种错误更能证明其存在——人必须存在，才能犯错误。

此后
1781年 伊曼努尔·康德在自己的著作《纯粹理性批判》中反驳了笛卡儿的观点，却又采纳了他的第一确定性理论"我思故我在"，作为自己唯心主义哲学的核心和出发点。

勒内·笛卡儿生活的时代正逢17世纪初的科学革命时期，科学研究和理论发展迅猛。英国科学家和哲学家弗朗西斯·培根建立了一种以谨慎观察和演绎推理为基础的科学实验新方法，为人类对世界的研究提供了一个崭新的框架。笛卡儿也对此感到兴奋与乐观，尽管他是出于完全不同的原因。培根将科学发现在实际领域的运用作为一切工作的出发点与目的，而笛卡儿却更沉迷于扩大和延伸人类对世界的了解。

文艺复兴时期，即笛卡儿之前的时代，大众对科学及获得真正的一般知识的可能性更加怀疑，而这种态度对笛卡儿的时代仍然有不小的影响。因此，笛卡儿写作《方法论》的主要目的，正是试图彻底避免怀疑主义者们由于无知，而对科学发展造成不利影响的可能。笛卡儿在其最为完善和严谨的形而上学（研究存在和现实的学说）和认识论（研究知识的本质和局限性的学说）著作《沉思录》中，试图从最为怀疑的角度展示知识的可能性，为科学建立一个坚实的基础。而《沉思录》则采用第一人称的口吻——"我认为"写就，因为这本书的写作目的不在于赞同或反驳当时的一些观点，而是为了引导读者走上作者自己已然选择的道路。读者在这种形式下不得不采用这位沉思者的出发点，并像他曾经所做的

笛卡儿的著作《论人》用一种生物学的观点探索知识的起因。在这本著作中，笛卡儿提出松果体串联了视觉和有意识的行为。

恶魔可能会令我相信那些本是错误的东西。

没有什么我能够确定的东西。

但当我说"我是，我存在"这句话时，我是不会错的。

只有当我真实存在的时候，恶魔才能令我相信这句话的正确性。

我思故我在。

参见：亚里士多德 56~63页，圣奥古斯丁 72~73页，托马斯·霍布斯 112~115页，布莱兹·帕斯卡 124~125页，
贝内迪克特·斯宾诺莎 126~129页，约翰·洛克 130~133页，戈特弗里德·莱布尼茨 134~137页，伊曼努尔·康德 164~171页。

那样思考问题、发现真理。笛卡儿的方法其实是对苏格拉底方法的回顾——当初的苏格拉底就是逐渐引导出人们的理解能力，而非用全盘打包的方式予以呈现。

虚幻的世界

为证明自己信仰的稳定性与持久性（稳定与持久是笛卡儿眼中两个重要的知识特征），他使用了"怀疑法"。无论是由于重要性不足还是不够完善，笛卡儿首先将所有能够被质疑的信念搁置一旁不予探讨，目的在于解释这样一个道理：即使抱着最为怀疑的态度怀疑一切，我们仍然能够获得知识。怀疑是一种"夸张"（夸大），只能作为研究哲学的工具使用。正如笛卡儿指出的："没有任何一个有理智的人曾经认真地质疑过这些东西。"

笛卡儿首先将自己的信念置于一系列越来越严苛的怀疑论观点的考验中，对人类确定事物存在的方式进行质疑。我们所了解的世界是否只是一个幻觉？我们无法信任感官的判断，因为我们都曾或多或少地受到了"欺骗"，也无法将感觉作为获得知识的一种可靠基础。笛卡儿提出，或许人类都处在梦境中，而看上去真实的世界有可能只是一个梦境罢了。这种情况是有可能发生的，因为清醒和睡眠之间也并没有确定的边界。但即便如此，就算不通过感觉，某些类似数学定理的真理也有为人所知的可能。但是，这些"真理"实际上有可能并不真实，因为万能的上帝也会欺骗我们。即便我们坚信上帝是善良的，他在创造人类的时候也有可能将人类的理智设定成容易犯错的模式。又或者上帝并不存在，那么人类就更是一种不完美的生物了（人类的崛起完全是由偶然决定的），我们很可能一直在受到欺骗。

笛卡儿在意识到自己似乎完全无法对任何事情予以确定的时候，转而采用了一个鲜明生动的案例来帮助自己免于受先入之见的影响：他假设自己身边存在一个强有力

> 人一生至少应该有一次尽可能质疑一切的机会。
>
> ——勒内·笛卡儿

下图是一幅由平行线构成的视觉幻觉图。笛卡儿认为人类不能不加怀疑地接受任何事物，而必须在接受任何学识观点之前抛弃掉任何先入之见。

> 我怀疑，某些恶毒的、法力无边的、狡猾的恶魔倾尽一切力量试图欺骗我。
>
> ——勒内·笛卡儿

一个能够在任何事情上欺骗人类的魔鬼不能令我怀疑我的存在；如果他曾试图引诱我的话，我就不得不对此提出质疑，而这只能令我更加确定自身的存在。

的、能够在一切事情上欺骗他的恶魔。只要开始思考一个观点时他就可以自问："是否是恶魔令我相信这一观点，即便该观点是错的？"如果答案是肯定的，笛卡儿就必须将这个观点放置于怀疑论的考验之下。

在此阶段，似乎笛卡儿的态度也变得不确定起来——任何事物都是不确定的，因此笛卡儿失去了一切坚实的理论基础。他将这种感觉描述为孤立无助，仿佛被卷入一场由普遍怀疑所创造的漩涡中，找不

到立足之处。怀疑论甚至令他无从回归对知识和真理的研究中。

第一确定性

正是在这个阶段，笛卡儿意识到有一个观点是自己无法质疑的：对自身存在的笃信。我们每个人都能如此思考或说出："我是，我存在。"而当我们如此思考或发言的时候，是绝对不会犯错的。在试图用恶魔来检测这一信念的可信度时，笛卡儿意识到，这个恶魔只能令自己笃信自身的存在；除非人的存在就是为了实践质疑的过程，否则人类又怎能质疑自己的存在呢？

"我是，我存在"这一法则构成了笛卡儿的第一确定性理论。

在其早期著作《方法论》中，笛卡儿将这一法则归纳为"我思故我在"，但他却在随后的《沉思录》中摒弃了这种措辞方式，因为"故"这个词的存在令整个句子读起来更像是一种前提和结论的组合。而笛卡儿希望读者，即沉思的主体"我"能够意识到，在了解自己存在的同时就能了解这一情况的真实性，并立刻把握这种真实性。对于自我存在的意识是一种直接的直觉，而非论证的结论。

尽管笛卡儿对自己的观点进行更为清晰的阐述，早先的论述形式如此迷人，以至于深深地烙印在人们的脑海中，时至今日，第一确定性仍以来自拉丁语"我思故我在"（cogito ergo sum）的"我思"（the cogito）而为人所了解。希波大主教圣奥古斯丁曾经在其著作《上帝之城》中提出过一个非常近似的说法："如果我犯错，这恰好证明了我的存在"，即如果自己不存在的话，就没有犯错的可能性了。然而，圣奥古斯丁却几乎没有在自己的思想体系中使用这一想法，因

> "我是，我存在"这个命题无论何时由我提出或想出，都一定是正确的。
>
> ——勒内·笛卡儿

此也根本无法达到笛卡儿的研究程度。一个单一的信念究竟有什么用途？回答这个问题的最简单的逻辑论证是由两个前提和一个结论构成的三段论。比如鸟类都有翅膀，知更鸟属于鸟类，因此所有的知更鸟都有翅膀。我们当然不能简单地从一条真实的信念出发得出各种结论。笛卡儿并没有试图从自己的第一确定性出发做出所有类似的结论，就像他所解释的那样："为撬起整个地球，阿基米德只需要一个确定的、不可移动的支点。"对笛卡儿而言，确定了自身的存在给了他类似阿基米德支点的东西；这种确定性将他从怀疑的漩涡中拉出，给了他一个坚实的立足点，以及从怀疑论回归探索知识的道路。然而，虽然这对笛卡儿的研究工作至关重要，却并非他认识论观点的理论基础。

"我"是什么

第一确定性的主要作用在于为知识的存在提供一个坚实的立足点，除去这一目的，笛卡儿还意识到人类有可能通过确定性本身获得知识。这是因为我在思考这一知识是与我存在的认识紧密相关的。故而"思考"本身也同样无法从理性角度进行质疑，因为质疑本身就是思考的一种形式，所以怀疑我是否在思考的行为本身就是一种思考。正如笛卡儿已知的，他存在，并正在思考，那么他，以及每一位思想家，从中便可了解到自己是一个有思考能力的事物。

尽管笛卡儿非常明确地指出上述发现是他从第一确定性理论中所能推理归纳出的全部内容了，可笛卡儿肯定无权说他只是一个思想的事物——一个有心灵的人——因为他无法知道更多的东西了。他有可能是能够思考的物理事物，或是其他尚未被人所知晓的东西。问题的关键在于在其思考的这一阶段，笛卡儿只知道自己是一种思考的事物；正如他自己所说的那样，他只知道自己"从严格意义上说来"不过是一种能够思考的事物罢了。在

笛卡儿唯一能通过怀疑法明确回答的问题是自己是否在思考。笛卡儿无法证明自己肉身的存在，也无法确定外部世界的存在。

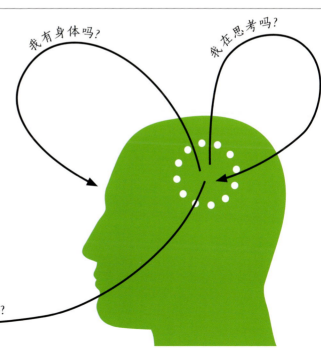

我有身体吗？

我在思考吗？

外部世界存在吗？

> 某人说"我思故我在"时,会在心中的直觉反应下将这句话视为一个不言自明的真理。
>
> ——勒内·笛卡儿

第六卷《沉思录》中,笛卡儿提出了这样一个想法,即心灵和肉体是两种完全不同的事物——完全不同的实体——但他还没有就此展开。

质疑笛卡儿

第一确定性成了许多作家批判的对象,这些作家认为笛卡儿使用的怀疑论方法一开始就是错误的。其中一条主要的观点针对的正是"我思故我在"中对"我"这个词的使用。尽管笛卡儿思考即是存在的说法没有错,但他是如何了解"思想者"——一个单独、统一的、进行思考的意识的存在呢?谁给了他断言思想之外还有他物存在的权利?另外,在思想者并不存在的情况下,我们又该如何理解思想漂浮于周身这一见解呢?

我们很难想象出又分离却又连贯的思想的存在,而笛卡儿认为自己根本无法设想这种状态的存在。然而,如果有人想对此提出质疑,认为没有思考者的纯思想世界确实存在的话,那么笛卡儿也就没有权利相信自己存在,更不能得出第一确定性,这样思想的存在也无法为他提供坚实的理论基础。

思想可以脱离思考者而独立存在这一理论的问题在于,如果思考者不存在的话,理性思考就无从进行。要想进行推理,人类必须用一种特定的方式将各种思想串联起来。比如,帕特里克有这样一个想法,即"所有人终有一死",派翠西亚有另一个想法,即"苏格拉底是人"。那么,从任何一个想法中都无法得出任何结论。但是如果宝拉能同时拥有这两条观点,那么她就能得出"苏格拉底终有一死"的结论。仅怀有"人终有一死"和"苏格拉底是人"这两种游离片面的想法,就像是两个独立的人分别拥有其中各自的一种一样;为了能继续进行推理,我们需要将这两种思想联系起来,用一种正确的方法将其串联。而事实证明,除思考者本身外,将思想与其他任何事物(比如地点或者时间)联系在一起,都无法令推理得以进行。既然推理是存在和可行的,那么笛卡儿就有足够的依据得出思考者存在的结论。

部分现代哲学家已经否定笛卡儿对自身存在的确定能够完成他所想达到的目标。这些哲学家认为"我存在"这句话没有任何内容,因为这句话只将说话的主体显露了出来,却没有揭示与主体相关的任何有意义或是重要的实质:句子的指向仅为主体。因此,我们也无法

勒内·笛卡儿

勒内·笛卡儿出生于法国图尔市附近的小镇中,曾就读于拉夫莱什耶稣会皇家学院。由于身体状况欠佳,他获准卧床休息不参加早读,并在卧床期间养成了沉思的习惯。从16岁开始,笛卡儿将精力集中在对数学的研究上,但中途中断了四年的研究,以士兵的身份自愿参加了欧洲的三十年战争。正是这次经历令他发现了自己对哲学的兴趣。从军队退役后,笛卡儿先是定居在巴黎,然后前往荷兰,并在那里度过了自己余下的大部分人生。

1649年他受克里斯蒂娜女王的邀请前往瑞典研讨哲学。王室希望他能按照时间安排早起参加活动,而这与笛卡儿的日常作息严重不符。笛卡儿认为这种新的起居时间和瑞典的天气令他染上了肺炎,一年后就因此而去世。

主要作品

1637年 《谈谈方法》
1641年 《沉思录》
1644年 《哲学原理》
1662年 《论人》

从这句话中做出任何进一步的推断——笛卡儿的理论构架从开始就是错误的。然而，这些哲学家似乎对笛卡儿的理论观念有所误解。正如我们所见，笛卡儿并没有将第一确定性理论作为推导深层知识的前提，他所需的就是一个可以指向的自我。因此，即使"我存在"这句话只能成功地引出思考者，也对笛卡儿逃离怀疑的漩涡无妨。

一个不真实的思考者

对于那些误解了笛卡儿将所有思想实质都构建在自身存在之上的人来说，我们可以指出，第一确定性所传递的是一种直接的直觉，而非一种逻辑论证。那么为什么如果笛卡儿做出论证就成了问题呢？

按照这种情况来看，"我思故我在"这句话缺乏了一个重要前提。也就是说，为了令论证生效，我们需要为这句话找到另一个前提，比如"任何思想的事物都存在"。有时，前提并不会在论证中陈述出来，这种前提就是隐含前提。但一些批评笛卡儿的人却认为，即使作为隐含前提而言，"我思故我在"中的前提也未免太不明确了。比如，莎士比亚戏剧中的哈姆雷特，总是思虑甚深，而作为一个虚拟的戏剧人物，哈姆雷特显然不是真实存在的；因此，并非所有有思想的事物都是真实存在的。

哈姆雷特虽然是在一出戏剧的虚幻世界中展开思考的，他同时也存在于一个虚幻的文学世界中；至于他不是真实存在的这样一个问题，我们可以认为哈姆雷特只是不存在于现实世界中罢了。哈姆雷特的"现实"及思想是连接在相同的世界中的。但是批判笛卡儿的人有可能会说问题的关键就在于此：知道有这样一个叫哈姆雷特的人正在思考（也仅止于此）并不能令我们确定这个人存在于现实世界中；而我们必须应该确定此人是在真实世界中思考的。了解某人或某物，比如笛卡儿正在思考，并不足以证明此人或此物存在于真实世界中。

解决这一两难局面的答案存在于《沉思录》的第一人称叙事中，而笛卡儿在该书中通篇使用"我"这个第一人称的原因，至此也变得清晰起来。虽然我可能无法通过哈姆雷特的思考就判断他的存在，无论是存在于虚幻世界，还是现实世界，起码我能够确定自己的存在。

现代哲学

在《沉思录》的前言中，笛卡儿准确地预言出将会有很多读者用一种"不在意书中论证的恰当结构和彼此间的关联，仅试图随着当时的潮流对个别句子吹毛求疵"的方式解读这本书。此外，笛卡儿还写道："我不期盼这本书能获得大众的普遍认同或大量的读者"，这句话他却写错了——人们将笛卡儿视为现代哲学之父。笛卡儿立志让哲学像数学一样准确无误，摆脱对任何教条或权威的依赖，为人类知识建立一个坚实和理性的基础。他也因提出肉体和心灵是两种不同的实体，即一种是材料性的（肉体），一种是非材料性的（心灵），而闻名于世。笛卡儿将这一观点阐述于《沉思录》第六卷中，后人称之为二元论。

然而，或许思想的严谨性，以及拒绝依赖任何权威的精神才是笛卡儿对世人留下的最重要的遗产。■

> 在开始着手探索对特定事物的认知之前，我们应该研究人类究竟能够获得何种类型的知识。
>
> ——勒内·笛卡儿

由笛卡儿提出的心身分离理论开启了以下问题：既然人类对自身的认识仅限于自己的肉体，那么我们该如何证明机器人是没有意识的呢？

想象力决定一切

布莱兹·帕斯卡（1623—1662年）

背景介绍

哲学分支
思维哲学

聚焦
唯意志论

此前

约公元前350年 亚里士多德提出"想象是某种图像呈现在我们脑海中的过程""灵魂永远无法在欠缺心理图像的情况下思考"。

1641年 勒内·笛卡儿声称，为了获得知识，哲学家必须不断训练自己的想象力。

此后

1740年 大卫·休谟在《人性论》中提出"人类的想象皆有可能实现"。

1787年 伊曼努尔·康德提出，人类将感官收集到的各种不连贯信息综合成图像，然后通过想象将之合成为概念。

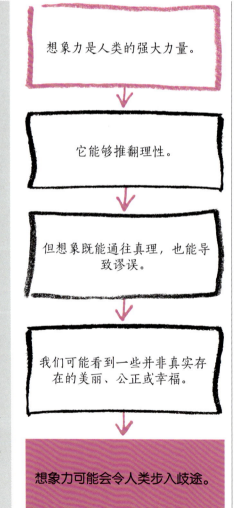

想象力是人类的强大力量。

↓

它能够推翻理性。

↓

但想象既能通往真理，也能导致谬误。

↓

我们可能看到一些并非真实存在的美丽、公正或幸福。

↓

想象力可能会令人类步入歧途。

布莱兹·帕斯卡最为知名的著作《思想录》可能并非一本哲学著作，而是他的一些未完成的神学研究手稿的汇编。帕斯卡起初的目的是批判那些因为受到如蒙田在内的怀疑论作家的激励，而退出教会的前天主教教徒——帕斯卡称他们为放荡者。在其中一篇较长的手稿片段中，帕斯卡对人类的想象力展开了探讨。虽然他并没有论证自己的任何观点，不过还是记录下了自己对这一主题的想法。

帕斯卡提出，想象力是人类最为强大的力量，也是人类犯错的主要源头。想象力令我们无视理智的警告而相信别人。比如，因为律师和医生身穿特别的制服，人类就更愿意相信从事这两类职业的人。与此相反，对那些衣着褴褛或是古怪的人，即便这些人谈吐不凡，我们也不愿意投注太多的关注。

更糟糕的是，尽管想象力经常让人出错，但偶尔也会令我们发现真理；如果想象的结果总是错误的，那么人类只要否定这一结果便可得到确定的答案。在花了一些篇

参见: 亚里士多德 56~63页,米歇尔·蒙田 108~109页,勒内·笛卡儿 116~123页,大卫·休谟 148~153页,伊曼努尔·康德 164~171页。

幅探讨想象力的弊端之后,帕斯卡的论述却戛然而止:"想象力决定一切——它能带来美好、公正和幸福,而以上三者是世上最伟大的事物。"如果无视之前的文本信息,那么看上去帕斯卡似乎是在赞美想象力,然而我们能够从随后的叙述中发现作者的意图与此完全不同。由于想象力经常让人出错,那么经由想象诞生的美丽、公正和幸福也总是虚假的。在其更为广泛的神学著作背景下,尤其在帕斯卡强调使用理性论证促使人们信仰宗教的基础上,我们可以看出作者的目的其实是在于告诉那些放荡者:他们所选择的那种快乐的生活并非他们所想的那样。虽然这些人相信自己选择的正是理性之路,可实际上他们不过是被想象力所诱导罢了。

帕斯卡的赌注

这一观点与《思想录》中最为完善的一段手稿有所关联,人们称之为"帕斯卡的赌注"。打赌的目的在于给放荡者一个回归宗教的理由,同时也提供了一个"唯意志论"的好例子:信仰关乎个人决定。帕斯卡赞成无法为宗教信仰提供坚实的理性基础这一观点,但同时他也试图为人类拥有宗教信仰的渴望寻找合理依据。他的赌注由对打赌上帝存在的可能收益和损失的衡量构成。帕斯卡提出,怀疑上帝的存在将会冒着丢了西瓜(天堂中

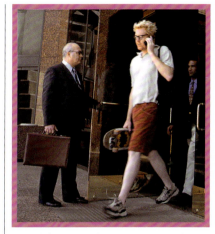

帕斯卡认为,我们习惯于被形象欺骗而做出错误的判断,包括基于穿着对人的评判。

无穷的幸福),捡了芝麻(获得有限的独立感)的风险——但笃定上帝的存在则有可能用极少的代价换来极大的收益。因此,信仰上帝更为合理。 ■

> **人类是一种脆弱的、不可靠的生物,可怕的是这种不可靠的生物还会思考。**
> ——布莱兹·帕斯卡

布莱兹·帕斯卡

布莱兹·帕斯卡出生于法国克莱蒙费朗。其父是一位政府公务员,对科学和数学有着浓厚的兴趣,并独自教育了帕斯卡和他的两个姐妹。帕斯卡在16岁那年发表了自己的第一篇数学论文,18岁时发明了第一台数字计算器,并在著名数学家皮埃尔·费马的帮助下建立了概率论的基础。

帕斯卡改变了两次宗教信仰,最终投身基督教正统。虔诚的宗教信仰令他将时间全部花在宗教文章的书写上,其中就包括《思想录》。帕斯卡还创立了世界上第一家运输服务业务,将所有的收益捐献给了穷苦人民,自身却自17世纪50年代以来便身患重病,于1662年去世。

主要作品

1657年 《致外乡人书》
1670年 《思想录》

上帝是万物产生的内在因

贝内迪克特·斯宾诺莎（1632—1677年）

背景介绍

哲学分支
形而上学

聚焦
实体一元论

此前

约1190年 犹太哲学家摩西·迈蒙尼德开创了一种去神话的宗教观，这种宗教观对斯宾诺莎有所启发。

16世纪 意大利科学家焦尔达诺·布鲁诺发展了泛神论。

1641年 勒内·笛卡儿出版了《沉思录》，这成为斯宾诺莎哲学观的另一源泉。

此后

20世纪末 包括斯图尔特·汉普夏、唐纳德·戴维森和托马斯·奈吉尔在内的哲学家们都发展了心灵哲学的方法，他们的方法与斯宾诺莎的一元论思想有着很多相似之处。

与17世纪的大多哲学思想相似的是，贝内迪克特·斯宾诺莎的哲学体系也以"实体"为核心。"实体"的概念可以追溯至亚里士多德时期——亚里士多德曾经提出过"经历变化的事物如何保持不变"这样的问题。比如，蜡可以融化，改变形状、大小、颜色、气味和结构，却仍然保持"蜡"的本质，这就令人产生疑问：当提到"蜡"的时候，我们究竟指的是什么？既然蜡可以在人类所认知的范围内发生各种变化，那么它就必须是某种超越了可感知的属性的东西。对亚里士多德而言，"蜡"的

参见: 亚里士多德 56~63页, 摩西·迈蒙尼德 84~85页, 勒内·笛卡儿 116~123页, 唐纳德·戴维森 338页。

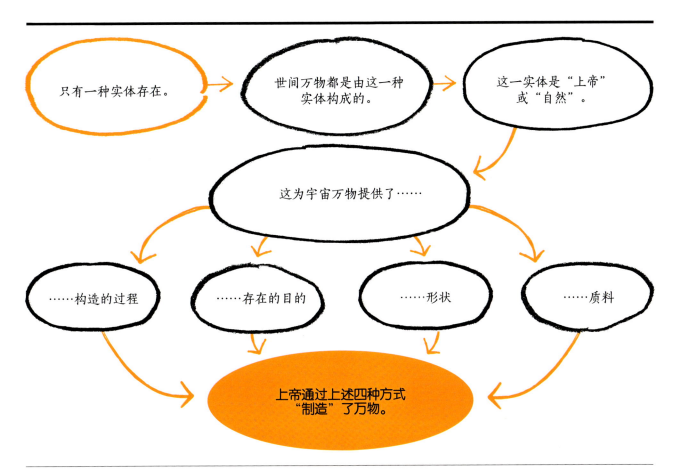

不变本质便是它的"实体"。用更通俗的话讲，实质是万物的根本，或者可以说是令世界呈现当下面貌的原因。

斯宾诺莎对"实体"的解读与此类似。他将"实体"定义为一种自我解释的，或仅通过它的本质才能理解的，不同于其他只能通过与他物的关联才能了解的性质。比如"马车"这个词可以通过它与其他概念间的关系进行理解，如"运动""运输"等词。此外，对斯宾诺莎而言，实体是唯一的，因为倘若存在两个实体，理解其中一个就要理解它与另一个的关系，而这样

做就将与实体的定义相矛盾。斯宾诺莎还提出，既然只有这样一个实体，实际上除了实体，就无物存在，因为其他事物都不过是实体的一部分罢了。斯宾诺莎的这一观点被后人称作"实体论"。根据一元论所言，世间万物最终都是某一个单一事物的不同方面。"二元论"的观点恰恰相反，二元论强调宇宙是由两种事物构成的，一个是"心灵"，一个是"物质"。

作为上帝或自然的实体

在斯宾诺莎看来，实体是经验的基础，但我们还是可以通过各种

属性来了解何为实体。斯宾诺莎并没有列明究竟有多少属性，却提出，人类起码可以了解其中的两种，比如广义的属性（物理性）和思想的属性（精神性）。斯宾诺莎也因此被人们称为"属性二元论者"，而他本人则提出这两种属性是无法彼此解释的，因此这两种属性必须被包含在一个完全的世界中。而对实体本身而言，斯宾诺莎则认为人类已然正确地将实体命名为"上帝"或"自然"，而上帝和自然都是以人类的形态出现的、从肉体和心灵的属性角度解读的自我解释的事物。在包括人类在内的个

从心情的变化到蜡烛形状的变化，一切变化，在斯宾诺莎看来，都是一种具有精神和物理属性的实体的不同形态罢了。

体事物的层面上，斯宾诺莎的属性二元论开始关注心灵和肉体相互作用的方式。我们作为个体经历的物质形态或心灵的事物实际上都是隐藏在事物属性之下的单一实体的变体罢了。每种变体都拥有物理属性（可以延展）和精神属性（拥有思想）。特别需要指出的是，人类的思维是一种具有思想属性的实体变体，而人类的大脑则是具有广延

属性的实体变体。通过这种分析方式，斯宾诺莎有效地避免了有关心灵和肉体之间互动关系的问题：心灵和肉体之间没有任何互动，只有一一对应。

然而，正是自己的理论令斯宾诺莎开始注意到，人类并非唯一拥有心灵和肉体的存在物，世间万物都是如此。桌子、岩石、树木，这些都是具有思想和广延属性的实体变体，因此也都具备物理和精神属性，尽管上述事物的精神属性非常简单，还达不到心灵的程度。斯宾诺莎的这部分理论对大多数人来说既难以理解，又难以接受。

世界是上帝

斯宾诺莎完全从伦理学的角度阐述了自己的理论，而人们通常将这一理论归为泛神论的一支。所谓泛神论，指的是以"上帝即是世界，世界便是上帝"为核心思想的神学理论。泛神论经常遭到神学家（信仰上帝之人）的批判，在这些人看来，这一理论不过是披着"泛神论"外衣的无神论罢了。然

思维和物质形态是一体的。
——贝内迪克特·斯宾诺莎

而，斯宾诺莎的理论更接近于"万有在神理论"，该理论将世界视为上帝，但认为上帝大于世界。因为在其理论体系中，世界并非一团由物质和精神材料构成的聚合体；相反，物质世界是具有广延属性的上帝的一种表现形式，而精神世界则是具备思想属性的上帝的另外一种表现形式。因此，上帝绝非单纯的世界，但世界则全部归属于上帝。

但是，斯宾诺莎的神学观与犹太基督教标准的神学观之间有着明显的差异，这种差异不仅表现在前者并不将上帝视为一个位格，更不

贝内迪克特·斯宾诺莎

贝内迪克特（或巴鲁赫）·斯宾诺莎于1632年出生于荷兰阿姆斯特丹。23岁时，他被阿姆斯特丹当地的葡萄牙裔犹太教派驱逐，以避免其学说对教会产生任何影响。斯宾诺莎的著作《神学政治论》随后遭到了基督教神学家的攻击，于1674年被禁，这与法国哲学家勒内·笛卡儿的命运惊人地相似。这一变故令斯宾诺莎最为伟大的著作《伦理学》直至其去世后才得以出版。

斯宾诺莎个性谦逊，品行端正，他拒绝了许多收益颇丰的教师职位，以保持自己学术方面的自由。他在荷兰各地颠沛流离，过着节俭朴素的生活，通过私人教授哲学和做镜片打磨师为生。1677年，斯宾诺莎因肺结核去世。

主要作品

1670年 《神学政治论》
1677年 《伦理学》

> 人类心灵是上帝无穷智慧的一部分。
> ——贝内迪克特·斯宾诺莎

像《创世记》一书所宣扬的那样，将上帝视为造物主。斯宾诺莎理论中的上帝并非存在于创世之前，然后再使世界存在。

造物主上帝

那么，斯宾诺莎所言的"上帝是万物的起因"究竟该如何理解呢？事物的实体是"上帝"或"自然"，那么，如果上帝大于构成世界的实体的变体，上帝和自然之间的关系又如何能根据因果关系来解读？

首先需要注意的是，斯宾诺莎和在他之前的大多数哲学家一样，运用"因"这个词来表达更为深刻的含义，我们可以从亚里士多德的四因说中找到起源。所谓的四因指的是：形式因，即物质各部分之间（形状或形态）的关系；质料因，即物质由什么组成（青铜、大理石等等）；动力因，即令某物产生某种状态的成因（塑造过程）；以及目的因，即某物存在的目的（比如为何会创造某件艺术品，对金钱的欲望等）。

对亚里士多德和斯宾诺莎而言，上述四因共同构成了"因"的

在斯宾诺莎看来，世间万物，无论是动物、植物，还是矿物，都有精神性。万物的物质形体和精神性都是上帝的一部分，而上帝则是高于世间一切物理和精神属性的存在。上帝是现实的"实体"。

宇宙万物，甚至包括岩石，都有物质形体和心灵。

物质形体和心灵都是实体的属性。

实体即上帝，万物皆可在其中得到解释。

定义，同时提供了对物质的完整解读——不同于当时"因"这一词的含义，现如今它更倾向于只包含"动力因"和"目的因"这两种性质。因此，当斯宾诺莎的理论中出现"上帝"或"自因实体"时，其真实含义为，该实体是自我解释的，而非自我生成的。而上帝是万物的因则指万物都能在上帝身上找到解释。

因此，上帝并非斯宾诺莎提到过的世界的"过渡因"，即令世界产生的外因。相反，上帝应该是世界的"内在因"，上帝存在于世界之中，世界存在于上帝之内，而世界的存在和本质可以在上帝的存在和本质中得到解释。在斯宾诺莎看来，要想彻底理解这一事实，必须尽可能获得最大的自由及拯救，他称这种状态为"幸福"。■

人类的知识 无法超越经验

约翰·洛克（1632—1704年）

人们一般将约翰·洛克与后来的两位哲学家乔治·贝克莱和大卫·休谟一道划入英国经验主义者的范畴。经验主义者普遍认为人类所有的知识必须直接或间接地来自在使用感官感知的过程中所获得的经验。这与包括勒内·笛卡儿、贝内迪克特·斯宾诺莎和戈特弗里德·莱布尼茨在内的唯理主义哲学家们的思想相冲突。唯理主义者认为，人类至少有可能单纯通过使用理性获得知识。事实上，唯理主义与经验主义两派间的划分其实

参见: 柏拉图 50~55页, 托马斯·阿奎那 88~95页, 勒内·笛卡儿 116~123页, 贝内迪克特·斯宾诺莎 126~129页, 戈特弗里德·莱布尼茨 134~137页, 乔治·贝克莱 138~141页, 大卫·休谟 148~153页, 诺姆·乔姆斯基 304~305页。

> 如果我们关注新生婴儿,那么就不会再有理由相信这些婴儿带有与生俱来的观念了。
>
> ——约翰·洛克

借助经验便可获得知识的理论,也就是内在观念理论。

人类生而带有内在观念,这些观念能够独立于经验为我们提供世界本质的各种知识——这一内在观念理论的兴起可以追溯至哲学的开端时期。柏拉图提出了一个概念,即一切真正的知识本质上都存在于我们体内。当我们去世时,它们随着灵魂转世进入新的身体,我们又将忘却这些知识。因此受教育的目的不在于了解新事实,而在于"防止遗忘"。教育者所扮演的并非是教师的角色,而是助产士。

然而,很多后来的观念家都反对柏拉图的理论。他们认为并非所有的知识都是与生俱来的,只有一少部分概念是这样。这些概念中包括上帝的概念,以及完美几何结构,如等边三角形的概念等。在他们看来,这种类型的知识无须借助任何直接的感官经验,以一种借助

没有人们所想象的那样清楚。唯理主义者们接受人类知识,实际上最终都衍生自经验,其中大部分来自科学调查。洛克将理性思考的过程(这一过程随后被称为诱导法,即从现有的资源证据中推论出最佳的解释)融入感性经验之中,从而得出了自己在世界本质方面的独特见解。例如,约翰·洛克力图说明"微粒说"是对这个我们所经历的世界的最佳解读。微粒说提出,世间万物都是由亚微观的颗粒或微粒构成的,人们无从得知这些微粒究

竟是什么,但是正是由于这些微粒的存在,才令各种现象有可能得以解释。微粒说在17世纪的科学界非常受欢迎,也是洛克物理世界观的理论基础。

与生俱来的观念

出于以上原因,在洛克看来,"人类的知识永远无法超越经验"这种说法看上去似乎并不合适,或至少有些过分夸张。然而,洛克确实在《人类理解论》中花了很长的篇幅反驳由唯理主义者提出的无须

推理和逻辑列出数学公式的方式即可获得。例如，勒内·笛卡儿就说尽管自己相信人类都拥有上帝所镌刻在自己脑海中的观念——就像手艺人刻在陶罐上的标记一样——这种有关上帝存在的观念只能通过理性思考的过程为我们的意识心灵所吸收。

洛克的反驳

洛克对人类具有内在观念的看法持反对意见。他认为刚出生的人类思维就如一块白板——一块空白的板子或是一张空白的纸等待经验的书写，就像光线在胶卷上创造图像一般。在洛克看来，在这一过程中，人类只用到了利用理性处理感官收集来的信息的这一基本能力。洛克论证道，没有任何证据能够证明婴儿的心灵不是一片空白，精神障碍病人的心灵同样如此，"这些人对自己没有任何想法"。因此，他宣称任何支持内在观念存在的说法都是错误的。

洛克接下来开始攻击内在观念的不合逻辑性。他提出，如果要证明某物是一种观念，那么该物必须在某一时刻呈现在某人的心灵之中。但正如洛克所指出的那样，任何宣称自己必定是真正内在的观念必须先于任何形式的经验存在。洛克承认，正如戈特弗里德·莱布尼茨所说的那样，某个观念很可能埋藏在人类记忆的深处，因此很难甚至无法回想起来，那么虽然这个观念存在，但也无法为我们的意识心灵所获得。换句话说，这些人也同样相信内在观念一定存在于心灵的某处，只不过人类现在暂未开发出可以理解并将这些观念带入意识的机能。

赞成内在观念的人还经常宣称

这类观念在每一个人出生时便已显现，在本质上是相同的。也就是说，无论何种人类社会，无论处在任何历史时期，人类都拥有这种内在观念。例如，柏拉图便提出每一个人都潜在地拥有同样基本的知识体系，否认男性和女性或奴隶和自由人之间的差异。与此相似的是，在洛克生活的时代，那些支持内在观念理论的人经常提出，正因为只有上帝才能赋予我们内在观念，因此这些观念肯定是同等的，因为上帝是公正无私的，不会只把这种观念赋予特定的一部分人群。洛克反驳了这种共同观念的论调。他再一次呼唤我们的关注，强调只要审视这个世界，便可发现内在观念并不存在。即使我们发现了一些人人共有的概念或观念，也没有任何坚实的依据证实这便是内在的。他提出，我们同样可以为这种共同性找出其他方面的解释，比如人类往往用最为基础的方式感受世界，从而

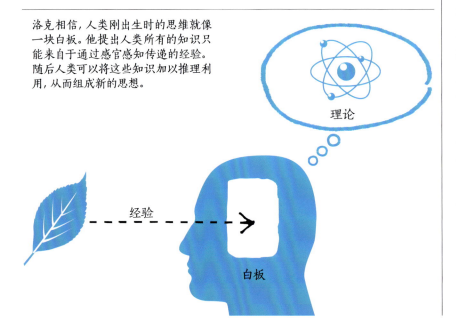

洛克相信，人类刚出生时的思维就像一块白板。他提出人类所有的知识只能来自于通过感官感知传递的经验。随后人类可以将这些知识加以推理利用，从而组成新的思想。

理论

经验

白板

> 让我们假设心灵是一张白板，没有任何特征和观念；我们是如何让这张白板丰富起来的？

——约翰·洛克

获得这些共同的概念或观念，这种感受方式是为人类所共享的。

1704年，戈特弗里德·莱布尼茨在《人类理解新论》中反驳了洛克的经验主义论点，强调内在观念是人类能够不借助感官经验获得知识的一种明确的方式，而洛克错误地否认了内在观念存在的可能性。人类究竟能否在通过五种基本感观感受事物之外获得知识这一争论至今仍在继续。

内在语言

尽管洛克否认内在观念的观点，却没有否认人类具有内在潜能。具备感知和理性思考的能力是洛克解释人类知识和理解机能的核心所在。20世纪末时，美国哲学家诺姆·乔姆斯基进一步发展了这一观点，提出每个人类的大脑中都有一个内在的思考过程，能够产生一种通用的语言深层结构。乔姆斯基相信，虽然这些语言在表面结构上存在差异，但一切人类的语言皆产生自同一个深层语言结构。洛克在质疑人类获得知识的方式这一问题上起到了至关重要的作用，人类对世界的理解也在洛克的时代以前所未有的速度急速扩大。早期的哲学家们，特别是中世纪时期的学术思想家，如托马斯·阿奎那，已经总结出现实的某些方面是无法为人类

因为人类的思维在出生时是一张白板，洛克相信任何人都能够通过接受教育得到发展，教育是培养理性思维和个人才能的基础。

心灵所理解的。而洛克通过对人类思维机能的详细分析，力图确定人类能够了解的知识范围。■

约翰·洛克

约翰·洛克出生于1632年，是一位英国乡村律师的儿子。在一位富裕的资助人的帮助下，洛克得以接受良好的教育，他首先前往伦敦的西敏中学就读，毕业后进入牛津大学。他深受先锋派化学家罗伯特·波义耳在科学研究中采用的经验主义方法的影响，一边致力于推行波义耳的思想，一边在波义耳的实验研究中做助手。

尽管洛克的经验主义思想地位崇高，但令他声名大噪的却是他所撰写的一些政治文章。他提出了一种社会契约理论，强调政府的合法性及保护关于私有财产的自然权利。因遭到政治流放，洛克曾两次逃离英国，最终于1688年回国，一边写作一边在政府部门担任各种职位，于1704年逝世。

主要作品

1689年 《论宽容》
1690年 《人类理解论》
1690年 《政府论》

世间存在两种真理：一种是推理之真，一种是事实之真

戈特弗里德·莱布尼茨（1646—1716年）

背景介绍

哲学流派
认识论

聚焦
唯理主义

此前

1340年 奥特库尔的尼古拉提出，世间并没有所谓的必然真理，只有偶然真理。

17世纪前10年 勒内·笛卡儿声称，观念产生的途径有三种：一种来自经验，一种来自推理，另一种生而具备（由上帝创造）。

此后

1748年 大卫·休谟开始探索必然真理和偶然真理之间的差异。

1927年 阿尔弗雷德·诺斯·怀特海推行"现实实体"假定说，该说法与莱布尼茨映射宇宙整体的单子论非常相似。

早期现代哲学通常被分成两大学派——一派是唯理主义（其知名学者包括勒内·笛卡儿、贝内迪克特·斯宾诺莎和伊曼努尔·康德）；一派是经验主义（知名学者包括约翰·洛克、乔治·贝克莱及大卫·休谟）。事实上，这些哲学家并非立场鲜明地单纯支持某一派，他们中的每一个人都与其他人有着既相似，又不同，复杂而又重叠的思想。然而，区分两派的一个最为鲜明的差异是，双方在认识论上的不同，也就是说，唯理主义和经验主义在人类能够认识什么及人类如何知道自己理解的认识上

参见： 奥特库尔的尼古拉 334页，勒内·笛卡儿 116~123页，大卫·休谟 148~153页，伊曼努尔·康德 164~171页，阿尔弗雷德·诺斯·怀特海 336页。

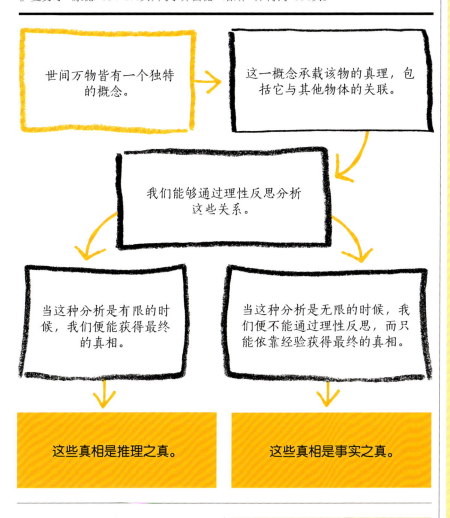

世间万物皆有一个独特的概念。

→ 这一概念承载该物的真理，包括它与其他物体的关联。

我们能够通过理性反思分析这些关系。

当这种分析是有限的时候，我们便能获得最终的真相。

当这种分析是无限的时候，我们便不能通过理性反思，而只能依靠经验获得最终的真相。

这些真相是推理之真。

这些真相是事实之真。

存在差异。说简单一点就是，经验主义者认为知识来自经验，而唯理主义者则相信知识可以通过单纯的理性反思获得。

莱布尼茨是唯理主义者，他对推理之真和事实之真的区分标志着唯理主义和经验主义理论争辩的一个有趣的拐点。莱布尼茨曾在自己最知名的著作《单子论》中提出：从理论上来说，一切知识都能够通过理性反思获得。然而，由于人类思维器官中的缺陷，我们必须依靠

人类几乎无法准确了解任何事物，少部分通过先天获知，大部分通过经验了解。

——戈特弗里德·莱布尼茨

戈特弗里德·莱布尼茨

戈特弗里德·莱布尼茨是德国哲学家和数学家，他出生于德国莱比锡城，大学毕业后投靠美因茨选帝侯，接受公职并服务了五年，在此期间他主要专注于政论文章的撰写。旅行了一段时期之后，在布伦斯维克公爵处接受了汉诺威图书管理员的工作，直至其生命的终结。莱布尼茨在生命的最后一段时光里完成了自己哲学体系的大部分研究工作。

莱布尼茨发现了"微积分"和随后的一系列相关数学元素，这令他在数学领域声名大噪。牛顿和莱布尼茨都认定自己才是发现微积分的第一人，看上去二人似乎都是独立获得这一研究成果的，但是莱布尼茨开发出了一套更为合用的记号方法，至今仍为人们所使用。

主要作品

1673年 《哲学家的信条》
1685年 《形而上学论》
1695年 《新系统》
1710年 《神义论》
1714年 《单子论》

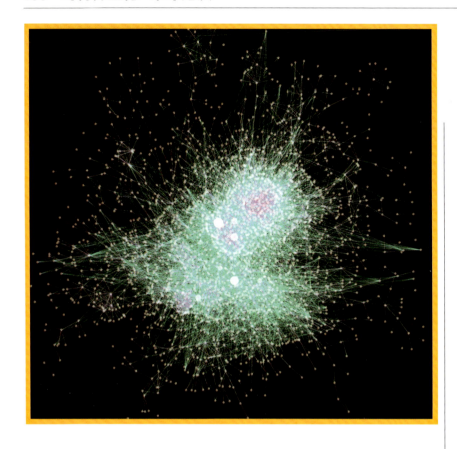

这幅网络地图体现了不计其数的网民之间的关系。莱布尼茨的单子理论表明所有人类的心灵都是按照类似的方式彼此连接起来的。

莱布尼茨提出，每个人类的心灵都是一个单子，所以人类思维中囊括了对整个宇宙的完整映射。那么从理论上来讲，我们有可能依靠探索自身心灵便可获得有关宇宙的全部信息。只需通过分析心灵中对猎户座一等星的认识，我就能最终确定这一红巨星上的实际表面温度。然而，从实际操作角度来说，这一分析过程确实太过复杂，莱布尼茨更倾向于称之为"无限"，即根本无法完成，那么由于无法完成，我能够了解猎户座一等星表面温度的唯一方法就是运用天文学工具从经验主义的角度出发，测量出真实数据。

红巨星的表面温度是一种推理之真还是一种事实之真？我很有可能不得不借助于经验主义的方法寻找问题的答案，但只要我的理性器官能够变得更加完善，我便能够通过理性反思的方式进行解答。因

经验作为收获知识的途径。

人类心灵中的宇宙

为搞清楚莱布尼茨是如何得出这一结论的，我们需要先简单了解一下他的形而上学理论——宇宙是如何构建起来的。莱布尼茨认为，世界的每一个组成部分，每一个独立的个体，都有其不同于其他部分的核心概念或"观念"，每一个概念都包含该物的真理以及它与其他事物的关联。由于世间万物都是彼此相连的，个体间的概念也彼此相连，因此就有可能——起码从理论上来说——通过单纯的理性反思循着个体间的关系发现整个宇宙的真理。这一思想成为莱布尼茨"推理之真"的理论基础。然而，由于人

类心灵只能掌握其中一小部分真理（比如数学真理），我们只能依赖于经验认识世界，从中便诞生了"事实之真"。

那么，我们如何能从了解外面正在下雪推理出明天世界的某个地方会发生什么事情呢？对莱布尼茨而言，这一问题的答案隐藏在世界是由不同的个体，各种被称为"单子"的简单实体组成之中。每个单子都独立于其他单子，每个单子都包含整个宇宙的过去、现在和未来状态的完全体现。这一体现在所有单子间同步发生，每个单子所携带的信息完全一致。在莱布尼茨看来，这就是上帝创造世界的方式——在一种"预先建立的和谐"状态中。

每个单一实体都在用其特有的方式体现着整个宇宙的信息。

——戈特弗里德·莱布尼茨

此，判断某一知识究竟属于推理真理还是事实真理，似乎取决于人们发现答案的方式，但这真的就是莱布尼茨的观点了吗？

必然真理

对莱布尼茨而言，麻烦之处在于他认为推理之真是"必然的"，也就是说人类根本无法推翻通过推理得出的真理，而事实之真则是"偶然的"，无须逻辑冲突便能轻松否决。数学真理是必然真理，因为否认了数学真理的结论就会与该术语本身所携带的含义相矛盾。但是"西班牙正在下雨"这一命题是偶然的，因为否认这一命题不会引起语言上的矛盾——而且从事实上判断，这句话也有可能是错误的。

莱布尼茨对推理之真和事实之真的区分并非只具有认识论（探讨知识的局限性）上的意义，更具有形而上学（探讨世界的本质）意义，而莱布尼茨的论证是否能够支持其形而上学论点也并不明确。莱布尼茨的单子论所强调的似乎是一切真理都是推理之真，一旦人类能够完成自己的理性分析，就能够

> **"**
> 上帝不需要经验，他通过永恒的真理理解万物。
> ——戈特弗里德·莱布尼茨
> **"**

获得。但因为推理真理都是必然真理，那么红巨星的表面温度在什么情况下才有可能只为2400开氏度而非2401开氏度呢？这种情况当然是不可能发生的，就像2+2=5一样，因为后者在逻辑上本就是矛盾的。

此外，如果我们遵循莱布尼茨的方法，将必然和偶然真理进行区分，那么就必须面临这样一个问题：我只需要反思与三角形有关的概念，就能够探索出毕达哥拉斯定理，因此毕达哥拉斯定理一定是一种推理真理。但是红巨星表面温度和毕达哥拉斯定理都是真理，都作为单子的一部分存在于我的心灵之中，那么为什么人类还有必要对它们进行必然和偶然的划分呢？

另外，莱布尼茨告诉我们，虽然人类无法抵达无限分析的终点，但上帝却能够立刻掌握宇宙的真谛，因此对于上帝而言，所有的真理都是必然真理。那么，推理之真和事实之真的差异似乎只关乎人类获知真理的方式，在这种情况下也就更难理解为什么前者一定是真实的，而后者有可能存在错误了。

一个不确定的未来

在研究全能而又无所不知的上帝创造宇宙的方式时，莱布尼茨不可避免地需要对自由的意志这一概念进行解释。如果上帝已知我即将做出哪些行动，我又怎能对自己的行为做出选择？问题到了莱布尼茨这里变得更加深刻复杂。按照莱布尼茨的理论，真正的偶然是不存在的。莱布尼茨的理论只能将人类能够发现的和上帝能够发现的必然真理予以区分。我们知道（在采纳莱布尼茨理论的前提下）世界的未来

上图中的机械计算器是莱布尼茨诸多发明中的一个。它的出现是对莱布尼茨研究数学和逻辑学领域的证明，在这两个领域中他绝对是一个伟大的革新者。

已经由神圣而又无所不知的上帝安排好，在多种可能的模式中为人类挑选了最好的一种。但是我们却称未来是偶然的，或者是不确定的，因为作为能力有限的人类，我们无法看清未来的内容。

莱布尼茨的遗产

尽管莱布尼茨的理论中仍存在难题，但他的思想却继续流传发展，对包括大卫·休谟和伊曼努尔·康德在内的许多哲学家的研究产生了重要影响。康德将莱布尼茨推理之真和事实之真的理论修正为"分析性"和"综合性"差异，这一区别时至今日仍是欧洲哲学的核心所在。

而莱布尼茨单子论的传播并没有那么顺利，更因大量引用形而上学而受到了批判。然而，他的理论却在20世纪时为许多科学家所重新发现和研究。这些科学家们不再依赖传统牛顿物理学的指导，而是更多地受到了莱布尼茨的时空关系系统论的启发。■

存在即被感知

乔治·贝克莱（1685—1753年）

与之前的约翰·洛克一样，乔治·贝克莱也是一名经验主义者，将经验视为获得知识的首要途径。这一观点可以追溯至亚里士多德时期，并与唯理主义者所持的观点相冲突：后者认为从理论上来说，一切知识都能够通过单独的理性反思获得。贝克莱与洛克的观点相似，但二人却最终走向了不同的结论。在贝克莱看来，洛克的经验主义是温和而有所节制的，仍赞同有一个脱离于感官的世界存在，更遵从勒内·笛卡儿的观点将人类视

参见: 柏拉图 50~55页, 亚里士多德 56~63页, 勒内·笛卡儿 116~123页, 约翰·洛克 130~133页, 伊曼努尔·康德 164~171页, 格奥尔格·黑格尔 178~185页。

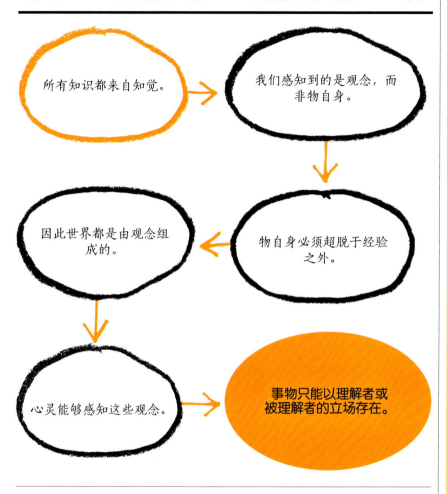

所有知识都来自知觉。

我们感知到的是观念，而非物自身。

因此世界都是由观念组成的。

物自身必须超脱于经验之外。

心灵能够感知这些观念。

事物只能以理解者或被理解者的立场存在。

乔治·贝克莱

乔治·贝克莱出生并成长于爱尔兰基尔肯尼附近的达萨特堡。他起初在基尔肯尼学院接受教育，随后前往都柏林的三一学院继续深造。1707年他当选为三一学院的会员，并出任英国圣公会牧师。1714年，在写完所有主要哲学著作后，贝克莱离开了爱尔兰，开始周游欧洲，并将其中大部分的时间花在了伦敦。

回到爱尔兰后，贝克莱成为德里的主持牧师。他把主要的关注点放在了在百慕大开设神学院的工作中。1728年，他与妻子安妮·佛斯特乘船前往新港和罗德岛，花了三年的时间为神学院筹集资金。1731年，意识到资金不足的问题后，贝克莱回到伦敦，三年后成为都柏林克罗因大主教，在当地度过了余生。

主要作品

1710年 《人类知识原理》
1713年 《海拉斯和斐罗诺斯的对话三篇》

为由两种完全不同的实体——心灵和身体构造而成。

而贝克莱的经验主义则极端许多，他也因此被人们称为"非物质论的唯心主义者"，意思是贝克莱是一名一元论者，坚信宇宙中只存在一种实体；也是一名唯心主义者，坚信这一实体便是心灵或思想，而非物质。

贝克莱的哲学观经常被总结为拉丁短语 esse est percipi（"存在即被感知"），但我们或许应该用esse est perciperi aut percipi（"存在

哲学家们所谓的物质实体并不存在。
　　——乔治·贝克莱

> 即使外在肉体存在，我们也永远无从得知。
>
> ——乔治·贝克莱

> 观念永远只会与观念相似；颜色或图画也只能与其他颜色和图画相似。
>
> ——乔治·贝克莱

即是感知或被感知"）来替代更为恰当。因为在贝克莱看来，世界由正在进行感知的心灵及它们的概念组成。这并不代表贝克莱否认外在世界的存在，或认为我们所感知的世界与真实世界不同。贝克莱的观点更在于强调一切知识必须来自经验，人类能够获得的也全都是自己的感知。既然这些感知都是一些"观念"（或心理表征），那么我们就没有理由认为除了观念和观念的感知者还有任何事物存在。

因果关系和意志

贝克莱抨击的对象是由洛克及科学家罗伯特·波义耳所描绘的笛卡儿式的世界观。他们认为，我们生活的物质世界是由大量物理粒子或"微粒"组成的，在这些粒子本身的特质和相互间的作用下，我们所理解的这个世界才被构筑起来。对贝克莱而言，更有争议的部分在于该观点认为，世界是通过与人类的感官互动，才令人类产生了对这个世界的感知观念。贝克莱用了两个理由反对这一观点。第一，他提出人类对因果关系（某些事件是另一些事件的成因）的理解全部基于人类对自我意志（即人类通过意志的行动令事物发生的方式）的经验。贝克莱要指出的不仅是人类将自己意志行动的经验强加于世界之上的错误性——当我们这么做的时候，我们却说是世界令我们产生这样的看法的；他的意图更在于指出"物理原因"是不存在的，因为观念的成因只能来自心灵的世界，根本没有什么超越心灵世界之外的物理世界。对贝克莱而言，世间唯一的成因，必须是由意志力行动创造出来的意志成因。

贝克莱反对的第二个理由是观念都是精神实体，与物质实体没有任何相似之处，因为二者具有完全不同的属性。画像或是照片能够与某个物质相似，因为画像和照片本身就是一种物质，但若要认为某一观念与某个实物相似则只会把观念错认为另一种物质。观念只会与其他观念相类似。人类对世界的经验来自观念，任何认为我们能够理解"物质事物"这一概念的想法都是错误的。人类真正理解的是精神事物，世界由纯粹的思想构造而成，不管它自身究竟是什么，只能作为我们所感知的而存在。

感知的成因

那些无法主动感知的事物只能被动为他物所感知，但是，这句话看上去像是在说，当我离开房间的时候，我的桌子、电脑、书本等都不再存在，因为它们已经无法再为我所感知。贝克莱对这一问题的回应是，没被感知的事物是不存在的，因为当我不在房里的时候，这些事物仍然能被上帝所感知。因此，他的理论不仅依赖于上帝存在这一前提，还需要依靠一个特定类型的上帝，一个永远参与世界运转的上帝。

在贝克莱看来，上帝参与世界的过程要比上面所提到的要深刻得多。正如我们所见，贝克莱认为没有所谓的物质成因，只有"意志"或意志的行动，只有意志行动方可带来人类对整个世界的观念。

贝克莱不认为有所谓的视觉错觉，因为在他看来，物体的真实形态就是它所呈现出来的样子。比如，浸入水中的稻草就是弯曲的，而用放大镜放大的物体确实比之前要大。

然而，我却不能控制自身在世界中获得的经验，更不能选择——无论我喜欢与否，世界就是用这种方式呈现在我的眼前。因此，令我产生对这个世界的观念的意志也并非出自我本意；它们是上帝的意志。因此，对贝克莱来说，上帝不仅创造了作为感知者的人类，上帝本身也是人类一切感知成因及永恒的缔造者。这一看法又带来了一系列的问题，其中最亟待解答的一个问题是：为何人类有时会做出不正确的感知？为什么上帝想要欺骗人类？

贝克莱试图这样解答这一问题：人类的感知事实上永远都不可能犯错，我们其实是错在对所感知的事物所做的判断上。打个比方，水中的船桨在我看来似乎是弯曲的，那么它实际就是弯曲的，而我错误的地方在于认为这船桨只是看上去弯曲而已。

但是，倘若我把手伸到水中真实触到这个船桨呢？我所接触到的船桨肯定是笔直的。因为它不可能既是弯曲的又是笔直的，那么结果

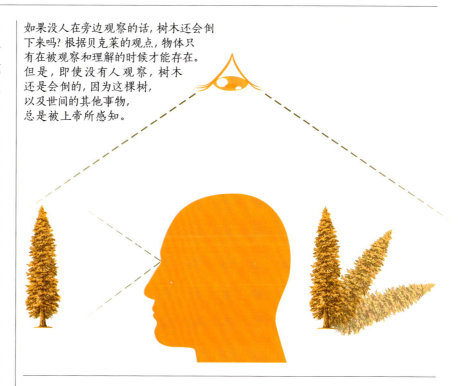

如果没人在旁边观察的话，树木还会倒下来吗？根据贝克莱的观点，物体只有在被观察和理解的时候才能存在。但是，即使没有人观察，树木还是会倒的，因为这棵树，以及世间的其他事物，总是被上帝所感知。

> 所有天堂的唱诗班和地球的点缀，即所有构成这个世界的框架的肉体，都无法在欠缺思维的情况下存在。

——乔治·贝克莱

就是必须存在两个船桨，一个是我看到的，一个是我所摸到的。对贝克莱而言，更难解决的问题是在两个不同的人看来同一个船桨也是完全不同的，因为实际上两人的感知并不能集中在同一个单独的"真实"的船桨上。

唯我论的问题

贝克莱理论体系中不可避免地体现出一个问题：人类永远不能感知同一个事物。我们每个人都被困在自己的世界中，与外界的他人没有任何联系，即使唯有上帝才能感知这个船桨的事实，也无法帮助我们解答问题，因为上帝的观念会变成第三种观念，创造出第三个完全不同的船桨。上帝令我和你们产生观念，但除非我们彼此与上帝共用同一个观念，否则仍然会出现三种不同的感知，三种不同的船桨。这

令人类开始正视唯我论的问题，即我唯一能够确定有可能存在的事物，或者实际存在的，就是我自己。

有可能解决唯我论的方法如下：既然我能够令世界发生变化，比如举起自己的双手，既然我注意到其他人身上发生了同样的变化，那么就能确定令他们改变的正是身体中的"意识"。然而，对贝克莱而言，问题在于举起的不是"真实"的手——人类能做的不过是产生举手的观念——这观念只能是自己的，他人无法被激起相同的观念。换句话说，我必须依旧依赖上帝给予我其他人举手的观念。结果是，贝克莱非但没有让我们确定经验主义，更让公众不得不把对世界、对他人存在的知识依赖于一个绝不会欺骗我们的上帝的信仰。■

THE AGE OF
REVOLUTION
1750–1900

革命时期
1750年—1900年

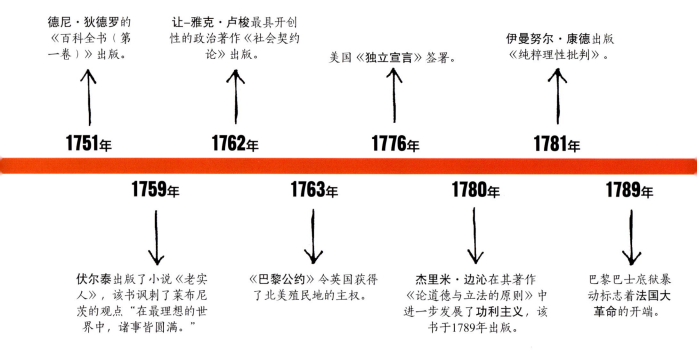

德尼·狄德罗的《百科全书（第一卷）》出版。

让–雅克·卢梭最具开创性的政治著作《社会契约论》出版。

美国《独立宣言》签署。

伊曼努尔·康德出版《纯粹理性批判》。

1751年

1762年

1776年

1781年

1759年

1763年

1780年

1789年

伏尔泰出版了小说《老实人》，该书讽刺了莱布尼茨的观点"在最理想的世界中，诸事皆圆满。"

《巴黎公约》令英国获得了北美殖民地的主权。

杰里米·边沁在其著作《论道德与立法的原则》中进一步发展了**功利主义**，该书于1789年出版。

巴黎巴士底狱暴动标志着**法国大革命**的开端。

文艺复兴时期，统一在教会领导下的欧洲逐渐分化为许多独立的国家。各个国家逐渐建立了自己的主权，特色鲜明的各国文化也得以形成，其中以艺术和文学领域的发展最为显著。哲学理论风格的变化也在公元17世纪时开始显现。

欧洲大陆的唯理主义与英国经验主义在理性时代的差异是非常明显的，而随着公元18世纪启蒙时代的到来，哲学继续以英国和法国为中心深化发展。旧有价值观和封建体系随着以经济发展为基础的新政权的建立而倾颓落幕，经济贸易的发展也催生了一批城镇中产阶级，他们以史无前例的规模和速度繁荣壮大。欧洲最富有的国家，如英国、法国、西班牙、葡萄牙和荷兰，在世界各地建立了自己的殖民地和帝国。

法国和英国

这一时期的哲学开始越来越多地将注意力放在社会和政治问题之上，其影响力在欧洲各国传播扩大。随着英国革命的爆发和结束，经验主义在大卫·休谟的影响下达到了前所未有的高度，而政治哲学领域则被新功利主义理论所统治。受到18世纪30年代开始的工业革命的影响，英国哲学开始朝功利主义的方向发展，如约翰·斯图尔特·密尔等思想家修正并发扬了

杰里米·边沁的功利主义理论，帮助建立起自由民主制度和现代公民权利的框架。然而，法国的情况却没有这么稳健。勒内·笛卡儿的唯理主义风光不再，新一代哲学理论开始受到追捧，激进派的政治哲学家积极传播新的科学思考方式，其中包括讽刺作家伏尔泰、百科全书编纂人德尼·狄德罗，以及最具革命精神的让–雅克·卢梭。卢梭眼中的社会应该受到自由、平等和友爱的约束，这一观点成为1789年法国大革命中的呐喊之音，激励了一代又一代的激进派思想家。卢梭坚信，文明会令人类腐朽，而人类的本性是纯朴善良的。卢梭的部分思想还奠定了后来浪漫主义运动的基

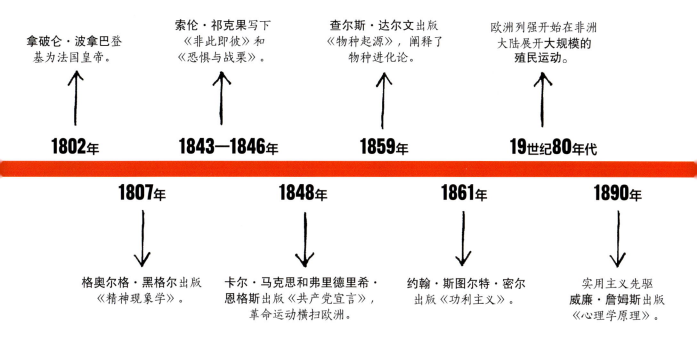

拿破仑·波拿巴登基为法国皇帝。

1802年

索伦·祁克果写下《非此即彼》和《恐惧与战栗》。

1843—1846年

查尔斯·达尔文出版《物种起源》，阐释了物种进化论。

1859年

欧洲列强开始在非洲大陆展开大规模的**殖民运动**。

19世纪**80**年代

1807年

格奥尔格·黑格尔出版《精神现象学》。

1848年

卡尔·马克思和弗里德里希·恩格斯出版《共产党宣言》，革命运动横扫欧洲。

1861年

约翰·斯图尔特·密尔出版《功利主义》。

1890年

实用主义先驱威廉·詹姆斯出版《心理学原理》。

调。在浪漫主义时期，欧洲文学、绘画及音乐受到了一种理想化自然观的影响，与启蒙运动时期精致的都市风情有着鲜明的差异。或许，这二者之间最主要的差异在于浪漫主义将感受和直觉凌驾于理性之上。这场运动很快就传遍了整个欧洲，其影响一直持续到19世纪末。

德国唯心主义

德国哲学能于19世纪站上主流地位，主要归功于伊曼努尔·康德。他的唯心主义哲学以人类绝不可能获知超出自身以外的任何知识为核心，强烈地改变了当时的哲学思考方向。虽然只比休谟和卢梭年轻几岁，康德却被划归入二者之后的新一代哲学家：他的主要哲学著作都写于休谟和卢梭逝世后。康德对宇宙和我们对它的认识的解释试图整合唯理主义和经验主义的想法，这种方式也更贴合浪漫主义和德国文化。

在康德的后继者中，既有世人皆知的德国唯心主义哲学家费希特、谢林和黑格尔，也有叔本华，而后者在对康德哲学理论的奇特解读中融入了东方的哲学思想。

卡尔·马克思是黑格尔僵化的唯心主义的批判者之一，他结合德国哲学研究、法国革命时期的政治哲学及英国经济学理论于一体。与弗里德里希·恩格斯共同写下《共产党宣言》后，马克思又独立著就了《资本论》，这无疑是有史以来最具影响力的哲学著作之一。马克思逝世后的数十年里，世界范围内的多个国家都相继根据他在书中提出的政治制度建立了自己的革命政府。

与此同时，美国摆脱了英国的殖民统治，建立了以启蒙运动价值观为基础的共和国，一个脱离欧洲根基的美国文化开始建立和发展起来。19世纪末浪漫主义运动第一阶段，美国国内兴起了一种本土哲学派别——以检视真理的本质为第一要义的实用主义。这一哲学派别与美国民主精神相适应，更与新世纪文化相得益彰。■

疑惑并不使人愉快，但确信则更为荒谬

伏尔泰（1694—1778年）

背景介绍

哲学分支
认识论

聚焦
怀疑论

此前

公元前350年 亚里士多德第一次将儿童的心灵比作一张"空白的石板"，后人称这一说法为"白板说"。

17世纪90年代 约翰·洛克提出感官经验能令儿童和成年人获得有关外在世界的可靠知识。

此后

1859年 约翰·斯图尔特·密尔在《论自由》一书中对人类绝对正确的假设提出了反对。

20世纪前10年 汉斯-格奥尔格·伽达默尔及后现代主义者将怀疑理性应用到了所有知识中，甚至包括（以感官为基础）获得的经验。

伏尔泰是一位生活在启蒙运动时代的法国学者。启蒙运动时期的人们开始频繁质疑世界，以及人类的生活方式。欧洲哲学家和作家将注意力放在了公认的权威上，如教会和国家，开始质疑它们的合法性和观念，与此同时积极探索新角度、新观点。17世纪的欧洲人普遍接受教会对万物存在理由和方式的解读，但此时的科学家和哲学家们却开始展示建立真理的不同方法。1690年，哲学家约翰·洛克提出所谓与生俱来的思想并不存在，所有思想都来自经验。这一观点得到了科学家艾萨克·牛顿的支持，牛顿经由实验提供了探索世界真理的新方法。正是在这种反对传统的革命浪潮中，伏尔泰宣告，确定性是十分荒谬的。

伏尔泰通过两方面反驳了这一

历史上的每个事实和理论都曾被人所修正。

人类并非生而带有观念和概念。

每个观念和理论都能为人所挑战。

疑惑并不使人愉快，但确信则更为荒谬。

参见: 亚里士多德 56~63页, 约翰·洛克 130~133页, 大卫·休谟 148~153页, 约翰·斯图尔特·密尔 190~193页, 汉斯-格奥尔格·伽达默尔 260~261页, 卡尔·波普尔 262~265页。

在伏尔泰看来, 启蒙运动时期的以经验证据及无所畏惧的好奇心为基础的科学实验为人类打开了一扇通往更加美好的世界的大门。

观点。首先, 他指出, 除了数学和逻辑学领域的必然真理, 几乎历史上的每一个事实及理论都随着时间的流逝不时地得到修正。因此那些看上去的"事实"其实不比一个正待人论证的假说真实到哪里去。其次, 伏尔泰赞同洛克的观点: 与生俱来的观念并不存在, 并指出那些人类似乎从出生就了解到的、自以为是真实的观念很有可能只是文化的产物, 且各个国家的文化都有所不同。

革命性的质疑

伏尔泰并非否认绝对真理的存在, 他只是认定人类无法发现获得绝对真理的途径。因此, 伏尔泰认为质疑才是唯一合乎逻辑的。如果永无止境的分歧不可避免的话, 人

类需要开发出一套像科学一样的体系, 以取得一致。

在论述为何确定性要比质疑更令人高兴时, 伏尔泰提示人们回想面对权威言论 (比如那些由君主或教会所发表的言论) 时, 接受比挑战和思索这些言论要轻松得多。但伏尔泰相信, 质疑每一个"事实"、挑战一切权威具有非常重要

的意义。他认为, 一方面要对政府有所约束, 另一方面需要开放言论, 科学和教育才是获得物质和道德进步的关键。这些都是启蒙运动和法国大革命时期的基本理念, 在伏尔泰去世11年后开始占据统治地位。■

伏尔泰

伏尔泰是法国作家和思想家弗朗索瓦·马利·阿鲁埃的笔名。他出生于法国巴黎的一个中产阶级家庭, 是三个孩子中最小的一个。伏尔泰大学主修法律, 但他对写作更有兴趣, 并于1715年在文坛崭露头角。他的讽刺文风经常给自己带来麻烦: 多次因侮辱皇室的罪名受牢狱之灾, 最严重的一次曾被驱逐出法国。伏尔泰被驱逐后留在了英格兰, 在此受到英国哲学和科学的影响。回到法国后, 伏尔泰靠投机生意大赚了一

笔, 从此开始专注于写作事业。他曾长期沾染上丑闻事件, 在欧洲四处游历。老年时期的伏尔泰积极投身政坛, 在法国和法国以外的一些地区为政治改革和反抗狭隘的宗教统治做斗争。

主要作品

1733年 《哲学通信》

1734年 《形而上学论》

1759年 《老实人》

1764年 《哲学辞典》

习惯是人生
的伟大指南

大卫·休谟（1711—1776年）

大卫·休谟出生时，欧洲各哲学学派正就知识的本质展开激烈的争执。勒内·笛卡儿在《方法论》一书中开启了现代哲学的新篇章，更是在欧洲掀起了一场唯理主义运动。唯理主义的核心思想是知识能够通过单纯的理性反思获得。英国的约翰·洛克则从经验主义的角度，即知识只能通过经验获得，来反驳笛卡儿的观点。乔治·贝克莱也加入了这场辩论之中，组织起自己的经验主义理论，提出只有在被感知的情况下，世界才会存在。但直到休谟，第三位重要的英国经验主义者的出现，才在其著作《人性论》一书中对唯理主义者发出了最强力的回击。

休谟之叉

休谟将批判的目光转向了与知识相关的问题，用清晰明了的语言强有力地向人类具有与生俱来的观念这一思想（这是唯理主义的核心宗旨）发起挑战。他首先将人类心灵的内容分为两种不同现象，再对它们之间如何相互联系提出质疑。这两种现象分别是"印象"（或直接知觉，包括"感觉、情感及情绪"）和"观念"（即人类印象的模糊复制品，由思想、反思及想象所组成）。分析了两种现象之间的区别后，休谟得出了一个令人不安的结论——一个质疑大多我们所珍视的信仰的结论，且这些信仰不仅涵盖逻辑学和科学等领域，还关乎世界的本质。

> 在对事实进行推理的过程中，会出现各种不同程度的判断依据。而智者只会凭借证据做出决定。
> ——大卫·休谟

大卫·休谟

大卫·休谟于公元1711年出生于苏格兰的爱丁堡，年少时期就已拥有过人的智慧，12岁便进入爱丁堡大学学习。1729年间他致力于找寻"某些能够用来建立真理的媒介"，由于过度操劳而患上了精神焦虑症，随后搬往法国昂儒的拉夫莱什居住。在此期间休谟写下了《人性论》一书，尽述其哲学思想。随后休谟返回了爱丁堡。

1763年，休谟被任命为巴黎大使馆工作人员。在巴黎任职期间，他与让-雅克·卢梭成了朋友，他哲学家的身份也变得更为人所知。休谟将生命的最后一段时光投入在了《关于自然宗教的对话》的写作中，但由于他自己所称的"过分谨慎"的原因，这本书直到休谟于1776年在爱丁堡去世后才得以发表。

主要作品

1739年 《人性论》
1748年 《人类理解研究》
1779年 《关于自然宗教的对话》

参见: 柏拉图 50~55页, 亚里士多德 56~63页, 勒内·笛卡儿 116~123页, 约翰·洛克 130~133页, 乔治·贝克莱 138~141页, 伊曼努尔·康德 164~171页, 路德维希·维特根斯坦 246~251页, 卡尔·波普尔 262~265页。

对休谟而言，人类经常会产生一些无法为自身印象所支持的观念，而这种情况出现的程度则是休谟想要了解的。为了理解其真实含义，我们需要注意：在休谟看来，世间唯有两种陈述，一种是"证明"性质的，另一种则是"可能"性质的。我们在每天的生活中都会或多或少地将以上两种陈述所传递的知识混淆起来。

"证明性"陈述传递出的信息真假不言自明。以2+2=4为例，如果否认这一陈述，就会造成逻辑矛盾，换句话说，若硬要令2+2不等于4的话，就将丧失"2"和"4"（或者"+"和"="）所代表的意义。众所周知，逻辑学、数学和演绎推理中的证明性陈述，其真实或虚假的信息都是以先天，即"先于经验"的形式存在的。而可能性陈述则不具有不言自明的性质，因为可能性陈述所关涉的都是经验事实。比如任何关于世界的陈述，如

休谟认为数学和逻辑学领域产生的都是"证明性"真理，人们质疑这些真理会造成逻辑上的冲突。休谟哲学理论中唯一肯定的便是这些数学和逻辑学真理。

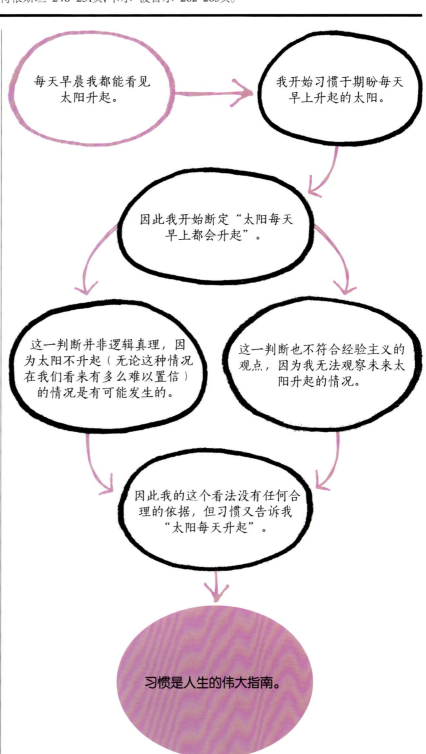

每天早晨我都能看见太阳升起。

我开始习惯于期盼每天早上升起的太阳。

因此我开始断定"太阳每天早上都会升起"。

这一判断并非逻辑真理，因为太阳不升起（无论这种情况在我们看来有多么难以置信）的情况是有可能发生的。

这一判断也不符合经验主义的观点，因为我无法观察未来太阳升起的情况。

因此我的这个看法没有任何合理的依据，但习惯又告诉我"太阳每天升起"。

习惯是人生的伟大指南。

"吉姆在楼上"，都是可能性陈述，因为说这句话需要已知真假的经验证据的支持。换句话说，这句话的真与假只能通过某种形式的实验予以证实，比如亲自上楼查看吉姆是否在楼上。

鉴于此，我们可以将所有陈述划分为可能性陈述与证明性陈述。如果某句话不属于其中任何一种的话，那么我们就无法知其真伪，而这样的陈述对休谟来说就是毫无意义的。这种将所有陈述划分为两类的方法，就像组成了一种对应关系的两难困境一样，而人们通常将这种分类方法称为"休谟之叉"。

归纳推理

截至目前，我们尚未发现休谟思想中有任何令人惊奇的地方，但是当他将这种论证的方法应用到归纳推理（这是一种从过往的证据中做出推论的能力）之后，情况开始发生奇特的变化。我们观察到一个不会变化的形态，推测出这一形态将在未来继续延续，从而猜测自然也将采用一种始终如一的方式存在。比如，我们看到太阳每天早晨都会升起，便推测明天早晨太阳将照常升起。但是，自然是否也会遵循统一的方式？我们这样说是否合适？太阳明日会升起这句话并非一条证明性语句，因为否定这句话并不会造成逻辑上的冲突。太阳明日会升起也不是一条可能性陈述，因为我们在当下是无法经历太阳未来升起的过程的。

将休谟之叉应用到因果律中也会产生同样的问题。似乎从表面上看起来，我们能够确认"A是B的成因"，但是，再一次的，确认的结果根本经不起推敲。否认A是B的成因不会造成任何逻辑冲突（而否认2+2=4就会），因此这不是一条说明性陈述。我们也无法从经验主义的角度证明这句话的真伪，因为我们无法观察每一个事件A，以确保它们是否有B随之发生，所以这也不是一句可能性陈述。事实上，在我们有限的经验里，B永远出现在A后并不能证明A后永远出现的都是B，或为A是B的成因提供合理的证明。

如果做因果推理的时候没有任何合理基础，我们又如何能将二者

在休谟看来，太阳明天会升起，或者从水龙头中流出来的是水而非水果这样的信念的基础是不合乎逻辑的。它们不过是人类习惯的成果，而习惯才是令我们相信明天的世界会一如今日的原因。

> 作为一种绝对和不可控的必需品，自然天性令我们像需要呼吸和感觉一样需要判断。
>
> ——大卫·休谟

科学给予人类有关这个世界的更多细节。然而,在休谟看来,科学所探讨的不过是一些纸面上的理论而已,人类永远无法从科学中发现"自然的法则"。

强行联系在一起?休谟仅用"人类本性"(即一种将统一解读为有规律的重复,将因果关系解读为事件之间的"恒常连接"的思维习惯)来解释这一问题。事实上,这种归纳推理正是科学的基础,并引诱我们将自己的推理视为自然的"法则"。然而这不过是人类的一厢情愿罢了,我们也永远无法用合理的论据予以证明。

在这样说的时候,休谟提出了对唯理主义最强有力的反驳,他提出由习俗所引导的人类信念(休谟将信念定义为一种"与当前的印象相关的生动观念"),才是人类获得知识的关键因素,而非理性。

习惯是人类的指南

休谟进一步论述到,虽然归纳推理不可证,却不代表它们是无用的。毕竟,我们仍然能够通过过去的观察和经验预测未来特定事情的发展,这合乎情理。那么在归纳推理缺少合理证据支持的情况下,习惯就成了优秀的人生指南。

然而,人们需要小心使用这种"心理习惯"。在推测两个事件间的因果关系时,我们应该掌握足够的证据,证明两种事件间的连续性是固定不变的,即二者之间有着必然的联系。我们能够合理预测出:一旦松开对某物的掌控,该物体就会掉落,因为这是一个经常会发生的场景,松手和物体掉落间也有着明

显的联系。另一方面,两个在秒针的设定上有着细微差别的钟表报时的时刻也是有所差异的,但两个钟表报时的时间之间却没有任何明显的关联。因此,我们无法断定其中一个钟表的报时是另一个的成因。

休谟对"归纳问题"的解释一方面削弱了唯理主义的立场,另一方面又提升了信念和习惯在人类生活中的地位。正如他所说的那样,通过人类的信念所得出的结论"令心灵获得满足,就如同证明性的陈述一样"。

一个革命性的观点

《人性论》中提出的那些极富智慧和创新性的观点,在该书刚出版的1739年,并没有受到人们太多的关注,即使当时正值英国经验主义发展最为辉煌的时期。在英国,休谟更多是以《英国史》的作者身份,而非哲学家的身份出名。然而,在德国,休谟认识论的重要性却造成了深远的影响,比如伊曼努尔·康德承认自己正是因为阅读了休谟的著作,才从教条主义的睡梦中苏醒过来。■

归纳法永远无法从逻辑学的角度予以证明,大卫·休谟的这个观点真是再正确不过了。

——卡尔·波普尔

人人生而自由，却无往不在枷锁之中

让-雅克·卢梭（1712—1778年）

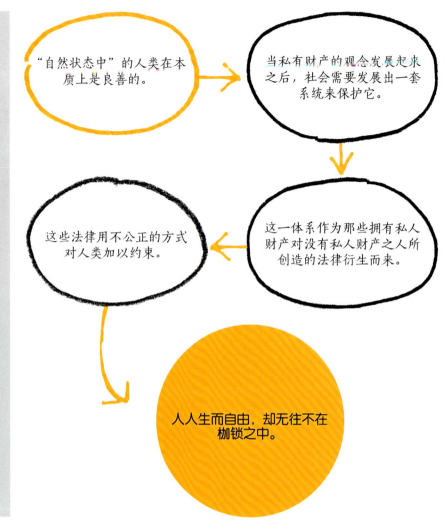

"自然状态中"的人类在本质上是良善的。

当私有财产的观念发展起来之后，社会需要发展出一套系统来保护它。

这一体系作为那些拥有私人财产对没有私人财产之人所创造的法律衍生而来。

这些法律用不公正的方式对人类加以约束。

人人生而自由，却无往不在枷锁之中。

卢梭深受18世纪中后期启蒙运动的影响，他的思想体现了该时期的欧陆哲学。他年轻时期曾立志做一名音乐家和作曲家，然而公元1740年遇到德尼·狄德罗和让·勒朗·达朗贝这两位新《百科全书》的编纂者及哲学家后，卢梭开始对哲学产生了浓厚的兴趣。当时的法国被一股沉重的政治氛围所笼罩，法国和英国启蒙运动的思想家们已开始对压抑的现状发出质疑，批判当时的教会和贵族阶级，要求进行社会改革，伏尔泰就是其中的一位，与当时专制政府的审查势力进行着锲而不舍的抗争。而在这种社会背景下，卢梭将自己关注的重点放在政治哲学之上也就丝毫不令人觉得惊讶了。卢梭的思想不仅受到同时代的法国同胞的影响，英国哲学家们的著作对卢梭思想的形成也起着至关重要的作用，尤其是由托马斯·霍布斯提出、约翰·洛克所完善的社会契约理论。与二人一样，卢梭将假想出来的处在自然状态下的人性与人类在文明社会中的实际状况进行对比。但卢梭对这种自然状态及其受到社会影响的方式有着完全不同的看法，使之可被视为一种"反启蒙运动"的思想形式，其中孕育着下一次伟大运动——浪漫主义运动的种子。

科学和艺术的腐蚀

在霍布斯的设想中，遵循自然状态的生活应该是"孤独、贫困、肮

参见: 托马斯·霍布斯 112~115页, 约翰·洛克 130~133页, 埃德蒙·伯克 172~173页, 约翰·斯图尔特·密尔 190~193页, 卡尔·马克思 196~203页, 约翰·罗尔斯 294~295页。

脏、粗野和短暂的"。人性从本质上来说都是自私自利的，因此需要人类文明对这些天性施加制约。卢梭对人性采取了较为宽容的态度，文明社会在他的眼中远非一种仁慈的力量。

卢梭曾参加了一次由第戎科学院举办的竞赛。在围绕"科学和艺术的复兴是否能够进一步改善人类的道德行为"这一问题书写文章的过程中，他第一次意识到社会对人类造成危害的可能性。当时的思想家们希望得到的回答是积极乐观的，特别是来自像卢梭这样的音乐家的回答，但事实上，卢梭在论文中论证了科学和艺术的危害。《论科学与艺术》为卢梭赢得了生平的第一个奖项，也正是在此书中，他

提出了与当时的思想家们完全相反的意见：艺术和科学会腐蚀人类的道德品质。卢梭认为，艺术与科学非但没有改善人类的心灵和生活，反而令人类的德行不断衰退，丧失幸福。

法律的不公正

第一次在获奖的文章中打破了人们的传统观念，并受到了公众的赞扬后，卢梭在自己的第二篇文章《论人类不平等的起源和基础》中进一步拓展了他的思想。文章所探

从18世纪末至19世纪初，统治文学和艺术界的浪漫主义运动反映了卢梭对自然状态的看法：美好、纯真、品德高尚。

让-雅克·卢梭

让-雅克·卢梭出生于瑞士日内瓦的一个加尔文教徒家庭。他的母亲在他出生后不久便去世，其父也在几年后为躲避战争而逃离了家庭。一位叔叔将卢梭抚养长大。

16岁时，卢梭离开日内瓦前往法国，皈依天主教。他一方面努力学习作曲，期望在作曲界崭露头角，另一方面则在政府部门任职，并被派遣至威尼斯工作了两年。然而在从威尼斯回程的路上，卢梭开始着手撰写哲学类的文章。由于文章展示了诸多极富争议性的观点，法国和瑞士都严禁出版他的著作，他本人更曾接到了多张逮捕令。卢梭因此被迫接受了大卫·休谟的邀请前往英格兰居住了一段时间，然而二人爆发争执后他又化名回到法国。后来卢梭再度获得了回到巴黎的允许，在巴黎一直居住到生命的最后一刻，享年66岁。

主要作品

1750年《论科学与艺术》

1755年《论人类不平等的起源》

1755年《政治经济论》

1762年《社会契约论》

讨的主题与当时社会公众的情绪及包括伏尔泰在内的作家们发出的社会改革的呐喊相呼应，卢梭再一次通过自己的分析反驳了人们的传统观念。霍布斯所描绘的人类自私、野蛮以及不公平的本性在卢梭看来，并不属于一个"自然人"，而属于"文明人"。文明社会才是导致这种野蛮状态的诱因。人类的天性应该是纯真、幸福和独立的：人人生而自由。

社会的腐朽

卢梭所描绘的是一种田园式的状态，居于这种状态之下的人类本性都是善良的（英国人却错误地将卢梭对自然人的描绘解读为"高贵的野蛮人"，造成这种错误的原因在于对法语词sauvage的错误翻译，sauvage的意思是"自然的"，而非"粗鲁野蛮"）。上帝赋予人类与生俱来的美德，以及更为重要的同情和怜悯之心。然而，这种纯真的状态一旦被打破，理性的力量会将人类拖离自然状态，人类便会与这种与生俱来的美德渐行渐远。文明社会对自然状态所施加的作用只会令我们背离美德走向罪恶之路，背离田园之乐走向痛苦悲伤。

在卢梭看来，这种从自然状态向建立文明社会的堕落过程虽让人悔恨不已，却又是无法避免的，因为这种堕落的根源归根结底来自人类的理性能力。从人类第一次将某块土地圈为自己所有时起，就开始有了个人财产的概念。随着越来越多的人划归自己的土地比邻而居，社会便应运而生，而唯有通过一套法律体系才能令这种形式继续维存。卢梭认为，伴随着每个成形的社会而来的是包括同情心在内的人类自然美德的丧失，而律法也并非公正，甚至是自私的。人们制定法律的目的不过是为了保护私人财产，是富人借以向穷人施压的工具。因此，从自然转变为接受文明的教化，不仅会令人从美德走向罪恶，还会令人丧失纯真和自由，受到不公正的待遇和奴役。虽然人性本善，但这种良善的本性却遭到了社会的腐蚀。虽然人人生而自由，但是由社会所施加给人类的种种律法却令我们不得不时刻"身负枷锁"。

社会契约论

卢梭《论人类不平等的起源和基础》一文所引起的轰动甚至

在卢梭看来，亚当和夏娃代表了社会出现之前的纯粹的"自然"人。他提出，人类就像亚当和夏娃一样受到了知识的侵蚀，变得越来越自私，越来越不幸福。

哪怕是在牢狱中也有宁静的存在，但这种宁静能让牢狱成为人人愿意前往居住的地方吗？

——让-雅克·卢梭

远超第一篇《论科学与艺术》，同时也为他赢得了威望与大批的追随者。他将自然状态描述为一种令人满意的、而非野蛮的生存状态，也成了当时文学界正在兴起的浪漫主义运动中一个至关重要的理念。卢梭对"回归自然"的呐喊及对现代社会充斥不平等现象的悲观分析与18世纪50年代甚嚣尘上的社会动荡呼应，特别是在法国。卢梭并不仅仅满足于发现问题，他开始致力于寻找解决问题的方法，并在这个过程中写下了自己最富影响力的作品《社会契约论》。

卢梭在《社会契约论》的开篇便提出了极富挑战性的观点"人人生而自由，却无往不在枷锁之中"。人们通常将这句话视作他对彻底变革的呐喊，27年后爆发的法国大革命便将这句话作为战争的宣言。随后，卢梭提出了自己对文明社会的设想：这个社会不受权贵或是教会的统治，人民才是社会的主人，人人皆参与立法。以古典共和民主思想为模型，卢梭设想这个社会的公民能够团结一致，根据普

> 公众的意愿来自每一个人，也将适用于每一个人身上。
>
> ——让-雅克·卢梭

通意志制定法典。人民是法律的制定者，同时也是法律所约束的对象——法律面前人人平等。洛克的社会契约论旨在保护个人的权制和财产，而卢梭的社会契约论则宣扬为全体公民赋予立法权力，在普通意志的制约下令人人受益。他坚信立法自由将能消除一切不平等和不公正的现象，增强人们的社会归属感——最终令人们获得自由、平等和博爱，而自由、平等和博爱也成为新法兰西共和国的立国宣言。

教育的罪恶

在同一年写就的另外一本著作《爱弥儿》（又称《论教育》）中，卢梭进一步拓展了自己的理论主题，提出教育既是腐化自然状态的原因，也是令邪恶现象得以在现代社会存在的源头。在其他著作和文章中，卢梭则将注意力放在了描述传统宗教和无神论对社会造成的负面影响上。这些文章表达的中心思想是：理性令人类依次丧失了纯真、自由和幸福。与其推行智力教育，不如实施情感教育，而人类的宗教信仰应该接受内心而非头脑的引导。

政治影响

卢梭大部分著作在法国一经发表便会被立刻禁毁，这令他在声名狼藉的同时又拥有一大批忠实的追随者。1778年卢梭去世时，法国和世界其他地方的革命已蠢蠢欲动，而卢梭的社会契约论，即立法程序应受公民普遍意志的控制这一观点，为革命分子们提供了一个取代当时的腐朽体制的新选择。然而卢梭的哲学理论却很难得到同时代人们的理解，而由于坚持将自然状态放在优于人类文明的地位，他又与同时代的改革家们，如伏尔泰和休谟，发生了争执。卢梭的政治影响力在紧紧伴随其逝世后爆发的革命中最为显著，但他对哲学领域，尤其是政治哲学领域的影响则在19世纪时迎来了另一个高潮。格奥尔格·黑格尔在自己的哲学体系中借鉴了卢梭的社会契约论。随后，卡尔·马克思尤为受到了卢梭不公正现象研究的影响和激励。法国大革命的领导人之一罗伯斯庇尔在恐怖统治时期利用卢梭的哲学理论满足个人私欲，而不同于罗伯斯庇尔的是，马克思完全理解并发展了卢梭对资本主义社会和取代资本主义社会的革命方式的分析。马克思的《共产党宣言》以向卢梭致敬的方式结尾，鼓励无产阶级（工人）"勇敢地挣脱身上的枷锁"。■

卢梭去世11年后法国大革命爆发，这场革命正是受到了卢梭政治哲学观的鼓舞，即少数富人统治大多数没有发言权、没有权力的穷人是不公正的现象。

人是会交易的动物

亚当·斯密（1723—1790年）

背景介绍

哲学分支
政治哲学

聚焦
古典经济学

此前
约公元前350年 亚里士多德强调了国内生产（经济）的重要性，解释了金钱的作用。

18世纪最初几年 荷兰思想家伯纳德·曼德维尔提出，人类的自私行为可以间接导致令社会公众满意的结果。

后期
19世纪50年代 英国作家约翰·罗斯金提出，斯密物质主义倾向过重，是反基督教的。

20世纪40年代以来 哲学家们在社会科学领域中应用了交易的概念作为解释人类行为的模型。

人们总是将苏格兰作家亚当·斯密视为世上有史以来最重要的经济学家。他提出了交易和个人利益的概念，以及各种协议和利益（如"共同利益"）的可能性，这些概念对哲学家来说同样具有恒久的吸引力。亚当·斯密的著作也非常重要，"商业"社会的概念首先来自他的朋友大卫·休谟，而亚当·斯密则在自己的著作中为这一概念提供了一个更具有普遍性，也更为抽象的说明。

与他同时代的瑞士哲学家让-雅克·卢梭一样，斯密认为人类行

参见: 大卫·休谟 148~153页, 让-雅克·卢梭 154~159页, 埃德蒙·伯克 172~173页, 卡尔·马克思 196~203页, 诺姆·乔姆斯基 304~305页。

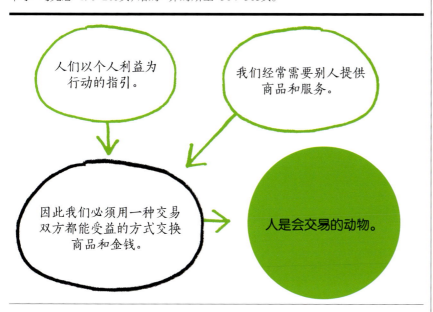

> 人们以个人利益为行动的指引。

> 我们经常需要别人提供商品和服务。

> 因此我们必须用一种交易双方都能受益的方式交换商品和金钱。

> 人是会交易的动物。

亚当·斯密

"现代经济学之父"亚当·斯密于公元1723年出生于苏格兰法夫郡寇克卡迪。他是一位学术奇才,最初是爱丁堡大学的讲师,随后于1750年成为格拉斯哥大学的教授。18世纪60年代,他担任年轻的苏格兰贵族亨利·斯科特的私人教师,与这位年轻的贵族一起游历了法国和瑞士。

与大卫·休谟和其他苏格兰启蒙运动思想家认识之后,亚当·斯密借此机会见到了几位欧洲启蒙运动的领军人物。回到苏格兰后,亚当·斯密花了十年的时间写下了《国富论》,随后回归公共服务部门,任职海关关长——这一职务令他有机会就各种经济政策向英国政府提出谏言。公元1787年,亚当·斯密重回格拉斯哥大学,就任格拉斯哥大学的校长,在那里度过了自己生命的最后三年时光。

主要作品

1759年 《道德情操论》
1776年 《国富论》
1795年 《哲学论文集》

为的动机一部分出于善意,一部分则是出于对自身利益的考量,而个人利益是人类更为鲜明和强烈的一种特征,因此人类行为大多数时间都是受个人利益的引导和驱使。斯密相信这一理论能够通过社会观察予以确认,那么从广义的角度上来说,亚当·斯密的研究方法应该归属于经验主义阵营。他曾在其最著名的有关交易心理学的探讨中承认,交易中最经常出现的开场白总是发生在一方催促另一方的场景中——"若想拿到自己想要的,你最好先把我想要的给我"。换句话说:"我们唤起的是他人的利己心,而不是他人的仁慈心。"

斯密紧接着提出,有用的物体间的交换是人类特有的行为。人们从来没有见过狗与狗之间交换骨头,而倘若某只动物想要得到什么东西,它唯一能做的就是"获得拥有这种东西的对象的青睐"。人类

本应同样依靠这种"讨好或奴性的态度",但人类无法在任何需要帮助的时候都借助于这种方法,因为生活要求人们"彼此大量合作和互助"。打个比方,要想在一间旅馆舒舒服服地住一晚,我们需要投入许多人力物力,例如要有做饭的厨师、上菜的服务员和整理床铺的人等,单纯依靠良好的愿望根本无法获得上述任何一种服务。因此,"人类是一种能够交易的动物"——当买卖能够满足交易双方时,交易就会产生。

劳动分工

斯密在对市场经济的出现进行分析时提出,人类的交易能力终结了每个人,至少是每个家庭曾经在经济上自给自足的普遍需求。多亏交易的出现,它令人类能够专注于生产越来越少的商品,并且最终只生产一种商品或提供一种服务,然

后用这一种商品或一种服务交换所有我们需要的东西。货币的发明对上述过程起到了革命性的影响，终结了以物易物的历史。从那时起，在斯密看来，只有那些没有能力工作的人才必须依靠善款过活。每个人都赶往市场用自己的劳动力，或者是通过出卖劳动力挣到的金钱，以购买他人的劳动力产品。

由于不再需要为自己提供生活所需的一切，一批拥有特殊技能的人出现了（如面包师和木匠），这在工人间引起了斯密称之为"劳动分工"的现象。"劳动分工"是斯密对工作专业化的称谓。经过专业分工后，每个人不仅能够从事一种单独的工作，还能够在与多人共同承担的一份工作中执行某个单

在斯密看来，市场是建立平等社会的关键。享受买卖商品的自由后，人们得以享有"天性自由"的生活。

> 生产力的大发展似乎是由劳动分工所导致的。
> ——亚当·斯密

> 文明社会的发展永远需要大多数人之间彼此合作和互助。
> ——亚当·斯密

独的任务。斯密在自己的著作《国富论》的开篇中便通过一枚大头针的加工过程是如何在采用工厂制后得到了极大改善的例子说明了劳动分工的重要性。一个人单独工作的话，一天都很难制作出20枚完美的大头针，而一个10人小组，每人分担不同的任务，从拉长金属丝，到拉直、剪切、磨尖，最后到打磨，

将其连接到针头上，在斯密的时代，10个小组一天则能够生产出超过48000枚大头针。

工业革命时期生产力的大发展给斯密留下了深刻的印象，这场工业变革为工人们创造了更先进的设备，也见证了机器取代人类工作的过程。万事通型的人才不再能够适应这样的工作环境，甚至哲学家们

也开始选择自己所擅长的研究领域，如逻辑学、伦理学、认识论和形而上学等。

自由市场

劳动分工提高了生产力，令每一个人都有可能找到适合自己的工作（因为劳动分工令人们避免接受同一种技艺的培训），因此在斯密看来，生产力的提高有可能创造出一种秩序井然、人人皆富有的社会。倘若人人能够拥有真正的自由，那么我们就能创造出一种真正平等的市场，而在这个市场中，只要符合公平公正的法则，每一个人都能够自由地按照个人方式追求个人利益。这里的公平并非机会的均等性，而是条件的公平。也就是说，亚当·斯密的目的在于创造出一种不被竞争所分化，而是以共同的个人利益为基础的通过交易团结起来的社会。

因此，斯密的重点不在于说明人们因为他们应得便应该拥有自由。他的意图在于指出整个社会应该在每个社会成员追求个人利益的过程中有所受益。因为市场这一"无形的手"，在供需关系的法则下，能够调节可用商品的数量，这比任何政府都更能有效地为商品定价。简单来说，对个人利益的追求，远非人们想象中的不能相容于公平的社会，相反，在斯密看来，倒是能够确保社会公平性的唯一方式。

在公平的社会中，政府能够自我约束，只执行部分核心职能，如提供防卫、刑事司法和教育，这样税收和职责也会相应减少。而既然交易能够在一个国家内部繁荣兴盛

起来，那么国与国之间同样能够展开交易，这样便形成了国际贸易——这在亚当·斯密的时代已经成为一种全球现象。

斯密意识到，自由市场的概念是存在问题的，特别是在对更短工作时长和获得更多工资的追求中。他还发现，虽然劳动分工能够产生巨大的经济效益，但重复的工作不仅令工人自身感到厌倦，还能毁掉一个人，因此他提出政府应该控制生产线的规模。此外，《国富论》第一次发表时，书中提到的自由和不受监管的贸易是具有革命性质的，不仅因为它攻击了现有的商业和农业特权及垄断，还因为书中提出一个国家的财富并不取决于该国的黄金储备，而是取决于该国的劳动力，这一观点与当时欧洲的所有经济学观点相冲突。

斯密的革命者的名声，在紧随1789年法国大革命而爆发的一场有关社会本质的长期争论中得到了放大。维多利亚中期历史学家巴克尔将《国富论》描绘为"也许是有史以来最重要的一本著作"。

斯密的遗产

批评家们曾指出，斯密将"公众利益"与"消费者利益"混为一谈是错误的，而自由市场能令人人皆可受益这一观点亦如是。事实上，尽管斯密确实同情穷苦之人，却从没有真正成功地运用自己的社会模型调解生产者和消费者之间的利益分配，或是将以妇女为主力的家庭劳动力注入劳动市场，协助社会高效有序地运行。

出于上述原因，随着19世纪社

生产线是一台能够创造大量财富的神奇机器，但斯密也提醒人们，如果不加节制地使用生产线，将会导致种种非人道的负面影响。

会主义的兴起，斯密的声望开始逐渐衰退，然而，20世纪末，随着人们对自由市场经济的再度关注，斯密的观点再度回到人们的视野之中。事实上，时至今日，我们才能够完全理解斯密最具前瞻性的观点——市场并非一个单纯的交易场所。市场其实是一个概念，可以存在于任何地方，而非仅限于如城镇集市在内的指定地点。这也预示着"虚拟"市场将在电子通信科技存在的情况下实现。当今的金融市场和网络交易正是斯密远见卓识的见证。■

世上存在两个世界：
一个是我们的身体，
一个是外在世界

伊曼努尔·康德（1724—1804年）

背景介绍

哲学分支
形而上学

聚焦
先验唯心主义

此前

1641年 勒内·笛卡儿出版《沉思录》，在书中质疑了除自我意识之外的一切知识。

1739年 大卫·休谟出版了《人性论》，在书中指出人类心灵在理解现实方面的局限性。

此后

19世纪 德国唯心主义运动在伊曼努尔·康德的理论基础下逐渐发展起来。

20世纪头10年 埃德蒙·胡塞尔创立了现象学，该理论采用了康德的意识理解，以经验对象为研究对象。

在伊曼努尔·康德看来，在哲学发展的2000多年历史中，竟然没有一个人能够找到一条证明肉身之外存在外部世界的论据，这真是一种莫大的耻辱。而这些哲学家中，令他尤为反对的便是勒内·笛卡儿和乔治·贝克莱的理论——二者都对外部世界的存在持怀疑态度。

在《沉思录》的开篇中，笛卡儿提出，除了作为思考者的人类存在这一认知，我们需要质疑一切知识，包括对外部世界是否存在的认识。他随即反驳了这一令人怀疑的观点，通过证明卜帝的存在证明了外部世界的存在。然而，许多哲学家（包括康德在内）都认为笛卡儿的推理过程缺乏可靠性。

另一方面，贝克莱则提出，知识事实上是可能的，但必须来自人类意识感知的经验。我们没有任何理由相信这些经验能够存在于人类的心灵之外。

时间和意识

康德试图向人们展示无法被质疑的外部物质世界的存在。他的论述过程如下：某物若要存在，必须能够在时间中予以确定，也就是说，我们必须能够讲出这个事物是何时存在的，以及存在了多长时间。但是，个人意识又将如何用时间衡量呢？

尽管意识看上去似乎永远随着感觉和思想而变化，我们却能够使用"现在"这个词指代目前正出现在我们意识中的事物。然而，"现在"却并非一个确定的时间或日期，因为我每次提到"现在"这个词的时候，意识都是不同的。

那么问题就出现了：如何能确定我自己是"何时"存在的？我们无法直接经验时间本身。人类通常通过变化或静止的事物体会时间的流逝。比如钟表的指针，永远缓慢地绕着表盘转动。而对于钟表本身而言，指针的运动却无法帮助它们确定时间，钟表需要其他借以变化的参照物，诸如表盘上的数字等。

在康德看来，人类只能通过世间各种运动或改变的物体（如钟表的指针）感受时间。因此，我们只能通过非直接的方式感受时间。

我所拥有的每一种测定永恒改变的"现在"的资源都能够在外在于我的空间（包括我的身躯）中的物质对象中找到。要想说明自身的存在，就必须找到一个确定的时间点，而这又需要一个实际存在的外部世界，时间正是在其中发生的。因此我对外在世界存在的确定性与我对自身意识存在的确定程度相同，而自我意识的存在在笛卡儿看来是绝对确定的。

科学的问题

康德还关注了科学解释外在世界的方式。相比起从古代到两个世纪前的相对停滞，康德极为推崇前两个世纪中自然科学所取得的伟大成就。康德与其他哲学家一样，一直对科学研究中那些突然迸发的成就感到好奇。而当时诸多思想家都认为这些科学研究成果都应该归功于经验主义。包括约翰·洛克和大卫·休谟在内的经验主义学家们认为，世间的知识唯有一种，且只能

参见: 勒内·笛卡儿 116~123页, 约翰·洛克 130~133页, 乔治·贝克莱 138~141页, 大卫·休谟 148~153页, 约翰·戈特利布·费希特 176页, 格奥尔格·黑格尔 178~185页, 弗里德里希·谢林 335页, 亚瑟·叔本华 186~188页。

通过我们对世界的经验获取。他们反对唯理主义哲学家的观点, 包括笛卡儿和戈特弗里德·莱布尼茨在内的唯理主义者们都认为心灵所拥有的推理和处理概念的能力在获取知识方面要比经验重要得多。

经验主义者们声称, 现有的科学成就归功于科学家对世界更为细心的观察, 以及做出更少的仅仅基于理性的无法验证的假设。康德认为, 虽然这种观点确实有部分正确性, 却也不是一个完美的答案, 因为经验主义者所提到的公元16世纪前科学界没有任何详细和谨慎的经验观测是绝对错误的。

康德提出, 问题真正的关键在于当时的社会已经出现了一种崭新的、令经验观测变得有价值的科学研究方法。这种方法包括两个部分: 第一, 诸如力量或运动在内的概念可以通过数学完美描述出来; 第二, 这种新的研究方法通过提出一些关于自然的特定问题观察

> **正是由于知其局限性,
> 我们才能确定哲学的存在。**
> ——伊曼努尔·康德

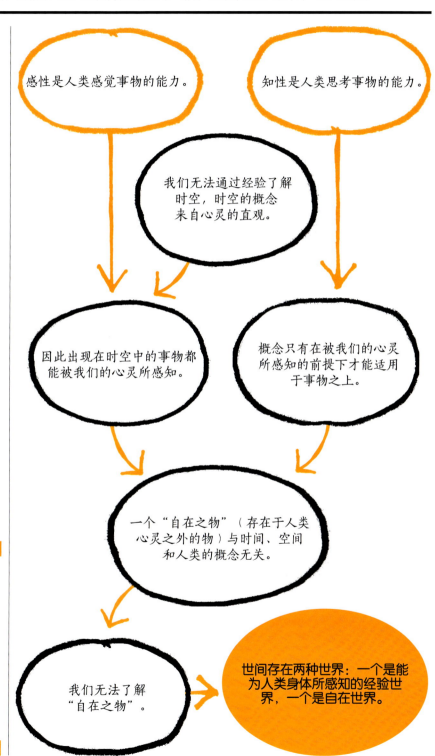

感性是人类感觉事物的能力。

知性是人类思考事物的能力。

我们无法通过经验了解时空, 时空的概念来自心灵的直观。

因此出现在时空中的事物都能被我们的心灵所感知。

概念只有在被我们的心灵所感知的前提下才能适用于事物之上。

一个"自在之物"(存在于人类心灵之外的物)与时间、空间和人类的概念无关。

我们无法了解"自在之物"。

世间存在两种世界: 一个是能为人类身体所感知的经验世界, 一个是自在世界。

> 没有内容的思想是空洞的；没有概念的直观是盲目的……唯有二者结合方可形成知识。

——伊曼努尔·康德

得出答案的途径以检测各种概念的正确性。比如，实验物理学家伽利略·伽利雷试图验证两个不同重量的物体将永远无法以相同的速度从空中坠落。为此他设计了一个实验，假说的真伪只能通过观察并解释实验结果来证明。

康德认同科学研究方法的本性和重要性。他认为，科学方法为物理和其他学科奠定了"一条通往科学的稳妥的道路"。然而，康德的研究并没有于此停止。他研究的下一个问题是："为什么人类对这个世界的经验能像科学的方法那样起作用？"换句话说，为什么人类的经验总是具有数学属性，人类的理性又是如何能一直向自然发问的？

直观和概念

在其著作《纯粹理性批判》中，康德提出人类的经验包括两种元素：一种被他称为"感性"，即令人类能够熟悉时空中的特定物，如你正在读的这本书的能力，康德将这种直接的熟悉感称为"直观"；第二种则是"知性"，即人类拥有和使用概念的能力。在康德看来，概念是人类对特定种类事物，如广义的"书"的概念的一种非直观的了解。没有了概念，我们就没法了解自己的直观对象是一本书；而没有了直观我们将根本无法知道书的存在。

"感性"和"理性"都各有两面。我对时空中特定事物（如书本）的直观，以及我对时间和空间的直观（即了解普遍意义上何为时间何为空间）都存在于感性之中。而我对某一种类事物的概念，以及我对"事物"的概念都存在于知性之中。比如，"实体"的概念所描绘的是具有普遍性的事物，而不像一本书这种特定类型的事物。我对书本的直观和我对书本的概念是经验的，因为除非曾经接触过，否则我又如何了解任何有关书本的信息呢？但我对时空的直观及对实体的概念则是先天的，意思是这些直观和概念产生在经验之前，或独立于经验而存在。

真正的经验主义者应该会反驳康德，认为所有了解都来自经验，换句话说，先天并不存在。人类通

康德将知识划分为通过直接感受获得的直观，以及通过知性获得的非直接概念。而人类的某些知识既是感性的，又是知性的，来自于经验证据，而还有某些知识被称为先天知识。

→ 经验知识

→ 先天知识

"书本"的概念

对特定一本书的直观

对时空的直观

实体的概念

对康德来说，实体会经历变化，比如树木，这一知性认识是以拥有"实体"这一先天概念为前提的。这类先天概念是人类经验存在的前提条件。

过观察空间中的事物了解何为空间；即通过观察事物特征在变而事物本身不变来认识何为实体。比如，虽然树叶会从绿色变成棕色，最终从树上落下，但这棵树本身却仍是这棵树。

空间和实体

与经验主义者相反，康德的论据表明：空间是一种先天的直观。为了解自身之外的事物，我需要了解这些事物是否真的在我身体之外。但我又无法以此了解空间，所以如果不了解什么是"在我之外"的话，我又如何能区分自我与其他事物呢？因此，在从经验主义的角度研究空间之前，必须先具备一定的空间知识，事先熟悉一种先天的空间。

这个论证最终具有一个不一般的结果。因为空间是一种先天存在，因此并不属于这世上的任何一种事物。但人类对空间中各种事物

的经验则是一种感性特征。物自体可能与空间无关，这是康德对摆脱感性认识、存在于人类心灵之外的物质的称谓。他运用了同样的方法证明了时间的先天性。

接下来，康德试图证明如实体一类的先天概念的存在。他首先要求我们区分两种变化：变化和改变。变化与事物拥有的特性有关，例如，一棵树的叶子可以是绿色的，也可以是棕色的；而改变则与树木本身有关：同一棵树的叶子从绿色自主地改变为棕色。做这一区分的时候，我们已经使用了实体的概念：树木（实体本身）改变，但树叶（属性）只会变化。如果我们无法接受这一区分，就无法接纳实体的概念。我们有可能会说：只要存在变化，那么某物就会生成或消失；棕叶树木产生之时，绿叶树木就会消亡。

康德需要证明这种观点的错误性，而解决问题的关键就在于确定时间。我们无法直接感觉到时间（时间不是事物）；我们通过那些变化和不变的事物经验时间，这一点康德已经为我们展示过了。如果我们通过绿叶树木和棕叶树木感受时间，而两棵树之间又是彼此分离各自独立的话，那么我们将会感受到两个单独的真实时间。而真实的时间只有一种，上述推论无疑是错误的。康德认为他已经展示出实体的概念在人类获得任何经验前是至关重要的。那么，既然人类通过经验了解经验事物，那么实体的概念就不可能根据经验获得：实体

是先天的。

知识的局限性

一种哲学观认为某些心灵的状态或活动先于我们所经历的事物，也比这些事物更加基础，这便是唯心主义。而康德称自己的理论为先验唯心主义，强调时间、空间及特定概念，都是我们所感受到的这个世界的特点（康德将这种世界称为表象世界）而非脱离于经验存在的世界本身的特点（康德称之为本体世界）。

康德提出，先天知识会导致积极和消极两方面的结果。积极的结果是时间、空间和特定概念的先天的本质，令人类对世界的经验变得可能和可靠。时间和空间造就了经验的数学本质，我们可以通过已知的价值进行衡量。而像实体一样的先天概念则令人们能够表达有关自然的各种问题，如"这是一种实体吗"及"它展示出什么样的属性，遵循什么规律"。换句话说，康德的先验唯心主义正是那个令经验可能对科学有用的东西。

我们只能从人类的立场谈论空间。
——伊曼努尔·康德

先天知识造就的消极结果是，某些自诩为科学或类似于科学的思想其实完全没有任何科学性。因为这些思想应用于物自体、时空直观或像实体这样的概念，而在康德看来，这些思想虽然能从经验上解释，却无法适用于自在之物。因为它们与科学相似，这些思想对人类构成了永恒的诱惑，也造就了很多人毫无意识便会跌落的陷阱。比如，我们可能希望证明上帝是世界的缔造者，但因果与实体一样，是另一种先天概念，在康德看来适用于经验世界，却无法解释自在之物。因此上帝的存在（人们经常将上帝视为脱离于经验世界的独立存在体）不是人类能够了解的。因此，康德哲学理论所造成的消极结果便是为本就局限的知识设立了更

> **人类的理性受制于无法消除，也无法解答的问题。**
>
> ——伊曼努尔·康德

> **理性只能洞悉那些由理性自身规划后产生的结果。**
>
> ——伊曼努尔·康德

加严苛的限制。先验唯心主义为我们提供了一种更为极端的理解人类和外部世界的差异的方式。我之外的东西不仅处于空间中的我之外，还处于空间本身之外（以及时间和其他一切令人类对世界的经验成为可能的先天概念之外）。因此，世间存在两个世界：一个是经验的"世界"，这个世界中涵盖了我的思想和感觉，以及我对各种物质事物的经验，比如对身体或书本；另一个是自在之物的"世界"，没有任何人经历过这个世界，它更无法为人所感知，我们必须一致努力避免自己受到这个世界的愚弄。

人类的身体在其中充当着一种奇特的角色。一方面，我的身体是一种物质事物，属于外在世界的一部分；另一方面，身体是自己的一部分，也是我们接触其他事物的媒介（通过使用我们的皮肤、神经、眼睛、耳朵等）。这种两面性赋予我们区分身体和外在世界的方法：身体是一种感官媒介，它有别于其他外在的物质事物。

这张弗拉马里翁木版画描绘了一个正在观察时空外在世界的人。对康德而言，所有对人类而言的外物，同样也处于时空之外，并且作为一种自在之物而永远无法为我们所了解。

唯理主义
唯理主义者认为，理性而非经验令我们获得关于世界对象的知识。

经验主义
经验主义者相信，知识来自人类对世间事物的经验，而非理性。

先验唯心主义
康德的先验唯心主义提出，若要理解世界，理性和经验缺一不可。

伊曼努尔·康德

1724年，伊曼努尔·康德出生于一个贫困的工匠之家。他一生都工作和居住在时属普鲁士的大都市波罗的海港城市哥尼斯堡。虽然一生中从未离开过自己的家乡，康德却在有生之年就成为一位蜚声国际的哲学家。

康德在哥尼斯堡大学学习哲学、物理和数学，毕业后留校执教了27年。1792年，他的那些在当时看来属于异端邪说的观点，令当时的皇帝弗里德里希·威廉禁止他继续从事教学工作，直到这位皇帝去世五年后，他才回到教学岗位。康德在职业生涯中发表了多篇著作，最为著名的还是他五十多岁到六十多岁发表的那些具有里程碑意义的文章。虽然他性格开朗、善于社交，却一直未婚，于80岁时去世。

主要作品

1781年 《纯粹理性批判》
1785年 《道德形而上学原理》
1788年 《实践理性批判》
1790年 《判断力批判》

持续的影响

康德的《纯粹理性批判》毋庸置疑是现代哲学史上最重要的著作。许多现代哲学家经常把哲学的整个对象区分为康德之前的和自康德开始的。

在康德之前，包括约翰·洛克在内的经验主义者强调的主题是感性，而像笛卡儿一样的唯理主义者则强调理性。康德提出，人类的经验应该将感性和理性皆囊括在内，因此人们常说康德的理论是唯理主义和经验主义的结合体。康德去世后，哲学，尤其是德国哲学的发展非常迅猛。唯心主义者约翰·费希特、弗里德里希·谢林和格奥尔格·黑格尔都将康德的思想向新的方向发展，对整个19世纪从浪漫主义到马克思主义在内的所有思想都造成了深远的影响。康德对形而上学思想的批判对实证主义也具有非常重要的意义。实证主义者认为，每一个可以证明的断言都能够从逻辑学或者是科学的角度得到验证。

康德在人类的世界直观中加入了先天的概念，这对20世纪包括埃德蒙·胡塞尔和马丁·海德格尔在内的现象学家们有着非常重要的意义。这些现象学家以检验去除人们先入之见后的经验对象为研究的主题。康德的研究成果还为现如今的哲学家们提供了很好的借鉴，尤其是在形而上学和认识论领域中。■

社会确实是一份契约

埃德蒙·伯克（1729—1797年）

背景介绍

哲学分支
政治哲学

聚焦
保守主义

此前

约公元前350年 亚里士多德提出社会就像一个有机体，而人类从本质上来说是一种政治动物。

5世纪 希波大主教圣奥古斯丁提出政府是"原罪"的一种惩罚形式。

17世纪 托马斯·霍布斯和约翰·洛克发展了"社会契约论"的思想。

此后

19世纪 法国哲学家约瑟夫·德·迈斯特指出了自法国大革命以来伯克的反民主思想的影响。

20世纪 英国哲学家迈克·奥克肖特发展出一种更为自由的保守主义。

许多心怀不满的人会发出这样的呐喊："这不是我的错……都怪这该死的社会！"但"社会"这个词的含义其实不甚清晰，总是随着时间发生着改变。18世纪时，当爱尔兰哲学家和政治家埃德蒙·伯克正沉浸于写作事业中时，

欧洲正经历着一场商业化风暴，社会是社会成员间的共同契约（就像商业公司一样）的观念已为人所理解。然而，这种观点同样透露出人们开始只关注生活中的各种物质事物。伯克试图恢复当时的社会平衡，他提醒当时的人们：人类同样

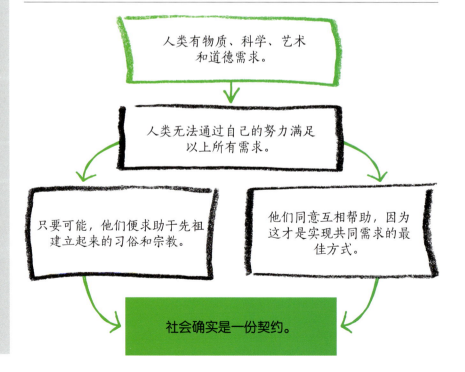

参见: 约翰·洛克 130~133页, 大卫·休谟 148~153页, 让-雅克·卢梭 154~159页, 亚当·斯密 160~163页, 约翰·罗尔斯 294~295页。

可以通过科学、艺术和美德丰富自己的生活。即便社会已然成为一纸契约或合作关系,它所关注的核心也绝不仅限于经济,或者如伯克所说的"像动物一样低劣的生存"。社会体现着人们的共同利益(人类对风俗、规范和价值观的赞同),但对伯克而言,"社会"这个词所代表的绝不仅是人类的生存现状,还包括我们的先祖和后代。此外,由于每一个政治宪法都是"永恒社会伟大的原始契约"的一部分,因此上帝成了社会最终的担保人。

伯克的观点以原罪的学说(人人生而有罪)为理论核心,因此他对那些为自己的行为辩护而谴责社会的人没有任何同情心。此外,伯克反驳了约翰·洛克提出的观点,即人类能够通过接受教育逐渐变成完人,仿佛人人生而纯洁,几乎不需要他人给予正确的影响。在伯克看来,个人判断力的不可靠性是人类需要传统赋予我们道德方向的原因——这一观点与大卫·休谟的思想遥相呼应,大卫休谟提出"习惯是人生的伟大指南"。

传统与改变

因为社会由一个有机结构组成,其根源则深入历史,伯克相信社会的政治机构应该随着时间的流逝自然而然地向前发展。他反对彻底或是突然的政治变革,因为这将中断这种自然发展的过程。出于这个原因,伯克反对1789年爆发的法国革命,在法国国王路易十六被送上断头台,以及长达一年的恐怖统

治的早前,伯克便预见了这场革命可能带来的危害。这也令伯克好几次公开批判让-雅克·卢梭,因为后者的著作《社会契约论》宣扬公民和政府之间签订的契约可以根据公民的意愿随时打破和中断。

尽管批判现代商业社会,伯克是私有财产的拥护者,对自由市场抱有积极乐观的态度。出于这个原因,他经常被人们尊称为"现代保守主义之父"("保守主义"是一门重视经济自由和传统的哲学分支)。现如今,即便是社会主义者,也会赞同伯克私有财产是社会基础的观点,但可能不会赞成他对私有财产的重视程度。此外,重视生态学的哲学家们也赞同伯克的世代传承与责任的观点。这些哲学家开辟了一个新的世代传承方案,立志创造出一个"可持续发展的社会"。■

伯克谴责法国大革命对过往历史全盘否定的态度。他认为变革应该循序渐进,这一观点随后成为现代保守主义的核心思想。

埃德蒙·伯克

英裔爱尔兰政治家埃德蒙·伯克出生于爱尔兰首都都柏林,并在那里接受了教育。从年少时起,他便深信哲学教育对政治的益处,18世纪50年代,他写下许多与美学和社会起源有关的著名文章。1766年到1794年,伯克任英国国会议员,是辉格党的杰出成员。

伯克对美国独立的起因深有感触,在他看来,美国独立战争是绝对合乎情理的。随后他又参与了对驻印度总督沃伦·黑斯廷斯的弹劾运动。伯克在余下的生命中一直保持着对殖民地不法行为的强烈谴责的态度,因此也赢得了"大英帝国的良心"的美名。

主要作品

1756年 《为自然社会辩护》
1770年 《思考当前不满的原因》
1790年 《对法国大革命的反思》

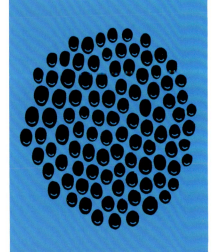

为绝大多数人
获得最大的幸福
杰里米·边沁（1748—1832年）

背景介绍

哲学分支
伦理学

聚焦
功利主义

此前

公元前4世纪末 伊壁鸠鲁提出生命的主要目的在于追求幸福。

17世纪初 托马斯·霍布斯提出，一个严惩犯罪的强大的法律制度能够令社会变得更加稳定和幸福。

18世纪中叶 大卫·休谟认为，人类的道德判断受到了情感的控制。

此后

19世纪中叶 约翰·斯图尔特·密尔提倡全民教育，认为全民教育可以提高人民的普遍幸福感。

19世纪末 亨利·西奇威克提出，行为的道德程度直接等同于这种行为所带来的快乐程度。

杰里米·边沁是一位法律改革家和哲学家，他深信所有人类行为都是在两种驱动力的作用下产生的，一种是对痛苦的规避，一种则是对快乐的追求。在其著作《论道德与立法的原则》（1789年）中，他提出一切社会和政治决策，应该以绝大多数人获得最大幸福为最终目的。边沁相信，这种决策的道德价值与其创造幸福或快乐感的实用性或效果直接相关。在受到这种"功利主义"驱使的社会中，他提出，个人利益的冲突可以在创造最大满足感这一原则的引导下由立法者予以解决。如果人人都能获得幸福，那么就尽力让每个人都更加幸福，但如果需要作出决策，那么在大多数情况下都应该照顾绝大多数人的幸福。

边沁强调，自己推行的法律体系所带来的最大好处便是这种体系的简单性。只要采纳边沁的思想，我们便能规避那些复杂的政治体系所带来的种种误解和困惑，这些误解和困惑经常催生种种不公正和痛苦的现象。

计算快乐

边沁提出了一个颇富争议性的"幸福计算法"，以数学的形式表现每个社会成员所感受到的幸福程度。这种方法能够为解决道德争端提供一个客观的平台，人们做出的决策通常以经过计算后能够创造最大程度的幸福为导向。

边沁还坚持一切幸福的源头都具有等同的价值，因此来自一顿美餐或是亲密的伙伴关系的幸福感等同于那些需要付出努力或需要教育的行为所带来的幸福感，如参与哲学讨论或是阅读诗歌。也就是说，边沁的理论以人人平等论为基础，无论个人的社会地位或能力如何，人人皆可获得完整的幸福。■

参见： 伊壁鸠鲁 64~65页，托马斯·霍布斯 112~115页，大卫·休谟 148~153页，约翰·斯图尔特·密尔 190~193页，亨利·西奇威克 336页。

心灵没有性别之分

玛丽·沃斯通克拉夫特（1759—1797年）

自有记录的历史以来，大部分时期女性的地位一直在男性之下。但18世纪时，这种男尊女卑的现象开始受到挑战。在一片公开的讨伐声中，英国哲学家玛丽·沃斯通克拉夫特的声音最为响亮。

在沃斯通克拉夫特之前，曾有许多思想家借助两性间的生理差异为男女不平等的现象辩白，然而，在公元17世纪新思想的启蒙下，如约翰·洛克"几乎所有的知识都来自经验和教育"，这种旧有推理的有效性遭到了质疑。

平等的教育权利

沃斯通克拉夫特提出，如果男性和女性拥有平等的受教育权力，那么他们将能拥有同样优秀的品格和合理的生活方式，因为男性和女性的大脑及心灵从本质上来说是相似的。1792年出版的《女权辩护》一书从某种意义上来说是对让-雅克·卢梭《爱弥儿》一书的

回应——《爱弥儿》建议男性和女性应接受不同的教育，以适应彼此的性别特点。

沃斯通克拉夫特要求女性应该受到与男性平等的对待，如拥有平等的法律、社会和政治权利。这一要求起初受到了大部分人的嘲笑，直至公元18世纪末人们才有所改观。该书播下了女性选举权和女权主义运动的种子，并使这场运动在19世纪和20世纪逐渐蓬勃壮大。■

让女性拥有权利，她便能拥有与男性一样的优点。

——玛丽·沃斯通克拉夫特

参见: 柏拉图 50~55页，亚历山大港的希帕提娅 331页，约翰·斯图尔特·密尔 190~193页，西蒙娜·德·波伏娃 276~277页，露丝·伊利格瑞 320页，埃莱娜·西苏 322页。

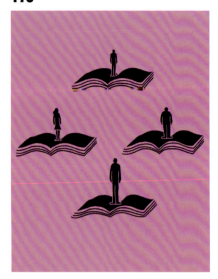

选择何种哲学类型取决于做选择之人的类型

约翰·戈特利布·费希特（1762—1814年）

背景介绍

哲学分支
认识论

聚焦
唯心主义

此前

1641年 勒内·笛卡儿发现，人类无法质疑"我存在"，因此人类唯一能够确定的便是自我。

18世纪 伊曼努尔·康德发展了唯心主义哲学及先验自我理论，其中先验的"我"可以综合信息。这一观点构成了费希特唯心主义及其自我概念的基础。

此后

20世纪 费希特的民族主义在德国被马丁·海德格尔和纳粹政权所吸纳。

20世纪50年代 以赛亚·伯林将费希特真正自由的自我的思想视为现代独裁主义之源。

约翰·戈特利布·费希特是德国18世纪的一位哲学家，也是伊曼努尔·康德的学生。他检验人类作为拥有自由意志的伦理存在物是如何可能存在的，而生存本身似乎是被因果关系决定的；也就是说，根据永恒的自然法则，每一个事件必须紧随之前的事件或情况出现。

独断论认为，有一个独立于我们之外的世界存在。这一观点产生于启蒙运动时期，但费希特认为这种观点没有将道德价值或道德选择考虑在内。他提出，如果万物都事先被存在于我们之外的某物所决定，那么又如何能说人类拥有自由的意志呢？

费希特用了一种近似于康德唯心主义的观点解答这个问题，即人类的心灵创造了我们眼中的现实。在这个唯心主义的世界中，自我是一个活跃的实体或本质，不受任何因果影响，能够自由、独立和自发地思考和选择。

在费希特看来，唯心主义和独断论的出发点完全不同，永远无法被"混合"成一种哲学体系，也无法从哲学的角度证明哪种主义是正确的，更无法用其中一种哲学驳斥另一种。出于这个原因，人们只能根据自己的信仰，而不是从客观理性思考的角度"选择"自己的哲学，这主要取决于"做选择之人的类型。"■

思考自我，然后观察思考的过程中都包括了哪些行为。

——约翰·戈特利布·费希特

参见：勒内·笛卡儿 116~123页，贝内迪克特·斯宾诺莎 126~129页，伊曼努尔·康德 164~171页，马丁·海德格尔 252~255页，以赛亚·伯林 280~281页。

哲学本身缺乏哲学思维

弗里德里希·施莱格尔（1772—1829年）

人们普遍恭称德国历史学家和诗人弗里德里希·施莱格尔为将格言（短小含糊的语句）引入之后的现代哲学的功臣。1798年，他提出哲学中其实没有多少哲学思维（元哲学），暗示我们应该质疑西方哲学的运作方式及其线性的论证形式才是最佳的研究方法的假设。

施莱格尔不同意亚里士多德和勒内·笛卡儿的研究方法。他提出，他们二人假定"第一准则"的存在，"第一准则"构成了哲学的研究起点，这种想法是错误的。他还认为哲学无法得出任何最终的答案，因为每一个论证的结论都绝不可能是完美的。在描绘自己的研究方法时，施莱格尔提出，哲学必须永远"从中间开始研究……它是一个整体，认识它的过程不是直线的，而是圆形的"。

施莱格尔的整体性观点——将哲学视作一个整体——与其宽广的艺术和生活的浪漫主义理论背景相符合。这种观点把个人情感的地位置于理性思考之上，与大部分启蒙主义思想相悖。施莱格尔对早期哲学理论的批判并不一定正确，他的同时代哲学家格奥尔格·黑格尔将原因归于自反性——自反性是将哲学方法应用于哲学主体本身的现代称谓。■

哲学是思考的艺术。施莱格尔指出，研究方法能够影响最终答案的类型。西方和东方的哲学使用的就是不同的研究方法。

参见： 普罗塔哥拉 42~43页，亚里士多德 56~63页，勒内·笛卡儿 116~123页，格奥尔格·黑格尔 178~185页，马丁·海德格尔 252~255页，雅克·德里达 308~313页。

现实
是一个
历史过程

格奥尔格·黑格尔（1770—1831年）

背景介绍

哲学分支
形而上学

聚焦
唯心主义

此前

公元前6世纪 赫拉克利特提出万物都将变为其对立面，该观点成为黑格尔辩证法中的一个重要元素。

1781年 伊曼努尔·康德《纯粹理性批判》一书出版，揭露了人类知识的局限性。

18世纪90年代 约翰·费希特和弗里德里希·谢林以各自著作奠定了德国唯心主义学派的理论基础。

此后

1846年 卡尔·马克思用黑格尔辩证法写下了《德意志意识形态》。

1943年 让-保罗·萨特借鉴黑格尔辩证法写下了存在主义著作《存在与虚无》。

格奥尔格·黑格尔是德国著名哲学家，在19世纪上半叶的哲学领域占据着无可撼动的地位。他的理论核心是：从意识到政治制度的一切现象都是单一精神（包括"心灵"和"观念"）的组成部分。随着时间的流逝，这些不同的现象不断被精神识别为自身的一部分，并重新整合。黑格尔将这一重新整合的过程称为"辩证"，而我们人类（同时也是精神的一个方面）则将这种过程解读为"历史"。据此看来，黑格尔应该是一位一元论者，因为在他看来，世间万物都是某一特定东西的不同面貌；与此同时，黑格尔又是一位唯心主义者，他眼中的现实的本质并非物质。黑格尔的思想极大地改变了当时的哲学观，为全面理解其观点，我们需要先关注黑格尔的思想背景。

历史和意识

几乎没有哲学家能够否认，人类在很大程度上来说都带有历史性——我们继承过去，进行改变，

诸如由美国革命所导致的各种变革在黑格尔看来都是精神从一个早期阶段向更高阶段发展的过程。

然后予以传承。比如，我们学习语言，并在使用的过程中改变语言，科学也是这样——科学家们在一套理论体系中展开研究，最终确认或推翻这一理论。社会体制，如家庭、国家、政府、教会等，同样如此，其中大多数都是人类早期实践或机构的改良版本。因此，人类的

格奥尔格·黑格尔

格奥尔格·黑格尔于1770年出生在德国斯图加特，在图宾根研习神学的途中遇到了德国诗人弗里德里希·荷尔德林和哲学家弗里德里希·谢林，并与二人成为好友。黑格尔当了几年的教师，随后继承一笔遗产，他得以前往耶拿大学，与谢林同在该大学任教。当地遭到拿破仑军队的占领后，黑格尔被迫离开耶拿，并成功抢救出了自己的重要著作《精神现象学》，该著作令黑格尔奠定了德国哲学界的统治地位。由于需要研究基金，黑格尔做了一家报社的编辑，随后又任职一所学校的校长，后来先后在海德尔堡大学和柏林大学担任哲学教授。41岁时，他与玛丽·冯·图切结婚，婚后育有三子。黑格尔于1831年因感染霍乱病逝。

主要作品

1807年 《精神现象学》
1812−1816年 《逻辑学》
1817年 《哲学全书》

参见: 赫拉克利特 40页, 约翰•戈特利布•费希特 176页, 弗里德里希•谢林 335页, 亚瑟•叔本华 186~188页,
卡尔•马克思 196~203页, 让-保罗•萨特 268~271页。

存在绝非凑巧,总是在某种特定的背景(某种不断变化,甚至在同一世代中就变化巨大的背景)下产生的。然而,我们却无法立刻判断出某些事物是否具有历史性,或者看出该事物能否发生变化。

意识便是一个很好的例子。人类能够明确自己意识到的事物变化,但有意识的状态经常被我们认为可以适用于每个人,并产生相同的效果,例如能够保持警醒、能够觉察、能够思考和做决定。"思想的结构不具备历史属性"这句话看上去似乎同样合理:思考活动所属的类型及其所依赖的各种精神官能(如记忆、感觉、领会等)似乎对历史上的每一个人来说都是相同的。这正是黑格尔的前辈伊曼努尔•康德所相信的观点。为了理解黑格尔的思想,我们需要了解其对康德著作的看法。

康德的范畴论

在康德看来,思想运转的基本方式,以及意识的基本结构都是以先天的形式存在的。也就是说,二者都先于经验存在(因此也无从产生于经验)。这也意味着二者不仅独立于人类的思想和意识存在,更不受任何历史因素或历史发展的影响。

康德称这些思想的结构为"范畴",其中包括"成因""实体""存在"及"现实"。比如,经验能够给予我们外在世界的知识,但经验本身却无法教授我们外在世界的真实组成部分,如因果。对康德而言,有关外在世界基本结构的知识都是先天的。人类只有在出生时便拥有这些范畴的概念,方可构筑起经验的框架。当然,这一说法必须建立在外在世界存在的背景下。可康德继而指出,先天框架的存在就意味着我们看到的世界取决于人类的心灵本质,那么我们看到的世界便不是真正世界。换句话说,我们看到的便不是"自在"的世界。"自在世界"便是康德对"本体世

> 唯有理性才能理解哲学的本质及其使命。
>
> ——格奥尔格•黑格尔

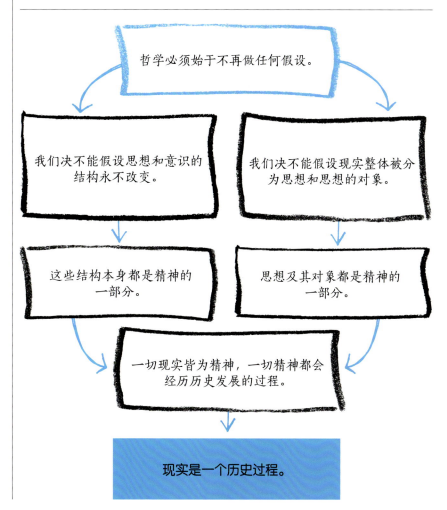

哲学必须始于不再做任何假设。

我们决不能假设思想和意识的结构永不改变。

我们决不能假设现实整体被分为思想和思想的对象。

这些结构本身都是精神的一部分。

思想及其对象都是精神的一部分。

一切现实皆为精神,一切精神都会经历历史发展的过程。

现实是一个历史过程。

黑格尔的辩证法展示了对立双方是如何找到解决之道的。比如，君主暴政会激发人民对自由的渴望，而一旦人民获得自由，就会进入无政府状态，直到暴政的一个元素与自由相结合，这种新的制度便是"法律"。

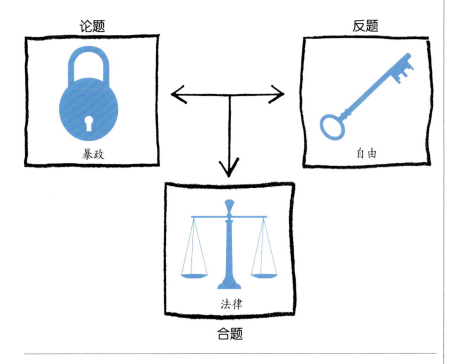

论题
暴政

反题
自由

法律
合题

证"的——辩证在黑格尔的哲学观中有着极其特殊的含义。

黑格尔辩证法

辩证法是黑格尔对事物发展内在解释的核心。他宣称自己的理论能够保证以下四个方面：其一，自己没有做出任何假设；其二，唯有在尽可能使用最为宽泛的概念的情况下，才有可能避免在不加分辨的情况下做出判断；其三，自己的理论能够体现一个普遍观念引发出另一个更为具体的观念的过程；其四，这一过程全部在观念自身"之内"发生。上述四条要求反映出黑格尔逻辑学的核心——每一个观念或"论题"之内都包含着矛盾或"反题"，这种矛盾或对立只有在另一个崭新的、更为丰富的概念——"合题"从原有概念中出现后才能化解。这一内在过程所导致的结果之一便是：当我们能够意识到合题的存在时，便会发现之前所发现的矛盾不过是一个由于对原有概念理解不足所造成的表象矛盾。

黑格尔在其《逻辑学》一书的开篇列举了这样一个逻辑发展的例子。在该书的开篇中，黑格尔向读者介绍了最为普遍和宽泛的概念"纯粹存在"，它的含义是在任何意义上都被认为存在的东西。随后，黑格尔指出了这一概念的矛盾之处，即若要完全理解"纯粹存在"的概念，就需要另一概念"虚无"或"不存在"。他提出，这一矛盾不过是某个单一、更为高级的概念的两个相反的方面罢了，我们可以在这个更加高级的概念中找到解决之道。在处理"存在"和"不

界"的称呼，而这个世界在他看来是不可知的。人类唯一能够了解的便是经过范畴框架展现出来的面貌，康德将之称为"表象"世界，即我们每天都在经历的世界。

黑格尔对康德的批判

黑格尔相信康德的理论发展深化了哲学领域，令哲学不断走向成熟，但他同时认为康德对"自在世界"的解读及相关的范畴理论不过是一些未经批判的假设。黑格尔提出，康德的分析中至少犯了两个致命的错误：其一，在黑格尔看来，康德的"自在世界"的概念本身就是一种空谈，毫无任何实际意义。任何事物的存在都必须反映在意识

当中，比如某物被感知或被思考；其二，康德对范畴的本性和起源做了太多的假设。

黑格尔的目标就是在不提出任何假设的情况下理解康德的范畴，而在他看来康德所做的最糟糕的一个假设便是各范畴间的联系。康德认为种种范畴都是原始而独特的，彼此完全分离。而对黑格尔而言，这些范畴彼此"辩证"存在——也就是说它们总是处于变化之中。康德相信经验的框架不会改变，而黑格尔却认为经验的框架本身就会发生变化——就像我们身处的世界一样变化频繁。因此，意识也不单单是我们所感知到的样子，而是发展过程中的一部分。这一过程是"辩

> 哲学领域的每一个组成部分都是一个循环往复自我完善的哲学整体。
>
> ——格奥尔格·黑格尔

存在"的矛盾时，解决的方法就在"形成"这一概念之中。提到某些事物正在"形成"时，我们想表达的意思是该事物从"不存在"的状态转变为"存在"的状态——从中可以看出，我们起初所探讨的"存在"并非一个单纯的概念，它不过是"形成"这个三位一体的概念中的一个组成部分罢了。问题的重点在于，解决"存在"和"不存在"矛盾性的"形成"概念并非来自"外在"。与此相反，黑格尔的分析表明"形成"正是"存在"和"不存在"二者意义的合题，我们需要分析这些概念，解释三者内在的逻辑关系。

一个论题（存在）与其反题（不存在）共处于一个合题之中的观点，不过是黑格尔辩证进程的开端而已。随着黑格尔的论述走向另一个更高的层次——在进一步的分析中出现的任何新合题都自含矛盾性，而这一矛盾只能通过一个更加丰富、更加"高级"的概念予以解决。在黑格尔看来，一切概念都是以这种方式相互联系在一起的，他将这种揭示概念间的联系的过程称为"辩证法"。

黑格尔所言的"思想的结构是辩证的"，意思是这些思想结构绝非康德所提到的独特的、不可还原的，它们皆凭借自我冲突和解决的运动过程，从最为宽泛和空洞的理念之中产生。

辩证法和世界

上述对黑格尔辩证法的探讨中使用了诸如"产生""发展"和"运动"等词汇。一方面，这些词汇反映了黑格尔哲学方法中的某些重要内容——黑格尔的哲学方法不再以假设为研究的出发点，而是以最不矛盾的点为出发点，在辩证过程中引入更为丰富和真实的概念。另一方面，黑格尔又明确地指出，发展不仅是有趣的逻辑事实，而且

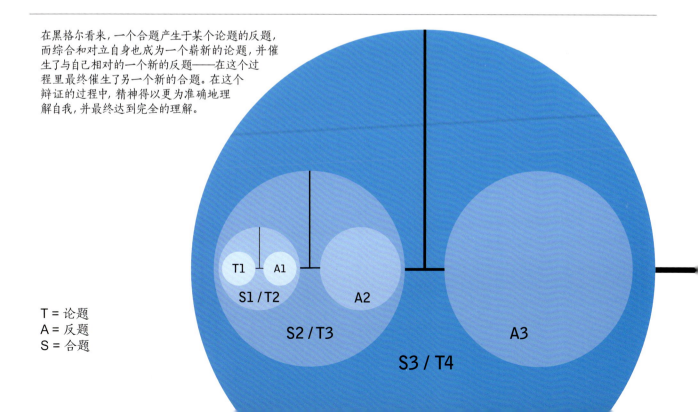

在黑格尔看来，一个合题产生于某个论题的反题，而综合和对立自身也成为一个崭新的论题，并催生了与自己相对的一个新的反题——在这个过程里最终催生了另一个新的合题。在这个辩证的过程中，精神得以更为准确地理解自我，并最终达到完全的理解。

T = 论题
A = 反题
S = 合题

是能够在人类的历史中真实见到的发展。举例来说，古希腊时期的人类和生活在现代社会中的人类所思考的事物很明显是不同的，但黑格尔却指出，二者在思维方式上存在的差异代表着不同的意识种类或思想意识在历史发展上的不同阶段。

黑格尔的第一部重要著作《精神现象学》解释了这些不同种类的意识的辩证发展过程。他首先给出了人类能够拥有的各种意识类型，随后总结出了意识的集体形态。他这样做的目的在于向人们展示，这些不同类型的意识在特定的历史时期或历史事件（比如最著名的美国和法国大革命时期）中被具象化。

黑格尔甚至提出在特定的历史时期，人类精神的下一次革命性改变将有可能在人类个体（比如拿破仑·波拿巴）身上予以体现，而这个个体的意识则绝对无法发现自己在精神发展中上所发挥的作用。这些人类个体所推动的发展则以（人类）精神摆脱循环往复的剥削压榨而重获自由为特征——被推翻统治的君主本身很有可能是从自己推翻的前任君主手中夺得政权的。

这一非凡的观念，即意识的本质会随着时间的流逝、依照某种在历史中可见的形态发生改变，意味着人类身上的一切因素都具有历史特征。此外，既然意识的发展绝不是随机的而是辩证的，那么发展的过程中就必须涵盖一个特定的方向及终止的点，黑格尔将这个终止点称为"绝对精神"——这是未来

> 世界历史的每一个阶段对世界精神的观念来说都是必需的。
>
> ——格奥尔格·黑格尔

意识发展的一个阶段，在此阶段中的意识已经不属于任何一个人类个体，而是归于现实整体。

处于"绝对精神"阶段的人类已获得全部的知识——在黑格尔看来，通过辩证综合的过程，精神必将包含知者和所知两部分。精神所掌握的是完整的知识本质——这一本质是在无意识的情况下吸收并同化其他种类的知识而来的。换句话说，绝对精神不仅涵盖现实，更将自身意识为一种涵盖现实的运动。正如黑格尔在《精神现象学》一书中所写的那样："历史是一个有意识的、自我调和的过程，它是精神进入时间的自我倾倒。"

精神和自然

但我们所生存的世界又如何

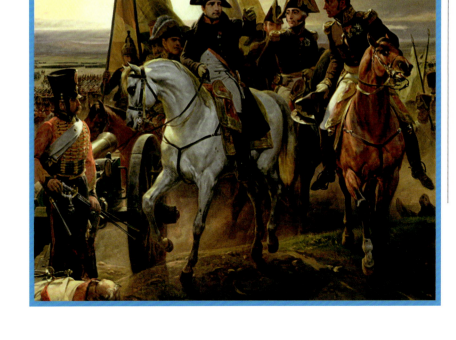

在黑格尔看来，拿破仑是时代精神的完美代表，能够通过自身的行动推动历史向下一阶段发展。

> 绝对精神是精神发展的终点，唯有此刻才是其真实面貌。
>
> ——格奥尔格·黑格尔

呢？为什么世界会单独脱离于人类历史而发展？现实具有历史性是什么意思？对黑格尔而言，我们通常所称的"自然"或"世界"其实都是精神。"自然应该被视为一个由不同阶段所组成的系统。一个阶段必然随着另一个阶段出现，成为它由之产生的前一阶段的真理。"接下来，黑格尔进一步提出，自然发展的过程之一是从"纯粹的生命"（即作为生命整体的自然）过渡到"以精神形态存在"。（在此阶段，被人全部理解的自然将展现为其本质状态——"精神"）

这一阶段的自然会出现另一个全新的辩证关系，这一辩证关系是意识自身的辩证，是绝对精神朝向自我实现的辩证过程。黑格尔认为这一进程始于意识将自身视为诸多个体之中的一个，相对于物质或自然世界占据了一个独立的空间。此后各阶段的意识将不再作为个体而存在，反而属于各种不同的社会或政治团体，在此过程中辩证发展的

过程一直持续，直至达到绝对精神的阶段。

精神和心灵

在黑格尔写作期间，当时的社会被这样一种哲学观念所统治，即世间存在两种实体——存在于物质世界中的事物及关于这些事物的思想——后者类似于前者的图画或图像。而黑格尔提出，与这一观点类似的看法都是错误的，因为这种二分法只会令我们不自觉地相信，物质和思想是两种完全不同的事物，而同时又在某种程度上是相似的，因为思想是基于事物的图像。

黑格尔提出，造成这一区分的原因不过是因为思想的对象和思想本身看上去似乎并不相同。在黑格尔看来，这一差异和分离的假象造就了两个看上去不同的"世界"，而事实上思想和自然都不过是精神的一部分罢了。绝对精神可以消除这种假象——在绝对精神的阶段中，人类将只能看到一种现实，即精神的现实，在此阶段的精神能够清楚地了解自身、反思自身，是思想和思想对象的结合体。

"精神整体"或"绝对精神"是黑格尔辩证法的终点。然而，在"绝对精神"之前的各阶段也并非沦为无用；相反的，这些阶段都是精神整体中一些未被充分分析的部分。确实，我们作为单独的人类个体所拥有的思想并非一个独立的现实组成部分，而是隶属于精神发展的一个方面，或"精神进入时间的自我倾倒"的方式。因此，黑格尔写道："真理是整体，但整体不过是本质在发展的过程中达到自身的

极致。"现实是精神，包括思想和思想的对象，它经历了历史发展的过程。■

黑格尔认为德国历史在普鲁士时期就已走向了终点。然而，公众却对统一的德国有着强烈的渴望，这种渴望被赋予在日耳曼尼亚的形象之中。

186

人类总将自身眼光的局限视作世界的局限

亚瑟·叔本华（1788—1860年）

背景介绍

哲学分支
形而上学

聚焦
唯心主义

此前

1690年 约翰·洛克出版《人类理解论》，解释了人类知识如何从经验而来。

1781年 伊曼努尔·康德的《纯粹理性批判》介绍了"自在之物"的概念，这一概念随后被叔本华用作自己哲学思想的起点。

此后

19世纪末 弗里德里希·尼采提出"权力意志"的概念以解释人类的各种动机。

20世纪初 奥地利心理分析学家西格蒙德·弗洛伊德开始探索隐藏在人类种种冲动下的深层原因。

亚瑟·叔本华并不属于19世纪早期德国哲学界的主流。他一方面极其推崇伊曼努尔·康德，推崇其为哲学界举足轻重的人物，一方面又轻视与自己同时代的唯心主义者们。当时的唯心主义者认为，现实最终是由一些非物质性的东西组成的。最重要的是，叔本华极其厌恶格奥尔格·黑格尔，强烈谴责了他枯燥乏味的写作风格和一味乐观的哲学理念。

以康德的形而上学为研究的出发点，叔本华逐渐发展出自己的世界观，并用清晰、文学性极强的语

参见: 恩培多克勒 330页, 约翰·洛克 130~133页, 伊曼努尔·康德 164~171页, 格奥尔格·黑格尔 178~185页, 弗里德里希·尼采 214~221页。

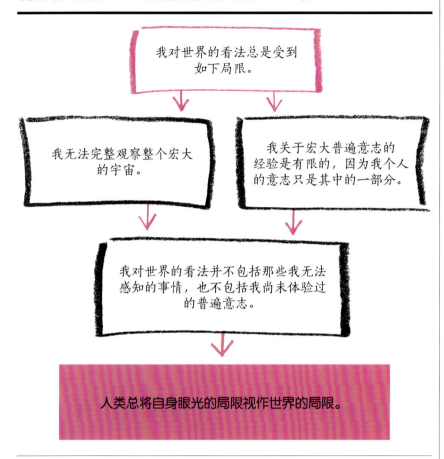

我对世界的看法总是受到如下局限。

我无法完整观察整个宏大的宇宙。

我关于宏大普遍意志的经验是有限的，因为我个人的意志只是其中的一部分。

我对世界的看法并不包括那些我无法感知的事情，也不包括我尚未体验过的普遍意志。

人类总将自身眼光的局限视作世界的局限。

亚瑟·叔本华

出生于波兰但泽（即现在的格但斯克）一个富裕的大家庭，他的家人希望叔本华成为像他父亲一样的商人。在其家族于1793年定居德国汉堡之前，叔本华曾前往法国和英格兰游历。1805年，在其父去世后（很可能是自杀），叔本华认为自己应该停止商人的工作，进入大学学习，当时他选择的专业是哲学和心理学。他与自己母亲的关系一直非常紧张，叔本华的母亲对他所获得的成就永远抱批判态度。

完成学业后，叔本华开始在柏林大学执教，却因风流成性和厌恶女性而声名狼藉；他有过多段风流韵事，却又逃避婚姻，还一度因侵犯女性而获罪。1831年，叔本华迁往法兰克福，在那里和很多只取名叫阿特曼（在印度教和佛教中代表"灵魂"）或巴兹（德语中的妖怪）的狗度过了自己的余生。

主要作品

1818年、1844年 《作为意志和表象的世界》

1851年 《附录与补遗》

言阐述了出来。他采纳康德的观点，即世界分为两部分，一部分是人类通过感官所理解到的（现象），一部分则是"自在之物"（本体）。但他希望能够进一步解释现象世界和本体世界的本质。

解读康德

在康德看来，每一个人都从自己的角度构建了一个世界的面貌，即表象世界，但人类永远无法感知本体世界，因为这个世界是一种"自在之物"。因此，人类对世界的看法都存在局限性，因为所有看法

都来自存在局限的感官知觉所收集到的信息。叔本华则进一步将这一观点补充为"人类总将自身眼光的局限视作世界的局限"。人类的知识受限于自身经验的观念已经是老生常谈了。古代哲学家恩培多克勒曾说过："每个人都只相信自身的经验。"17世纪时，约翰·洛克也曾宣称"人类知识永远无法超越自身经验"。但叔本华对这一问题所给出的解释则是全新的，并且是从对康德的表象世界和本体世界的解释而来。康德和叔本华二者间最主要的差异在于，对叔本华而言，

表象世界和本体世界并非两个不同的现实或世界，而是完全相同的，只是人类经历的方式不同罢了。它们是同一个世界的一体两面：分别是意志及其表象。最明显的证据就是人类自己的身体，我们会以两种方式感知身体：一方面把身体视为"对象"（即表象），另一方面又从内在感知身体（即意志）。

叔本华提出，意志的行动，比如产生举起手臂的意愿，以及所导致的相应结果，并非处在两个不同的世界（本体和表象）中，而是用两种不同的方式所经历的同一事件。其中，一种方式是从内部经验，另一种是从外在观察。当我们跳出自身从外部进行观察时，看到的尽管不过是客观表象而非其内在的现实或意志，但世界整体仍然同时以其内部和外在两种形式存在。

普遍意志

叔本华用"意志"一词表述一种不带任何驱动方向的纯粹能量，

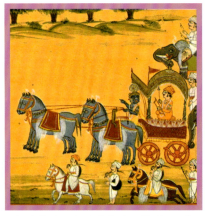

叔本华曾研究印度教薄伽梵歌，故事中的驾车者克利须那神告诉阿朱那：除非能够摒弃渴望，否则人类将永远是自身欲望的奴隶。

"意志"也是令万物得以在表象世界自我展现的成因。像康德一样，叔本华相信时间和空间隶属于表象世界：时空是心灵内部的概念，而非心灵之外的事物，因此世界的意志无法标示出时间，也无法遵从因果或时空的法则。这意味着它是超越时空、不可分割的，个人意志亦如此。宇宙的意志和个人意志其实是一体的，而表象世界则受这一庞大、永恒而又无目的的意志所控制。

东方影响

论述到这里，叔本华的悲观主义思想已暴露无遗。当与他处于同时期、包括黑格尔在内的哲学家们将意志定义为积极力量的同时，叔本华则将人性视作盲目普遍意志的产物。他强调人性潜藏在人类最为基础的冲动背后：它才是在不断试图摆脱欲望的过程中一直令自身承受失望和挫折的元凶。对叔本华而言，世界没有好与坏之分，世界本身是毫无意义的。追逐幸福的人类既可能获得最终的幸福，也有可能惨遭痛苦和沮丧。

唯一能令我们逃离这种痛苦境地的方法就是不存在或起码摒弃一部分对幸福的渴望。他提出，人类可以通过美学沉思获得救赎，特别是以音乐的方式，因为音乐是唯一不试图再现表象世界的艺术形式。叔本华的哲学观与佛教的涅槃思想（一种摆脱了欲望和苦难的超然境界）遥相呼应——他曾仔细研究过一些东方的思想家和宗教。

在有着这样愤世嫉俗而又悲观的个性特色时，叔本华却从普遍意识的思想中发展出一种某种程度

> 人类无从解释自己获得知识和学问的基础。
>
> ——亚瑟·叔本华

上令人吃惊的道德哲学。他意识到，如果人类能够觉察到自己与宇宙的分离不过是一种假象（因为人类的个体意志和宇宙意志其实是一体的），我们就能获得与全人类和世间的万事万物共有的通感，道德之善便会从这种普世的同情心中产生。叔本华的思想再次反映出了东方哲学的理念。

不朽的遗产

尽管对当时的作家和音乐家们有所影响，但叔本华一生的大部分时间都被其他德国哲学家所忽视，其思想也被黑格尔的哲学理念夺去了光彩。19世纪末时，由他所给予的意志重要性的理念再次成为哲学界探讨的主题。尼采尤为赞赏叔本华的思想，而法国哲学家亨利·伯格森和美国实用主义者们也或多或少地借鉴了叔本华意志论的思想。或许受叔本华影响最大的反而是心理学界，其有关人类基本冲动及沮丧感的思想影响了西格蒙德·弗洛伊德和卡尔·荣格的精神分析理论。■

神学即人学
路德维希·费尔巴哈
（1804—1872年）

19世纪德国哲学家路德维希·费尔巴哈以《基督教的本质》一书广为闻名，该书启发了包括卡尔·马克思和弗里德里希·恩格斯在内的许多革命思想家。书中涵盖了许多格奥尔格·黑格尔的哲学思想，但与黑格尔不同的是，前者将"绝对精神"视为自然界的指导力量，而费尔巴哈却认为，脱离经验的领域去解释人类的存在是完全没有意义的。对费尔巴哈而言，人类不是绝对精神的外在形式，相反，人类用自己的渴望和欲望创造出了伟大的精神——上帝。

幻想上帝

费尔巴哈提出，人类在渴望拥有那些最为美好的事物，例如爱、怜悯、慈悲等的时候，便会幻想出一个在最大程度上拥有上述品质的形象，并将这个形象称为"上帝"。因此，神学（研究上帝的学科）其实不过是人类学（即以人类为研究主题的学科）罢了。我们不仅欺骗自己相信神灵的存在，更忘记或抛弃了人类的本质。我们忽视了上述的美德其实正存在于人类而非上帝身上。因此，我们不应该将注意力放在神明的公正上，而是应该更加关注人间的公正，毕竟，生活在地球上的人类才是真正值得我们关注的对象。■

圣经中的以色列人因为迫切渴望心灵的安定而创造出了虚假的上帝，即一只金牛犊作为崇拜对象。费尔巴哈提出，其实所有神明都是以相同方式被创造出来的。

参见: 米利都的泰勒斯 22~23页, 格奥尔格·黑格尔 178~185页, 卡尔·马克思 196~203页。

190

人类是自身肉体和心灵至高无上的统治者

约翰·斯图尔特·密尔（1806—1873年）

背景介绍

哲学分支
政治哲学

聚焦
功利主义

此前

1651年 托马斯·霍布斯在《利维坦》一书中提出，人类是"粗野"的生物，必须受到社会契约的约束。

1789年 杰里米·边沁推行"最大幸福原则"。

此后

20世纪30年代 经济学家约翰·梅纳德·凯恩斯在密尔理论的影响下发展了自由经济理论。

1971年 约翰·罗尔斯出版了《正义论》，全书以"法律应为每个公民所采纳"为主导思想。

约翰·斯图尔特·密尔出生于一个智力优越的家庭，他幼年时便受到源自于18世纪启蒙运动的英国传统哲学观的影响。由约翰·洛克和大卫·休谟二人所创立的哲学理论，以新经验主义思想与欧洲大陆哲学家们的唯理主义思想形成了鲜明的对立。但在18世纪末，一股来自欧洲的浪漫主义思潮开始对英国的道德和政治哲学产生影响，功利主义便是这股思潮所创造出的成果之一，其作为英国对政治哲学的特殊解读，对欧洲和美国18世纪的革命影响深远。其创始人

参见: 托马斯·霍布斯 112~115页, 约翰·洛克 130~133页, 杰里米·边沁 174页, 伯特兰·罗素 236~239页, 卡尔·波普尔 262~265页, 约翰·罗尔斯 294~295页。

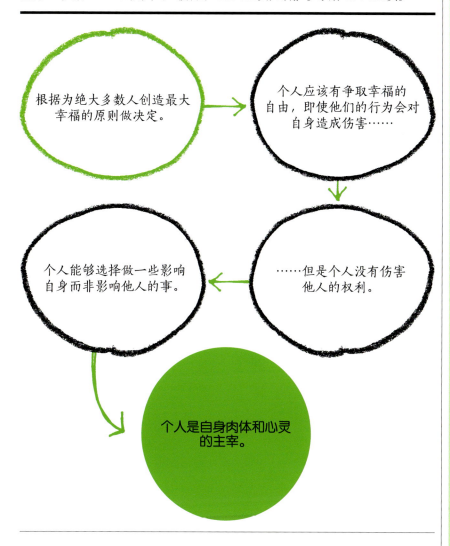

根据为绝大多数人创造最大幸福的原则做决定。

个人应该有争取幸福的自由, 即使他们的行为会对自身造成伤害……

……但是个人没有伤害他人的权利。

个人能够选择做一些影响自身而非影响他人的事。

个人是自身肉体和心灵的主宰。

约翰·斯图尔特·密尔

约翰·斯图尔特·密尔于公元1806年出生于伦敦。他的父亲是苏格兰哲学家和历史学家詹姆斯·密尔, 曾与杰里米·边沁一同发起了"哲学激进主义"运动。密尔自幼在家接受父亲的家庭教育, 其父对他要求严格, 在密尔三岁时便开始教他希腊语。

经过多年的高强度学习后, 密尔在20岁时大病了一场。他离开了大学, 前往东印度公司一直工作到自己1857年退休。这份工作不仅令密尔得以养活自己, 更给予了他写作的时间。在此期间, 密尔遇到了女性权力的倡导者哈莉特·泰勒, 她在交往了20年之后成为他的妻子。1865年到1868年间, 密尔任英国国会议员, 将自己的道德和政治哲学理念运用到了实践中。

主要作品

1843年 《逻辑体系》
1848年 《政治经济学原理》
1859年 《论自由》
1861年 《功利主义》
1869年 《裙衩的附属地位》
1874年 《论自然》

杰里米·边沁是密尔家族的朋友, 同时也影响了密尔的家庭教育。

维多利亚时代的自由主义

密尔将把宝贵的知识遗产与19世纪新浪漫主义融为一体作为自己在哲学领域的工作目标。他所采用的方法没有休谟那样怀疑 (休谟提倡一切知识皆来自感官经验, 又都无从确定), 也没有边沁那样过于

教条 (边沁坚持认为应该将有用性作为评价事物的标准), 但是二人的经验主义和功利主义思想却对密尔的思想造成了深远影响。密尔的道德和政治哲学观没有其前辈们那样极端——他所追求的是社会改革而非彻底的社会革命, 这也成为英国维多利亚时代自由主义的基石。

完成第一部详尽的哲学巨作——六卷《逻辑体系》后, 密尔将注意

力转向道德哲学，特别是边沁的功利主义理论。他被边沁典雅质朴的"为绝大多数人创造最大的幸福"的原则所折服，更坚定不移地推崇该原则。在密尔的解读下，功利主义的运用方式与耶稣的"黄金法则"是如出一辙的：推己及人，爱人如己。在密尔看来，这一原则正是"功利主义道德的完美境界"。

为自由立法

密尔支持边沁的幸福原则，但也注意到了其中欠缺的地方。边沁把实现这一原则的条件放在了一个抽象的"幸福计算法"上（一种计算幸福额度的运算法则），而密尔则渴望找到切实的实现方法。相比

起仅在道德决断的过程中使用，他对如何在社会和政治领域运用幸福原则更为感兴趣。如何通过立法将"为绝大多数人创造最大幸福"的原则予以推广，并使之真正影响到每一个人呢？如果制定出适用于绝大多数人的律法，是否又将阻碍某些人获得幸福？

密尔认为解决问题的办法在于利用教育和民意，在个人幸福和社会共同的福祉间建立一种"牢不可破的联系"。应促进人们不仅为自己争取幸福，更要为每一个人创造幸福。密尔总结道，社会应该给予所有公民追求幸福的自由，政府应保障公民的这一权益，并立法保护公民实现个人目标的自由。只有当

> 宁愿做不满足的苏格拉底，也不要做一个满足的傻子。
>
> ——约翰·斯图尔特·密尔

某人追求幸福的行为侵犯了他人的幸福时，才应适当剥夺前者的自由。这便是所谓的"伤害原则"。密尔指出，在对他人造成伤害的情况下，"个人的福祉，无论是生理方面的还是道德层次的，都不足以构成充分理由"。

量化幸福

随后，密尔将关注的重心放在衡量幸福的方法上。边沁在幸福计算法中将快乐持续的时间和程度作为计算的元素，但密尔却认为，将快乐的质量考虑在内也是非常重要的。因此，他将满足基本欲望和感官快乐与实现智力和文化追求的幸福区分开来。相比起那些基础的、物质上的快乐，密尔的"幸福方程式"更为强调那些高层次的、由获取知识所带来的快乐。

密尔又试图确定幸福的本质，这与他经验主义者的身份正相符。

在一则圣经的寓言中，撒玛利亚人帮助其敌人的行为正是密尔定律的最佳展示：己所不欲，勿施于人。密尔相信，这种行为将能够提高社会中的整体幸福感。

每个人为之努力奋斗的东西究竟是什么？幸福的根源来自哪里？在他看来，"令世间万物都能唤起人们欲望的原因在于人们确实渴望拥有它们"。这看起来像是一种不太令人满意的解释，但密尔接下来又在两种不同的欲望间做了区分：无动机的欲望（我们渴望的能够给予我们快乐的东西）和尽责的行为（出于责任感或慈悲心所做出的、通常与我们的直接倾向相悖，却能最终给我们带来快乐的东西）。第一种情况下，我们所渴望的东西属于幸福的一部分，而在第二种情况下，尽责的行为是我们获得幸福的途径，只有当我们的行动实现了最终的良善目的，才能感受到这种幸福。

实践的功利主义

密尔并非纯粹的学术派哲学家，他相信自己的思想应该被运用在实处，因此特别注意如何将这些思想在政府工作和立法的过程中予以使用。无论大多数人的集体暴政（通过民主选举产生），还是君主独裁制，他都把任何阻碍个人追求幸福的自由的行为视为专制。因此，密尔建议实施一些切实可行的方案，以限制社会对个人所施加的权力，并保证社会公民人人皆享有自由表达的权利。

在任职国会议员期间，密尔提出了许多改革方案。虽然其中许多的方案很久之后才得以实行，但他的演讲却令其功利主义哲学中的自由理念得到了更多人的关注。作为一名哲学家和政治家，密尔强烈拥护言论自由，大力促进基本人权

密尔呼吁在公元1867年的改革法案中添加保证妇女选举权的修正案。此后，全国妇女选举权协会于公元1868年在英国成立。

得以保障，反对奴隶制度——上述行为都是其功利主义思想得以运用在实处的证明。由于受到妻子哈莉特·泰勒的影响，密尔成为首位在政府改革运动中支持女性选举权的英国国会议员。经济领域也是其自由主义哲学所探讨的核心之一，但与其父的经济学理论不同的是，密尔倡导自由市场经济，将政府参与的行为降至最低。

一场温和的改革

密尔将个人而非社会作为他的功利主义哲学的核心点。他看重个人拥有不受任何干涉的、自由思考和行事的权利，即使他们的所作所为会对自身造成伤害。在其《论自由》一文中，密尔提出，每一个人都是"自己身体和心灵的主宰"。他的思想是维多利亚时期自由主义的具体体现，相较于导致欧洲和美国革命的激进思想而言不仅更为缓和，更将其思想与保护个人自由免受权威介入的思想相结合。在

密尔看来，自己的自由主义思想不仅是政府实施统治的基础，也是实现社会进步的途径，而社会进步正是维多利亚时期的一个重要的社会理想。他相信如果社会能使每个成员以令自己幸福的方式生活，那么就能令这些成员发挥自己最大的潜力。社会也会因此而受益，因为个人的成就互相结合将为整个社会做出巨大贡献。

在其生活的时代，密尔被视为重要的哲学家，而现在他则通常被视作维多利亚时期自由主义的奠基人。他以功利主义为灵感的哲学观对20世纪的社会、政治、哲学和经济思想都产生了深远的影响。现代经济从其功利主义观在自由市场运用理论的诸多解读中逐渐具象成形，其中最为著名的解读者是英国经济学家约翰·梅纳德·凯恩斯。而在伦理学领域里，包括伯特兰·罗素、卡尔·波普尔、威廉·詹姆斯和约翰·罗尔斯在内的哲学家们，都把密尔的哲学理论作为自己研究的起点。■

心怀信仰的个人所拥有的社会力量等同于99个仅怀有利益的人的力量。
——约翰·斯图尔特·密尔

焦虑是自由所导致的晕眩

索伦·祁克果（1813—1855年）

背景介绍

哲学分支
形而上学

聚焦
存在主义

此前

1788年 伊曼努尔·康德在《实践理性批判》一书中强调了自由在道德哲学中的重要性。

1807—1822年 格奥尔格·黑格尔提出，意识具有历史性，能将人类意识及其所生存的世界联系起来。

此后

1927年 马丁·海德格尔在《存在与时间》一书中探讨了焦虑和存在主义内疚的概念。

1938年 让-保罗·萨特奠定了其存在主义哲学的基础。

1946年 路德维希·维特根斯坦在《文化和价值》一书中赞扬索伦·祁克果的研究贡献。

我们在做决定时拥有绝对自由的选择权。

这时我们意识到自己既可以无所作为，也可以任意选择。

我们的心灵因想到了这种绝对自由而感到晕眩。

一种恐惧或焦虑的感觉伴随这种想法而产生。

焦虑是自由所导致的晕眩。

索伦·祁克果的哲学理念来自他对主宰了欧洲19世纪中期的德国唯心主义思想，尤其是格奥尔格·黑格尔思想的回应。他试图否认黑格尔将人类定义为一个不可避免的历史进程中的一部分的完整哲学体系，转而提出一个更为主观的进路。祁克果想要验证的是究竟何为人类，一个由自我决定的，而非作为伟大哲学系统一部分的人类。

祁克果相信人类的生活是由其自身行为所决定的，而行为又是由我们的选择所决定的。因此，如何做出选择，对人类的生活而言是至关重要的。与黑格尔一样，祁克果

参见: 伊曼努尔·康德 164~171页, 格奥尔格·黑格尔 178~185页, 弗里德里希·尼采 214~221页, 马丁·海德格尔 252~255页, 让-保罗·萨特 268~271页, 西蒙娜·德·波伏娃 276~277页, 阿尔贝·加缪 284~285页。

将道德选择视为区分人类享乐主义和道德行为的分水岭。但在黑格尔看来，绝大部分的道德选择都曾受当时的历史和环境因素所控制，而祁克果则认为，所有的道德选择都是绝对自由的，更是主观的，个人判断完全是由意识决定的。然而，这一完全自由的选择权非但没有给我们带来幸福，反而导致了焦虑和恐惧。

祁克果在自己的著作《焦虑的概念》中解释了这种感觉。他举了一个人站在高楼或悬崖边的例子。如果这个人沿着高楼或悬崖的边缘往下看，那么他将感受到两种不同类型的恐惧：对坠落的恐惧和对纵身跃下冲动的恐惧。第二种恐惧或焦虑产生于此人意识到自身有选择跳或者不跳的自由，而这种恐惧就像站在高处的晕眩一样让人混乱。祁克果提出，在所有道德的选择过程中，人类一旦意识到自己有做出哪怕是最可怕的选择的自由时，就

会经历同样的焦虑。他将这种焦虑描述为"由自由导致的晕眩"，并进一步解释道，虽然这种晕眩最终可能会导致绝望，但也会令人类从各种不假思索的下意识反应中清醒过来，并对其他各种可能的选择加以思索。因此，这种自由的晕眩能够增加我们的个人意识和自我责任感。

存在主义之父

祁克果的思想受到了其同时代大部分思想家的反对，却对随后的新一代哲学家们产生了深远的影响。他对个人选择的重要性和自由的看重，以及人类对存在之意义和目的不断追寻的坚持，构成了存在主义的基本框架。存在主义探讨了人类在无神的世界中能够生活得有意义的方式。在这个世界中，除出生以外，我们的每一个行为都是一次选择。与这些后来的思想家们不同的是，祁克果并没有摒弃自己对

哈姆雷特受困于一个可怕的抉择：是杀掉自己的叔叔为父报仇，还是让杀父之仇未尝得雪。莎士比亚的这出戏剧很好地展现了由真正选择的自由所导致的焦虑。

上帝的信仰，但他同时也是第一位承认自我意识的现实性及由绝对自由所导致的"晕眩"或恐惧的人。■

索伦·祁克果

索伦·祁克果于1813年出生在哥本哈根，当时正是丹麦文化的黄金时期。他的父亲是一位富有的商人，性格既虔诚又忧郁，而祁克果作为他的儿子，不仅完全继承了这些性格特点，其哲学理念也受到了深刻的影响。祁克果在哥本哈根大学的专业是神学，但他总是旁听哲学方面的课程。在继承了一大笔遗产后，他决定将自己的一生奉献给哲学。1837年，他与雷吉纳·奥尔森坠入爱河，三年后订婚。但祁克

果在随后的一年便毁掉婚约，认为自己忧郁的性格并不适合婚姻生活。虽然一直信仰上帝，但祁克果又一直批判丹麦国家教会的伪善面目。1855年的一天，他突然在大街上失去意识，一个月后便去世了。

主要作品

1843年《恐惧与战栗》
1843年《非此即彼》
1844年《焦虑的概念》
1847年《爱之工》

至今一切社会的历史都是阶级斗争的历史

卡尔·马克思（1818—1883年）

背景介绍

哲学分支
政治哲学

聚焦
共产主义

此前

约1513年 尼科洛·马基雅维利在《论李维》中对古罗马时代，以及意大利文艺复兴时期的阶级斗争进行了讨论研究。

19世纪初 格奥尔格·黑格尔通过观念冲突探索出一套历史变迁理论。

此后

19世纪80年代 弗里德里希·恩格斯努力将马克思理论发展为成熟的历史唯物主义哲学。

20世纪30年代 马克思主义成为苏联等诸多社会主义国家的官方哲学理论。

人类的复杂历史可以简化为一个简单的公式吗？19世纪最伟大的思想家之一——卡尔·马克思给出了肯定的答案。在其最著名的作品《共产党宣言》的开篇中，他提出所有的历史变革都是（上层）统治阶级和（下层）被统治阶级之间不断斗争的结果，而经济则是这种斗争的根源。

马克思认为自己对不同社会时期本质问题的解读是独一无二的。早期的历史研究强调个体英雄和领导人的作用，或某种思想的作用，但马克思却把关注的重心放在了一连串的群体斗争上，包括早期奴隶主和奴隶之间、中世纪地主和农奴之间，以及现代雇主和受雇者之间的斗争。他认为，正是阶级之间的斗争激发了变革。

《共产党宣言》

马克思与德国哲学家弗里德里希·恩格斯共同起草了《共产党宣言》。两人于19世纪30年代在德国共同研究哲学时相识。虽然恩格斯提供了资金，提出了观点并用其卓越的写作技巧进行了撰写，但一般认为马克思才是这本合著背后的那个真正的天才。

从两人19世纪40年代初期到中期的手稿中可以看出，马克思和恩格斯认为，先前的哲学家只是在努力解释世界，而他们二人所做的努力是为了改变世界。19世纪五六十年代，马克思完善了他在许多简要文献中的观点，其中就包括《共产党宣言》这本约40页的小册子。

《共产党宣言》旨在阐明共产主义的价值体系和政治规划——这是一种由一小群比较年轻的德国激进社会主义学家提出的新信仰体系。《共产党宣言》中称，社会在

在马克思从事创作的年代，观念论战在德国广为盛行，但马克思本人坚信哲学的任务并非探讨观点，而是带来真正的变革。

直接斗争中分化为两个阶级：资产阶级（拥有资本的阶级）和无产阶级（工人阶级）。

"资产阶级"英语"bourgeoisie"一词源于法语"bourgeis"或"bugher"，意为一个拥有财产、地位在一般民众之上并自主经营的商人。马克思认为，美洲的发现和殖民化、印度和中国市场的打开，以及交易商品数量的增长，都使得19世纪中期的商业和工业得以迅猛发展。手工业者生产的商品已不能满足新兴市场日益增长的需求，因而，工业制造体系取代了他们的位置。正如宣言所说，"市场保持增长，需求持续提升"。

参见: 尼科洛·马基雅维利 102~107页, 让-雅克·卢梭 154~159页, 亚当·斯密 160~163页, 格奥尔格·黑格尔 178~185页, 路德维希·费尔巴哈 189页, 弗里德里希·尼采 214~221页。

资产阶级的价值观

马克思认为，资产阶级控制着整个贸易，他们"除了赤裸裸的利己主义和冷冰冰的现金支付之外"，与人民没有丝毫联系。人民本应该因自身价值而受到尊重，但资产阶级却"把个人价值等同为物质交换价值"。道德价值、宗教价值甚至情感价值都被他们弃之不顾，无论是科学家、律师，还是牧师、诗人，每个人最终都被转化为受雇的劳动者。在马克思看来，宗教和政治"幻想"不复存在，取而代之的是资产阶级"赤裸裸的、无耻的、直接而残酷的剥削"。本应受到宪章保护的人民自由被抛之脑后，取而代之的是"不合理的自由——自由贸易"。

马克思认为，唯一的解决方法就是令所有的生产资料（例如土

> 从按能力分配转变为按需求分配。

——卡尔·马克思

地、原材料、工具和工厂）公有化，从而使每个社会成员能够根据自身的能力从事劳动，根据自己的需求进行消费。这是能够阻止富人剥削穷人的唯一方法。

辩证的变化

关于辩证的变化，马克思的哲学理念很大程度上来源于他的前辈——格奥尔格·黑格尔。黑格尔认为现实并不是一种事态，而是一个持续变化的动态过程。他认为，变化的产生源于任何思想或事态（即"论题"）都包含一种内部矛盾（即"反题"），而这种内部矛盾最终会催生变化，从而产生一种新的思想或新的事态（即"合题"）。这个过程被称为辩证。

黑格尔认为，我们永远无法经验世界万物原有的状态，只能感受到它们呈现给我们的状态。对他而言，存在主要由心灵或精神组成，因此，历史进程经过无数的辩证循环，其本质就是趋向于一种绝对和谐状态的精神历程。正是在这一点上，黑格尔和马克思的观点大相径庭。马克思坚称，历史的进程并不是精神的发展旅程，而是真正的历史变化。处在这一过程终点上最后没有冲突的状态并不是如黑格尔所说的精神极乐，而是一个完美的社会。在那个社会里，人人都在为社会的整体幸福而和谐地工作。

阶级的形成

早期的人类一直致力于生产自己的生活必需品，比如衣服、食物和住所等，但随着早期社会的逐渐

> 任何时代的主导思想即是该时代统治阶级的思想。
>
> ——卡尔·马克思

形成，人们之间的依赖程度也越来越高。当人们进行商品或者劳动交换时，苏格兰经济学家和哲学家亚当·斯密所描述的"交易"也就应运而生了。马克思赞同斯密的观点，认为这种交换体系导致人们的劳动分工。但是马克思指出，这种新的分工（或"工作"）也对劳动者本身进行了定义。一个人的身份是农业劳动者还是继承地主，决定了他们在衣、食、行方面的差异，同时也决定了他们在社会中与谁分享利益，又与谁存在利益冲突。随着时间的推移，明显的社会经济阶

18世纪晚期和19世纪的富有的资产阶级乐于享受奢侈的生活，而与他们同时代、同社会的工人正在忍受可怕的贫困生活。

> 为获得真正的幸福，应该废除给人带来虚幻幸福的宗教。
>
> ——卡尔·马克思

级分化开始产生，不同阶级间陷入斗争之中。

在马克思的理论中，人类社会的发展阶段分为五个阶段：原始社会、奴隶社会、封建社会、资本主义社会、共产主义社会。

文化制度的崛起

马克思还认为，通过对某个社会的经济基础进行分析可以发现，随着社会财产体系的改变，其"上层建筑"（如政治、法律、艺术、宗教、哲学等）也会随之改变。这些改变是为统治阶级的利益服务的，可以提升统治阶级的价值和利益，同时转移人们对政治现实的注意力。然而，即使是统治阶级也无法决定社会事件和体制。黑格尔说过，每个时代都会受其时代精神的影响，马克思也同意这一观点。但是黑格尔认为，时代精神取决于一种与时俱进的"绝对精神"。马克思却认为，时代精神由一个时代的社会和经济关系所决定，进而决定个人和社会的思想或"意识"。在马克思看来，不是人民为时代贴上特定的标签，而是时代造就了人民。

马克思从精神到社会经济方式等方面修正了黑格尔的哲学思想体系。在修正的过程中，他也受到了德国哲学家路德维希·费尔巴哈的影响。费尔巴哈认为，传统宗教从理性的角度而言是错误的，因为其不能通过任何推理方式得到证实，这种宗教是造成人们悲惨命运的原因所在。他认为，人们按照自己的形象创造了神，然后将人类的所有高尚品质放到神的身上，创建了宗教。比起现实世界，人们更愿意相信这些"幻境"。人们总是喜欢拿自己跟神灵进行不切实际的对比，从而变得自我异化，忘记了神是由他们自己创造出来的。

马克思同意这一观点，他也认为，人们之所以依附于宗教，是出于对一个没有经过疏离或异化的世界的渴望。但他认为，这并不是因为某个全能的神，而是受日常生活的物质现实所迫。马克思的观点不仅是对宗教的否定，更给社会和政治带来了极大的改变。

工业革命见证了专业技术成为雇佣劳动力的过程。而后，人们形成群体或阶级，由其所谓的社会经济地位所决定。

《共产党宣言》发表后，受社会主义启发而出现的革命横扫整个欧洲。其中就包括1848年发生在巴黎的二月革命。

政权

马克思预言称，只有当多数人变得穷苦不堪，只能靠出卖自己劳动力赚钱的时候，欧洲资产阶级和工人阶级之间的激烈斗争产生的影响才会显现。随着贫富差距变得日益明显，他认为，共产主义将会更具吸引力。

然而，马克思认为，共产主义的反对势力不会轻易放弃他们的特权。在每一个历史阶段，统治阶级都会努力控制政府和法律部门，从而不断增强他们的经济霸权。他认为，现在的社会形态就好比是一个"资产阶级事务管理委员会"，被排斥的团体为了让其考虑自己的利益做出了很大的努力，比如争取扩大

一个幽灵——共产主义的幽灵，在欧洲游荡。
——卡尔·马克思

马克思的理想社会

除了对人类历史的演变导致资产阶级和无产阶级兴起的总体论述，《共产党宣言》还涉及政治、社会和经济等诸多方面。例如，《共产党宣言》中提出，资本主义制度不仅是剥削这么简单。其财政基础并不稳定，从而导致商业危机频发、工人的生活状况每况愈下，也使得无产阶级作为一个革命性的阶级开始兴起。这个代表绝大多数人的革命阶级首次登上了历史舞台。

发展的原因在于，生产过程的本质日趋复杂。马克思曾预言，技术提高会导致失业率攀升，越来越多人的谋生手段不再适用。社会也将一分为二：一是数目众多的贫苦大众，一是掌握和控制生产手段的少数人。根据辩证法，这种冲突最终会带来一场暴力革命，从而建立起新的无产阶级社会并最终实现共产主义社会。马克思认为，这种理想社会不需要政府，只需要行政机构，由革命的领导者——共产党来进行管理。在这种新的政治形态（马克思称之为"无产阶级专政"）中，人们将拥有真正的民主和社会财产所有权。马克思预言，在生产方式向理想社会转变的不久之后，所谓的政权也将不复存在，因为政治分歧或犯罪行为也没有存在的理由了。

选举权，而这些努力都短期地反映出深刻的经济冲突确实存在。在马克思看来，政治利益和政党不过是统治阶级实现其经济利益的工具，尽管表面上，他们是在为大多数人的利益而努力，但实际上，他们是为了获得并维护自身的权力。

革命之路

马克思的理论体系吸收了很多哲学家的思想，比如，德国唯心主义哲学家，特别是格奥尔格·黑格尔和路德维希·费尔巴哈；法国政治理论家让-雅克·卢梭；英国政治学家，尤其是亚当·斯密等人的思想。社会主义在19世纪上半叶就已经成了一种众所周知的政治学说，这都源于马克思对贫穷、阶级、剥削和商业危机等方面的深刻见解。

马克思创作《共产党宣言》之时，阶级冲突已经存在。1848年和1849年，欧洲大陆的许多国家爆发了反抗君主专制制度的一系列革命，该宣言就是在这一系列革命爆发之前完成的。在随后的几十年，虽然欧洲大陆的许多国家还没有达到英国那样的产业发展规模，但数目可观的人们开始从农村涌入城市寻找工作。贫穷的大众对自己遭到各类自由派政客和国家政客剥削的现状十分不满，革命浪潮席卷欧洲，尽管这些革命运动遭到镇压。

但《共产党宣言》依然在20世纪取得了举足轻重的地位，更鼓舞了苏联、中国和其他许多国家的革命运动。

持续影响

马克思主义思想具有极大的影响力。作为一名影响力巨大的资本主义批判者和一名经济与社会理论家，马克思被认为是对今天的政治和经济有着重要影响的人物。许多人会赞同英籍俄裔哲学家以赛亚·伯林的说法，他称《共产党宣言》是"一部天才的著作"。■

卡尔·马克思

19世纪最著名的革命性思想家卡尔·马克思出生于德国的特里尔市，他的父亲是一名犹太律师，后来转信了基督教。马克思曾在波恩大学学习法律，在那儿与他后来的妻子燕妮相识。之后他当过记者，随后又在柏林大学学习。他在文章中表现出的对民主的追求，使他受到了普鲁士皇家的审查，因此而流亡到法国和比利时。在此期间，他与德国同胞弗里德里希·恩格斯合作，共同创建了独一无二的社会主义理论。

马克思在1848—1849年革命期间曾回到德国，但在革命遭到镇压之后，他就流亡到了伦敦，并在那里度过余生。他和妻子的生活极为贫苦。马克思死时没有任何国籍，只有11个哀悼者参加了他的葬礼，终年64岁。

主要作品

1846年 《德意志意识形态》
1847年 《哲学的贫困》
1848年 《共产党宣言》
1867年 《资本论》（第一卷）

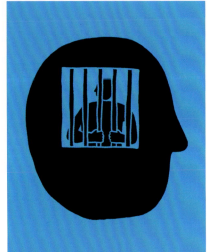

公民的良心必须向立法者屈服吗？

亨利·大卫·梭罗（1817—1862年）

背景介绍

哲学分支
政治哲学

聚焦
非顺从主义

此前

约公元前340年　亚里士多德认为与个人相比，城邦更为重要。

1651年　托马斯·霍布斯认为如果没有强有力的政府领导，社会将退步到混乱状态。

1762年　卢梭在《社会契约论》一书中表明，政府应由人民的意志领导。

此后

1907年　甘地将梭罗的思想应用于南非的非暴力不合作运动中。

1964年　马丁·路德·金通过领导公民不服从和不合作运动结束了种族歧视，获得了诺贝尔奖。

让-雅克·卢梭宣称从本质上讲，自然的就是好的。大约一个世纪之后，美国哲学家亨利·大卫·梭罗进一步深化了这个观点。他认为"所有美好的事物都是自然形成和自由的"。人类法规并没有对公民自由起到保护作用，反而将其压制。他认为，既然政治派别有分化，就一定会出现"站队"，其政策也往往与我们的道德背道而驰。因此，他认为公民个人有义务反抗不公正的法律。如果放任这些法律得以建立而不作为，反而会很大程度上使这些法律更显正当。"多愚蠢的人都可以制定规则，也只有同样愚蠢的人才会遵循这些规则。"这既是梭罗对英语语法的看法，也是贯穿其政治哲学始终的原则。

梭罗在1849年所著的《论公民的不服从》一文中阐明：公民有权利通过不合作和非暴力抵抗进行负责任的反对。此外，梭罗还将此观点付诸实践，拒绝缴纳税款以避免

为墨西哥之战和奴隶制永久化提供资金。梭罗的观点与其同时代的马克思的观点和欧洲革命精神截然相反，后两者认为只有暴力才能解决问题。但后来梭罗的理念被许多抵抗运动的领袖所采用，如甘地和马丁·路德·金。■

圣雄甘地在印度领导公民采取非暴力方式反抗英国的统治。上图为1930年印度人民为反对不公正法律，反抗英国控制食盐生产而进行的食盐行军。

参见：让-雅克·卢梭 154~159页，亚当·斯密 160~163页，埃德蒙·伯克 172~173页，卡尔·马克思 196~203页，以赛亚·伯林 280~281页，约翰·罗尔斯 294~295页。

考虑事物
产生的效应
查尔斯·桑德斯·皮尔斯（1839—1914年）

查尔斯·桑德斯·皮尔斯不仅是科学家、逻辑学家，也是最早领导实用主义哲学运动的哲学家。皮尔斯对形而上学存有强烈的质疑，例如形而上学认为，在我们经验的世界背后还有一个"真正"的世界。他曾让自己的读者找出如下理论的错误之处：钻石实际上是柔软的，只有当我们触摸到它的时候，它才变得坚硬。

皮尔斯认为，这样的思想是"无误的"，因为没办法将其证否。然而他认为，概念的意义（比如"钻石"或者"坚硬"）来自与这一概念有关的对象或特质，以及这一概念对我们的感官具有的效应。因此无论"我们在接触到钻石之前认为它是柔软的，直到我们摸到它"抑或"钻石一直是坚硬的"，都不重要。因为在两种理论下，钻石摸起来都是一样的触感，用途也无二。然而，第一种理论实践起来过于困难，因此对我们来说意义并不大。概念的意义由对象本身给人的感官效应决定，这是实用主义为人熟知的准则，也是建立实用主义的基石——"真理"解释了对我们最有用的现实。

皮尔斯曾试图解决一个关键问题——证明诸多科学、哲学和神学领域的辩论实际上毫无意义。他认为，由于无法切实阐明对感官产生的任何效应，这些辩论其实往往都着眼于措辞，而非现实。■

对科学而言，任何事物都不会成为其不可或缺的一部分。
——查尔斯·桑德斯·皮尔斯

参见: 约翰·洛克 130~133页, 伊曼努尔·康德 164~171页, 威廉·詹姆斯 206~209页, 约翰·杜威 228~231页, 理查德·罗蒂 314~319页。

行动起来，你可以让事情有所改善

威廉·詹姆斯（1842—1910年）

背景介绍

哲学分支
认识论

聚焦
实用主义

此前

1843年 约翰·斯图尔特·密尔创建了一个逻辑体系，研究我们如何才能相信事物的真实性。

19世纪70年代 查尔斯·桑德斯·皮尔斯撰写《如何使我们的观念清楚明白》一文，对新实用主义哲学加以阐述。

此后

1907年 亨利·伯格森在《创造进化论》一书中将现实描绘成一种流动而非停滞的状态。

1925年 约翰·杜威在《经验与自然》中阐述了他的实用主义理论，即众所周知的"工具主义"。

19 世纪，美国独立，开始寻求自身的发展步伐。来自新英格兰的亨利·大卫·梭罗和拉尔夫·瓦尔多·爱默生这样的哲学家使美国人明显倾向于欧洲的浪漫主义思想。但是，在《独立宣言》颁布100年后所出现的那一批哲学家，才使真正意义上的美国理念得以形成。

一马当先的就是查尔斯·桑德斯·皮尔斯，他提出一种知识理论，将其称为实用主义。然而，他的作品在当时非常不显眼。后来，支持和进一步发展这些理念的重任

参见: 约翰·斯图尔特·密尔 190~193页,查尔斯·桑德斯·皮尔斯 205页,亨利·伯格森 226~227页,约翰·杜威 228~231页,伯特兰·罗素 236~239页,路德维希·维特根斯坦 246~251页,理查德·罗蒂 314~319页。

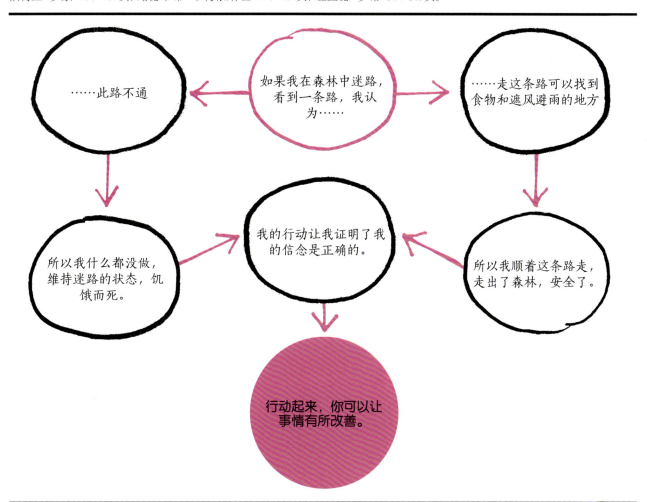

就落到了他毕生挚交威廉·詹姆斯(拉尔夫·爱默生的教子)身上。

真理和有用性

皮尔斯实用主义理论的核心在于我们是通过实践,而非简单的观察习得知识。我们是否依赖某一知识取决于知识对我们的有用性,即它能否为我们充分解释事物。当某一知识不再有这样的作用,或者有更好的知识出现,原来的知识变得多余,我们就会用新的将其取代。

比如,回顾历史,可以看到我们对世界的认识是如何不断变化的。我们对地球的认识从方到圆,一开始认为地球是宇宙的中心,后来意识到地球不过是广袤宇宙中的一颗行星。之前的设想尽管不是事实,在当时的时代却不失为一种非常好的解释,而宇宙本身却从未发生变化。这一点就表明,知识作为解释的工具,与事实是不同的。皮尔斯通过这种方式检验了知识的本质,而詹姆斯则将这一推理应用于真

无论以何种方式为事物分类,该处理方式都出于某种特定目的。

——威廉·詹姆斯

尽管地球是圆的，但在长达几千年的时间里，人们一直坚持"地球是方的"这一"真理"。詹姆斯认为，这一观点的有用性决定了其真理性。

理的概念。对于詹姆斯来说，任何一个观念的真实性都取决于其有用性，即是否满足人们对它的需求。如果一个观念与已知的事实并不相悖，如科学的法则，又确实提供了精确预测事物的方法，足够满足我们达成目标，那么就认为这一概念是正确的。皮尔斯也认为知识本身就是有用的工具，与事实无关。

如此的真理解释，不仅可以将真理与事实区分开，也引导詹姆斯认为"观念的真实性并不是其内在的固有属性，真理是出于偶然的原因才变成观念的。其真实性的产生是许多事件一起发挥作用的结果，其实真理本身也是一个事件、一个过程"。任何观念一旦可以被付诸实践，就会由于我们采取的行动而具

有真实性；将这一观念付诸实践的过程即使这个观念具有真实性的过程。詹姆斯同时认为，在决定将一个观念付诸实践的时候，对该观念的信念可以起到很重要的作用，从这一角度来说，信念也是一个观念获得真实性过程的一部分。如果我需要做一个很困难的抉择，对某一特定观念的相信会导致我做出某一特定举动，才能取得最后的成功。正因如此，詹姆斯对"真实的信念"加以定义，指那些被证明有用的信念。他还将这些信念与事实本身区分开，他认为"这些信念并不为真，只是如此而已。真理是信念的功能，而信念发于斯，止于斯"。

相信的权利

当我们努力建立一种新的信念的时候，如果能掌握所有可以获得的证据，又有时间考虑做出深思熟

威廉·詹姆斯

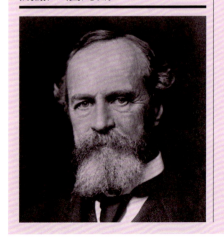

威廉·詹姆斯出生于纽约一个富有的知识分子家庭。他的父亲是一位著名的不按常理思考的神学家，弟弟亨利则成了著名作家。他在欧洲度过了童年，并培养了绘画的爱好。但在19岁，他放弃了对艺术的追求，转而学习科学，就读于哈佛医学院，后来由于身体欠佳，精神也比较抑郁，没有再进行过任何药物试验。尽管如此，最后他顺利毕业，在哈佛大学谋得一份生理学教职。他对心理学和哲学的兴趣

日渐增加，在该领域出版了一些著名的作品，并于1880年获得心理学教授的职位，直到1907年退休才离开哈佛大学。

主要作品

1890年 《心理学原理》
1896年 《信仰的意志》
1902年 《宗教经验之种种》
1907年 《实用主义》

虑的决定，将会大有裨益。但是在生活当中这往往是一种奢求；我们既没有足够的时间来检验已知的事实，也没有足够的证据，只能被迫做出决定，或者依赖信念来为行动做出指引。詹姆斯说，在这种情况下，我们有相信的权利。

詹姆斯举例对此进行解释。假如一个人在森林里走失了，也没有食物。一旦看到一条小路，就一定要相信顺着这条小路就可以走出森林，找到休息的地方。因为如果他不相信这一点，就不会走这条小路，就依然找不到出口，继续忍饥挨饿。可是，如果他相信顺着这条小路可以走出森林的话，就能成功自救。通过践行自己的信念，认为这条路可以通往安全的地方，信念就变成了现实。如此一来，我们的

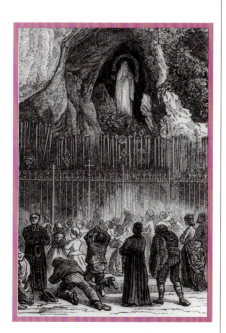

宗教信仰会给人们的生活带来巨大的变化。比如，朝圣场所可以成为治愈疾病的场所。无论神明是否真实存在，这样的事情都会发生。

行动和决定就使得我们对某一观念的信念不被辜负。这就是为什么詹姆斯会宣称"行动起来，或许你可以让事情有所改善"，他还在后面加了简明而幽默的注脚，"一定会的"。

然而我们在践行这一观念的时候，必须要加以小心：现在有这样一种粗浅的看法，即詹姆斯的说法可能会给人以这样的印象：无论多么古怪的观念，一旦行动起来，都能成为现实。这当然不是詹姆斯的本意。一个观念要在满足了一些特定的条件之后才能被认定为有道理的信念：现在掌握的证据必须要能对其加以佐证，且在批评面前也要站得住脚。在践行这一观念的过程中，该观念也要不断在使我们加深理解或者预知未来的过程中证明自己的确有用。即便如此，只有在回顾过去的时候，我们才能百分百地说这一信念是真的，因为我们根据它采取了行动。

现实是过程

詹姆斯既是心理学家，也是哲学家。他同时从人类心理学和知识理论两个角度看待他思想的启示。他认识到从心理的角度来讲人类有信念是一种需求，尤其是宗教信仰。詹姆斯认为，虽然宗教信仰并未被证明是事实，然而信仰上帝仍然是有用的，如果上帝使他的信徒对自己的生活感到更加满意，或者使他们克服了对死亡的畏惧。这些事情——对自己的生活感到更加满意，或者面对死亡时的无畏——都变成了现实；这些结果都是源于信仰，以及在信仰基础上做出的决定

实用主义方法意味着要摆脱原则的束缚，着眼于结果。

——威廉·詹姆斯

和行动。

在提出了实用主义真理概念的同时，詹姆斯提出了一种与之紧密联系的形而上学，称之为"彻底的经验主义"，认为现实是一个动态、活跃的过程，如同真理本身也是一个过程。詹姆斯与之前传统的经验主义者一样，不同意理性主义者的看法——后者认为从某种角度来说，变化的世界是不真实的。他进一步宣称"对实用主义者来说，'现实'仍然在形成过程中"，正如真理也处在不断地被形成过程之中一样。他认为现实的"流动"并不容易受到经验分析的影响，一方面由于现实处于不断的流动之中，另一方面由于观察这一行为本身也会影响到分析的真相。在詹姆斯的彻底的经验主义中，心灵和物质都是由此形成的，最终的现实是纯粹的经验。■

THE MODERN WORLD
1900–1950

现代哲学
1900年—1950年

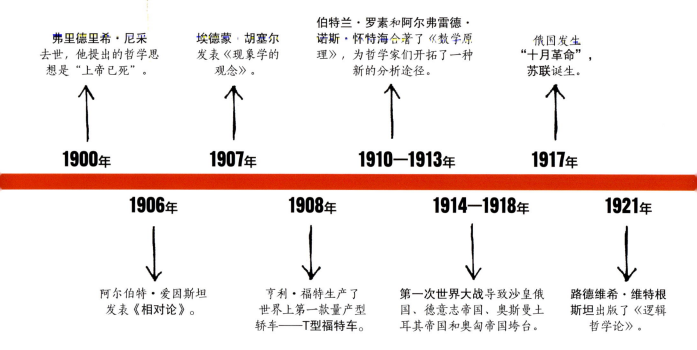

弗里德里希·尼采去世,他提出的哲学思想是"上帝已死"。

埃德蒙·胡塞尔发表《现象学的观念》。

伯特兰·罗素和阿尔弗雷德·诺斯·怀特海合著了《数学原理》,为哲学家们开拓了一种新的分析途径。

俄国发生"十月革命",苏联诞生。

1900年　　**1907**年　　**1910—1913**年　　**1917**年

1906年　　**1908**年　　**1914—1918**年　　**1921**年

阿尔伯特·爱因斯坦发表《相对论》。

亨利·福特生产了世界上第一款量产型轿车——T型福特车。

第一次世界大战导致沙皇俄国、德意志帝国、奥斯曼土耳其帝国和奥匈帝国垮台。

路德维希·维特根斯坦出版了《逻辑哲学论》。

到了19世纪末期,哲学的发展再一次面临转折。科学撼动了神权理念,特别是查尔斯·达尔文提出进化论(1859年)之后,上帝创造世界和人类的观念已经受到动摇。随着卡尔·马克思宣布宗教是"人民的鸦片",道德与政治哲学已经完全转向以人为中心。跟随亚瑟·叔本华的脚步,尼采相信,源自希腊和犹太-基督教传统的西方哲学,已经无法解释现代世界观了。他提出一种激进的新途径,抛弃旧的价值观和传统,以寻求生命的意义。由此,他为大部分哲学在20世纪的发展绘制了蓝图。

一种新的分析传统

从某种程度来说,哲学关注的传统问题,如存在的本质,已经在20世纪初被科学所回答。爱因斯坦的理论详细地解释了宇宙的本质,弗洛伊德的心理分析理论也为人们深入理解心灵的运作提供了新的启发。

结果,哲学家将注意力转移至道德和政治哲学上,而且由于哲学已成为专业的学术领域,哲学家们也更关注逻辑和语言学分析这类更加抽象的问题。引领这场逻辑分析运动(即后来为人所知的分析哲学)的便是戈特洛布·弗雷格的作品。他将逻辑的哲学思维过程与数学联系起来,其思想受到英国哲学家、数学家伯特兰·罗素的大力推崇。

罗素将弗雷格用来深入分析数学的逻辑原理运用在《数学原理》一书中,他与阿尔弗雷德·诺斯·怀特海合著的这本书在当时革新了整个哲学思维领域。同时,罗素还将这些原理运用在对语言的分析中。语言分析的发展成为20世纪英国哲学的主题。

罗素的一名学生,路德维希·维特根斯坦,发展了罗素在逻辑学和语言学方面的成果;同时,他还在认知学、伦理学与美学等多个领域中做出了关键的贡献,成为20世纪最伟大的思想家之一。另一位维也纳哲学家、年纪比上述各位

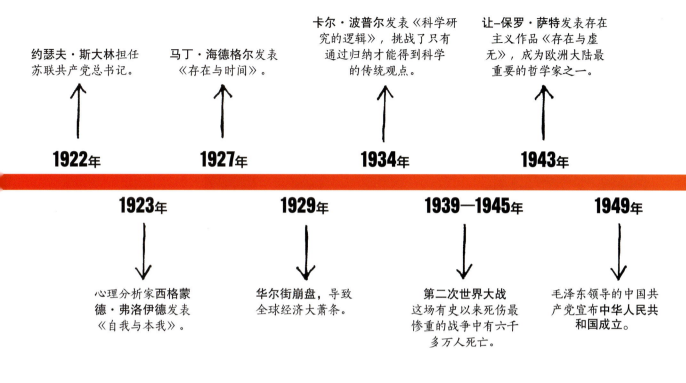

约瑟夫·斯大林担任苏联共产党总书记。

1922年

马丁·海德格尔发表《存在与时间》。

1927年

卡尔·波普尔发表《科学研究的逻辑》，挑战了只有通过归纳才能得到科学的传统观点。

1934年

让-保罗·萨特发表存在主义作品《存在与虚无》，成为欧洲大陆最重要的哲学家之一。

1943年

1923年

心理分析家**西格蒙德·弗洛伊德**发表《自我与本我》。

1929年

华尔街崩盘，导致全球经济大萧条。

1939—1945年

第二次世界大战 这场有史以来死伤最惨重的战争中有六千多万人死亡。

1949年

毛泽东领导的中国共产党宣布**中华人民共和国成立**。

稍小的卡尔·波普尔，从爱因斯坦那里得到了灵感，加强了科学思想与哲学之间的联系。

同时，在德国，哲学家们正忙于应对尼采的思想带来的挑战。他的思想建立在存在主义的基础上，源自在没有神的宇宙中生活的个人体验。埃德蒙·胡塞尔为现象学（对经验进行的研究）打下了基础，而马丁·海德格尔将之继承并发扬光大。海德格尔同时还深受丹麦哲学家索伦·祁克果的影响。海德格尔的作品，主要产自20世纪二三十年代，而由于他在二战时期与纳粹的密切联系，他的思想在20世纪中叶被基本否定。但不可否认的是，他的作品对存在主义的发展非常关键，而且对20世纪晚期的文化非常重要。

战争与革命

与其他文化活动一样，哲学受到了20世纪大规模政治剧变的显著影响，同时也对塑造现代世界的意识形态贡献良多。20世纪20年代的革命使苏联得以形成，而革命的根源更是基于19世纪的马克思主义政治哲学。马克思主义主导了中国共产党的政策，并替代了亚洲的传统哲学。在20世纪30年代，欧洲的自由民主主义受到法西斯主义的威胁，迫使许多欧洲大陆的思想家逃亡到英国和美国。由于受到极权主义的压迫，哲学家们关注的重点转向了左翼和自由政治思想。此后发生的第二次世界大战和冷战，对20世纪后半叶的哲学思想产生了深刻影响。

在法国，受到萨特、西蒙娜·德·波伏娃、阿尔贝·加缪等哲学家兼小说家的影响，存在主义成为当时的流行思潮，且作为自由文化的一部分，这种思潮也符合法国的哲学观。同时，存在主义思潮也为欧洲大陆哲学在20世纪后半叶的发展指明了方向。■

人是一种
应该被超越
的东西

弗里德里希·尼采（1844—1900年）

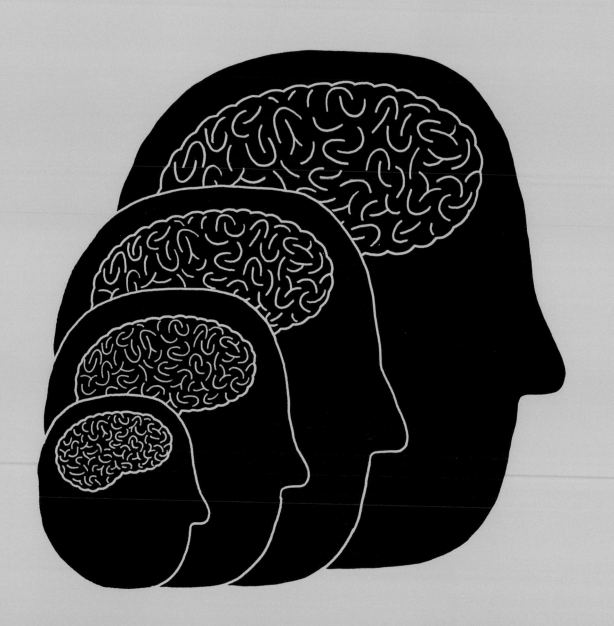

背景介绍

哲学分支
伦理学

聚焦
存在主义

此前

公元前380年 柏拉图在《理想国》一书中探讨了现实与表象之间的区别。

1世纪 《圣经·马太福音》的"山顶布道",宣扬了为了即将到来的伟大现实而远离这个世界。

1781年 伊曼努尔·康德对"纯粹理性"进行批判,称人们永远不会知道世界的本体。

此后

20世纪30年代 纳粹借用尼采的作品构建了其自身的神话。

1966年 米歇尔·福柯在《词与物》一书中讨论了超越"人"的问题。

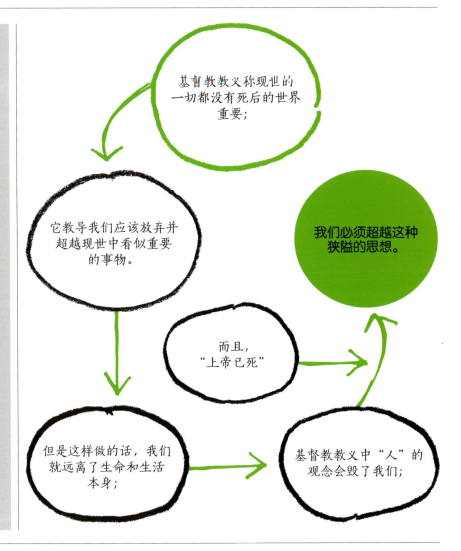

基督教教义称现世的一切都没有死后的世界重要;

它教导我们应该放弃并超越现世中看似重要的事物。

我们必须超越这种狭隘的思想。

而且,"上帝已死"

但是这样做的话,我们就远离了生命和生活本身;

基督教教义中"人"的观念会毁了我们;

尼采关于"人应当被超越"的思想出现于他最著名的作品《查拉图斯特拉如是说》一书中。本书是德国哲学家尼采在1883—1884年间分成三部分写完的,1885年又增加了第四部分。尼采将本书作为持续攻击西方思想史的武器。他攻击的目标主要是三种相互联系的观念:第一,我们关于人类本性的观念;第二,我们关于上帝的观念;第三,我们对道德和伦理的观念。尼采的哲学思维具有颠覆性,他试图粉碎西方哲学珍视的传统理念,特别是在上述的三个方面。他的狂热风格使此书更像是预言,而不是哲学作品。

尼采只花了很短的时间就完成了这本书,他只花了几天时间便写出了第一部分。虽然尼采的作品没有一般哲学著作的冷静与分析风格,但这完全不影响他构建思路清晰的理论框架,对传统观念形成了巨大挑战。

查拉图斯特拉下山

该书的主人公查拉图斯特拉,原型是古代波斯的先知琐罗亚斯德。本书的开始,为我们讲述了30岁的查拉图斯特拉前往大山中隐居。十年来,他享受着远离尘嚣的生活。但是一天清晨醒来后,他发现自己厌倦了积累智慧且离群索居的生活。于是他决定下山,并与众

参见: 柏拉图 50~55页, 伊曼努尔·康德 164~171页, 索伦·祁克果 194~195页, 阿尔贝·加缪 284~285页, 米歇尔·福柯 302~303页, 雅克·德里达 308~313页。

生分享他的智慧。

在下山的路上，查拉图斯特拉遇到一位年长的隐居者。他在十年前上山归隐之初就遇到过这个人。长者察觉出了查拉图斯特拉十年来的变化，称其十年之前带着灰烬上山，而今却背负着火种下山。

长者问查拉图斯特拉，你为何趟这浑水，要将智慧传给世人？长者建议查拉图斯特拉留在山中，警告他没人能理解他的智慧。查拉图斯特拉反问道，长者在山中又能做什么呢？长者回答道，我可以唱，可以哭，可以笑，可以自言自语，可以称颂上帝。这时，查拉图斯特拉大笑起来，与老者道别，继续他的下山之路。在下山的路上，查拉图斯特拉对自己说："这怎么可能，那老家伙居然不知道上帝已死！"

超人出世

"上帝已死"可能是尼采最为人所知的思想，它与人应被超越的想法及尼采对道德的独特理解密切相关。随着查拉图斯特拉故事的展开，这些思想之间的关系逐渐清晰起来。

当查拉图斯特拉来到市镇，发现一群人正在围观一个走钢丝的人，于是他加入了人群。没等走钢丝的人爬上绳索，查拉图斯特拉就站了起来，向人群说道："大家注意，我来教大家什么是超人！"他接着向人群阐述道，"人应被超越……"查拉图斯特拉一番长篇大论之后，人群中发出一阵嘲笑，他们以为这位先知只是另一个表演者，或者只是给走钢丝表演暖场的人。

尼采以这种非同寻常的方式开始了他的著作，似乎已不再那么在

先知琐罗亚斯德（前628—前551年，即查拉图斯特拉的原型）创建了基于善恶二元对立的宗教。而尼采的查拉图斯特拉则"超越了善与恶"。

弗里德里希·尼采

弗里德里希·尼采于1844年生于普鲁士一个信教家庭。尼采年幼时，他的父亲和弟弟便相继去世，是母亲、祖母和两个姨妈将他抚养成人。24岁时，尼采便担任巴塞尔大学的教授，在那里，他遇见了作曲家理查德·瓦格纳，后者对尼采产生了很大影响，直到瓦格纳的反犹太主义迫使尼采结束了与他的友谊。1870年，尼采受到白喉和痢疾的折磨，留下了后遗症，不得已在1879年辞去了教授一职，并在之后的十年中周游欧洲列国。1889年，尼采在街头阻止一匹马遭受鞭打时突然倒地，从此以后，他的精神受损，再也没有恢复。1900年，尼采去世，终年56岁。

主要作品

1872年 《悲剧的诞生》

1883—1885年 《查拉图斯特拉如是说》

1886年 《超越善恶》

1888年 《偶像的黄昏》

乎读者会有何反应，而他以前则很担心被视为华而不实地卖弄哲学的人。如果读者不想与嘲笑查拉图斯特拉的那些观众一样，希望可以真正理解尼采的想法，那么梳理一下尼采的核心思想就很有必要了。

颠覆旧的价值观

尼采认为以下一些概念相互之间总是纠缠不清：人类、道德和上帝。当尼采书中的角色查拉图斯特拉说"上帝已死"时，他不仅是在对宗教发出挑战，而且将矛头指向了更宽广的领域。"上帝"在此的含义，不只是哲学家们探讨的或者教徒膜拜的神，还包括了一切我们可能信奉的价值观。"上帝已死"指的不仅是神的死亡，还包括一切我们所传承下来的价值观。

尼采哲学思想的核心之一，如他自己所说，就是"对一切价值观进行重新评估"。他试图质疑我们的习惯性思维方式，对道德、对人生的意义和目的进行重新思考。尼采反复强调，这样做可以创建一套快乐哲学，虽然颠覆了我们对善恶好坏的全部认识，但是却试图对人生进行积极肯定。尼采认为，许多我们认为是"好"的东西，实际上却在局限着我们的生命，甚至与生命背道而驰。

我们或许会认为当众出丑是不好的，因此抑制住自己在大街上欢快起舞的冲动；我们或许会认为肉欲是有罪的，因此当心中出现渴望时就惩罚自己；我们可能会麻木地工作，不是因为必须这样，而是感到这是一种职责。尼采想终结这些否定生命的哲学，使人类从另一种角度观察自身。

亵渎生命

当查拉图斯特拉宣布超人即将到来之后，他话锋一转，开始谴责宗教。他说，在过去，最大的不敬就是对神灵的亵渎，而现在，最大的不敬则是对生命本身的亵渎。查拉图斯特拉认为，亵渎生命，是他在山间隐居时犯的大错。自绝于世，向根本不存在的神灵祷告，这违背了生命的本质，就是在犯罪。

尼采在《偶像的黄昏》中有一篇文章，讲述了上帝已死，或者丧失对自身更高价值的信仰背后的历史，讲述了"真实的世界"如何最终变成神话。这篇文章名为《历史的错误》，将西方哲学的发展高度浓缩在一页纸上。如尼采所述，这就要从古希腊哲学家柏拉图讲起。

人类的生命处于禽兽和超人两者之间，尼采将其称为"一次危险的徒步旅行，一次危险的回顾，一阵危险的颤抖和停顿"。

如果将人比作绳索，那么绳索的一端是禽兽，另一端则是超人，绳索下面就是无尽深渊。
——弗里德里希·尼采

真实的世界

柏拉图将世界分为通过感官接触到的"表象世界"，以及通过理念认知的"真实世界"。柏拉图认为，通过感官接触的世界并不真实，因为它总是不断变化、转瞬即逝。他认为，通过理念认知，可以发现永恒不变的"真实世界"。他的这种思想源自对数学的研究。例如，三角形是稳定不变的，而且可以被人认知。我们知道，三角形由三条边组成，是二维图形，内角之和是180度。这是永远不变的原理，不论人们有没有想到三角形，也不论世上存在多少三角形，这些原理都不会改变。另一方面，世上确实存在不少三角形物体（如三明治、金字塔和在黑板上画出的三角形），由于它们是三角形理念的反映，所以才具备三角的形状。

受此数学思想的影响，柏拉图提出，通过理智，人可以进入永恒不变的理念世界，而通过感官却只能接触世界的表象。例如，如果我们想知道什么是善，那么我们就需要从理智层面去把握善的形式，毕竟世间各种善的例子只是其形式的反映。这种思想对我们理解世界的方式产生了深远的影响，正如尼采指出的，尤其是一旦将世界划分为"真实世界"和"表象世界"，理念的真实世界是全部价值的所在，而感官的表象世界却相对来说不那么重要。

一些宗教和哲学思想坚持认为，一个更重要的"真实世界"存在于现世之外。尼采认为，这种神话悲剧性地阻碍了我们在当前的世界中好好生活。

> 对柏拉图而言，现世中的一切，哪怕是极美的容貌，也只是另一个世界的影子。

> 基督教认为，死后的生命更为重要，此生只是其过渡。

基督教的价值观

尼采在分析这种将世界一分为二的思想时发现，同样的想法存在于基督教的思想之中。基督教用未来圣洁的天堂世界替代了柏拉图所谓的"真实世界"。尼采相信，基督教认为我们当前生活的世界是虚幻的，而天堂却是真实的，因此在基督教的"两个世界"中，"真实世界"是可以抵达的，其前提是此生谨遵基督教的戒律。同柏拉图的想法一样，基督教也认为眼前的世界没有太多价值，不同的是，基督教认为当前的世界是抵达超越世界的垫脚石。尼采认为，基督教让我们拒绝现世生活，从而换来他们所许诺的美好未来。

柏拉图和基督教将世界一分为二的思想都深刻地影响了人们对自我的认识。而这种认为当前世界中一切有价值的事物却在此生此世不可触及的想法，导致了对生命的彻底否定。因此，柏拉图和基督教留给我们的，只是对现世世界的厌恶和蔑视，教导我们要远离和超越现世，而不是享受现世。但是，如果

超人是拥有强大力量和独立意志的人，尼采否定任何超人的存在，却将拿破仑、莎士比亚和苏格拉底视为超人的模型。

那么尼采就是踩着上帝尸体前行的人，虽然如此，杀死上帝的凶器上留下的却满是康德的指纹。

哲学里最长的谬误

一旦我们放下了对"真实世界"的执念，"真实世界"和"表象世界"之间的区别便开始模糊起来。关于"真实世界"如何最终变成一个传说，尼采做出如下解释："我们抛弃了真实世界的概念，那么留下的是什么呢？表象世界？不对！我们在抛弃真实世界的同时，也就抛弃了表象世界。"尼采发现了哲学上存在时间最长的谬误：对于"表象"与"真实"之间的区别的迷恋，以及存在相应的两个世界的想法。于是，这个谬误的终结也就开始了。这个谬误的终结，如尼采所说，就是人类的顶峰——一切人性的制高点。在此基础上——在完成《查拉图斯特拉如是说》的六年之后——尼采创作了散文《查拉图斯特拉的开始》。

这是尼采思想的关键，因为当我们认识到只存在一个世界的事实时，我们就突然发现将所有的价值都置于这个世界之外是错误的。我们因此被迫对我们的价值观进行重新思考，甚至重新思考作为人类意味着什么。当我们看穿了这些哲学

这样，我们就必须拒绝生命，以换取虚无缥缈的、想象中位于其他地方的"真实世界"。尼采称传教士为"死亡的布道者"，因为这些人鼓励我们拒绝此生，也就是从活着走向死亡。但是为什么尼采要坚称上帝已死？要回答这个问题，我们必须回顾18世纪德国哲学家伊曼努尔·康德的作品，他的思想是理解尼采哲学的关键。

遥不可及的世界

康德对知识的限度很感兴趣。在他的著作《纯粹理性批判》一

书中，他认为我们不能用狭隘的认知来认识世界。我们不能认识世界本身，也不能如基督教宣扬的死后即可抵达。它是存在的（我们假设如此），但又总是遥不可及。康德得出这个结论的推理过程非常复杂，但是对于尼采来说重要的是，如果真实世界是如此绝对的不可抵达——无论是对于品德高尚的人还是充满智慧的人，无论是在现世还是来世——那么所谓的真实世界就只是"一个毫无用处的、多余的观点"。最终，这是一种我们需要抛弃的观点。如果上帝真的死了，

幻相之后，关于"人"的旧观点就已经被超越了。尼采所谓的超人，就是从根本上肯定人生的一种生存方式。他可以承载现世的意义，超人就是"世界的意义"。

创造我们自己

尼采的作品在他在世时并没有引起广泛重视，以至于他必须自己支付《查拉图斯特拉如是说》的最后一部的出版费用。但是在他逝世的30年后，希特勒通过阅读他的作品，却将超人的思想融入纳粹主义的主张中。尼采提出的超人的思想，以及他对清除支配着欧洲的犹太——基督教道德的呼唤，对希特勒来说，这些思想可以服务于他自己的目的，因而很有吸引力。尼采的本意是回归无宗教信仰时期的欧洲，寻找自然本性，肯定现世

生活。而希特勒却盗用其观点，将其作为肆无忌惮滥用暴力的借口。学界得出的一致结论是，尼采会被之后发生的事件所震惊。生于一个民族主义、爱国主义、殖民扩张大行其道的年代，尼采是少有的对这些理念进行质疑的思想家之一。在《查拉图斯特拉如是说》中，尼采明确指出，民族主义是一种异化或失败。"只有当国家消失，"查拉图斯特拉说道，"人才能作为并不存在的生物开始存在。"

尼采对于人类可能性的开放观点对于第二次世界大战后的许多哲学家都非常重要。在后来的存在主义作品中，可以发现尼采关于宗教和自我评估的重要性的观点，如让-保罗·萨特的作品。正如尼采所谓的超人，萨特也讲道，我们每个人都必须明确自身存在的意义。

尼采反思的深度超过了以往的任何人。
——西格蒙德·弗洛伊德

尼采对西方哲学传统的抨击不仅对哲学，还对欧洲乃至世界文化产生了巨大影响，并继续影响着20世纪不可胜数的艺术家和作家。■

尼采的作品由他妹妹伊丽莎白编辑筛选，她持反犹主义，且在尼采发疯以后保管了他的全部文稿。这使得纳粹可以随意扭曲尼采的思想。

自信的人们终将获胜

阿哈德·哈姆（1856—1927年）

背景介绍

哲学分支
伦理学

聚焦
文化犹太主义

此前

公元前5世纪 苏格拉底认为自信与承认自己的愚蠢有关。

1511年 伊拉斯谟完成讽刺作品《愚人颂》，表面上看起来像是对愚蠢行为的赞颂。

1711年 英国诗人亚历山大·蒲柏写道："愚蠢的人们会冲到天使不敢涉足的地方。"

1843年 索伦·祁克果在著作《恐惧与颤抖》中描述了"在荒谬力量的基础上"铸就信仰。

此后

1961年 米歇尔·福柯撰写了《疯癫与文明》一书。这是一本对愚行的历史进行哲学研究的著作。

阿哈德·哈姆原名阿舍·金诗伯，是一名生于乌克兰的犹太哲学家，也是领军犹太复国主义的思想家，拥护犹太精神的复兴。1890年，他在一篇半讽刺意味的文章中称，尽管智慧受到我们的尊重，但自信有时更加重要。

他认为，人在面对困难险阻时，聪明的人会退缩，会做出权衡优劣的一些行动。与此同时，（很大程度上是为了贬低所谓聪明人）只有自信的人才会勇往直前，他们往往能取得胜利。哈姆想说的是：匹夫虽然愚蠢但往往能取得成功，仅仅因为自信往往伴随着愚拙。

智慧和信心

尽管在最初的作品中，哈姆似乎认可了愚蠢行为的潜在好处，但后来，也许是害怕别人会将讽刺作品中的观点当成严肃作品来看待，他便与该观点划清了界限。后来他表示，只有充分了解和估量过任务的困难程度，自信行为才能受到鼓励。

哈姆喜欢引用一句古老的犹太谚语："愚蠢的行为即便是有了好的结果，也依然是愚蠢的。"有时候我们在没有充分了解任务困难程度的情况下，做出了错误的举动，但是由于受到幸运之神的眷顾，我们依然取得了胜利。然而，哈姆说，这并不代表我们之前的错误行为是值得赞扬的。

如果我们想要让自己的行为有好的结果，也许就要培养并运用自信这种素质，而这种素质偶尔也会体现在某些愚蠢的行为中。与此同时，我们必须保持自信与智慧的平衡，否则在这个世界上，我们的行为就不能算是真正的有效。■

参见：苏格拉底 46~49页，索伦·祁克果 194~195页，米歇尔·福柯 302~303页，露丝·伊利格瑞 320页。

信息由符号组成

弗迪南·德·索绪尔（1857—1913年）

背景介绍

哲学分支
语言哲学

聚焦
符号学

此前

公元前400年　柏拉图研究了名称和事物之间的关系。

公元前250年　斯多噶学派的哲学家们发展了早期语言符号理论。

1632年　葡萄牙哲学家约翰·普安索撰写了《论符号》。

此后

20世纪50年代　索绪尔对语言结构的分析影响了乔姆斯基的生成语法理论。该理论旨在揭示决定词汇搭配的语言规则。

20世纪60年代　罗兰·巴特研究了符号和符号学的文学意义。

弗迪南·德·索绪尔是19世纪的一名瑞士哲学家。他认为语言是由"符号"系统组成的，符号是语言的基本单元。他的研究为一种新的理论奠定了基础，即符号学。这一新的符号理论在20世纪由其他哲学家继续发展，比如俄罗斯的罗曼·雅各布逊对符号学方法加以总结，认为"信息由符号所组成"。

索绪尔认为每一个符号都由两部分组成。首先是"能指"，即声像。声像并不是指具体的声音，而是听到声音后，我们脑海里产生的影像。其次是"所指"，或概念。在这一点上索绪尔背弃了一个长远以来的传统，即语言是关于词汇和事物之间的关系。因为他认为符号的这两个方面都存在于思维中（比如我们对"狗"的概念的认知，以及"狗"这个词的发音）。索绪尔认为任何信息都是一个符号系统，比如"我的狗名叫弗莱德"。

这意味着这个信息是声像和概念之间的关系系统。然而索绪尔认为，能指和所指之间的关系则是任意的，因此"汪汪"与"狗"的发音之间没有什么特别的关系。这就是为什么"dog"这个词在法语中是"chien"，在中文中则是"狗"。

索绪尔关于语言的作品是现代语言学的基石，对许多哲学家和文学理论家都有深远影响。■

在个人生活和社会中，语言起到的作用比其他因素更为重要。

——弗迪南·德·索绪尔

参见：柏拉图 50~55页，查尔斯·桑德斯·皮尔斯 205页，路德维希·维特根斯坦 246~251页，罗兰·巴特 290~291页，茱莉亚·克里斯蒂娃 323页。

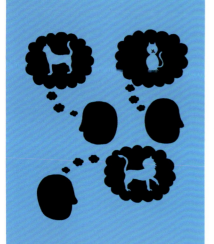

经验自身
不是科学

埃德蒙·胡塞尔（1859—1938年）

背景介绍

哲学分支
存在论

聚焦
现象学

此前

公元前5世纪 苏格拉底运用论证试图回答关于确定性的哲学问题。

17世纪 勒内·笛卡儿使用怀疑作为自己哲学方法的起点。

1874年 胡塞尔的老师弗朗兹·布伦塔诺称哲学需要新的科学方法。

此后

自20世纪20年代起 胡塞尔的学生马丁·海德格尔进一步发展了胡塞尔的现象学方法，存在主义由此诞生。

自20世纪30年代起 胡塞尔的现象学流传到法国，影响了一批思想家，比如伊曼努尔·列维纳斯和梅洛-庞蒂等。

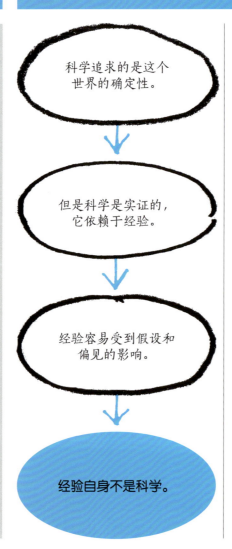

科学追求的是这个世界的确定性。

但是科学是实证的，它依赖于经验。

经验容易受到假设和偏见的影响。

经验自身不是科学。

埃德蒙·胡塞尔是一名哲学家。他为之痴迷的梦想正是自古希腊以来哲学家苏格拉底等一代又一代思想家们的梦想：确定性。对于苏格拉底来说，问题在于，尽管对于某些可以衡量的问题，我们很容易就可以达成一致（比如瓶子里有多少颗橄榄？），而一旦涉及哲学问题，比如"什么是正义"或者"什么是美"似乎就不那么容易了。如果我们不能确定正义到底是什么，那么我们又怎么能讨论有关正义的问题呢？

确定性的问题

胡塞尔虽然是哲学家，但其职业生涯是从数学开始的。他的梦想是类似于"什么是正义"这样的问题都能像数学问题那样有精确的结果，比如，瓶子里有多少颗橄榄？换言之，他希望所有的科学都能有非常可靠的基础，这里的"科学"是人类知识和行动的所有分支，包括从数学、化学、物理到伦理学和政治学的所有学科。

科学理论建立在经验的基础

参见： 勒内·笛卡儿 116~123页，弗朗兹·布伦塔诺 336页，马丁·海德格尔 252~255页，伊曼努尔·列维纳斯 273页，莫里斯·梅洛–庞蒂 274~275页。

上，但胡塞尔认为仅凭经验并不能对科学有所帮助，因为凡是科学家都知道，经验本身充满了各种各样的假设、偏见和错误。胡塞尔想要摒除所有这些不确定因素，为科学建立绝对可靠的基础。

为了达到这一目标，胡塞尔运用了17世纪哲学家勒内·笛卡儿的哲学。与笛卡儿相同，胡塞尔想要使哲学中任何假设、偏见或者怀疑都消失。笛卡儿这样写道，尽管几乎任何事物都可以被怀疑，有一件事不能怀疑，就是他正在进行怀疑。

现象学

胡塞尔使用的方法与笛卡儿类似，但是运用的方式却不尽相同。胡塞尔认为如果我们采取科学的态度来对待经验，摒弃任何我们已有的假设（甚至包括我们之外存在一个外在世界这样的设想），那么我

数学充满了假设，不依赖于经验证据而得到结论。胡塞尔希望将所有的科学（以及所有知识）都建立在类似的基础之上。

我们的人类科学和人类社会科学毫无理性可言。
——埃德蒙·胡塞尔

们就可以轻装上阵，不带有任何设想地开始研究哲学。胡塞尔将这种方法称为现象学：从哲学角度对经验现象进行研究。我们要用一种科学态度看待经验，悬搁任何假设。如果我们足够仔细又足够有耐心，就可以建立可靠的知识基础，帮助我们解决一些从哲学出现之初就困扰着我们的哲学问题。

然而，不同的哲学家运用胡塞尔的方法会得出不同的结果；人们也没有一致的定论解释胡塞尔的方法到底是什么，或者如何使用这个方法。在胡塞尔职业生涯行将结束的时候，胡塞尔写道："为科学建立坚实基础的梦想破灭了。"尽管胡塞尔的现象学并没为哲学家们提供对待经验的科学方法，也没有解决哲学领域困扰人们许久的问题，但20世纪思想界一个最为丰富的传统正是由现象学衍生出来的。■

埃德蒙·胡塞尔

胡塞尔于1859年生于摩拉维亚，摩拉维亚当时是奥地利帝国的一部分。他的职业生涯始于研习数学和天文学，但在获得数学博士学位之后，他决定开始学习哲学。1887年胡塞尔与夏洛特结婚，育有三个孩子。同年他成为哈雷大学的编外讲师（私人教师），直到1901年才离开。之后他在哥廷根大学获得了一份助教的工作。1916年他成为了弗莱堡大学的教授，在那里，马丁·海德格尔成为了他的学生。1933年，胡塞尔由于其犹太背景被停职，海德格尔也受到牵连。胡塞尔一直坚持写作，于1938年逝世。

主要作品

1901年《逻辑研究》
1907年《现象学的观念》
1911年《作为严格科学的现象学》
1913年《纯粹现象学通论》

直觉是生活的方向

亨利·伯格森（1859—1941年）

背景介绍

哲学分支
认识论

聚焦
生机论

此前

13世纪 约翰·邓斯·司各脱区分了直觉思想与抽象思想，认为直觉思想是第一位的。

1781年 伊曼努尔·康德出版《纯粹理性批判》一书，称绝对的知识是不可能存在的。

此后

19世纪90年代 威廉·詹姆斯开始研究日常经验的哲学，普及了实用主义。

1927年 阿尔弗雷德·诺斯·怀特海撰写了《过程哲学》，认为应该从过程和变化的角度来理解自然世界的存在，而不是拘泥于事物或者固定不变的稳定。

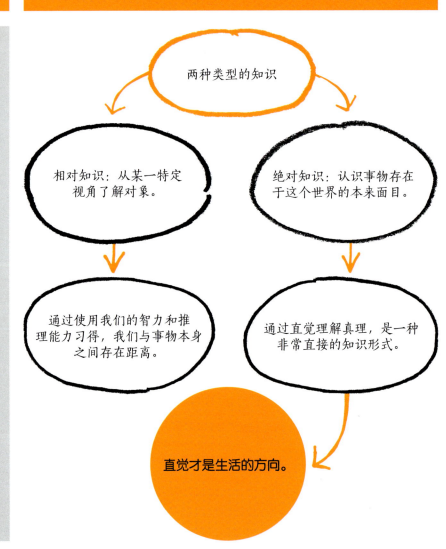

两种类型的知识

相对知识：从某一特定视角了解对象。

绝对知识：认识事物存在于这个世界的本来面目。

通过使用我们的智力和推理能力习得，我们与事物本身之间存在距离。

通过直觉理解真理，是一种非常直接的知识形式。

直觉才是生活的方向。

参见: 约翰·邓斯·司各脱 333页, 伊曼努尔·康德 164~171页, 威廉·詹姆斯 206~209页, 阿尔弗雷德·诺斯·怀特海 336页, 吉尔·德勒兹 338页。

亨利·伯格森1910年发表的《创造的进化》一书探讨了生机论或者可以说是生命理论。在该书中, 伯格森想要发现是否有可能真正地认识某物——不仅认识它, 还要认识到事物的本来面目。

自从1781年哲学家伊曼努尔·康德出版了《纯粹理性批判》一书后, 许多哲学家都声称我们不可能认识到事物的真实面目。因为康德告诉我们, 鉴于人类心灵的类型, 我们只能认识事物相对我们而言是什么样子, 而永远无法走到自我之外看清这个世界实际的"物自体"。

两种知识

然而伯格森并不同意康德的看法。他说有两种不同类型的知识存在: 相对知识, 指的是从我们独特的视角认识事物; 绝对知识, 即认识事物的本来面目。伯格森认为, 这些知识都是通过不同的方法习得的。第一种知识通过分析或者理智获得, 第二种则通过直觉获得。伯格森认为康德的错误在于他没有认识到直觉能力的重要性, 但正是这种直觉赋予我们通过直接接触领悟到某一事物特点的能力。我们的直觉与生命力 (生机论) 有关, 即伯格森所说的我们的生命冲力。这种生命冲力从时间而非空间的角度解释了经验的流动。

伯格森说, 假如你想了解一个城市, 你可以从每一个可能的角度将这个城市的每个部分都拍成照片, 汇集起来, 然后再重新组织这些图像, 获得对这个城市的整体印象。但这样就如同隔靴搔痒, 并不能感受到这个城市的生机。相反, 如果就在这个城市的街道闲逛, 留心周围事物, 你可能就会对这个城市有所了解——直接认识了这个城市的本来面貌。对伯格森来说, 这种直接知识就是认识到了这个城市

只有通过直觉获得直接知识, 才能抓住一个城市、一个人或者一个物体的本质, 而通过分析却无法做到。伯格森说我们低估了直觉的价值。

的本质。然而, 如何练习我们的直觉呢? 基本上, 就是用我们心中时间的展开来观察世界。当我们走在这个城市中, 会有自己的内在时间感, 同时, 当我们行走时, 我们能够由内在感觉到这个城市各种展开的时间。伯格森认为当这些时间重叠的时候, 我们就能与生命本身的本质建立直接的联系。■

亨利·伯格森

伯格森是同时代最有影响力的法国哲学家之一。1859年生于法国, 父亲是英国人, 母亲是波兰人。他早年的求知兴趣所在是数学, 表现也非常优异。尽管如此, 他还是选择以在学校中教授哲学作为自己职业生涯的起点。《物质与记忆》一书于1896年出版, 与此同时, 他被选入法兰西学院, 成为一名大学讲师。其政治事业也很成功, 1920年国际联盟建立的时候, 他作为法国代表出席。他的作品被译成多种语言, 影响了众多哲学家和心理学家, 包括威廉·詹姆斯。伯格森1927年获得诺贝尔文学奖, 1941年逝世, 终年81岁。

主要作品

1896年 《物质与记忆》
1903年 《形而上学导论》
1907年 《创造的进化》
1932年 《道德与宗教的两个来源》

只有在面对问题时我们才思考

约翰·杜威（1859—1952年）

背景介绍

哲学分支
认识论

聚焦
实用主义

此前

1859年 查尔斯·达尔文的《物种起源》为人类提供了一个全新的自然主义视角。

1878年 查尔斯·桑德斯·皮尔斯的《如何使我们的观念清楚明白》为实用主义运动奠定了基础。

1907年 威廉·詹姆斯发表了《实用主义：某些旧思想方式的新名称》，使"实用主义"这一哲学名词得到了普及。

此后

自1970年起 尤尔根·哈贝马斯将实用主义原则引入社会理论。

1979年 在《哲学与自然之镜》中，理查德·罗蒂将实用主义与分析哲学结合到了一起。

约翰·杜威是实用主义的代表人物之一，实用主义于19世纪末期在美国兴起。学界普遍认为哲学家查尔斯·桑德斯·皮尔斯是实用主义的创始人，因为1878年皮尔斯发表了一篇具有重大意义的文章——《如何使我们的观念清楚明白》。

实用主义的立场是，哲学或者"思想"的目的并不是要为我们揭示世界的真实面貌，而是帮助我们更有效率地在世界中行动。如果我们认可实用主义这种方法，那么我

参见: 赫拉克利特 40页, 查尔斯·桑德斯·皮尔斯 205页, 威廉·詹姆斯 206~209页, 尤尔根·哈贝马斯 306~307页, 理查德·罗蒂 314~319页。

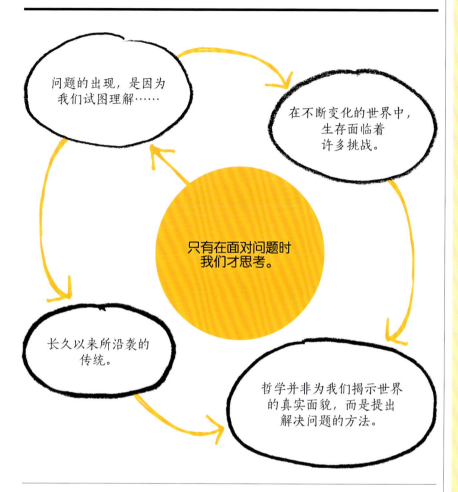

- 问题的出现，是因为我们试图理解……
- 在不断变化的世界中，生存面临着许多挑战。
- 只有在面对问题时我们才思考。
- 长久以来所沿袭的传统。
- 哲学并非为我们揭示世界的真实面貌，而是提出解决问题的方法。

约翰·杜威

约翰·杜威，1859年出生于美国佛蒙特州。杜威曾就读于佛蒙特大学，毕业后担任教职工作三年，之后重返校园进一步学习哲学和教育学。他一生曾在多所名牌大学教书，并就很多内容发表了大量著作，内容包括教育、民主、心理和艺术。另外，他在担任教职工作的过程中还建立了一所教育机构——芝加哥大学实验学校。这所学校的办学宗旨即为杜威"从实践中学习"的教育哲学观，并且目前仍在办学。杜威广泛的兴趣爱好，以及他良好的沟通能力使他对美国民众生活的影响延伸到了这所实验学校之外。直到1952年去世之时，杜威仍在就哲学和社会话题进行写作，终年92岁。

主要作品

1910年 《我们如何思考》
1925年 《经验和自然》
1929年 《追求确定性》
1934年 《作为经验的艺术》

们面对的问题就不应当是"事物原本是这样的吗？"而是"这种方法的实际影响是什么？"

对杜威来说，哲学问题并不是与人们生活无关的抽象问题。他认为之所以出现哲学问题，是因为人类在尝试着理解自身所存在的世界，决定应该采取哪种策略应对世界才能取得最好的效果。哲学不仅来自人类生活的希望和灵感，也来自人类生命过程中出现的各种问题。有鉴于此，杜威认为哲学更应

该是一种方法，为解决这些问题提供现实应对措施。他相信，哲学家并不是从远处观察这个世界的"观察者"，而要积极地参与到解决这些问题的过程当中来。

进化的生物

1859年，自然主义学者查尔斯·达尔文发表了《物种起源》，其有关进化的思想对杜威影响非常深。达尔文认为人类是一种生物，是整个自然界的一部分。与其他生

物一样，随着环境不断变化，人类也在不断地进化。杜威认为，达尔文思想的意义之一是，我们不能认为人类是上帝创造的、恒久不变的存在，而应该把人类看成一种自然生物。我们不是存在于非物质世界的灵魂，而是尽力在这个物质世界中求得生存的有机个体，也是这个世界不可分割的一部分。

万物皆变

达尔文认为，自然界是一个不断变化着的复杂系统，这与古希腊哲学家赫拉克利特的哲学思想相似，而杜威也认同这一想法。杜威在思考哲学问题是什么、为什么会出现的时候，就是从这一观点出发的。

在一篇名为《康德的哲学方法》(1884年)的文章中，杜威讨论了"只有在面对问题的时候我们才思考"这一理念。他写道，世界一直在不断变化，因此我们就不得不想办法应对这种变化。存在是一种风险，或者说是一场赌博，而世界

> ❝
> **我们不解决哲学问题，而是越过它们。**
> ——约翰·杜威

从本质上来说是不稳定的。我们需要自然界以维持自身的生存和发展，但是我们所处的环境本身却是在不断变化着的，不仅如此，这些环境变化的方向还是不可预测的。例如，可能连续几年麦子的收成都很好，但是随后有一年却歉收了；水手起航时天气晴朗，但突然间暴风雨就降临了；多年来身体健康的人却在最没有防备的时候被疾病击垮了。

杜威认为，面对这些不确定因素，我们可以采取两种策略：我们可以求助于宇宙中更高级的生物和神秘力量，也可以努力了解并控制这个世界。

安抚神灵

安抚神灵的策略包括通过魔法仪式和祭祀来影响世界。杜威认为，这种对待世界中不确定因素的方法即是宗教和道德的基础。

杜威在文章中写道，我们的祖先通过崇拜神灵试图将自己与"能够散布好运的力量"结成同盟。在世界各地的神话传说故事里都出现过这样的情节：不幸的船员向上帝或圣徒祈求，以期暴风雨能够平息、自己能够保全性命。杜威还写道，与此相似，我们的祖先为了能够安抚这些神秘力量，进而出现了道德准则；然而道德的不同之处在于我们不用进行祭祀，而是与上帝协商，承诺如果上帝可以使我们免遭厄运，那么我们将遵从上帝的意愿，好好表现。

在不断变化的世界中，应对各

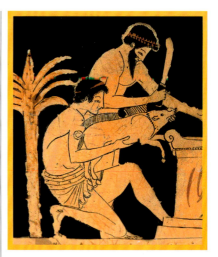

我们不再需要借助祭祀向上帝寻求帮助，但实际上很多人依然在内心默默许诺，必定好好表现以报答上帝的帮助。

种不确定性的另一种方法就是运用各种技术来征服这个世界，这样，人类的生存就可以变得更加简单。我们学会了各种技术，例如为了躲避各种极端天气，学会了预测天气、建造房屋等。相比与宇宙中的神秘力量结成联盟这种策略，掌握技术这种策略意味着人类要寻找方法来揭示大自然的运转方式，然后将这种方式转化成人类的优势。

杜威指出很重要的一点，我们要意识到人类永远无法完全掌控大自然，也无法掌握大自然中所有的未知因素。他认为，我们最多只能够改造人类所处的充满危险和未知因素的世界，但是在生存的道路上会不可避免地遇到危险。

清晰的哲学

杜威曾写道，在人类历史上曾有很长一段时间，上述两种应对生

一些科学实验帮我们控制世界，例如18世纪40年代，本杰明·富兰克林试图捕获电流的实验。杜威认为哲学也应当有同样的作用。

经历变得更加费解，或者让整个世界变得更加神秘。对这些哲学方法，杜威的态度是批判性的。他还认为，另外一种评价哲学是否有效的方法应当是判断这种哲学能够在多大程度上解决生活中的问题；这种哲学对我们的生活是否有用；这种哲学是否能够带来新的科学理论和成果，丰富并提高我们的能力。

实践的影响

许多哲学家，例如伯特兰·罗素，曾经批评实用主义，认为实用主义放弃了哲学对于真理的不懈追求。然而，杜威的哲学思想在美国具有巨大的影响力。鉴于杜威非常重视用哲学解决生活中的实践问题，他的影响范围大多集中于教育、政治等现实领域也就不足为奇了。■

教育并非说与听的过程，而是一个主动的、建设性的过程。

——约翰·杜威

存危险的方法是水火不容的，而这两种方法也催生了两种不同的知识体系：一种是宗教与道德，另一种是艺术与科技，简而言之就是传统与科学。在杜威看来，哲学是一个过程，在这个过程中，我们使用各种手段来调和传统与科学之间的矛盾。这些矛盾不仅存在于理论之中，更存在于现实当中。例如，我可能继承了大量有关道德、意义和"美好生活"构成的传统信念，但是我可能发现这些信念与我所学到的科学知识有冲突。在这种情况

下，哲学就可以成为一种艺术，寻找应对这些问题和矛盾的理论性、实践性方法。

我们可以通过两种方法来验证一种哲学是否有效。首先，我们要检验这种哲学是否能够让世界变得更容易理解，检验的标准就是这种哲学是让我们的经历变得清晰明了，还是变得更加混沌不明。在这点上，杜威与皮尔斯的观点是一致的，即哲学的目的是让我们的思想和经历变得更加清晰、更容易理解。有些哲学最终把我们的思想和

不能铭记历史的人注定要重蹈覆辙

乔治·桑塔亚那（1863—1952年）

西班牙裔美国哲学家乔治·桑塔亚那在《理性的生活》（1905年）中写道，不能铭记历史的人将注定要重蹈覆辙。桑塔亚那使用的是自然主义方法，这也就意味着他认为知识和信念并非来自理性，而是来自思想与物质世界之间的相互作用。桑塔亚那的名言"不能铭记历史的人注定要重蹈覆辙"经常被人们错误地引用，并理解成"不能铭记历史的人注定要重蹈覆辙"，我们可能会错误地将其理解成必须尽全力铭记过去的暴力行径。然而桑塔亚那实际上是想表达有关进步的观点：要想使进步成为可能，我们不仅要铭记过去的经历，还要能够从中汲取经验，思考事情的其他可能性。过去的经历通过这种思考形成了新的信念，这也是我们避免重蹈覆辙的方法。

桑塔亚那认为，与其说真正的进步是一种革命，还不如说是一个改变的过程，是一种从过去的经历中汲取经验并以此构建未来的过程。文明是累积式的，建立于从前的基础之上，这与交响乐由一个一个音符组成是同一个道理。■

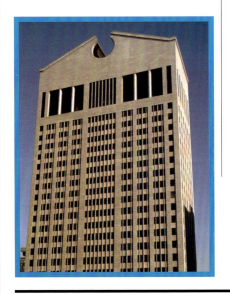

只有在理解了过去，并具备其他可能性的时候，进步才能成为可能。位于美国纽约的AT&T大楼就是按照古老的建筑方式，利用新技术建造的。

参见: 格奥尔格·黑格尔 178~185页，卡尔·马克思 196~203页，威廉·詹姆斯 206~209页，伯特兰·罗素 236~239页。

苦难成人
米格尔·德·乌纳穆诺（1864—1936年）

背景介绍

哲学分支
存在论

聚焦
存在主义

此前

公元前500年 乔达摩·悉达多提出苦难是人生的印记，并提出了"八圣道"作为使人类脱离苦海的途径。

公元前400年 圣奥古斯丁提问，为何善良、全能的上帝创造出的世界中存在着苦难。

此后

1940年 爱尔兰作家、学者C.S.刘易斯在其作品《痛苦的奥秘》中探讨了苦难这一问题。

20世纪 乌纳穆诺的苦难哲学影响了其他一些西班牙作家，如胡安·拉蒙·希梅内斯、费德里戈·加西亚·洛尔迦，以及英国作家格雷厄姆·格林。

米格尔·德·乌纳穆诺是西班牙著名哲学家、作家、诗人，他最有名的著作是《生命的悲剧意识》（1913年）。他在这本书中写道，所有的感悟都是死亡（我们痛苦地意识到我们无法永生）和苦难的感悟，而使我们成其为人的正是我们遭受苦难的事实。

乍一看乌纳穆诺与乔达摩的思想近似，达摩也曾经表示苦难是人类生命中不可缺少的一部分。但是乌纳穆诺对苦难的态度却是不同的。与乔达摩不同，乌纳穆诺并不认为苦难能够通过超脱得到解决。相反，他认为苦难是人类生命的一个重要部分，一种重要的经历，是人类存在的证明。

乌纳穆诺认为，如果人类所有意识的总和相当于人类对死亡和苦难的意识，且如果是这种意识将人类与其他生物区分开，那么我们赋予生命某种深度和意义的唯一方式就是接受这种苦难。如果我们脱离了苦海，我们就不仅脱离了让我们作为人的要素，同时也脱离了意识本身。

爱或幸福

乌纳穆诺关于苦难的思想中还有一个道德维度。他认为，承认我们的痛苦是极其重要的，因为我们只有承认正在遭受苦难这一事实，才有能力真正地去爱其他正遭受苦难的人。这给我们提供了一个机会：我们可以选择幸福，尽全力避免遭受苦难，也可以选择接受苦难并勇敢去爱。

第一种选择可能更容易让人接受，但这种选择最终将使我们受到限制——它将让我们与自身不可分割的部分分离。而另一种选择可能会较为艰辛，但这种选择将为我们打开一扇通往生命之深度与意义的大门。■

参见：乔达摩·悉达多 30~33页，圣奥古斯丁 72~73页，马丁·海德格尔 252~255页，阿尔贝·加缪 284~285页，让-保罗·萨特 268~271页。

相信生命
威廉·杜波伊斯（1868—1963年）

背景介绍

哲学分支
伦理学

聚焦
实用主义

此前

公元前4世纪 亚里士多德研究了古希腊关于幸福或"人类繁荣"的伦理概念。

1845年 《黑人奴隶弗雷德里克·道格拉斯的生平自述》一书出版，促进了美国奴隶制度的废除。

19世纪末20世纪初 一些实用主义学者，例如查尔斯·桑德斯·皮尔斯和威廉·詹姆斯认为，思想的价值应该通过其效用进行评断。

此后

20世纪五六十年代 作为美国民权运动的领袖，马丁·路德·金采取了非暴力不合作策略处理种族隔离问题。

1957年，美国学者、政治激进人士、民权活动家威廉·杜波伊斯在生命即将走到终点的时候，写下了最后一段为世人所知的文字。他知道自己的时日所剩不多，于是他为自己写下了一段在葬礼上使用的文字。在这段文字中，杜波伊斯表示希望他一生中所做的好事将永远流传，希望他未竟的事业或做错的事情能有人加以改善或者完成。杜波伊斯写道，"人类将永远地生存下去，并提升到一种更美好、更广阔、更丰富的生活状态。"与其说这句话是在陈述事实，还不如说是在陈述一种信仰。杜波伊斯的信仰是，我们必须相信有机会过上更加丰富的生活，相信人类有机会发展并且有能力发展。这一思想表现出杜波伊斯受到美国实用主义这一哲学运动的影响。实用主义认为，具有重要意义的不仅是我们的思想和信仰，还有这些思想和信仰的实际意义。杜波伊斯还写道，"唯一可能的死亡"

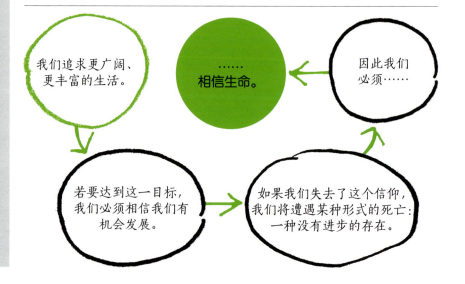

参见: 亚里士多德 56~63页, 查尔斯·桑德斯·皮尔斯 205页, 威廉·詹姆斯 206~209页, 约翰·杜威 228~231页。

> 20世纪的问题是肤色界限的问题。
>
> ——威廉·杜波伊斯

就是失去对人类发展前景的信仰。这里流露出一些更深层次的哲学根源的痕迹,可以追溯到古希腊时代对于幸福或"人类繁荣"的思想;哲学家亚里士多德认为,幸福包括过上一种以美德和理性为基础的卓越生活。

政治激进人士

杜波伊斯认为阻碍我们过上卓越生活的两大阻碍是种族主义和社会不平等。他反对科学种族主义（科学种族主义认为黑人的基因要逊色于白人）,而这种主义在他所处的时代是被普遍接受的。杜波伊斯认为,既然种族不平等说并没有生物科学依据,那么这种主义就完全是一种社会问题,且这个问题能够通过不懈的政治、社会斗争得到解决。

杜波伊斯不懈地追求解决各种形式社会不平等问题的方案。他认为社会不平等是犯罪行为的一大主要诱因,并表示缺少教育和就业机马丁·路德·金将杜波伊斯的作品称为影响他的主要因素,因此他决定积极地投身到在美国废除种族隔离、建立社会平等的斗争中去。

会也是犯罪行为多发的主要原因。在杜波伊斯最后的那段文字之中,他提醒我们创建一个更为公正社会的任务还未完成。他写道,关键在于只有相信生命的未来一代,我们才能继续为实现"人类繁荣"做出贡献。■

威廉·杜波伊斯

杜波伊斯从小就显示出惊人的学术能力。他曾获得菲斯克大学奖学金,在德国柏林学习过两年,进入哈佛学习,并在哈佛学习期间发表了有关奴隶贸易的论文。杜波伊斯是首位在哈佛大学获得博士学位的非洲裔美国人。

杜波伊斯不仅是一位活跃的大学老师和作家,同时还积极投身到民权运动和激进的政治运动中。他的政治判断有时会遭到质疑:他曾经高调地为苏联"独裁者"斯大林写下洋洋洒洒的讣闻。但无论怎样,杜波伊斯仍然是种族平等斗争中的一位重要人物。马丁·路德·金称他"对各种不公正现象都充满了神圣的不满情绪"。

主要作品

1903年 《黑人的灵魂》
1915年 《黑人》
1924年 《黑人民族的天赋》
1940年 《黎明的黄昏:对于一个种族概念的自传的随笔》

通往幸福之路在于有计划地减少工作

伯特兰·罗素（1872—1970年）

背景介绍

哲学分支
伦理学

聚焦
分析哲学

此前

1867年 卡尔·马克思发表了《资本论》（第一卷）。

1905年 马克斯·韦伯在《新教伦理与资本主义精神》中写道，新教的工作伦理促进了资本主义的兴起。

此后

20世纪90年代 "为生活减速"风潮的出现，促进了工作时间的缩短。

2005年 英国《闲散的人》杂志主编汤姆·哈吉金森发表了《如何闲散》一书，大力提倡闲散生活。

2009年 英国哲学家阿兰·德波顿在《工作的喜乐哀愁》中探讨了我们的工作生活。

对于英国哲学家伯特兰·罗素来说，辛勤工作并不陌生。他写出了数不胜数的著作，20世纪哲学历史上的许多重要发展都离不开罗素的工作。他一生都在不懈地进行着社会改革工作，直到去世，卒年97岁。那么这位最为活跃的思想家为何建议我们要减少工作呢？

1932年，罗素首次发表了《赞美闲散》这篇文章。当时正值美国大萧条时期，1929年华尔街金融危机引发了全球性经济危机。当时世

参见: 让-雅克·卢梭 154~159页,亚当·斯密 160~163页,埃德蒙·伯克 172~173页,杰里米·边沁 174页,约翰·斯图尔特·密尔190页,卡尔·马克思 196~203页,亨利·大卫·梭罗 204页,以赛亚·伯林 280~281页,约翰·罗尔斯 294~295页。

界上某些地区的工人阶级失业问题非常严重,因此在这一时期倡导闲散的价值观似乎并不合时宜。然而罗素却认为,当时的经济动荡正是对待工作根深蒂固的错误观念所引发的。他表示,我们对工作的态度近乎迷信,这种错误观念理应通过积极地思考得到清除。

工作是什么

罗素首先给工作下了定义,并提出工作可以分为两种。第一种工作的目的在于"改变地球表面或其附近的物质与其他物质之间的关系"。这种工作是传统定义上的工作——劳动。第二种工作是"监管其他人去更改物质与物质之间的关系"。罗素认为,第二种工作可以无限扩展——你可以雇佣其他人来监管实际操作的人,还可以雇佣他人来监管这些负责监管操作人员的人,或者就如何雇佣人员提出建议,另外还可以雇佣他人来管理这些提供建议的人,诸如此类。罗素认为,第一种工作通常并不美好,且收入微薄,而第二种工作通常比较令人愉悦,且收入较高。这两种工作也定义了两种工人——劳动者和监管者——进而发展成了两种社会阶级——工人阶级和中产阶级。但是罗素认为还有第三种阶级,即闲散的地主阶级。他们无须工作,只需要依靠雇佣他人劳动就能过上闲散的生活。

罗素表示,历史中充满了这样的例子:人们辛辛苦苦地工作了大半辈子,收入却只够全家人糊口,而他们生产出的剩余价值却被军人、牧师和闲散的统治阶级瓜分了。罗素认为,这些系统的受益者总是对这种不公正的系统进行粉饰。罗素认为,单就这一事实,我们就应当重新评价工作道德,因为一直以来我们遵从"诚实辛劳"的道德原则加剧了我们自身的负担。

尽管罗素并不认可马克思,且他的文章对马克思主义和资本

大萧条是20世纪最严重的经济危机。对罗素来说,这段时间是对资本主义进行批判,并重新评估工作伦理的重要时期。

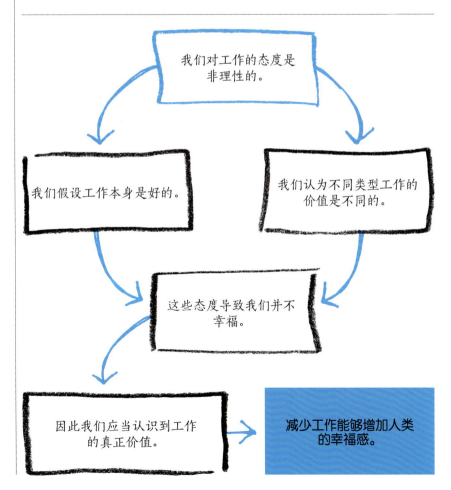

我们对工作的态度是非理性的。

我们假设工作本身是好的。

我们认为不同类型工作的价值是不同的。

这些态度导致我们并不幸福。

因此我们应当认识到工作的真正价值。

减少工作能够增加人类的幸福感。

主义的态度都是批判性的，罗素对社会的见解，以及这种见解对阶级斗争的重视，都受到19世纪哲学家卡尔·马克思的思想影响。马克斯·韦伯1905年出版的著作《新教伦理与资本主义精神》对罗素观点的产生也具有很大的影响，特别是韦伯审视了根植于我们对工作的态度之中的道德主张之后，罗素认为我们应当质疑这种道德主张。

例如，我们不仅将工作当成是一种职责和义务，还认为不同类型的工作形成了一种价值等级制度。通常我们认为体力劳动的价值要少于更需要技巧或智慧的劳动，因此我们根据这种认定的价值等级制度向工人发放酬劳，而不是根据工人们生产出多少价值。既然我们认定工作本身是具有价值的，那么通常我们也认定失业是缺少价值的。

我们越是思考这一问题，就越是发现我们对于工作的态度是复杂而错乱的。那么我们应该如何应对呢？罗素建议，我们不应该以遗留下来的道德思想来看待工作，而应当以能否使人类生命更加丰富、更加幸福为标准。罗素相信，如果我们这样来衡量，就不难得出我们应当减少工作这一结论。罗素问道，如果我们每天只工作四个小时会如何？我们当前的工作系统认定，工人阶级中的一部分人可以超额工作，却生活得很悲惨，而另一部分人完全失业，也生活得很悲惨。这无法使任何人受益。

娱乐的重要性

罗素的观点是，减少工作时间可能会将我们解放，让我们有更多时间追求更有创造力的兴趣爱好。"改变物质之间的关系，"罗素写道，"明显不是任何生命的目的。"如果我们允许工作占据我们清醒的每一分钟，那么我们的生活就并不完整。罗素相信，闲散的生活虽然最早只属于少数有特权的阶层，但是闲散对于丰富而有意义的生活来说却是必需的。如果一天只工作四

> 认为工作是一种美德的观念对我们造成了巨大的伤害。
> ——伯特兰·罗素

个小时，那么人们就不知道剩余的时间该用来做些什么了——这种观点也许会有人赞成。罗素对这种观点表示遗憾，并表示如果这种观点属实，那么"这就是文明对我们的惩罚"，并表示我们娱乐和放松的能力已经被追求效率的时代消磨殆尽了。罗素相信，一个认真对待闲散生活的社会将是一个重视教育的社会，因为教育肯定不只具有为工作提供培训的功能。悠闲生活应当重视艺术性，这样人们才有时间制

伯特兰·罗素

1872年，伯特兰·罗素出生于威尔士的一个贵族家庭。他从小对数学很感兴趣，并进入剑桥学习数学。罗素在剑桥结识了阿尔弗雷德·诺斯·怀特海，并与之共同撰写了《数学原理》一书，也正是这本书奠定了罗素在当时的哲学家地位。同时也是在剑桥，罗素结识了对他影响巨大的哲学家路德维希·维特根斯坦。

罗素希望哲学能够为普通人所用。他是一位社会活动家、和平主义者、教育家、无神论者、反对核武器的活动家，同时著有多部畅销的哲学著作。1970年2月，罗素死于流行感冒。

主要作品

1903年 《数学原理》

1910年、1912年、1913年《数学原理》(共三卷)

1914年 《关于我们的外部世界的知识》

1927年 《物的分析》

1956年 《逻辑与知识》

> 工作道德是奴隶道德，但现代社会不需要奴隶。

—— 伯特兰·罗素

造出质量上乘的物品，而艺术家们也无须为养家糊口而挣扎。另外，闲散生活还应当重视对生活的享受。罗素相信，在这样的社会中，我们会失去进行战争的兴趣，因为战争意味着要进行"长时间、高强度的工作"。

平衡的生活

罗素的文章中可能体现出了一定程度的乌托邦思想，在他幻想的这个世界中，工作量已经降到了最低。我们还不是很清楚如何将工作时间减少到四个小时，也不清楚能否做到这点，但是罗素称这一变化将导致社会改革。不过罗素相信工业化最终能够将我们从体力劳动中解放出来这一理念同样无法让人信服，因为工业生产的原材料需要出处，需要被挖掘出来，经过加工

罗素认为，闲散生活不应该仅仅用来缓解工作带来的疲劳。相反，它应该占据我们生活中最多的时间，成为娱乐和创造力的源泉。

之后被送往指定地点进行生产，这些工序都需要体力劳动。尽管有上述的种种问题，罗素的思想在今天仍然适用，它警示我们要更仔细地审视我们对工作的态度。对于工作周的长度和某些工作的酬劳要比其他工作高之类的问题，我们视作理所当然。对于我们当中大多数人来说，无论是工作还是休闲都不如我们预期的那样令人满意，但与此同时，我们却依然认为闲散是一种恶

习。罗素的思想提醒我们不仅要仔细地审视工作，更要发现发呆、闲散和休闲中存在的价值和功用。罗素曾说道："到目前为止，我们依然保持了机器出现之前的活力；这样显得我们很愚蠢，但是我们没有必要永远愚蠢下去。" ■

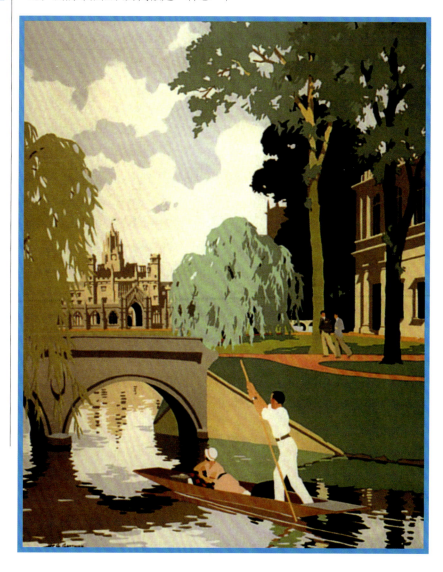

爱是丰富
知识的桥梁
马克斯·舍勒（1874—1928年）

背景介绍

哲学分支
伦理学

聚焦
现象学

此前

约公元前380年 柏拉图写下《会饮篇》，该文是对爱和知识本质的哲学探索。

17世纪 布莱兹·帕斯卡记述了人心的逻辑。

20世纪初 埃德蒙·胡塞尔为研究人类精神的经验而提出了新的现象学方法。

此后

1953年 波兰哲学家卡罗尔·沃伊蒂瓦（后来的教皇约翰·保罗二世）写下了关于舍勒的博士论文，承认了哲学家对罗马天主教的影响。

德国哲学家马克斯·舍勒被称为现象学运动的先驱。现象学试图研究我们内在经验的所有现象，它是对我们意识和意识结构的研究。

舍勒称现象学在考察意识结构时太过倾向于关注智力，从而忽略了一些基本的东西：爱的经验，或者说是人心的经验。他在一篇名为《爱与知识》（1923年）的文章中介绍了这样的观点：爱是可以丰富知识的桥梁。

舍勒的出发点源自17世纪的法国哲学家布莱兹·帕斯卡，认为人心是具有特定逻辑的。而这种逻辑不同于智力的逻辑。

精神助产士

舍勒认为，爱使我们经验中的事显而易见，而且爱可以产生知识。舍勒写道，爱是"一种精神助产士"，它能够把我们和知识拉近，包括我们自己的知识和世界的知识。它是一个人的伦理、发展潜力和命运的"首要决定因素"。

舍勒从根本上认为，做人不是做一个"思考物"，就像法国哲学家笛卡儿在17世纪说的那样，而是要做一个会爱的人。■

哲学是一种由爱决定的运动，要参与到种种基本现实中去。

——马克斯·舍勒

参见：柏拉图 50~55页，布莱兹·帕斯卡 124~125页，埃德蒙·胡塞尔 224~225页。

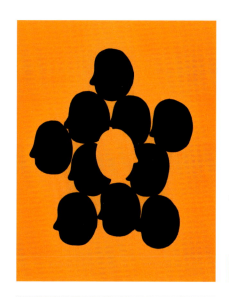

只有以个体身份才能成为哲学家

卡尔·雅斯贝尔斯（1883—1969年）

背景介绍

哲学分支
认识论

聚焦
存在主义

此前

19世纪头10年 索伦·祁克果将哲学称为个人和真理的斗争。

19世纪80年代 弗里德里希·尼采称"上帝死了"，没有绝对真理，而我们必须重新思考所有价值。

20世纪20年代 马丁·海德格尔声称哲学是我们与自身存在之间的关系。

此后

自1940年起 汉娜·阿伦特关于自由的观点受到了雅斯贝尔斯哲学的影响。

自1950年起 汉斯-格奥尔格·伽达默尔探索到的观点是哲学是通过个人视域的融合而取得进步的。

对某些人来讲，哲学是发现世界客观真理的一种途径。但对于德国哲学家和精神病学家卡尔·雅斯贝尔斯来讲，哲学是一种个人斗争。由于受到哲学家索伦·祁克果和尼采的强烈影响，雅斯贝尔斯成了一位存在主义者，他认为哲学是我们自身试图实现真理的努力。由于哲学是一种个人斗争，他在1941年的《我的哲学》中写道，只有以个体身份才能进行哲学探讨。我们不能求别人告诉我们真理，我们必须通过自己的努力去发现它。

个体的群体

虽然在这种意义上，真理是我们独自实现的，但是在与他人的交流中，我们实现了自己努力的结果，提高自身意识并超越了极限。雅斯贝尔斯认为自己的哲学是"正确的"，因为它帮助我们与他人交流。而当其他人不能给我们提供"现成的真理"时，哲学便依然是一种集体的努力。对于雅斯贝尔斯来说，每个人对真理的探寻都是在群体中开展的，而其中所有"思考中的同伴"在经历同样的个体斗争。■

这位哲学家生活在隐形的精神王国，斗争着要实现真理。其他同伴哲学家们的思想则像路标一样指向潜在的认识之路。

参见： 索伦·祁克果 194~195页，弗里德里希·尼采 214~221页，马丁·海德格尔 252~255页，汉斯-格奥尔格·伽达默尔 260~261页，汉娜·阿伦特 272页。

生活是一系列与未来的碰撞

荷西·欧德加·依·加塞特（1883—1955年）

荷西·欧德加·依·加塞特的哲学是关于生活的。他对以冷酷超然的方式分析世界不感兴趣,而想要探索哲学怎样可以创造性地和生活结合起来。欧德加认为,理性不是消极事物,而是积极事物——它使我们可以认真处理情况,且在其中发现我们自身,并且可以使我们改善生活。在他发表于1914年的《对堂吉诃德的沉思》中,欧德加写道:"我包括我的自身和我的境遇。"笛卡儿认为可以把我们自己想象成思考的动物,却怀疑外部世界的存在,包括我们的身体。但是,欧德加却认为把我们自身看作与世界分离没有意义。如果我们想要认真思考我们自身,必须看到我们总是存在于特殊境遇中的——这种境遇通常是压迫性和限制性的。这些限制不只是指物理环

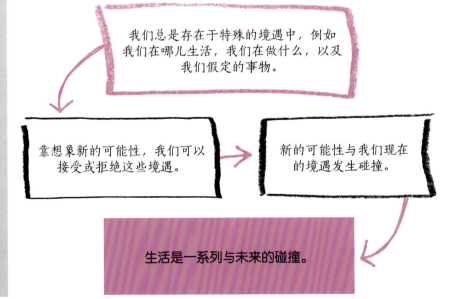

我们总是存在于特殊的境遇中,例如我们在哪儿生活,我们在做什么,以及我们假定的事物。

靠想象新的可能性,我们可以接受或拒绝这些境遇。

新的可能性与我们现在的境遇发生碰撞。

生活是一系列与未来的碰撞。

参见: 勒内·笛卡儿 116~123页, 伊曼努尔·康德 164~171页, 埃德蒙·胡塞尔 224~225页, 马丁·海德格尔 252~255页, 让-保罗·萨特 268~271页。

境, 也指我们的思想——包括偏见, 还指我们的行为——它是习惯养成的。

许多人在生活中都不会去反思他们境遇的本质, 欧德加却称哲学家不仅应该努力更好地认识他们的境遇, 而且应该积极寻求办法改变它们。事实上, 他认为哲学家的责任是揭露隐藏在我们信念背后的假设。

生活的能量

为了改变世界并创造性地与我们自身的存在结合起来, 欧德加称, 我们必须用新的眼光看待我们的生活。这不仅是指重新看待我们的外部境遇, 也指向内看待我们自身, 重新考虑我们的信念和偏见。只有当我们完成了这项任务, 我们才有可能创造新的发展。

然而, 我们可以改变世界的程度有一个限度。我们习惯性的思考方式根深蒂固, 而且即使我们放开

每个希望的举动, 如第一次世界大战中在前线庆祝圣诞节, 是我们战胜环境的能力的证明。对欧德加来说, 这是行动中"至关重要的理性"。

我包括我的自身和我的境遇。

——荷西·欧德加·依·加塞特

自己去想象新的可能和新的未来, 我们的外部境遇也可能将我们拦在实现这些可能的途中。我们想象的未来将总是与我们所处境遇的现实碰撞, 这就是为什么欧德加把生活看作是一系列与未来的碰撞。

欧德加的观点既在个人层面, 也在政治层面挑战常规。它提醒我们有责任尝试改变我们的境遇, 即使途中我们可能会遇到困难, 即使我们的努力可能不会总是成功。在《群众的反叛》中, 他警告称, 民主带来了多数人暴政的威胁, 而且按多数原则生活——"像每个其他人一样"生活——就是没有个人愿景和道德准则的生活。除非我们创造性地过自己的生活, 否则我们几乎并没有真正活着。这就是为什么对于欧德加来说, 理性是至关重要的——它保持了生活的能量。 ■

荷西·欧德加·依·加塞特

荷西·欧德加·依·加塞特于1883年出生在西班牙马德里。他先在马德里学习哲学, 然后在德国多所大学学习, 其间他受康德哲学的影响, 后来他以大学教授身份定居西班牙。

在欧德加一生中, 他不仅靠当哲学家谋生, 同时还是记者和散文家。20世纪二三十年代, 他积极投身西班牙政治, 但他的政治生涯最后因1936年西班牙内战的爆发而结束。欧德加后来流亡到了阿根廷。在那里, 他留了下来, 不再对政治抱有幻想。直到1945年, 他又在葡萄牙待了三年, 1948年, 他回到了马德里并且创办了人文研究所。在余下的生涯中, 他又做回了哲学家和记者。

主要作品

1914年 《对堂吉诃德的沉思》
1925年 《艺术的非人性化》
1930年 《群众的反叛》
1935年 《系统历史》
1957年 《什么是哲学?》

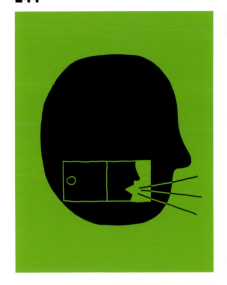

要哲学化，首先要忏悔

田边肇（1885—1962年）

在往下读之前，请忏悔！如此的言语，看上去可能有些怪，但它是日本哲学家田边肇想要我们认真对待的。他认为，如果我们想要哲学化，我们就需要忏悔。但是我们应该忏悔什么呢？又为什么要忏悔呢？

要回答这些问题，我们首先需要了解田边肇的哲学思想的根源，这要追溯到欧洲和日本的哲学。在欧洲哲学方面，田边肇的思想可追溯到公元前5世纪的希腊哲学家苏

哲学是探讨关于生活的较深层次的问题。

要这么做，我们需要承认……

……我们不知道这个答案。

我们的理性能力是有限的。

为了哲学化，首先要忏悔。

参见: 乔达摩·悉达多 30~33页,苏格拉底 46~49页,圣奥古斯丁 72~73页,埃德蒙·胡塞尔 224~225页,马丁·海德格尔 252~255页,雅克·德里达 308~313页。

阿弥陀佛,这里在观音菩萨(慈悲)和大势至菩萨(智慧)之间,是亲鸾所属的佛教净土宗的主佛。

格拉底身上。苏格拉底对田边肇产生了重要影响,因为苏格拉底坦率承认自己一无所知。传说,德尔斐神庙的女祭司称苏格拉底为雅典最睿智的人,但是苏格拉底确信自己的无知,于是便着手去证明。经过无数次与雅典居民的交流,苏格拉底承认他确实是该城最睿智的人,因为仅有他可以接受自己是一无所知的。

田边肇思想在日本哲学方面的根源可追溯到属于所谓的佛教净土宗的僧侣亲鸾。亲鸾的贡献在于他认为,人们凭借自身力量是无法开悟的。人们必须承认自己的无知和局限,才可以接受亲鸾和田边肇所称的塔里基(tariki)或"他力"的思想。在佛教净土宗环境里,这种"他力"是力量。田边肇哲学则认为,忏悔可以引领我们认识"绝对空",并最终获得自我醒悟和智慧。

摒弃自我

对于那时的田边肇,哲学不是用来探讨逻辑问题,或者用来论证或争辩某事的。事实上,它不是一种"智力"学科。对于田边肇,哲学是更为基础的学科——从深层意义上讲,是一种事关我们自身存在的关联的过程,这一部分是受马丁·海德格尔的观点影响所致。田边肇认为,只有通过忏悔,我们才能重新发现我们的真实存在。 这

一个问题若是属于哲学,其中一定有难以置信的东西。

——田边肇

种过程,他直接用宗教术语描述:一种死亡和重生。这种死亡和重生是心灵通过"他力"获得的重生,而且是该心灵从对"自我"的限制到开悟的转变过程。然而,这种转变不仅是哲学的预备,而且是哲学本身的成果,它源于怀疑论和"摒弃自我以获得他力的恩惠"。换句话说,哲学不是我们参与的一项活动,而是当我们靠摒弃自我——一种田边肇称之为"没有行动主体的行动"的现象,而进入真我时所发生的。

田边肇写道,持续的忏悔,就是用有限认知强迫我们得出"最终的结论"。换句话说,田边肇让我们不要去寻求旧有哲学问题的新答案,而是要去挖掘哲学的特有本质。■

我的语言的界限就是我的世界的界限

路德维希·维特根斯坦（1889—1951年）

背景介绍

哲学分支
语言哲学

聚焦
逻辑学

此前

公元前4世纪 亚里士多德奠定逻辑学基础。

19世纪末 戈特洛布·弗雷格奠定现代逻辑学基础。

20世纪初 伯特兰·罗素完善了符号系统,将自然语言翻译为逻辑命题。

此后

20世纪20年代 《逻辑哲学论》中的思想被维也纳学派哲学家,如莫里茨·石里克、鲁道夫·卡尔纳普等用于发展逻辑实证主义。

自20世纪30年代起 维特根斯坦否定了《逻辑哲学论》中的思想,并开始观察使用语言的不同方式。

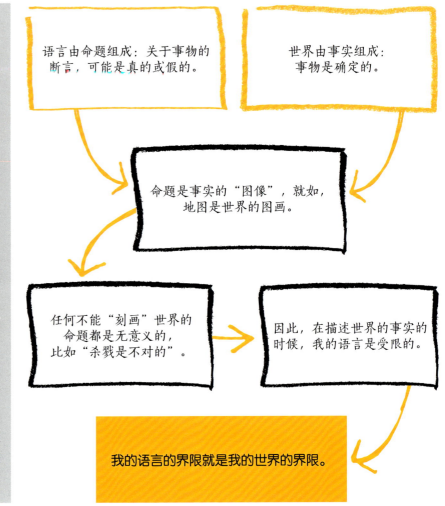

语言由命题组成:关于事物的断言,可能是真的或假的。

世界由事实组成:事物是确定的。

命题是事实的"图像",就如,地图是世界的图画。

任何不能"刻画"世界的命题都是无意义的,比如"杀戮是不对的"。

因此,在描述世界的事实的时候,我的语言是受限的。

我的语言的界限就是我的世界的界限。

维特根斯坦的《逻辑哲学论》或许是20世纪哲学史上最难懂的著作之一。其英文版仅70页左右,该书充斥着大量高度简洁的专业术语。

为理解这本书的重要性,先了解这本书的哲学背景显得尤为重要。事实上,维特根斯坦在谈论"我的语言"和"我的世界"的"界限"时,就被牢牢限制在了源于18世纪哲学家康德的哲学思想之中了。在《纯粹理性批判》中,康德通过提出诸如"我能知道什么"和"什么事情将永远处于人类的理解之外"这样的问题开始探讨知识的界限。康德提出这种问题的原因之一是他相信许多哲学问题的出现,都是由于人们未能认识到人类理解力的界限。通过把注意力转到人类自身,并探求人类知识的界限,就能解决甚至也许能去除过去几乎所有的哲学问题。

《逻辑哲学论》解决的是康德曾经解决过的同样问题,不过,方式更为激进。维特根斯坦称,自己正试图弄清什么能被有意义地表达。与康德努力设定理性的界限的方式几乎相同,维特根斯坦试图设定语言甚至是所有思想的界限。他这样做是因为他怀疑大部分的哲学讨论和争论,是由思考和谈论世界之方式中的根本性错误导致的。

参见: 亚里士多德 56~63页, 伊曼努尔・康德 164~171页, 戈特洛布・弗雷格 336页, 伯特兰・罗素 236~239页, 鲁道夫・卡尔纳普 257页。

> 生命的意义这一问题的解决办法就是消除该问题。

——路德维希・维特根斯坦

逻辑结构

虽然维特根斯坦《逻辑哲学论》看似复杂难懂, 但实际上它的中心思想却是建立在一个相当简单的原则之上, 即语言和世界都有客观结构, 这些结构都能被分解成各个组成部分。维特根斯坦试图展示语言和世界的结构, 以及它们相互关联的方式, 并试图得出更广泛的哲学结论。

如果我们要理解维特根斯坦所说的"我的语言的界限就是我的世界的界限"是何意, 我们就必须理解其所谓的"语言"和"世界"是何意, 因为他并非指的是这些词语的日常用法。谈论语言时, 维特根斯坦显然参考了英国哲学家

伯特兰・罗素的观点。罗素是逻辑哲学发展史上的重要人物, 对他而言, 日常语言不能清晰和精确地谈论世界。他认为逻辑才是"完美的语言", 逻辑能排除所有的含糊不清, 因而他创立了一种翻译模式, 可将日常语言翻译成他所需要的逻辑形式。

逻辑关注的就是我们在哲学中所谓的命题。我们可以把命题视为能判断真假的断言。例如, "大象很生气"的陈述是一个命题, 但是单词"大象"不是。根据维特根斯坦的《逻辑哲学论》, 富有意义的语言必须并仅仅由命题组成。他写道, "命题的总和就是语言。"

对维特根斯坦所说的语言有一定了解之后, 我们现在就能探讨他所谓的"世界"是何意了。《逻辑

哲学论》首先就表示"世界就是所有为真的一切"。这似乎是直截了当且坚定不移的事实, 但是维特根斯坦这句话的意思却并不明晰。他继续写道: "世界是所有事实的总和, 而非事物的总和"。此时, 我们发现维特根斯坦在看待语言方面和他对待世界的方式之间有相似之处。例如, 大象很生气, 或者, 房间里有一头大象, 可能是一个事实, 但是, 大象本身却不是一个事实。

此时, 语言的结构和世界的结构如何关联, 开始变得清晰。维特根斯坦认为语言"描绘"世界。第一次世界大战期间, 在读到报纸上的一则巴黎案件后, 他阐述了这一思想。案件为一起车辆事故, 法庭上用车辆和行人的模型替代现实世

古埃及人对符号进行排列, 并将物体图像风格化, 也就是我们所知的象形文字, 然后将这些符号和图像设计成逻辑结构, 以创造一种书面语言。

> 逻辑不是一种学说，而是世界的一个镜像。
>
> ——路德维希·维特根斯坦

一个数字影像，尽管不是其描述的物体，也有着与该物体相同的"逻辑形式"。语言在表现现实时，也有着相同的逻辑形式。

界里的车辆和行人，将事故场景重现。车辆和行人模型能指代其相对的对应事物，是因为它们与事故中所涉及的真实车辆和行人之间有相同之处。同样的，地图中所表示的所有要素都与其在真实地形有特定的联系。维特根斯坦认为，图片所呈现的就是它所描述的事物逻辑形式。

现在所谈论的逻辑图像不是视觉图像，认识到这点极为重要。维特根斯坦用一个典型的例子加以说明。交响乐演奏产生的声波、交响乐的乐谱、交响乐录制时唱片上的凹槽图案都遵循此种逻辑范式。维特根斯坦认为"图像如同测量工具一般，精确地反映了现实世界"。图像通过此种方式描述世界。

当然，我们的图像可能不正确，它可能与现实不一致。比如，当大象非常生气的时候，图像却显示不出来。维特根斯坦认为没有中立，因为他认为命题必然有真有假，图像也有真有假。

语言和世界都有一个逻辑形式；语言能通过描绘世界来谈论世界，并以一种与现实一致的方式来描绘它。就这一点来说，维特根斯坦的思想确实有趣，就此我们能理解为什么维特根斯坦对语言的界限感兴趣。"你应该将你的一半薪水用于慈善"的想法不能"描绘"真实世界的任何事。就是说，维特根斯坦的"真命题的总和"只能是所有确实如此的事物，或者是自然科学。

对维特根斯坦来说，讨论宗教和道德价值是毫无意义的。这是因为那些试图探讨的问题是超出世界界限的话题，也就超出了语言的界限。维特根斯坦认为，"显然，道德是不能言说的"。

超越语言

维特根斯坦的一些读者认为，他是科学的拥护者，因为他祛除了涉及谈论道德、宗教等的含混概念。但是出现了更为复杂的情况。维特根斯坦并不认为"生命的问题"是无意义的。相反，他认为这些是所有问题当中最重要的。只是因为它们不能用语言表达，便不能成为哲学的一部分。维特根斯坦认为，这些事物，即使我们不能谈论它们，它们自己却会显现出来，他还补充称"它们是神秘的"。

然而，这对《逻辑哲学论》本身所包含的命题有着严重影响。毕竟，这些不是描绘世界的命题。逻辑，作为维特根斯坦的主要工具之一，其本身并未提及与世界有关的任何事情。《逻辑哲学论》究竟是不是无稽之谈？维特根斯坦无惧于其通过争论而得出的结论，并最终

> **凡是不可言说的，就应该保持沉默。**
> ——路德维希·维特根斯坦

认识到此问题的答案为"是"。他认为，任何完全理解《逻辑哲学论》的人，都将最终发现其中使用的命题也是无稽之谈。这些命题，像是帮助我们攀登，并完全跨越这些哲学问题的梯子，一旦我们翻越之后，这些问题就变得毫无意义。

改变方向

在完成《逻辑哲学论》之后，维特根斯坦认为再没有更多的哲学问题要去解决了，所以他放弃了该学科。但是，20世纪二三十年代，他质疑了自己早期的思想，并成为其最严厉的批评家之一。尤其是他质疑他曾经坚持的信条——语言完全由命题组成，这是一个无视我们大量日常对话的观点——从讲笑话到哄骗再到斥责概莫能外。但是，无论如何，《逻辑哲学论》仍是最有挑战性和最令人敬佩的西方哲学著作之一——并最终成为最难以理解的著作之一。∎

路德维希·维特根斯坦

维特根斯坦1889年生于一个富裕的维也纳家庭，他最先学习的是工程学，1908年游历到英国曼彻斯特继续学业。但是，他很快对哲学产生了兴趣，1911年前往英国剑桥大学求学于哲学家伯特兰·罗素门下。第一次世界大战期间，他在俄国前线和意大利服役，并在意大利被俘。在此期间，他撰写《逻辑哲学论》，并于1921年出版。在认为《逻辑哲学论》解决了哲学的所有问题之后，维特根斯坦当过小学老师、园丁和建筑师。但是在对其早期思想做出批评之后，他于1929年恢复了在剑桥的工作，1939年在那里成为教授，1951年去世。

主要作品

1921年 《逻辑哲学论》
1953年 《哲学研究》
1958年 《蓝棕皮书》
1977年 《颜色评论》

哲学要求逻辑的、清晰明了的语言，维特根斯坦总结道。因此，它仅能由命题或事实的陈述组成，比如，"猫坐在垫子上"，这个命题能被清晰地分解为几个组成部分。

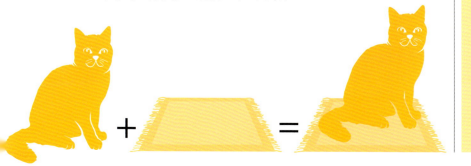

我们自身是需要被分析的实体

马丁·海德格尔（1889—1976年）

背景介绍

哲学分支
存在论

聚焦
现象学

此前

约公元前350年 西诺普的第欧根尼用一只拔了毛的鸡来讽刺柏拉图的追随者所谓"人类是没有羽毛的两足动物"的说法。

1900—1913年 埃德蒙·胡塞尔在其《逻辑研究》中提出现象学理论和方法。

此后

20世纪40年代 让-保罗·萨特出版了《存在与虚无》，论述了"存在"与人类自由之间的联系。

1960年 受海德格尔的影响，汉斯-格奥尔格·伽达默尔的《真理与方法》探索了人类理解的本质。

据说在古希腊，有一天柏拉图的追随者们聚集在一起，提出了一个问题"什么是人？"苦思冥想后他们得出下面的回答："人是无羽毛的两足动物。"每个人都对这个定义非常满意，直到犬儒学派的第欧根尼拿着一只活着的被拔了毛的鸡冲进大厅，他大喊："看，我给你们带来了一个人。"一阵喧哗过后，哲学家们重新集结，下了新的定义。他们认为人类是无羽毛有宽趾的两足动物。这个哲学史上的有趣故事证明，哲学家在试图给出关于人类的抽象的一般定义

参见: 柏拉图 50~55页, 西诺普的第欧根尼 66页, 埃德蒙·胡塞尔 224~225页, 汉斯-格奥尔格·伽达默尔 260~261页, 恩斯特·卡西尔 337页, 让-保罗·萨特 268~271页, 汉娜·阿伦特 272页, 理查德·罗蒂 314~319页。

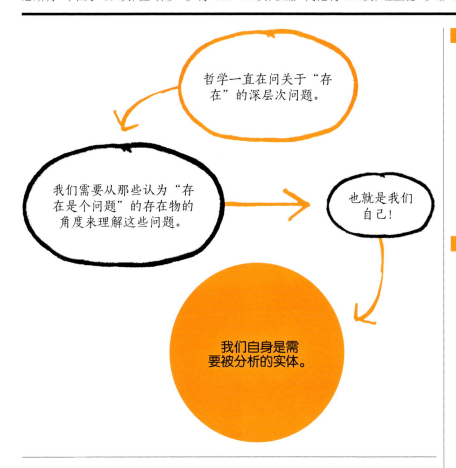

存在的问题只能通过存在本身得以理顺。

——马丁·海德格尔

的基本问题。他对哲学的存在论（起源于希腊语的ontos，即"存在"，研究"存在"的问题）特别感兴趣。存在论研究的问题包括："某物存在意味着什么？""存在的不同种类的东西都有哪些？"海德格尔想通过"一个人存在是什么样子"这个问题来回答更深入的关于存在的普遍问题。

在他的著作《存在与时间》中，海德格尔认为，当其他哲学家提到关于存在论的问题时，他们倾向于用过于抽象浅薄的方法。如果我们想理解"某物存在意味着什么"，我们就需要从那些认为"存在是个问题"的存在物的角度来理解。

我们可以设想，尽管猫、狗、伞菌都是存在物，它们并不会对它们的存在感到好奇——它们不会思考存在论的问题，它们不会问"某物存在意味着什么"，但海德格尔指出，有一个存在物确实在思考这

时会面临类似的困难。即使没有第欧根尼的干涉，很显然把我们自己描述成没有羽毛的两足动物并没有抓住太多关于人类的真正含义。

内部角度

我们应该怎样着手分析关于人类的定义？这个问题困扰着哲学家马丁·海德格尔。回答这个问题时，他采取了和前人有很大差异的方法。他没有试图从人类外表得出一个抽象的定义，而是从可称为"内部人"的角度得出了对"存在"这个概念的更加具体的分析。

他说，由于我们存在于生活之中，如果我们想理解什么是人，我们必须从生活内部来看人这个生命体。

海德格尔是胡塞尔的学生，他也继承了胡塞尔的现象学方法，即通过审视我们对事情的经验来看现象（即事情看起来的样子）的哲学方法。例如，现象学不会直接看"什么是人"这个问题，而是会看"一个人存在是什么样子"这个问题。

人类存在

海德格尔认为，这构成了哲学

我们投入到让生活统一起来的事业和任务中，试图让世界有意义。海德格尔说，做一个人类意味着沉浸在日常世界中。

些问题，这就是人类。海德格尔所说的"我们自身是需要被分析的实体"，指的就是如果我们想探索存在的问题，我们要从自身开始，看看我们的存在意味着什么。

《存在与时间》

海德格尔问到存在的意义时，

他并没有问抽象的理论，而是问直接和当下的事物。他的著作开篇写道，我们存在的意义必须和时间联系起来；从本质上来说，我们是暂时的存在物。我们出生时，就发现我们来到这个世界时好像是从一个我们并未自主选择的轨道上被扔进来的。我们发现我们存在于一个正在运转的世界上，这个世界先于我们而存在，所以我们在出生时就面临着一个特别的历史、物质和精神环境。我们通过参与各种消遣活动

我们应该重新提出存在意义的问题。

——马丁·海德格尔

试图理解这个世界。例如，我们可能学习拉丁语，或试图找到真爱，或决定建一个房子。通过这些耗费时间的活动，我们实际上为自己铺设了有不同可能性的未来；我们定义了我们的存在。然而，有时我们认识到我们所有的活动计划总有一个最远的限度，在这个界限，我们所有的计划都会终结，无论完成与否。这个界限就是我们的死亡。海德格尔认为，死亡是我们存在的最远视域：我们能做或看见或思考的所有事都在这个视域内发生。我们不能超越这个视域。

众所周知，海德格尔的专业词汇很难理解，但这很大程度上是因为他试图以一种具体、非抽象的方式来探索复杂的哲学问题；他希望能与我们的实际经历联系。所谓"我们存在的最远视域是死亡"，就是在描述人的生活是什么样子。他也通过一种很多哲学定义（"无羽毛的两足动物"或"政治动物"）都忽视了的方式抓住了"我们是谁"这个问题的一些实质。

本真地生活

正是因为海德格尔，我们才得以区别本真存在和非本真存在。大多数时候我们都忙着参与各种正在进行的活动，忘记了死亡。我们单单从参与的活动来看待我们的生活，却忽视了我们存在的一个更基本的视域。从这个意义上来说，海德格尔认为我们是在非本真地存在着。当我们开始意识到死亡是我们所有可能性的最终界限时，我们就开始对存在的意义有了更深的认识。

例如，当一个好友去世，我们可能会审视自己的生活，并意识到我们每天从事的各种活动都是无意义的：生活更深层的意义缺失了。因此我们可能会改变生活的重心，为自己计划不一样的未来。

更深层的语言

海德格尔后期的哲学思想继续

一切存在是一个"正在走向死亡"的过程，但只有人类能认识到这一点。人类的生命是短暂的，一旦认识到这一点，我们的生活就能有意义而真实。

> 死亡不是一个事件，它是一个应该从存在主义角度去理解的现象。
> ——马丁·海德格尔

处理关于存在的问题，但与前期精准的思想不同，他用更诗意的思想来看待同类问题。他开始怀疑，哲学本身不能深入反思我们自身的存在。要想提出关于人类存在的问题，我们就必须用含义更深更丰富的诗歌语言，而这种语言远远超越了单纯的信息交流。

海德格尔是20世纪最具影响力的哲学家之一。他早期对于人的意义和人如何本真生活的分析影响了萨特、列维纳斯、伽达默尔等哲学家，也促成了存在主义的诞生。他后期更诗意的思想也对生态哲学家产生了强烈影响。生态哲学家认为海德格尔的思想提供了一种方法，阐释了在受环境破坏威胁的世界里作为一个人的意义。■

马丁·海德格尔

海德格尔被公认为是20世纪最重要的哲学家之一。他于1889年出生在德国的梅斯基尔希。他早期的愿望是成为一名牧师，但他偶然发现胡塞尔的著作后就开始研究哲学。他很快就成了一名鼓舞人心的讲师，声名远扬，并得到了"梅斯基尔希的魔术师"的称号。20世纪30年代，他成为弗莱堡大学校长和纳粹党的成员。他参与纳粹主义的程度和性质，以及他的哲学思想在多大程度上反映了纳粹的意识形态，这些问题至今仍存在争议。

海德格尔在生命的最后30年中忙于旅行、写作，以及和汉娜·阿伦特及物理学家维尔纳·海森堡等朋友交流思想。他于1976年在弗莱堡去世，终年86岁。

主要作品

1927年 《存在与时间》
1936—1946年 《形而上学导论》
1955—1956年 《思想原则》
1955—1957年 《同一与差异》

个人唯一正确的道德选择是为社会牺牲自我

和辻·哲郎（1889—1960年）

和辻·哲郎是日本20世纪早期的主要哲学家之一，同时研究东西方哲学思想。他曾在日本和欧洲学习。和同时期的许多日本哲学家一样，他的作品创造性地综合了东西方哲学中非常不同的传统。

忘记自我

哲郎对西方伦理方法的研究使他确信，西方的思想家们往往采取个人主义的办法来研究人性，且研究道德时也是如此。但是，在哲郎看来，个人只能作为其特定的时代、人际关系、社会背景等因素共同构成一种"气候"的表达。他从我们与广泛的群体之间的关系方面入手探讨了人性。人和社会的关系构成了我们存在的网络，哲郎称其

为"中间状态"。对哲郎来说，道德不是个人行为，而是个人忘记自己或牺牲自己，为了更广泛的群体利益所做的贡献。

哲郎的民族主义道德的观点和坚持日本种族优越性的观点使得他在第二次世界大战之后不受青睐，尽管他后期不再坚持这些观点。■

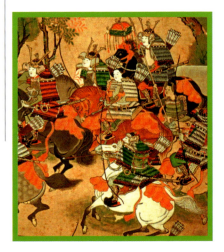

日本武士经常为了拯救国家在战争中牺牲自己的生命，表现出极端的忠诚和自我否定。哲郎称这一行为为kenshin，即"绝对的自我牺牲"。

参见： 索伦·祁克果 194~195页，弗里德里希·尼采 214~221页，西田几多郎 336~337页，田边肇 244~245页，马丁·海德格尔 252~255页。

逻辑是哲学的最后一个科学成分

鲁道夫·卡尔纳普（1891—1970年）

20世纪哲学的一个突出问题是，考虑到自然科学取得的巨大成果，人们需要决定哲学的作用。这是德国的鲁道夫·卡尔纳普在他1934年发表的著作《物理语言是普遍的科学语言》中主要关注的问题之一，书中陈述了哲学的功能及其对科学的最大贡献就是对科学概念的逻辑分析和澄清。

卡尔纳普表示，很多看似深刻的哲学问题——如形而上学的问题——都是无意义的，因为它们不能通过经验得以证实或证伪。他还表示，这些问题其实是由于我们使用语言中的逻辑混乱而产生的伪命题。

逻辑语言

逻辑实证主义只承认能被经验证实的严格逻辑陈述。因此，卡尔纳普认为，哲学的真正任务是对语言进行逻辑分析（以发现并去除那些严格来讲无意义的问题），并

在逻辑里，没有道德。

——鲁道夫·卡尔纳普

找到清楚而无歧义的论述科学的方法。

威拉德·蒯因和卡尔·波普尔等一些哲学家认为卡尔纳普的"有意义"标准过于严格。对科学运行持理想主义观点，这实际上是行不通的。尽管如此，卡尔纳普提醒我们，语言可能迷惑我们，让我们看到并不真正存在的问题——这一观点是很重要的。■

参见: 戈特洛布·弗雷格 336页，路德维希·维特根斯坦 246~251页，卡尔·波普尔 262~265页，威拉德·冯·奥曼·蒯因 278~279页，托马斯·库恩 293页。

了解一个人的唯一方式是绝望地爱他（她）

沃尔特·本雅明（1892—1940年）

背景介绍

哲学分支
伦理学

聚焦
法兰克福学派

此前

约公元前380年 柏拉图在《会饮篇》中首次对爱进行了系统的哲学描述。

1863年 法国作家查尔斯·波德莱尔探索了"游荡者"的概念，即"为了感受城市而在城市里游荡的人"。

此后

1955年 居伊·德波建立了地理心理学，即研究地理环境对个体情感和行为的影响。

1972年 意大利小说家伊塔罗·卡尔维诺在《看不见的城市》中探索了城市和符号的关系。

德国哲学家沃尔特·本雅明属于法兰克福学派，该学派是由一群探索大众文化和交流的意义的新马克思主义社会理论家组成的。本雅明也为电影和文学技术而惊叹。他1926年的散文《单行道》是他在文学上的一次尝试。其中他描写了在一个想象的城市街道行走时所做的一系列观察（包括知识的和经验的）。

散文中本雅明没有设定宏大

目前生活的构成更多是基于事实，而非信念。
——沃尔特·本雅明

的理论，他想用思想让我们感到惊奇，就像我们走在路上可能对某个吸引我们眼球的东西感到惊奇一样。在散文最后，他说："我作品中的引用就像路边突然跳出来的劫匪，挥舞着武器，让闲逛的人不能确定自己的观点。"

爱的澄清

在散文中，"弧光灯"这一标题下出现了这样一种观点：了解一个人的唯一方式是绝望地爱他（她）。本雅明停下来只说了这样一句，下文立即转向一个新部分。我们则不得不猜测他的意图。他是在说知识来源于爱吗？还是只有我们不期望结果的时候我们才能看清楚自己的所爱？我们无从得知。我们能做的就是和本雅明一起行走在街上，感受这些稍纵即逝的思想划过的瞬间。■

参见：柏拉图 50~55页，卡尔·马克思 196~203页，西奥多·阿多诺 266~267页；罗兰·巴特 290~291页。

"这就是" 不可能是正确的

赫伯特·马尔库塞（1898—1979年）

背景介绍

哲学分支
政治哲学

聚焦
法兰克福学派

此前

1821年 格奥尔格·黑格尔在他的《法哲学原理》里写道，现实的就是理性的，理性的就是现实的。

1867年 卡尔·马克思出版了《资本论》第一卷，提出资本主义社会的"运动规律"，强调指出，资本主义剥削人类的行为是罪恶的。

20世纪40年代 马丁·海德格尔开始探索技术的问题。

此后

2000年 斯拉沃热·齐泽克探索了技术、资本社会和集权主义之间的关系。

乍一看，没有什么比赫伯特·马尔库塞在1941年发表的《理性与革命》中所说的"'这就是'不可能是正确的"更不理性的论断了。读者会问，如果"这就是"是不正确的，那么什么是正确的呢？马尔库塞的论断是为了推翻德国哲学家黑格尔提出的"现实的就是理性的，理性的就是现实的"这一论断。

马尔库塞认为黑格尔的思想是危险的，因为它使得我们相信现实存在的就是理性的，例如我们现有的政治系统。他提醒我们，我们想当然认为理性的东西也许非常不理性。他也希望我们意识到我们想当然的很多事情本质上都是非理性的。

颠覆的理性

马尔库塞尤其深为不安的是资本主义社会和他所谓的资本主义社会"自由和压迫、生产力和破坏力、增长和退步的可怕的和谐"。我们认为我们生活的社会是基于理性和正义的，但当我们仔细看时，我们可能会发现社会并不像我们相信的那样公平正义。

马尔库塞并没有贬损理性，而是试图指出理性是颠覆性的，我们仍可以用理性去质疑我们生活的社会。马尔库塞认为，哲学的宗旨是"社会的理性理论"。■

马尔库塞指责我们用汽车这种消耗品来认识自己；他说我们在这些物品中找到"我们的灵魂"，使我们只是我们所创造的东西的附属物。

参见: 格奥尔格·黑格尔 178~185页，卡尔·马克思 196~203页，马丁·海德格尔 252~255页。

历史不属于我们，我们属于历史

汉斯-格奥尔格·伽达默尔（1900—2002年）

背景介绍

哲学分支
历史哲学

聚焦
解释学

此前

19世纪初 德国哲学家施莱尔马赫奠定了解释学的基础。

19世纪90年代 德国哲学家威廉·狄尔泰认为，解释发生在"解释学循环"中。

1927年 马丁·海德格尔在《存在与时间》中探索了"存在"的解释。

此后

1979年 理查德·罗蒂在他的《哲学与自然之镜》中运用了解释学方法。

1983—1985年 法国哲学家保罗·利科写下《时间与叙事》，审视叙事呈现我们感受时间之能力的能力。

汉斯-格奥尔格·伽达默尔主要研究哲学的一种形式"解释学"。"解释学"起源于希腊词语 hermeneutics，意思是"解释"，即研究人类如何解释世界的学科。

伽达默尔学习了海德格尔的哲学思想，后者认为哲学的任务是解释我们的存在。这个解释的过程是从我们已经知道的事物开始逐渐深化我们理解的过程。这个过程与我们解释一首诗的过程类似。我们先根据我们已有的理解仔细阅读。如果遇到陌生或特别引人注意的句子，我们可能需要达到更深一层的理解。理解了每个单句，我们对整首诗的理解也可能会发生变化；反之，对整首诗理解的变化也可能影响我们对每个句子的理解。这就是"解释学循环"。

海德格尔对哲学的研究就是用这种循环的方法，这也是伽达默尔在他之后的书《真理与方法》中所

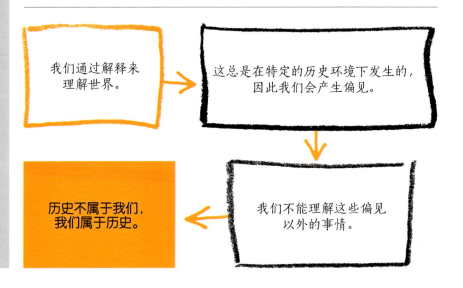

我们通过解释来理解世界。

这总是在特定的历史环境下发生的，因此我们会产生偏见。

历史不属于我们，我们属于历史。

我们不能理解这些偏见以外的事情。

参见: 伊曼努尔·康德 164~171页, 格奥尔格·黑格尔 178~185页, 马丁·海德格尔 252~255页, 尤尔根·哈贝马斯 306~307页, 雅克·德里达 308~313页, 理查德·罗蒂 314~319页。

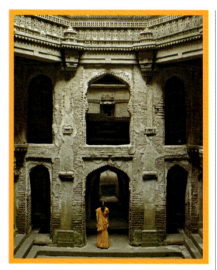

伽达默尔说, 看历史事物时, 我们不应该把时间看作要跨越的鸿沟。时间的距离被传统的连续性填满, 这为我们的理解做出了解释。

探究的。伽达默尔随即指出我们总是从历史的一个特定点的角度出发来进行理解。我们的偏见和信念, 我们认为值得询问的问题, 我们觉

得满意的回答都是历史的产物。我们不能超越历史和文化, 所以我们永远不能达到绝对客观。

但这些偏见不应该被看成一件坏事。它们毕竟是我们的出发点, 我们目前的理解和意义感正是基于这些偏见。即使能够摆脱我们所有的偏见, 我们也不会看得更清楚。如果没有任何给定的解释框架, 我们根本就不能看到任何事物。

与历史对话

伽达默尔认为理解我们的生活和我们自己的过程就像与历史对话。我们阅读存在了几个世纪的历史文本就会发现, 它们的传统和设想中存在的差异也反映了我们自己的文化规范和偏见, 让我们拓展深化了对现有生活的理解。例如, 如果我仔细读柏拉图的书, 可能发现我不仅深化了对柏拉图的理解, 自

己的偏见也变得清楚, 可能开始动摇。不仅是我在读柏拉图, 柏拉图也在读我。通过这个对话, 或伽达默尔所说的 "视域融合", 我对世界的理解达到了更深、更丰富的层次。■

由于一段经历本身发生在整个生活之中, 整个生活也在这段经历中有所体现。

——汉斯-格奥尔格·伽达默尔

汉斯-格奥尔格·伽达默尔

伽达默尔于1900年出生在德国马堡, 但在德国布雷斯劳 (现在的波兰弗罗茨瓦夫) 长大。他首先在布雷斯劳, 随后在马堡学习哲学。在马堡, 他在海德格尔的指导下写出了第二篇博士论文, 海德格尔对他的作品产生了巨大影响。他成为马堡的一名副教授, 开始了漫长的学术生涯, 最终于1949年接替雅思贝尔斯成为海德堡大学的哲学教授。他最重要的著作《真理与方法》是他60岁时出版的。该书驳斥

了 "科学是通向真理的唯一道路" 的观点, 它的出版也为伽达默尔带来了更大的声誉。伽达默尔善于社交, 生性活泼, 一直积极活跃, 直到在海德堡逝世, 享年102岁。

主要作品

1960年《真理与方法》
1976年《哲学解释学》
1980年《对话与辩证法》
1981年《科学时代的理性》

关于现实的科学表述肯定是可证伪的

卡尔·波普尔（1902—1994年）

背景介绍

哲学分支
科学哲学

聚焦
分析哲学

此前
公元前4世纪 亚里士多德强调了观察和测量对理解整个世界的重要性。

1620年 弗朗西斯·培根在《新工具》中提出了归纳法。

1748年 大卫·休谟在《人类理解研究》中提出了归纳法的问题。

此后
1962年 托马斯·库恩在《科学革命的结构》中批评了波普尔的观点。

1978年 保罗·费耶阿本德在《反对方法：无政府主义知识论纲要》中质疑了"科学方法"这个概念。

我们都认为科学是来"证明"关于世界的真理的。我们可能认为可以被证明绝对正确的理论才是一个好的科学理论。然而，哲学家卡尔·波普尔否认了这一点。他认为一个科学的理论是可以通过经验被证伪或者表现出错误的。

波普尔对科学发现世界所用的方法很感兴趣。科学要依靠实验和经验，如果我们想做好科学研究，我们需要密切关注哲学家大卫·休

参见: 苏格拉底 46~49页, 亚里士多德 56~63页, 弗朗西斯·培根 110~111页, 大卫·休谟 148~153页, 鲁道夫·卡尔纳普 257页, 托马斯·库恩 293页, 保罗·费耶阿本德 297页。

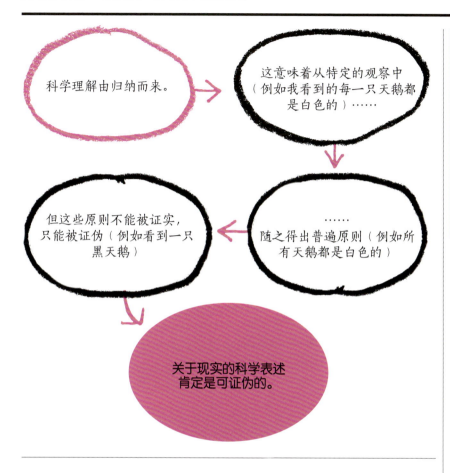

科学理解由归纳而来。

这意味着从特定的观察中（例如我看到的每一只天鹅都是白色的）……

…… 随之得出普遍原则（例如所有天鹅都是白色的）

但这些原则不能被证实，只能被证伪（例如看到一只黑天鹅）

关于现实的科学表述肯定是可证伪的。

17世纪欧洲人首先看到了黑天鹅。这使得当时普遍认同的"天鹅都是白色的"的思想被证伪。

计算出球掉落的速度。这个事件没有任何神奇的地方。

然而，问题是：我们能确定下一次扔球它也会掉在地上吗？不管做过多少次试验，不管对结果多么自信，我们也永远不能证明未来的结果总是这样。

归纳推理法

这种无法确定未来的现象就是归纳的问题，是由大卫·休谟于18世纪首次提出的。什么是归纳推理法呢？

归纳就是从一系列观察到的事实中总结出更加普遍的结论的过程。我们预计扔出的球会掉在地上，因为至少在休谟看来，我们从无数类似的扔球经历中可以总结出这一现象。

谟所说的"规律"的本质——即世上万事都以特定的形式和顺序发生，且可以被系统地进行研究。换句话说，科学是实证的，基于经验的。要理解科学，我们需要理解经验是怎样生成知识的。

看下面一句话："如果你从二楼窗户扔下一个网球，它将掉在地上。"偶然因素暂且不考虑（例如球被飞过的老鹰叼走了），我们很确信这句话是合理的。如果有人说："你确定它会掉在地上吗？"

这个人就显得很奇怪。但我们扔球的时候是怎么知道将要发生什么呢？这是什么样的知识呢？

简单来说，我们知道球会掉在地上是因为这是经常发生的情况。不考虑偶然因素，没有人看到过网球被释放后会盘旋或上升。我们知道球会掉到地上，因为经验告诉我们是这样。我们不仅确定球会掉在地上，还确定它会怎样掉在地上。例如，如果我们知道地球引力，知道窗户距地面的距离，我们就可以

演绎推理法

另一种推理法和归纳法相对，即演绎推理法。归纳法是从具体到一般，演绎法则是从一般到具体。一个演绎推理可能从两个前提出发，例如，"如果它是一个苹果，那么它是一个水果（因为所有的苹果都是水果）"和"这是一个苹果"。考虑到这些前提的性质，"这是一个苹果"就势必能够得出"这是一个水果"的结论。

哲学家倾向于用符号来简化演绎论证。所以论证的一般形式是"如果P，那么Q；因为P，所以Q"。在我们的例证中，"P"表示"它是一个苹果"，"Q"表示"它是一个水果"。考虑到"如果P那么Q"，则结论Q是必然的，即绝对正确。另一个例子是："如果下雨，

猫会叫（因为所有的猫下雨时都会叫）。现在在下雨，所以猫将会叫"。

哲学家把这样的推论叫作有效推论，因为结论是从前提中得出的。然而推论有效并不意味着结论是正确的。例如，"如果它是一只猫，那么它喜欢香蕉；这是一只猫，所以它喜欢香蕉"，这个推论是有效的，因为推论的形式是有效的。但很多人都发现结论是错误的。进一步观察就可以发现，从实证的角度讲，"如果它是一只猫，那么它喜欢香蕉"的前提是有问题的，因为至少地球上的猫是不喜欢香蕉的。也就是说，由于前提错误，即使论证是有效的，结论也是错误的。可以想象其他星球上的猫是喜欢香蕉的，那么"猫不喜欢香

> **每个问题的答案都会制造新的未解问题。**
>
> ——卡尔·波普尔

蕉"这个论断可以说是偶然正确，而不是逻辑正确或必然正确（就是要求在所有可能的星球上都正确）。然而，有效且前提正确的论证被称为"可靠"论证。我们可以看到，这个"喜欢香蕉的猫"的论证是有效的但不可靠，而关于苹果和水果的论证则是既有效又可靠的。

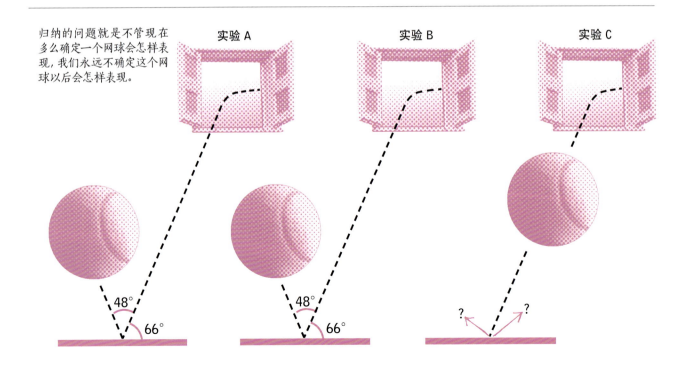

归纳的问题就是不管现在多么确定一个网球会怎样表现，我们永远不确定这个网球以后会怎样表现。

实验 A

实验 B

实验 C

48° 66°

48° 66°

? ?

> **科学可以被形容为系统地进行过度简化的艺术。**
> ——卡尔·波普尔

可证伪性

演绎论证可以说就像计算机程序——它们得出的结论和输入它们的数据几乎一样。演绎推理在科学研究中起重要作用，但它自己不能对世界进行任何描述。它只能说"如果这个事实成立，那么那个事实成立。"如果我们想在科学研究中使用这些论证，我们还要依靠对前提的归纳，因此科学里充满了归纳的问题。

因此，波普尔认为，我们不能证明我们的理论是正确的。而且说一个理论具有科学性不是说它可以被证实，而是它可以被现实多次验证，而且有被证伪的可能。也就是说，一个可被证伪的理论不是错误的理论，而是只有在观察中才表现出错误的理论。

不可验证的理论（例如说我们每个人都有一个看不见的精神指引，或说上帝创造了宇宙）不属于自然科学。这不意味着它们没有价值，只是它们不在科学研究的范围内。

可证伪性的思想也不是说我们不应相信不能证伪的理论。经得起反复验证，且让我们不试图去证伪的理论可以认为是可信的。但即使是最好的理论，也随时接受被新的结果证伪的可能性。波普尔的著作还是受到了一些批评。一些科学家认为他对科学研究持理想主义态

实验证明，某些现象本质上是跟随其他现象发生的。但波普尔认为任何实验都不能证实一个理论，甚至不能证明理论是可能正确的。

度，而科学的运作与波普尔所说的很不同。然而，他的可证伪性思想仍被用于区别科学和非科学论断，波普尔也可能仍是20世纪最重要的科学哲学家。■

卡尔·波普尔

卡尔·波普尔于1902年出生于奥地利的维也纳。他在维也纳大学学习哲学，之后他当了六年的教师。在此期间，他出版了《科学发现的逻辑》，这使他成为最著名的科学哲学家之一。1937年，他移民到新西兰，直到第二次世界大战结束才离开，在那里他写下了对集权主义的研究著作《开放社会及其敌人》。1946年，他移居到英国从事教学，首先在伦敦经济学院，然后在伦敦大学。他于1965年被封为爵士，并继续在英国度过余生。尽管他在1969年退休，但他仍然坚持写作和出版作品，直到1994年去世。

主要作品

1934年 《科学研究的逻辑》
1945年 《开放社会及其敌人》
1957年 《历史决定论的贫困》
1963年 《猜想与反驳：迷信学问的增加》

智力属于道德的范畴
西奥多·阿多诺（1903—1969年）

圣愚的概念在西方有着悠久的历史，早在圣·保罗写给哥林多前的信（出自《新约圣经》）中就要求他的追随者"为基督而愚拙"。这种认识在整个中世纪逐渐发展成为流行文化，刻画出了有着良好道德和纯真品性，胆识欠佳或者缺乏智慧的"圣人"形象。

在《最低限度的道德》一书中，德国哲学家西奥多·阿多诺向传统历史提出了质疑。他质疑试图

（如他所说）为"傻瓜开脱"的做法，希望一切美好都能为人类所感受、所理解。

阿多诺认为，圣愚思想问题的根源，是将人划分成不同的部分，使得人类无法审慎行事。现实中，我们判断的准确性通常取决于感受和理解的契合程度。阿多诺的观点暗示的是，恶行不仅仅是由感官的失误造成的，还会由愚昧和无知所造成。阿多诺是聚焦资本主义发展

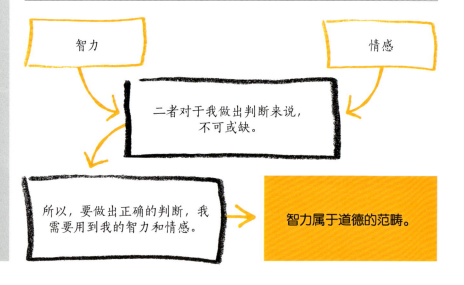

参见: 勒内·笛卡儿 116~123页,格奥尔格·黑格尔 178~185页,
卡尔·马克思 196~203页。

研究的哲学派别法兰克福流派的成员。他谴责诸如电视、电台等的大众媒体传播形式——上述媒体都或多或少地影响了智力和感觉,令人类的道德选择和判断能力有所下降。倘若我们选择看电影大片(只要在我们生活的文化环境中,有选择权的情况下)而不是开动脑筋,这便是一个道德选择。阿多诺认为,大众文化不仅使我们愚拙,也使我们无法道德地采取行动。

基本情绪

阿多诺认为,与幻想圣愚存在这一行为相反的另一种错误是幻想我们可以摒弃情感纯粹依靠智力做出判断。这种情况有可能会出现在法庭上:众所周知,为了理智慎重地做出裁决,法官们必须将自身情感搁置一旁。但在阿多诺看来,摒弃情感后所做出的判断也并不比摒弃智力后所下的判断明智多少。

> 判断的力量由自我的
> 凝聚力来衡量。
> ——西奥多·阿多诺

电视虽令人轻松愉快,但却极其危险:它将扭曲的世界和固化并带有偏见的观点灌输给我们。

阿多诺在文章中写道,当最后一丝情感被驱逐出思想后,我们的思想也将变得空无一物。智力将从"情感的衰退"中受益的看法是错误的。因此,阿多诺相信,由于知识与人类情感毫无关联,作为知识表现形式之一的科学,就如同流行文化一般不断剥夺着我们的人性。

出乎意料的是,很有可能正是科学将最终验证阿多诺有关切断智力和情感所造成的影响这一核心问题的答案。20世纪90年代以来,安东尼奥·达马西奥等科学家对情感和大脑进行了研究,提供了越来越多的证据来论证情绪对决策的指导作用。因而,倘若人们要做出明智的判断,明辨是非,需要同时运用情感和智力。■

西奥多·阿多诺

1903年出生于法兰克福。早年西奥多·阿多诺的梦想是成为哲学家和音乐家,他母亲和阿姨也都是在音乐领域颇有造诣的艺术家。阿多诺在大学里主修了音乐学和哲学,并于1924年大学毕业。原本梦想成为一名作曲家,但在前进的道路上屡屡受挫,转而走向了哲学的道路。阿多诺一直致力于文化工业理论的文艺评论研究,并于1936年发表了《论爵士乐》。

1938年,纳粹主义在德国兴起,阿多诺移居纽约,后又搬到洛杉矶,任教于美国加州大学。第二次世界大战后回到德国,在沃兰克福执教。1969年在瑞士度假时逝世,享年66岁。

主要作品

1949年 《新音乐哲学》
1951年 《最低限度的道德》
1966年 《否定辩证法》
1970年 《美学理论》

存在先于本质

让-保罗·萨特（1905—1980年）

背景介绍

哲学分支
伦理学

聚焦
存在主义

此前
公元前4世纪 亚里士多德提出"我们应该怎样生活"的问题。

19世纪40年代 索伦·祁克果创作了《非此即彼》，探索了"选择"如何塑造了我们的生活。

20世纪20年代 马丁·海德格尔指出，真正重要的是我们与自身存在之间的关系。

此后
1949年 让-保罗·萨特的朋友兼伴侣西蒙娜·德·波伏娃，出版了《第二性》，运用萨特的思想来回答女人与男人之间关系的问题。

自古以来，关于人类是什么，以及什么使得人类与其他生物不同，一直是哲学家们探讨的主要问题。他们在试图解决这些问题时，总是假设人类的本性或者人类的本质是存在的。同时，他们也认为这些本质是亘古不变的。换句话说，他们认为，人类的本质是相同的，而且在过去或未来所有人身上都普遍存在。根据这种观点，所有人类，不论他们所处的环境，都可以具有相同的特质，而且遵循相同的基本价值观念。对让-保罗·萨

参见: 亚里士多德 56~63页, 索伦·祁克果 194~195页, 西蒙娜·德·波伏娃 276~277页, 马丁·海德格尔 252~255页, 阿尔贝·加缪 284~285页。

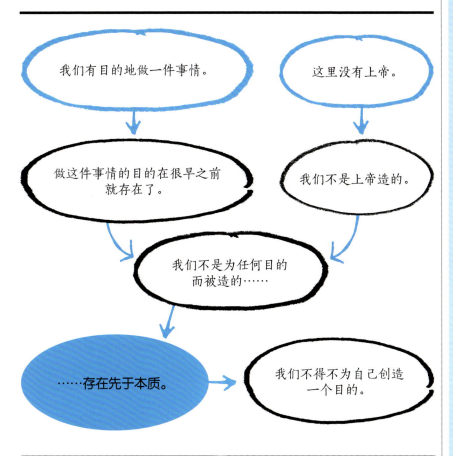

让-保罗·萨特

萨特出生于巴黎, 在他15个月大的时候, 他的父亲就去世了, 由他的母亲和祖母把他养大。萨特是非常有天赋的学生。他进入了著名的巴黎高等师范学院, 并在那里遇到了自己终身的伴侣和哲学家同行西蒙娜·德·波伏娃。毕业之后, 他成为一名教师, 1931年被任命为勒阿弗尔大学的哲学教授。

第二次世界大战期间, 萨特参军并短期入狱, 1941年获释并加入了抵抗运动。

1945年以后, 他的写作日益政治化, 并创建了集文学性和政治性于一体的期刊《现代》。1964年他被授予诺贝尔文学奖, 但是他却拒绝领奖。正是因为他的影响和盛名, 1980年他去世时, 有超过5万人参加了他的葬礼。

主要作品

1938年 《恶心》
1943年 《存在与虚无》
1946年 《存在主义是一种人道主义》
1960年 《辩证理性批判》

特来说, 这样思考人的本性, 容易忽略人类最重要的特质, 那就是我们的自由。

为了阐明他的思想, 萨特做了如下说明。他让我们想象一把裁纸刀(用来开信封那种刀)。制作这把刀的工匠非常清楚这把刀所需要的特质。它需要足够锋利以切开纸张, 而又不能过于锋利以至于造成危险。它必须易于使用, 由合适的材质制成——金属、竹子或者木头, 但不能是黄油、蜡或羽毛——并能很好地发挥功效。如果制作者不清楚裁纸刀的使用目的, 那么很难想象裁纸刀会被创造出来。因此, 裁纸刀的本质——所有那些使其区别于牛排刀或纸飞机的要素——将先于任何裁纸刀而存在。

人类当然不是裁纸刀。对于萨特而言, 人类成为现在这样并非冥冥之中自有天意。我们并不是为了达成某种目的而被造出来的。我们存在着, 但并不是像裁纸刀那样为了达成某种目的。我们的存在先于我们的本质。

界定我们自己

从这里，我们可以发现萨特"存在先于本质"的论调与其无神论之间的联系。萨特指出，宗教对人类本质的解释，可以与裁纸刀工匠的例子作类比——人类的本质对于上帝而言，就等同于裁纸刀的本质对于工匠。萨特声称，即便是许多关于人类本质的非宗教的理论，其根源仍然来自宗教思维，因为他们总是强调人类的本质先于其存在而存在，或者我们是为了某种目标而被制造出来的。在宣扬存在先于本质时，萨特就站在了无神论的立场上。他指出，普世的、永恒的人类本质根本不存在，因为上帝根本不存在，不会为人类设定这些特质。

这里，萨特用一种对人类本质的特别定义，将事物的本质与其目的等同起来。他反对哲学家们所谓的人性目的论概念——即所谓人类存在的目的。他提出了关于人之本性的一种理论，称我们必须为自己找到存在的目的。神不存在，不会替人们提前做规划，我们必须界定我们自己。

界定我们自己，不仅仅要明确我们作为人类是什么，还包括将自己塑造成我们想成为的样子。这是我们区别于世上其他所有生物的根源——我们能够将自己塑造成自己选择的样子。一块石头就只是一块石头，一颗菜花就只是一颗菜花，一只老鼠就只是一只老鼠。但是人类有能力主动塑造自身。

因为萨特的哲学思想将我们从人性天定的桎梏中解放了出来，也就是赋予了我们自由，所以我们可以自由地选择如何自我塑造，虽然也受一定限制。例如，即便再渴望长出翅膀，这也不可能发生。但是，即便在我们可以真正选择的范围内，我们也常常受到制约，依据

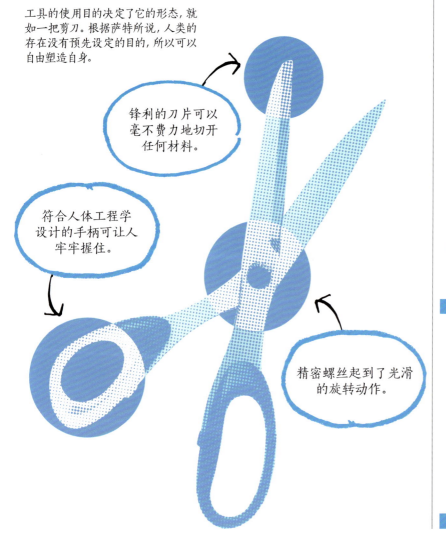

工具的使用目的决定了它的形态，就如一把剪刀。根据萨特所说，人类的存在没有预先设定的目的，所以可以自由塑造自身。

锋利的刀片可以毫不费力地切开任何材料。

符合人体工程学设计的手柄可让人牢牢握住。

精密螺丝起到了光滑的旋转动作。

首先，人类存在着，出现在世上，其后再界定自己。

——让-保罗·萨特

萨特的思想，即我们可以自由塑造自己，影响了大量的法国学生。他们在1968年5月走上街头，反对严酷的大学权威。

习惯或者墨守成规地做出决定。

萨特希望我们摆脱惯性思维，鼓励我们面对一个没有天命的世界。为了避免陷入无意识的行为模式中，萨特认为我们必须不断面对如何行动的选择。

负责的自由

通过做出选择，我们也在创造一套样板，表明人类生活应该是什么样的。如果我决定成为一名哲学家，那么我不仅在为自己做决定。我其实已经含蓄地指出，成为一名哲学家，所付出的努力是值得的。这意味着，自由其实是最大的责任。我们不仅要对自己的选择和自己产生的影响负责，还要为该选择对整个人类产生的影响负责。而且，没有外在的原则和规则可以解释我们自己的行动，我们对自己的

> 只要人还活着，我就不关心他们现在是什么样，他们能成为什么样才令我感兴趣。
>
> ——让-保罗·萨特

选择负有不可推卸的责任。因此，萨特称我们"受到了宣判，刑罚就是给予我们自由"。

萨特的哲学将自由与责任相连，从而被贴上了消极的标签，对此他极力反驳。他讲道，这其实是最为乐观的哲学，因为除了必须为我们的行动对他人产生的影响负责，我们可以完全独立地塑造我们自己的世界和自身。萨特的思想对他的伴侣和哲学家同行西蒙娜·德·波伏娃的创作产生了很大影响，同时，他们两人给法国的文化和日常生活留下了深深的烙印。其中特别是年轻人很受萨特鼓舞，特别是他讲的利用自由来塑造自身的存在。萨特鼓励年轻人挑战传统，挑战20世纪五六十年代弥漫法

国的独裁专制。萨特被认为是1968年巴黎"五月风暴"的关键影响者，这场街头抗议运动促使保守政府倒台，为整个法国引入了更为自由的风气。

涉足政治问题是萨特生活的重要组成部分。他不断地转换阵地，在政治、哲学和文学领域之间穿梭，正是用自己一生的实践，来证明存在先于本质的道理。■

平庸之恶
汉娜·阿伦特（1906—1975年）

1961年，哲学家汉娜·阿伦特出席了在屠杀犹太人中扮演重要角色的阿道夫·艾希曼的审判。在她的作品《艾希曼在耶路撒冷》一书中，阿伦特描绘的艾希曼是一个平淡无奇的人。她面前被告席上的身影并不是像人们想象的那种大恶人。事实上，不过是一个在咖啡厅，在街角都不会注意到的普通人。

判断的失败

出席了审判之后的阿伦特得出了这样一个结论：恶魔并不是恶毒的，或者在做错事中寻求快感的人。她认为，这种人的"恶"是源于其自身不能独立思考和判断。极端政治体制能够利用这种顺从、麻木和不负责任，让这种"不动脑子"成为普遍而正常的现象。

平庸无奇的恶的观点并没有为他们的恐怖罪恶行径开脱。相反，拒绝把那些犯下恐怖罪行的人看作

在汉娜·阿伦特看来，艾希曼承认的罪行，并不是因为对犹太群体的厌恶，而是因为不假思索的服从命令，而不进行其他努力。

"怪物"，拉近了这些行为与我们日常生活的距离，并迫使我们去思考，什么样的恶是我们所有人都可能去犯的。阿伦特认为，我们应该警惕政治制度中无力的一部分和我们自身在思考和判断上可能出现的错误。■

参见：圣奥古斯丁 72~73页，托马斯·阿奎那 88~95页，西奥多·阿多诺 266~267页。

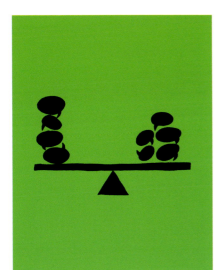

理性存在于语言之中
伊曼努尔·列维纳斯（1906—1995年）

背景介绍

哲学分支
伦理学

聚焦
现象学

此前

20世纪20年代 埃德蒙·胡塞尔从现象学的视角探索了我们同其他人的关系。

20世纪20年代 奥地利哲学家马丁·布伯认为，意义产生自我们同他人的交往。

此后

自1960年起 列维纳斯在人际关系方面的作品影响了法国女权主义哲学家，露丝·伊利格瑞和茱莉亚·克里斯蒂娃。

自1970年起 列维纳斯的观点对精神疗法产生了影响。

2001年 雅克·德里达探索了责任与人道主义问题的关系，比如政治避难所。

伊曼努尔·列维纳斯的哲学观点通过举例更容易被大家所理解。设想一下，在一个寒冷的冬夜里，你在散步的时候，看到路口有一个乞丐哆嗦着蜷成一团。她可能并没有向你乞讨，但是面对这个陌生人的需求，你却感觉自己有不可逃避的责任。你可能会选择无视她的存在，但是，即便你这么做了，你依然会得到这样一条信息：有人需要你的帮助。

不可避免的交流

列维纳斯是立陶宛犹太人，经历过犹太人大屠杀。在他的《整体与无限》一书中，论述"理性存在于语言中"，我们用"语言"与他人交流，即便在我们还是婴儿、开始学说话的时候。当我见到陌生人的面孔——实际上这对我来说确实是一个陌生的面孔——与其交流是我的责任。我可以拒绝同他交流，但是却不能摆脱这一事实。这就是

为何理性出现在我们同他人面对面的时候。因为我们在面对他人需求的同时，还要对自身的行为进行评判。即便你没有施舍给乞丐任何东西，你还是会为你的行为寻找理由。■

没有什么比遇见另一个人更能触动我们的良知。无须做什么，他（她）的存在就督促我们要对自己的言行负责。

参见: 埃德蒙·胡塞尔 224~225页，罗兰·巴特 290~291页，露丝·伊利格瑞 320页，埃莱娜·西苏 322页，茱莉亚·克里斯蒂娃 323页。

274

为了认识世界，我们必须打破对它的已有认知

莫里斯·梅洛-庞蒂（1908—1961年）

背景介绍

哲学分支
认识论

聚焦
现象学

此前

公元前4世纪 亚里士多德认为哲学起源于人类的好奇感。

1641年 勒内·笛卡儿在其《沉思录》中建立的身心二元论，对莫里斯·梅洛-庞蒂思想的形成有巨大的影响。

20世纪初 埃德蒙·胡塞尔创立了现象学。

1927年 马丁·海德格尔著的《存在与时间》，对莫里斯·梅洛-庞蒂思想的形成产生了巨大影响。

此后

1979年 休伯特·德雷福斯研读了海德格尔、维特根斯坦和莫里斯·梅洛-庞蒂的作品，探索了由人工智能和机器人技术引发的哲学问题。

"**哲**学源于我们对世界好奇的能力。"这样的观点可以回溯到古希腊时期。通常我们习惯于把日常生活中发生的事情视为理所应当，而亚里士多德却认为如果想更深地认识世界，我们就必须摒弃对它已有的熟悉认知。真是这样的话，恐怕没有什么比在我们的经验领域这样做更难的了。毕竟，能有什么比我们已有的经验更可靠的事呢？

法国哲学家莫里斯·梅洛-庞蒂对此就很感兴趣，他从更深的层次探究我们对世界的认知，质疑我们在日常生活中的种种设想。这就是我们所熟悉的"现象学"传统——一种由埃德蒙·胡塞尔在20世纪初期

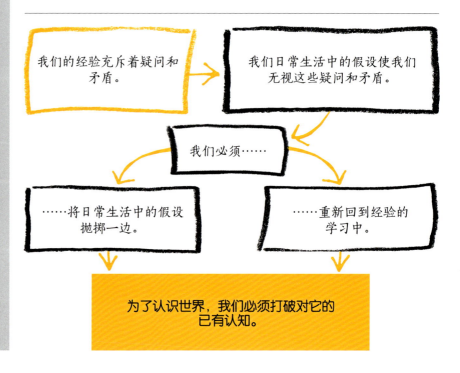

我们的经验充斥着疑问和矛盾。

我们日常生活中的假设使我们无视这些疑问和矛盾。

我们必须……

……将日常生活中的假设抛掷一边。

……重新回到经验的学习中。

为了认识世界，我们必须打破对它的已有认知。

参见: 亚里士多德 56~63页, 埃德蒙·胡塞尔 224~225页, 路德维希·维特根斯坦 246~251页, 马丁·海德格尔 252~255页, 让-保罗·萨特 266~271页。

> **人只有在这个世界上,并只有在这个世界上,才知道自己是谁。**
>
> ——莫里斯·梅洛-庞蒂

开创的哲学方法。胡塞尔让我们把对认识的种种假设置于一旁,用一种系统的方式去探索主观视角的经验。

主体

梅洛-庞蒂继承了胡塞尔的理论,但是有一个很重要的区别。他认为胡塞尔忽略了我们在认知中最重要的一个事实——我们的认知不仅包括心理经验,还包括身体经验。在他最重要的著作《知觉现象学》一书中,梅洛-庞蒂进一步探索了他的观点并得出结论:心灵和身体不是独立分开的实体——这一观点恰恰与笛卡儿开创的一种存在很久的哲学思想相矛盾。对于梅洛-庞蒂,思想和认知是具体的,世界、意识和身体都是一个系统的一部分。他用他所谓的身体-主体替代笛卡儿提出的"无形的心灵"。换句话说,梅洛-庞蒂否定了二元论者关于世界是由两个分离的部分,即心灵和物质组成的观点。

认知科学

因为梅洛-庞蒂总是喜欢重新认识世界,他经常研究一些非正常认知的案例。比如,他认为幻肢症现象(某些失去四肢的人所产生的一种幻觉,他们感觉到失去的四肢仍旧附着在躯干上、并和身体的其他部分一起移动)表明身体不是一部简单的机器。如果它是的话,就不可能感觉到缺失的部分——但是它之所以存在就是因为肢部同主体的意志绑定在了一起。换句话说,身体从来就不"仅"是身体——它一直是"有生命的"。

梅洛-庞蒂一直专注于身体在认知中的作用,和他对于心灵具有基本的具身性本质的看法,这让许多认知科学家重新燃起了对他的著作的兴趣。在认知科学领域的最近的一些进展似乎证实了他的观点:一旦我们打破对世界的熟悉认知,过去的经验就变得非常奇怪。■

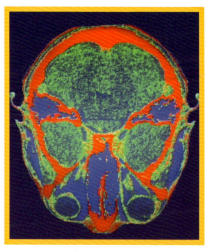

脑部的核磁共振成像为医生提供了可以救人治病的重要信息。但是梅洛-庞蒂则认为,没有任何身体检查信息可以给我们完整的经验报告。

莫里斯·梅洛-庞蒂

莫里斯·梅洛-庞蒂于1908年出生在法国滨海罗什福尔,他于1930年毕业于巴黎高等师范大学哲学系,与让-保罗·萨特和西蒙娜·德·波伏娃是同学。他曾在许多学校担任教师工作,直到第二次世界大战时加入法国步兵。梅洛-庞蒂曾在里昂大学教授哲学,之后在1945年出版了他个人最重要的一本著作《知觉现象学》。

梅洛-庞蒂的兴趣不只是在哲学上,还包括教育和儿童心理学。他还是萨特创立的期刊《现代》的编辑。1952年,他还担任了法兰西学院哲学系主席的职务,也是担任此职务最年轻的人,直到1961年去世,年仅53岁。

主要作品

1942年 《行为的结构》

1945年 《知觉现象学》

1964年 《可见与不可见》

男人被定义为人类，而女人只是女性

西蒙娜·德·波伏娃（1908—1986年）

背景介绍

哲学分支
伦理学

聚焦
女性主义

此前
约公元前350年 亚里士多德认为"女性之所以是女性，是由于其缺乏某种品质"。

1792年 玛丽·沃斯通克拉夫特在其《女权辩护》一书中阐释了两性平等的思想。

20世纪40年代 让-保罗·萨特认为"存在先于本质"。

此后
20世纪70年代 露丝·伊利格瑞探讨了性别差异的哲学影响。

自1980年起 茱莉亚·克莉斯蒂娃将西蒙娜·德·波伏娃所塑造的"男性"与"女性"的概念进一步细化。

法国哲学家西蒙娜·德·波伏娃在她的作品《第二性》中，从哲学和社会学的角度，论述了从古至今以男性的视角来作为衡量人的标准的问题。一些哲学家，如亚里士多德，明显地将人性完全等同于男性。另一些哲学家，虽然并未明确阐释此种观点，却也一直将男性作为人性的评价基准。正因为如此，在波伏娃看来，哲学知识的"自我"被默认为男性，而同男性视角相对应的女性视角，则是其他的东西，波伏娃称之为"他者"。"自我"是积极的，可认知的，"他者"则是"自我"所抵制的：被动、无发言权、无能力。

波伏娃还关注评价女性的方式：只要她们像男性一样，就可以被平等地对待。在她看来，那些所谓的代表女性的男女平等的作品，

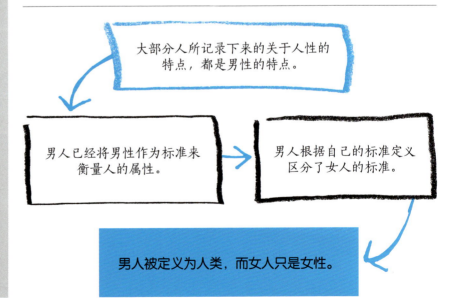

大部分人所记录下来的关于人性的特点，都是男性的特点。

男人已经将男性作为标准来衡量人的属性。

男人根据自己的标准定义区分了女人的标准。

男人被定义为人类，而女人只是女性。

参见: 亚历山大港的希帕提娅 331页,玛丽·沃斯通克拉夫特 175页,让-保罗·萨特 268~271页,露丝·伊利格瑞 320页,埃莱娜·西苏 322页,玛莎·努斯鲍姆 339页。

> 世界的表象是男性的杰作,男性从自身的角度来描述这个世界。
>
> ——西蒙娜·德·波伏娃

不过是基于将女性等同于男性的基础上的平等。她强调这是一个错误的观点,忽略了男性和女性差异的事实。波伏娃的哲学背景是现象学,研究事情如何向我们的经验显现。这种观点认为,我们每个人都在我们自己的意识框架内构建我们的世界,我们在我们的经验之流中建构事情和意义。因此,在波伏娃看来,我们同自身、同他人、同世界、同哲学自身的关系,都被我们究竟是男性还是女性所左右着。

存在主义的女权主义

同时,波伏娃也是一名存在主义者。她相信我们毫无目的地来到这个世界,并为我们自己选择成为什么样的人而努力本真地生活着。波伏娃将这个观念应用到"女性"的概念上,建议我们将生物学上的实体(女性与生俱来的身体形式)与社会所建构出来的女性气质分离开来。因为任何建构都很容易被更改或解释,这也意味着有很多方式可以"成为女性",也存在选择的

空间。在《第二性》的引言中,波伏娃指出,对于这种可变的社会意识,"我们被教育成为女性,我们是女性,我们成为女性,事实上,每一个女性不一定必须是女性。"后来,她更加明确地阐述了自己的观点"女人不是生来就是女人的,而是被后天教育成女人的"。

波伏娃认为,女性首先要将自己的思想解放出来,不能认为自己必须像男人一样,也要将自己从被社会引导的被动中解放出来。过一种本真的生活,与接受社会传承的角色相比,其更具一定的冒险性,但这是通往平等和自由的唯一方式。■

波伏娃认为,故事中的女性被描述为母亲、妻子、处女、大自然的象征等,将女性形象荒谬地理想化,使女性丧失了自我和社会地位。

西蒙娜·德·波伏娃

存在主义哲学家波伏娃生于1908年。在巴黎高等师范学院学习哲学,并遇见了萨特,从此成为萨特的从未履行结婚手续的事实上的终身伴侣。作为哲学家和小说家,她经常在小说中探索哲学主题,如《女客》《名士风流》。她著名的作品《第二性》将存在主义方法引入了女权主义。尽管最初被政治左派和右派所诋毁,并被列为梵蒂冈禁书,它依然是20世纪最优秀的女性作品。波伏娃是一个多产的作家,她一生写就了旅行游记、回忆录、四卷自传、政治散文等。她于78岁去世,葬于蒙帕纳斯公墓。

主要作品

1944年《皮鲁斯与斯内阿斯》
1947年《模棱两可的伦理学》
1949年《第二性》
1954年《名士风流》

语言是社交艺术

威拉德·冯·奥曼·蒯因（1908—2000年）

背景介绍

哲学分支
语言哲学

聚焦
分析哲学

此前

约公元前400年 柏拉图的《克拉底鲁篇》率先探讨了词与物的关系。

19世纪 索伦·祁克果强调了研究语言对哲学的重要性。

20世纪50年代 路德维希·维特根斯坦提出不存在所谓的私人语言。

此后

20世纪80年代 理查德·罗蒂认为，比起反映现实，知识更像一种对话。

20世纪90年代 蒯因的学生丹尼尔·丹尼特在《意识的解释》一书中认为，意义和内在经验只能被理解为社会行动。

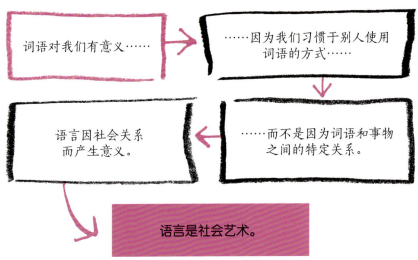

词语对我们有意义……

……因为我们习惯于别人使用词语的方式……

……而不是因为词语和事物之间的特定关系。

语言因社会关系而产生意义。

语言是社会艺术。

些哲学家认为语言是词与物之间的关系，然而威拉德·冯·奥曼·蒯因则不这样认为。语言不仅仅表现了物体和语言的能指之间的关系，还需要知道要说什么和什么时候说。语言是一种社会艺术，蒯因于1968年在其散文集《本体论的相对性》中进行了阐述。

蒯因进行了如下的思维实验。设想一下，我们遇到了一群人，这群人是说着和我们不一样的语言的他国本土人群。当我们和这群人在一起坐着的时候，一只兔子出现了。那群本土人中的某人说了一句"Gavagai"。我们怀疑是否可以把兔子出现的这个事件和本土人说"Gavagai"这一事实联系起来。随着时间的流逝，我们注意到每次兔子出现的时候，都会有人说"Gavagai"。于是我们得出结论，"Gavagai"或许可以翻译成兔子。但是，蒯因却坚决否定这样的观点。"Gavagai"可以代表任何事情。比如，它可以是"哦，看，晚

参见: 柏拉图 50~55页, 索伦·祁克果 194~195页, 弗迪南·德·索绪尔 223页, 路德维希·维特根斯坦 246~251页, 罗兰·巴特 290~291页, 丹尼尔·丹尼特 339页。

餐!"也可以是"看哪,一个毛茸茸的动物!"如果我们想给"Gava-gai"下定义,我们可以尝试其他的办法。我们可以指向其他毛茸生物(或者晚餐菜单上的其他菜肴),看看是不是会听见同意或者反对我们的话语"Gavagai"。但是,即使我们每次听到"Gavagai"这个被我们理解为"兔子"的词,我们仍然不能确定这就是合适的翻译。"Gavagai"可以是"兔子一类的生物",或者是"丛林兔",或者是"兔子或者野兔",它还可能是当看到兔子时候,必须要做的一个短暂的祈祷。

蒯因认为词语没有特定的意义。在特定的语境下,当有人说"兔子"的时候,可能是在指代任何数量的任何东西。

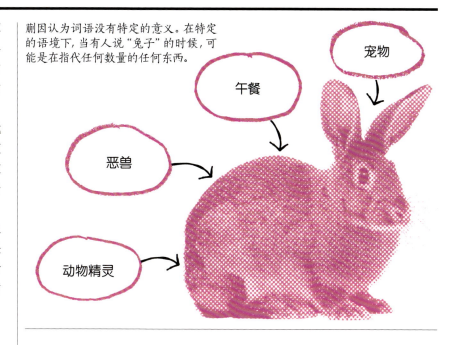

不确定的语言

为了尝试给"Gavagai"这个神秘单词一个准确的定义,我们可能会认为,彻底地学习他们的语言是一个解决办法,那样,我们就可以完全确定,用词在特定语境下的含义。但是这样做会导致更多的麻烦,因为我们不确定我们用于解释"Gavagai"含义时候的词语是准确的。

蒯因将这个问题视为"翻译的不确定性",并认为语言最终没有任何意义。某人说出"Gavagai"时候的感觉,令这种表达变得有意义,不是因为词语和物件之间的神秘关系,而是源于我们的行为,源于我们参与到了语言这一社会艺术中。■

威拉德·冯·奥曼·蒯因

1908年出生于美国俄亥俄州,和逻辑学家、数学家阿尔弗雷德·诺斯·怀特海一起就读于哈佛大学。大学里,他遇到了伯特兰·罗素,此人对他的思想产生了巨大的影响。1932年在完成博士学位以后,他游历欧洲,会见了当时维也纳附近杰出的哲学家。

回到哈佛教书后,蒯因的执教生涯因第二次世界大战短暂中断,并为美国海军情报机构工作了四年。作为一个杰出的旅行家,他说他以游历了118个国家而自豪,而不会为自己所获得的奖学金或者其他头衔而骄傲。1956年蒯因担任哈佛大学哲学教授,并在那里教书至2000年逝世,享年92岁。

主要作品

1952年《逻辑的方法》
1953年《从逻辑的观点看》
1960年《语词与对象》
1990年《真之追求》

自由的基本感觉就是解脱枷锁

以赛亚·伯林（1909—1997年）

背景介绍

哲学分支
伦理学

聚焦
分析哲学

此前

1651年 托马斯·霍布斯在《利维坦》中探讨了自由和国家力量之间的关系。

1844年 索伦·祁克果认为所谓道德意志的自由选择是不幸的主因。

1859年 在约翰·斯图尔特·密尔的《论自由》一书中，区分了躯体的自由和精神的自由。

1941年 精神分析学家埃里希·弗洛姆在其著作《逃避自由》一书中，探讨了积极自由和消极自由的区别。

此后

如今 新兴技术的兴起与发展引发了关于自由本质问题的新的探讨。

自由的两面性

积极：我们自由地掌控我们的生活，选择我们的人生目标。

消极：我们不被任何其他东西所限制、牵绊。

但是我们的个人目标有时是矛盾的，或者会导致对他人的统治。

当我们的积极自由使得其他消极自由减少，自由将变成压迫。

自由的基本感觉就是解脱枷锁。

自由意味着什么？这个问题在英国哲学家以赛亚·伯林于1958年创作的著名随笔《自由的两种概念》中进行了阐述。书中他将"积极"的自由和"消极"的自由进行了区分。虽然他不是第一个将这两个概念加以区分的人，但是他阐述了更多自己的独到见解，并指出了我们日常生活中自由的概念里自相矛盾的部分。

参见: 让-雅克·卢梭 154~159页, 约翰·斯图尔特·密尔 190~193页, 索伦·祁克果 194~195页, 卡尔·马克思 196~203页, 让-保罗·萨特 268~271页。

在伯林看来, 消极自由是从根本上讲的自由。这是一种源于外部障碍的自由: 我自由, 因为我没有被拴在大石头上, 因为我没有在监狱, 等等。这种自由源于外部的力量。但是伯林指出, 当我们提及自由, 我们通常所指的远比这种源于外部力量的自由微妙。自由某种程度上也是一种自决, 是一个人自己的希望、意图和目的。积极自由, 是指控制个人的命运。归根结底, 并非因为房门没锁, 我就得到了自由。这种积极自由不单单是个体性的, 因为自决可以上升到组织和国家的层面。伯林看来问题主要在于, 这两种自由是相矛盾的。设想一下演奏大号时规则中的自由。初学大号时, 我没有受到技巧的束缚, 但是也演奏不出什么; 待我技巧成熟了, 就可以自由地做一些即兴演奏。再设想一下, 现实生活中, 人们通常会通过使用积极自由的权利, 来选举新政府上台, 即便知道新的政府执政之后, 消极自由将会有所限制。

生活目标

伯林提出了另一个问题: 谁又能阐述积极自由的终极目标是什么? 在独裁主义和极端主义制度下, 人们对生命的目的有着非常僵化的看法, 因而限制消极的自由, 才能最大限度地发挥人们对幸福的想象。

伯林对自由的两面性是这样评述的。首先, 认识到我们渴求的多种自由是矛盾的对立面, 这本身很重要, 因为生命本身是没有目标的, 只有个体生命的目标。他强调, 这个事实被为道德寻求普世基础的哲学家忽略了, 其将生命的意义和"权利行动"搞混了。其次, 我们需要保持没有"欺压和统治"的基本自由感, 这样我们才能不将自己的理想演变为拴住自己和他人的链条。■

以赛亚·伯林

以赛亚·伯林于1909年, 出生在俄国拉脱维亚的里加(当时属于沙皇俄国)的一个犹太人家庭。他出生的时候, 还是沙皇俄国时期, 之后便是新的共产主义国家。随着反犹太主义高涨, 和苏联政治制度的变更, 他1921年随家人前往英国。伯林是牛津的高才生, 并在牛津担任讲师。作为哲学家, 他有着广泛的兴趣爱好, 从艺术到文学和政治都有涉猎。他的文章《自由论》于1958年在牛津大学交稿, 并被视为20世纪经典的政治理论之一。他被视为最杰出的自由主义思想家之一。

主要作品

1953年 《刺猬和狐狸: 论托尔斯泰的历史观》
1958年 《自由的两种概念》
1990年 《扭曲的人性之才: 思想史篇章》
2000年 《思想的力量》
2006年 《浪漫主义时期的政治思想》

282

像山一样思考

阿伦·奈斯（1912—2009年）

背景介绍

哲学分支
伦理学

聚焦
环境哲学

此前

约1660年 贝内迪克特·斯宾诺莎发展了作为上帝延伸的自然的哲学。

1949年 奥尔多·利奥波德《沙乡年鉴》出版。

1960年 英国科学家詹姆斯·洛夫洛克提出"盖亚假说"，认为自然世界是一个超级有机体。

1962年 美国生物学家雷切尔·卡森出版《寂静的春天》，该书对奈斯思想的形成起到了重要的作用。

此后

1984年 禅师罗伯特·艾特肯·罗西将深层生态学思想与日本佛教哲学家道元的思想相结合。

"**像**山一样思考"已经和"深层生态学"一词密不可分。挪威哲学家、环保主义者阿伦·奈斯于1973年提出了"深层生态学"这一概念。他用这个词强调他的观点：如果想要避免环境灾难，人类必须首先认识到自己是自然的一部分，而不能将自己从自然中剥离开来。"像山一样思考"的概念则要追溯到1949年，是美国生态学家利奥波德在《沙乡年鉴》中提出的。20世纪初，利奥波德在新

墨西哥州当林业官的时候，在山腰射杀了一只母狼。"我第一时间走了过去，却看到了母狼眼中奄奄一息的绿火，"他写道，"那时，我认识到，那双眼中的东西，对我来说是未知的，只有它和这座山知道。"利奥波德从他的亲身经历中得出结论：我们应该像山一样思考，不能仅仅考虑我们人类自身的需求，而应该考虑整个自然世界的需求。他暗指，人类因更关注于触手可及的利益，而忽视自身行

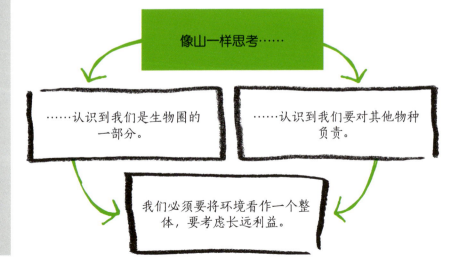

像山一样思考……

……认识到我们是生物圈的一部分。

……认识到我们要对其他物种负责。

我们必须要将环境看作一个整体，要考虑长远利益。

参见: 老子 24~25页, 贝内迪克特·斯宾诺莎 126~129页, 弗里德里希·谢林 335页。

> 为长远考虑是对大自然的忠诚。

——阿伦·奈斯

为的意义。"像山一样思考"意味着,认同环境,并认识到环境在我们生活中的重要作用。

协调与自然的关系

奈斯用"深层生态学"理论发展了利奥波德的观点。他所持的"深层生态学"的观点认为,只有像利奥波德阐述的那样,才是真正的保护了我们的环境。奈斯呼吁人类应该将自己视作生物圈的一部

分,应该感谢构成我们生活的每一个元素,将我们的世界看作一个整体,并找到自身在这个整体中的位置。

奈斯介绍"深层生态学"是一种根植于万物众生共存关系的意识,更是一种自我意识的认知。他强调,只有将狼、蛙、蝙蝠,甚至山林,都扩充到我们所认同的世界的范围内,才能有更加快乐和有意义的生活。

奈斯的"深层生态学"对环境哲学和环保主义的发展产生了重要影响。我们这些在城市里生活的人,很难或者不可能将自身和生态联系起来。然而,这或许也是可能的。

禅师罗伯特·艾特肯·罗西于1984年写道,"当一个人像山一样思考,像黑熊一样思考,这样,你赶公车去上班的时候,蜂蜜就会从你身上滚落。"(暗指生活如蜜糖一般甜蜜)■

奈斯认为,自然世界不是一种我们为了自身利益而竭力去操控的东西。所谓的生活得好,前提是将生活和自然界的其他个体同等对待。

阿伦·奈斯

阿伦·奈斯被广泛认为是20世纪挪威哲学的领军人物。他于27岁成为奥斯陆大学最年轻的教授。同时,他是一个著名的登山家,1950年他成功登顶巴基斯坦北部的蒂里杰米尔峰。

直到1970年从教学岗位退休,奈斯才积极地从事他的哲学思想的研究,并投身于环境问题的运动中来。1970年,为反对在马尔达尔斯瀑布附近修建大坝,他将自己拴在挪威马尔达尔斯瀑布的岩石上。

1988年他当选挪威绿色和平组织主席,2005年被封为爵士。

主要作品

1968年《怀疑论》
1974年《生态学、共同体与生活方式》
1988年《像山一样思考》
2002年《生活的哲学:深层世界的理性和感觉》

没有任何意义的生活将会更好

阿尔贝·加缪（1913—1960年）

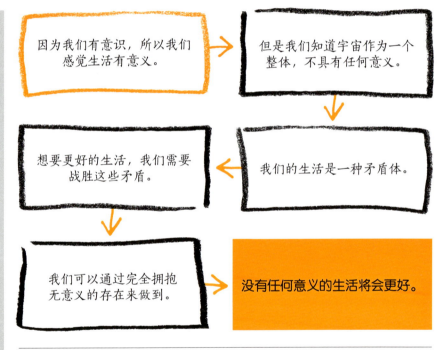

因为我们有意识，所以我们感觉生活有意义。

但是我们知道宇宙作为一个整体，不具有任何意义。

想要更好的生活，我们需要战胜这些矛盾。

我们的生活是一种矛盾体。

我们可以通过完全拥抱无意义的存在来做到。

没有任何意义的生活将会更好。

一些人认为哲学是为了探寻生命的意义而存在的。但法国哲学家、小说家阿尔贝·加缪则认为，哲学应承认生活本无意义这一观点。起初，这看起来是一个消极的观点，但加缪认为，只有接受这一观点，才能有更加充实的生活。加缪的观点在

他的文章《西西弗斯的神话》中体现。西西弗斯是希腊神话中的人物，得罪了诸神，被悲惨地打入地狱。他的任务是将巨石滚上山，再看着巨石滚下来，西西弗斯再长途跋涉下山，重复滚石这一任务。日复一日。加缪被这一故事吸引，在他看来这浓缩了生活中无意义和荒

参见：索伦·祁克果 194~195页，弗里德里希·尼采 214~221页，马丁·海德格尔 252~255页，让-保罗·萨特 268~271页。

西西弗斯被惩罚永生滚石上山，但是加缪认为，如果他接受这毫无意义的永久性工作，即便在此种严酷的条件下，他也能找到自由。

谬的部分。他认为，生活是与所执行的毫无意义的任务所进行的无止境的斗争。加缪认为，我们做的事情看似有意义，但是本质却有微妙的差别。一方面，我们是有意识的生物，无助地过着看似有意义的生活。另一方面，这些所谓的意义，在宇宙中并不存在，而只存在人类的意识之中。宇宙这个整体，本身并无任何意义和目的。但是，人类区别于其他生物，人类是有意识的生物，到处寻找意义和目的。

认识荒谬

在加缪看来，荒谬是当我们认识到，我们赋予生命的意义并不存在，即超出我们认知的时候的一种感觉。我们努力去感知生命的意义，但是我们所学的知识告诉我们，作为一个整体的宇宙都是没有意义的——这个矛盾贯穿于我们的生活中。

根据这一矛盾，加缪探索了生命的意义。他认为，只有当我们认识到生活的无意义和荒谬这一事实，我们才能充实地生活。接受荒谬这一观点，我们的生活变成一个

向高处努力的奋斗足够填满男性的心。
——阿尔贝·加缪

不断反抗毫无意义的宇宙的过程，（抛开对生命意义的探寻）才有我们自由的生活。

这一观念被后来的哲学家托马斯·奈吉尔进一步发展，奈吉尔认为生活的无意义可归因于意识的本质，因为无论我们如何认真地对待生活，我们心知肚明，这种认真总能从某种角度被质疑。■

阿尔贝·加缪

阿尔贝·加缪1913年出生于阿尔及利亚。父亲于第一次世界大战后不幸离世，在极其穷困潦倒的条件下，加缪被母亲抚养长大。他在阿尔及尔大学学习了哲学，大学里他患肺结核，此病伴随他一生。25岁的时候他移居法国，卷入政治活动。1935年他加入了法国共产党，但于1937年被除名。在第二次世界大战期间，他是《战斗》的主编，编辑地下报纸，创作了知名小说，如《局外人》。他的作品涉及戏剧、小说和散文，并于1957年获得了诺贝尔文学奖。46岁不幸死于车祸。

主要作品

1942年 《西西弗斯的神话》
1942年 《局外人》
1947年 《鼠疫》
1951年 《反抗者》
1956年 《堕落》

CONTEMPORARY PHILOSOPHY 1950–PRESENT

当代哲学
1950年至今

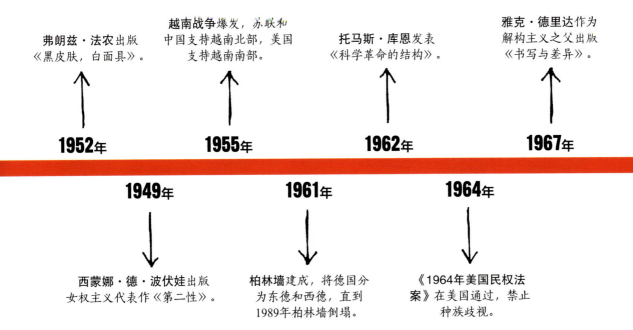

弗朗兹·法农出版
《黑皮肤,白面具》。

越南战争爆发,苏联和
中国支持越南北部,美国
支持越南南部。

托马斯·库恩发表
《科学革命的结构》。

雅克·德里达作为
解构主义之父出版
《书写与差异》。

1952年　　**1955**年　　**1962**年　　**1967**年

1949年　　**1961**年　　**1964**年

西蒙娜·德·波伏娃出版
女权主义代表作《第二性》。

柏林墙建成,将德国分
为东德和西德,直到
1989年柏林墙倒塌。

《1964年美国民权法
案》在美国通过,禁止
种族歧视。

21世纪最近的20年,科技进步,传媒发展。第二次世界大战结束后,大众媒体,特别是电视,在引领流行文化方面发挥了重要作用,其反正统理念反过来加速了政治和社会的变革。1960年后,欧洲和美国的旧秩序遭到了质疑,东欧出现了持不同意见的势头。

20世纪80年代,冷战结束,东西方的关系缓和。1989年柏林墙的倒塌成为世界和平发展的新希望。20世纪90年代,民族和宗教问题致使美国在新世纪初开始了"反恐战争"。

精英哲学

西方文化发生了巨大变革。因前卫知识不顾大众口味,"通俗文化"和"高雅文化"之间的差距自20世纪60年代开始愈发加大。哲学遵循着精英文化的道路,特别是自20世纪60年代,深受爱戴的马克思主义的存在主义哲学家让-保罗·萨特故去后,哲学便鲜有人问津。

自20世纪七八十年代起,大陆哲学中占据主导的是解构主义,这是一场从基于文学的法国哲学发展起来的运动。此次运动的核心是文本解构,揭示文本内在的不稳定性,具有许多相互冲突的意义。该理论原则的倡导者法国理论家路易·阿尔都塞、雅克·德里达及米歇尔·福柯等人的文本研究与左翼政治思想相契合,分析师雅克·拉康将结构主义发展出精神分析的视角。他们的思想迅速被一代作家和艺术家所接受,成为"后现代主义"。他们反对单一的、客观的真理、观点或叙事。

解构主义对哲学的贡献没能被英语国家的哲学家所认可。他们认为那些作品充斥着怀疑和嘲讽。在语言分析的哲学传统中,大陆解构主义似乎是最为简单的,尽管它经常通过无法捉摸的散文来掩饰它的文学根基。

哲学家的争辩并没有在当时引领出崭新的文化潮流。这或许是由于后现代主义对于普罗大众来说实在是过于晦涩难懂的缘故。后现代

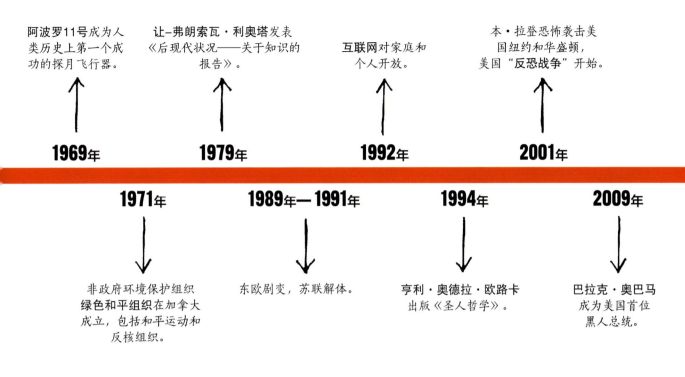

阿波罗11号成为人类历史上第一个成功的探月飞行器。

让–弗朗索瓦·利奥塔发表《后现代状况——关于知识的报告》。

互联网对家庭和个人开放。

本·拉登恐怖袭击美国纽约和华盛顿，美国"反恐战争"开始。

1969年

1979年

1992年

2001年

1971年

1989年—**1991**年

1994年

2009年

非政府环境保护组织**绿色和平组织**在加拿大成立，包括和平运动和反核组织。

东欧剧变，苏联解体。

亨利·奥德拉·欧路卡出版《圣人哲学》。

巴拉克·奥巴马成为美国首位黑人总统。

主义中最为人接纳的是后现代主义艺术，这是一种以高度的概念化，同时辅以知识精英对艺术作品的解读为特点的艺术形态。似乎这种艺术的创作初衷就是为了故意避开公众的普遍赞赏，像抽象的哲学一样，只为迎合某些专业的学者和艺术家的品位，而与世俗的世界完全脱节。但公众、商界和政府则更希望从哲学中获得更为切实的指导。

一种更加实际的方法

尽管后现代主义哲学并没有获得大众的普遍欢迎，但此阶段的哲学家们仍然将注意力放在研究与人类生活息息相关的各种社会、政治和道德问题之上。后殖民地非洲的一些思想家们，如弗朗兹·法农，开始钻研种族、身份问题和自由解放斗争之中的各种问题。而后期包括亨利·奥德拉·欧陆卡在内的哲学家们则探讨主宰哲学本身的内部规则及其具体细则，逐渐开创了非洲哲学的新纪元。

紧随着西蒙娜·德·波伏娃的存在主义女权主义哲学之后，法国的诸如埃莱娜·西苏和露西·依利格瑞在内的哲学家们开始为女权主义注入了后现代主义视角，但其他欧洲国家的思想家们则完全将后现代主义弃置一旁。其中的一些人，如美国哲学家约翰·罗尔斯和德国哲学家尤尔根·哈贝马斯就重回对普遍概念的研究之中，对诸如正义及沟通在内的种种概念进行了深度的探索。

21世纪的哲学家们采取的是更为切实可行的哲学研究方法，公众也因而再度对哲学产生了兴趣。我们无法预测未来哲学的发展方向在何方，但我们能够确定的是哲学会继续为人类创造更多发人深省的观点和理念。■

语言就是肌肤

罗兰·巴特（1915—1980年）

背景介绍

哲学分支
语言哲学

研究方法
符号学

此前

公元前380年 柏拉图的《会饮篇》是西方历史上第一次关于爱的哲学讨论。

4世纪 希波的圣奥古斯丁广泛地探讨了爱的本质。

1916年 费迪南德·索绪尔的《普通语言学教程》一书，开始把语言视为一系列符号的研究。

1966年 法国精神分析学家雅克·拉康在其作品《拉康选集》中深入探讨了阿尔西比亚德斯、阿伽颂和苏格拉底之间的关系。

此后

20世纪90年代 茱莉亚·克里斯蒂娃探究了爱、符号学和精神分析之间的关系。

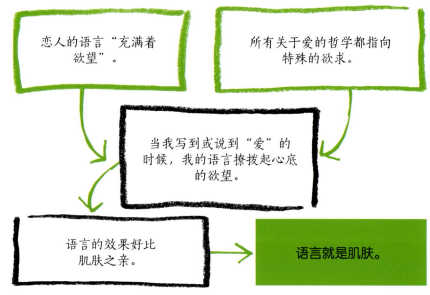

恋人的语言"充满着欲望"。

所有关于爱的哲学都指向特殊的欲求。

当我写到或说到"爱"的时候，我的语言撩拨起心底的欲望。

语言的效果好比肌肤之亲。

语言就是肌肤。

《恋人絮语》一书由哲学家、文学批评家罗兰·巴特撰写，这本书内容奇特，但又非常受欢迎。和它的法语书名《片段的话语回忆》一样，这本书片段式的文字和场景描述的手法，和德国哲学家沃尔特·本雅明的《单向街》一书有些类似。《恋人絮语》不是一本哲学书，更像是一段爱情故事，但又是非真实的爱情故事。没有角色，甚至没有剧情，只有恋人的思考。巴特称之为"极端的孤独"。

在书的开始部分，巴特明确指出，场景为虚构的，因为恋人孤独思考的来源总是互相冲突的，缺乏任何清晰的秩序。作为恋人，巴特认为，自己甚至可以反对自己。恋人是这样一些人，他们的爱太过激情，令故事"丢失了情节"。因此，巴特不采用场景或叙事，而将

参见: 柏拉图 50~55页, 圣奥古斯丁 72~73页, 弗迪南•德•索绪尔 223页, 沃尔特•本雅明 258页, 雅克•德里达 308~313页, 茱莉亚•克里斯蒂娃 323页。

恋人是疯狂的。
——罗兰•巴特

恋人矛盾的心理状态和混乱的情绪整理在一起，使读者产生共鸣"是这样的，我见过这样的……"

爱的语言

巴特在书中写道："语言就是肌肤"。语言，恋人的语言，并不是通常描述世界的语言——巴特认为这时的语言是在欲望中颤动的。巴特记录了如何"用语言触及对方"，"那就好像我用语言，而不是手指，或者说用语言的手指。"巴特强调，我是用冷静的哲学思想描述爱情，但在我冷静的哲学思考背后，依然隐藏着一个秘密——对某个特定人物的欲望，即便此人是一个并不存在的幻觉或者臆想。

巴特还从柏拉图的对话录《会饮篇》中，为"隐藏的秘密"举了一个例子（虽然没有提及，但该例子的背景是一个与现实无关的哲学论述）。这些关于爱的一系列讨论，发生在古希腊诗人阿伽颂的家中。雅典杰出的政治家、演说家和将军阿尔西比亚德斯很晚才出现在阿伽颂家里的这个宴席上，并且已经喝得酩酊大醉了。阿尔西比亚德斯与阿伽颂，以及哲学家苏格拉底同席而坐。他醉醺醺地发表了演说，其中充满了对苏格拉底的溢美之词，但事实上，他真正仰慕的是阿伽颂，这篇演说也是针对阿伽颂而作。因此，阿尔西比亚德斯的语言就是一种恋人之间的语言。

但是，当我们讨论其他事物的时候，所用的语言又是什么样的呢？只有恋人之间的语言才饱含着隐藏的欲望？这是否也同样适用于其他类型的语言呢？巴特并没有给出答案，而是留给我们自己去思考。■

巴特认为，恋人之间的语言就像肌肤之亲，是恋人之间与生俱来的。他们的辞藻如同肢体接触一般能感染对方，而且只有对方才能被打动。

罗兰•巴特

罗兰•巴特1915年出生于法国诺曼底的瑟堡。1935年进入巴黎索邦大学就读，于1939年毕业。其间他得了结核病，并因生病未能获得教师证书，但也因此免去了第二次世界大战的服役任务。战后，他取得了教师资格，并到法国、罗马尼亚、埃及教书。1952年，他回到法国开始创作一些片段文字，后于1957年整理出版为《神话学》一书。

巴特于20世纪60年代在法国和国际上出名，并曾在国内外教学。64岁时与法国总统密特朗吃完午餐后，被洗衣店的货车撞倒，一个月后不幸逝世。

主要作品

1957年 《神话学》
1973年 《文本的快乐》
1977年 《恋人絮语》

没有文化，我们怎么管理？

玛丽·米奇利（1919—2018年）

在1978年出版的著作《兽与人》一书中，英国哲学家玛丽·米奇利评估了自然科学对我们理解人性所产生的影响。人们常常认为，某些科学发现，特别是古生物学和进化生物学的一些科学研究，与我们对"人"本性的研究相冲突。米奇利就这些担心进行了研究，强调了我们区别于动物的特质，以及我们与动物相通的地方。

她所解决的重要问题之一，即人类生活中本性和文化之间的关系。她的关注点在于许多人将本性和文化视为矛盾体，就好像文化并非自然产生的，而是附加在我们的动物属性之上的。

米奇利不认同文化与本性完全无关。她试图证明文化是一种自然现象。换言之，我们已经进化成为具备文化属性的生物。对于人类而言，可以说，文化的产生就如蜘蛛结网一般自然。人类离开了文化，就如同蜘蛛离开了蜘蛛网。人类对文化的需求，是与生俱来的，也是自然而然形成的。因此，米奇利希望强调人类存在的特殊性，同时也将人类放在整个物种进化的长河中进行考量。■

我们试图不去相信自身的动物属性，并将自身与动物进行区分。

——玛丽·米奇利

参见：柏拉图 50~55页，亚里士多德 56~63页，路德维希·维特根斯坦 246~251页。

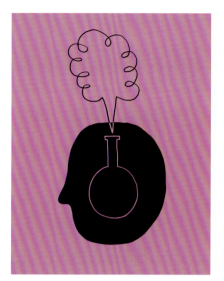

常规科学并非旨在发现新事物或者进行理论创新

托马斯·库恩（1922—1996年）

背景介绍

哲学分支
科学哲学

聚焦
科学史

此前

1543年 尼古拉·哥白尼发表《天体运行论》，使我们对太阳系的认识发生了范式转移。

1934年 卡尔·波普尔在《科学发现的逻辑》一书中将"可证伪性"作为评判科学的标准。

此后

1975年 保罗·费耶阿本德在其著作《反对方法：无政府主义知识论纲要》中主张"认识论的无政府主义"。

1976年 伊姆雷·拉卡托斯在其著作《证明与反驳》一书中，将卡尔·波普尔的"可证伪性"和库恩的思想结合在一起。

如今 对量子现象的不同解释，产生了亚原子世界的不同范式。

美国物理学家和科学史学家托马斯·库恩因他在1962年出版的《科学革命的结构》一书而名扬天下。一方面，这本书对科学史的转折点进行了阐释；另一方面，这本书试图探究"科学革命是如何产生的"这一重要理论。

范式更替

在托马斯·库恩看来，科学在常规科学时期和危机时期之间发生了改变。常规科学是指科学家们在既定理论框架之下从事研究的日常流程，或者称之为"范式"。这种研究积累的成果，并不会对既定理论框架产生根本影响。有时，出现反常的和罕见的结果也在情理之中，但是，在证据面前，这些结果被科学家们认为是错误的。根据库恩的理论，常规科学并不旨在创新。但是，随着时间的推移，反常现象不断累积，致使转折点出现。在此转折之后，如果产生了一套新的理论，将会产生范式的更替，新的理论框架代替旧的理论框架。最终，这种新的理论框架成为新的常态，于是新一轮的常规科学又开始了，直到新的反常现象显现。例如，爱因斯坦的相对论的出现，就建立在粉碎传统时空观念的基础之上。■

尼古拉·哥白尼提出的"日心说"是科学史上的一次革命。也正是自那时起，科学家们开始摒弃"地心说"。

参见： 弗朗西斯·培根 110~111页，鲁道夫·卡尔纳普 257页，卡尔·波普尔 262~263页，保罗·费耶阿本德 297页，理查德·罗蒂 314~319页。

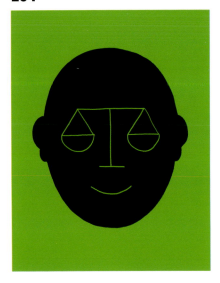

正义的原则应在无知之幕后选定

约翰·罗尔斯（1921—2002年）

我们所有人都希望扩大自己的利益。

要做到这一点，我们需要合作。

这又牵扯到规则。

公平和正义的规则必须同等适用于每一个人，而忽视社会的现状。

正义的原则应在无知之幕后选定。

在 1971年出版的著作《正义论》中，约翰·罗尔斯主张依照他的观点"作为公平的正义"来重新审视正义。他的方法以我们所熟知的社会契约论为基础，把法律规则视作一种契约，认为人们之所以愿意遵守它，是因为相比于个人自身的努力，它能带来更多的利益。罗尔斯关于这个理论的观点涉及一种思想实验，其中人民不知道他们在社会中的地位，或者说，在社会契约建立的时候所处的"原初地位"。通过这个实验，罗尔斯建立了他关于正义的原则，他认为，所有理性的存在物都应该赞同。

原初地位

设想一下，一群陌生人被孤立在一个荒岛上，并且，大家对于获救已经绝望了——他们决定重建一个社会。每一位幸存者都想最大化自己的利益，但是每一个人都意识到，他们必须通过一种共同协作的方式才能实现这个目标，换句话说，遵守一个社会契约。问题在于，他们怎样才能建立一套正义的

参见: 柏拉图 50~55页, 托马斯•霍布斯 112~115页, 约翰•洛克 130~133页, 让-雅克•卢梭 154~159页, 诺姆•乔姆斯基 304~305页。

原则？基于什么样的规则？如果他们对真正理性和不偏不倚的正义感兴趣的话，那么就应该有无数的需要立即执行的规则。比如，"如果你的名字叫约翰，你必须最后一个吃饭"，这个规则既不理性又不公正，即使你名叫"约翰"给你带来好处。

罗尔斯说，在这种情况下，我们应该对我们生活中所有的事实施加一个"无知之幕"，比如我们是谁，我们在哪里出生，并问什么样的规则是最适合我们的。罗尔斯的观点是，仅有的能够被所有各方理性认可的规则，是那些真正不偏不倚的，不考虑诸如种族、阶层、信仰、特长和是否残疾等因素。换句话说，如果我不知道我在社会中的地位，那么理性追求自我利益会迫使我去支持一个各方都被公平对待的世界。

理性和仁爱

需要重点指出的是，对于罗尔斯来说，在世界上，正义成为主导已不再只是个故事。相反，他以不偏不倚为基准，给了我们一种检验正义理论的方法。他认为，如果人们无法达到标准，那也是因为我们的理性，而不是我们的仁爱失败了。■

约翰•罗尔斯

约翰•罗尔斯1921年生于美国马里兰州。他曾在普林斯顿大学学习，之后加入了陆军，第二次世界大战期间在太平洋战场服役。战后，在看到广岛的废墟之后，他从军队退伍并回学校学习哲学，1950年取得博士学位。

之后罗尔斯在牛津大学进一步深造，在返回美国任教之前结识了哲学家以赛亚•伯林。在康奈尔大学和麻省理工学院任教一段时间之后，他去了哈佛大学并写下了《正义论》。在哈佛大学期间，他后来成为哲学家的托马斯•奈吉尔和玛莎•努斯鲍姆的老师。

1995年，罗尔斯患上了严重的中风，一直工作到2002年去世。

主要作品

1971年 《正义论》
1993年 《政治自由主义》
1999年 《万民法》
2000年 《道德哲学的历史》
2001年 《作为公平的正义》

正义的代表是一位被遮住了双眼的女神，她高举天平，意味着法律高于一切。

正义女神什么都看不到，因此公正无私。

正义的天平代表平等。

惩罚对每个人是一样的。

艺术是一种生活方式

理查德·沃尔海姆（1923—2003年）

艺术哲学家理查德·沃尔海姆认为，人们应该抵制视艺术为一种需要被分析并加以解释的抽象观点。他认为，如果想要完全地理解艺术，就必须将艺术在社会环境中进行定义。沃尔海姆在1968年出版的《艺术及其对象》中，将艺术描述为"生活方式"，并引用奥地利哲学家维特根斯坦创造的词语来描述语言的本质。在维特根斯坦看来，语言是一种"生活方式"，因为人们使用语言的方式受到个人经验、习惯和技巧等因素的影响。他拒绝语言简单概括化的哲学倾向，认为语言在生活中扮演着多种不同的重要角色。

社会环境

沃尔海姆和维特根斯坦持相同观点，包括在艺术作品上。沃尔海姆认为，艺术家受多种因素的影响，如信仰、经历、性情、生理需求和社群，艺术家眼里的世界是一

我们如何看待艺术，要根据语境来判断。安迪·沃霍尔的32罐金宝汤在视觉形象领域很好地演绎了艺术，但却通常被人当作广告。

个不断变化的世界。这意味着，在沃尔海姆看来，根本没有什么所谓的"艺术冲动"或者艺术创造本能能够完全独立于它所在的制度存在。■

参见: 柏拉图 50~55页，路德维希·维特根斯坦 246~251页。

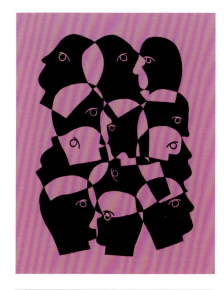

什么都行
保罗·费耶阿本德（1924—1994年）

背景介绍

哲学分支
科学哲学

聚焦
分析哲学

此前

1934年 在《科学研究的逻辑》一书中，卡尔·波普尔将"可证伪性"作为评判科学的标准。

1962年 托马斯·库恩在《科学革命的结构》一书中将"范式转移"的概念引入科学。

20世纪60年代和70年代初 费耶阿本德在与其朋友和科学哲学同行伊姆雷·拉卡托斯的讨论中，得出了自己的观点。

此后

自20世纪80年代起 费耶阿本德的观点为美国哲学家丘奇兰德夫妇提出心灵的理论做出了贡献。

出生在奥地利的保罗·费耶阿本德是卡尔·波普尔在伦敦政治经济学院的学生，但是他明显偏离了波普尔的理性科学模型。20世纪六七十年代，费耶阿本德就读于加利福尼亚大学时，与出生于德国的哲学家托马斯·库恩是很好的朋友。库恩认为，科学的发展不是渐进的过程，而是由"范式转移"或科学革命带来的科学思维的全新框架。费耶阿本德走得更远，认为当这种现象发生时，所有的科学概念和科学术语都将被更替，所以不存在永久的意义框架。

科学界的无政府状态

费耶阿本德最负盛名的著作《反对方法：无政府主义知识论纲要》于1975年出版。在书中，他阐述了什么是"认识论的无政府主义"。认识论是哲学的分支，是处理认识的问题和理论，而费耶阿本德的无政府主义源于所有科学方法都是有限的。因而，不存在所谓"科学的方法"。如果观察科学是如何在实践中发展和进步的，我们可认定的唯一方法就是"怎么都行"。

费耶阿本德坚持认为，科学从来都不是循规蹈矩地发展。如果科学哲学需要这些规则的话，那将限制科学的进步。■

科学与神话在很多方面是重合的。

——保罗·费耶阿本德

参见： 卡尔·波普尔 262~265页，托马斯·库恩 293页。

知识生来被售卖

让-弗朗索瓦·利奥塔（1924—1998年）

知识生来被售卖的观点出现在让-弗朗索瓦·利奥塔的《后现代状况——关于知识的报告》中。这本书最初是为加拿大魁北克市的大学委员会而写，"后现代"这一术语在其标题上的使用意义重大。从20世纪70年代起，这一术语被各种各样的艺术评论家所使用。尽管这一术语并不是由利奥塔所创造，但是他的书为这一术语的广泛传播和名气的提升做出了巨大贡献。他在书名中对这个词语的使用通常被视为是后现代思想的开始。

"后现代主义"术语从此被用在不同领域，现在已经很难知道其

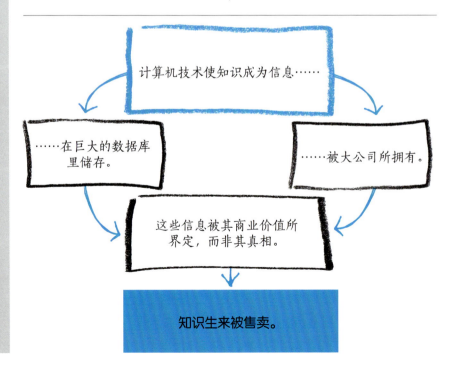

计算机技术使知识成为信息……

……在巨大的数据库里储存。

……被大公司所拥有。

这些信息被其商业价值所界定，而非其真相。

知识生来被售卖。

参见：伊曼努尔•康德 164~171页，格奥尔格•黑格尔 178~185页，弗里德里希•尼采 214~221页，路德维希•维特根斯坦 246~251页，马丁•海德格尔 252~255页，吉尔•德勒兹 338页。

> 当知识开始成为数据，它不再是思想中难以下定义的东西，而是可被转移、储存、购买或售卖的商品。

确切意义了。当知识开始成为数据，它不再是思想中难以下定义的东西，而是可被转移、储存、购买或售卖的商品。但是利奥塔的定义是非常清晰的。他写道：后现代主义是一种"对元叙事的怀疑"。元叙事是包罗万象的，比如试图把人类所有历史总结成一个单一的故事，或者试图将所有知识放入一个单一的框架中。马克思主义（认为历史可以被看作不同社会阶级之间的一系列斗争）就是元叙事的一个例子。另一个例子是，人类的故事是一个由科学进步所带来的知识深化和实现社会正义的过程。

外化的知识

我们对于这些元叙事的怀疑也相当于一种新的怀疑论。利奥塔解

释为，这是自第二次世界大战后我们接触知识的方式的转变和我们在接触科学技术中所发生的巨大改变而导致的。由于知识成了可以储存的、向前和向后、可购买和售卖的信息，计算机已经从根本上改变了我们的态度。这就是利奥塔所说的知识"商业化"。

这里包含了几层含义。首先，利奥塔指出，知识正在被外化。它不再是可以帮助我们发展心灵且能

够改变我们的东西。知识也不再是关乎问题真相的东西了，它不再以是否正确而衡量，而是服务于某种目的。关于知识的问题，当我们不再问"那是真的吗？"而问"如何把它卖出去？"，知识就已经变成了商品。利奥塔担心一旦这种情况发生，私人企业就有可能开始试图控制知识的流动，甚至决定什么人可以什么时间使用何种知识。■

让-弗朗索瓦•利奥塔

让-弗朗索瓦•利奥塔1924年生于法国凡尔赛。他在巴黎大学学习哲学和文学，和吉尔•德勒兹成为朋友。毕业之后，他在法国和阿尔及利亚的学校教授哲学多年。

20世纪50年代，利奥塔进入激进的左派政党，成为1954—1962年阿尔及利亚革命的著名支持者，但是他的哲学发展最终使他对马克思主义的元叙事有所醒悟。在20世纪70年代，他开始成为一名大学教授，首先在索邦大学教授哲学，然

后在许多其他国家，包括美国、加拿大、巴西和法国任教。利奥塔作为巴黎第八大学名誉教授退休，1998年死于白血病。

主要作品

1971年《话语，形象》
1974年《力比多经济》
1979年《后现代状况——关于知识的报告》
1983年《争论》

对于黑人来说，只有一种宿命，那就是成为白人

弗朗兹·法农（1925—1961年）

哲学家和精神病专家弗朗兹·法农于1952年出版了殖民主义与种族主义的精神分析书籍《黑皮肤，白面具》。书中法农试图在世界上白人社区以外的群体中，探索殖民主义的心理及社会遗产。

他说道："对于黑人来说，只有一种宿命，那就是成为白人。"法农想强调至少两个层面的含义，首先，他说"黑人想同白人一样"，这是说，殖民地许多人民的想法是受殖民国家文化影响的。欧洲国家殖民文化倾向于将"黑"与"污秽"相等同。这影响了被殖民者，使得他们将自己的肤色视作低人一等的标志。

走出这种困境的唯一方法似乎就是期望能够像白人一样生存。但这是不可能的，因为黑皮肤这个事实意味着永远不可能被接纳为白人的一员。对法农来说，像白人一样生存的愿望不仅没有指出其中包

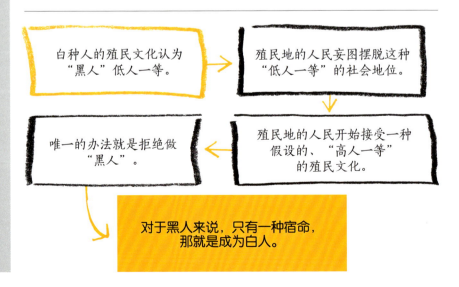

白种人的殖民文化认为"黑人"低人一等。

殖民地的人民妄图摆脱这种"低人一等"的社会地位。

殖民地的人民开始接受一种假设的、"高人一等"的殖民文化。

唯一的办法就是拒绝做"黑人"。

对于黑人来说，只有一种宿命，那就是成为白人。

参见: 亚里士多德 56~63页, 让-保罗·萨特 268~271页, 莫里斯·梅洛-庞蒂 274~275页, 爱德华·萨义德 321页。

> 这是一个事实: 白种人认为自己比黑种人优越。

——弗朗兹·法农

含的种族主义和不平等, 而且掩盖甚至纵容了"白人高人一等"的理念。

同时, 法农也陈述了一些更复杂的问题。由于存在这种渴望成为白人的倾向, 解决的途径就是想清楚黑人意味着什么。但是, 这又受许多问题的影响。在他的书中, 法农写道, "黑人的灵魂是白人的玩物。"换言之, 提出"黑人意味着什么"这个问题, 就是在创造欧洲种族主义思想的基本范式。

在此, 法农部分回应了法国人所称的黑人运动。这是法国黑人作家和说法语的黑人作家从20世纪30年代就开始从事的运动, 他们想反驳法国主流文化中的种族主义和殖民主义, 并支持一种独立的、共享的黑人文化。但是法农认为, 黑人运动不能真正解决这次运动原本希望解决的种族问题, 因为他们思考"黑人"的方式, 只是在简单地重复主流白人文化的幻想。

人权

一方面, 法农认为只有当我们抛弃了种族主义思维, 才能解决这个问题。如果我们继续陷在种族思维当中, 将不能发现其中的不公正。"我发现我在世上只有一种权力," 法农在其书的末尾写道, "要求他人采取行动。"法农的思想在反殖民主义和反种族主义运动中广泛传播, 影响重大, 并且影响了诸如南非反种族隔离运动家史蒂夫·比科和诸如爱德华·萨义德这样的学者。■

黑人低人一等的意识形态在殖民地国家广泛传播。法农认为, 他们"背弃了自己祖国的文化标准", 甚至向往"成为白人"。

弗朗兹·法农

弗朗兹·法农1925年出生于加勒比小岛马提尼克, 当时此岛还是法国殖民地。第二次世界大战后, 他加入了自由法国部队, 离开了该岛。第二次世界大战后, 他在法国里昂学习医学、精神病学, 以及梅洛-庞蒂的哲学思想。一直以来, 年轻的法农都认为自己是法国人, 而种族主义问题从他踏入法国的第一天开始就困扰着他。这种困扰对其哲学思想的形成产生了巨大影响。1951年, 他成了一名精神分析家, 1952年出版了《黑皮肤, 白面具》。

1953年他移居阿尔及利亚, 在医院从事精神分析工作。1954年至1962年的阿尔及利亚独立战争使百姓饱受折磨, 他用两年的时间为这些因战争致病的百姓解除病痛, 之后, 他辞去了政府公职, 移居突尼斯, 开始从事阿尔及利亚反殖民主义独立运动。20世纪50年代后期, 他不幸患白血病。生病期间, 他创作了最后一部著作《全世界受苦的人》, 希望一个新的世界能够到来。在他去世当年, 此书出版, 让-保罗·萨特为其作序, 他是影响法农思想的第一人, 之后又被法农的思想所影响。

主要作品

1952年《黑皮肤, 白面具》
1959年《垂死的殖民主义》
1961年《全世界受苦的人》
1969年《非洲革命》(短篇作品集)

人是近代的产物

米歇尔·福柯（1926—1984年）

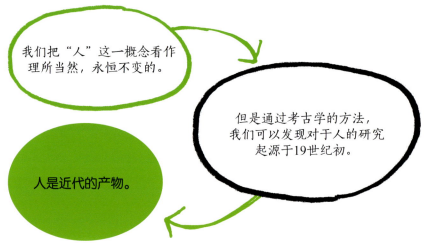

我们把"人"这一概念看作理所当然，永恒不变的。

但是通过考古学的方法，我们可以发现对于人的研究起源于19世纪初。

人是近代的产物。

人是近代的产物，这样的想法，出现在法国哲学家米歇尔·福柯的书籍《疯癫与文明》之中。要理解米歇尔·福柯在此书中所阐述的理论，我们需要知道他所说的考古学）（archaeology的含义，理解为什么他认为我们应该用这种方法去研究思想的历史。

福柯对人类讨论和思考事物的方式很感兴趣。这些话语由一系列无意识的规则构成，而这些规则产生于人们在其中形成自我认知的特定历史时期。我们思考和谈论世界的"常识"性背景，实际上是由这些规则和条件所塑造的。然而，规则和条件都因时而异，所以我们的讨论也随之发生变化。因此，需要这种"考古学"来揭开早期人类在思考和讨论世界的时候，思维的局限性和特殊性。我们不能认为，我们在当前语境中使用的概念（例如"人类本质"的概念）是永恒不变的。我们所需要的是以"认知形成的历史"来追溯这些概念的演变过程。米歇尔·福柯认为，用当前的观点解决历史事件中的所有问题的

参见： 伊曼努尔·康德　164~171页，弗里德里希·尼采　214~221页，马丁·海德格尔　252~255页，莫里斯·梅洛-庞蒂　274~275页，丹尼尔·丹尼特　339页。

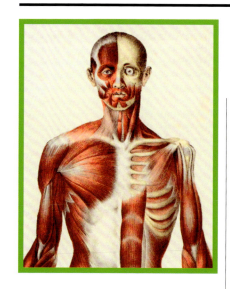

做法是错误的。米歇尔·福柯认为"人""人类""人性"这几个词汇的历史演变，就是解释其上述观点的很好的例证。

这种想法源自伊曼努尔·康德的哲学思想，他放弃了"为什么世界是现在这个样子"的旧哲学命题，提出新的命题——"为什么

20世纪在解剖领域出现了一场变革，如同这张摘自化学书中的插图所显示的。米歇尔·福柯认为，"人"的概念的形成源于这个时期。

我们会这样看待世界"，从而改变了哲学的发展方向。我们认为自己对"人类是什么"的理解是基础性的、永恒不变的，但是我们的认识只是近代的产物。福柯经过研究，发现我们对"人"这个概念的专门认识起源于20世纪初。他认为，这种对于"人"的认知是充满矛盾的：我们将自身看作存在于世上的客体，因而也是研究的对象；同时，我们也是生活在世上和从事研究的主体，于是我们就成了既是主体又是客体的奇怪生物。

人类的自我图像

福柯认为，这种对"人"的认识不仅是近代的产物，而且是一种即将走向终结的思想，将很快被抹去，"如同画在沙滩上的人脸，很

快将被海水冲走"。

福柯是正确的吗？在计算机技术和人机交互技术快速发展的时代，在哲学家们普遍受到认知科学影响的时代（例如丹尼尔·丹尼特和丹·维格纳就在质疑主体性的本质），人们不难感觉到，即便沙滩上画的人脸还没有被海水冲刷掉，海浪的拍打也越来越近了。■

人类这个议题不是认知领域最古老或是最有争议的议题。

——米歇尔·福柯

米歇尔·福柯

米歇尔·福柯1926年出生于法国普瓦捷的一个医生家庭。第二次世界大战后，他进入法国最负盛名的巴黎高等师范学校学习，师从法国存在主义代表人物莫里斯·梅洛-庞蒂。1954年起，他在乌普萨拉、瑞典、波兰、德国等地生活之后，于1960年返回法国。1961年，他完成了《疯癫与文明》一书，拿到了博士学位。书中，他认为，精神病患者和常人并无区别，只是一种社会建构。1968年，长达数月的

巴黎学生罢课，将他卷入了政治激进主义。之后，他致力于教学和各种社会活动。

主要作品

1961年　《疯癫与文明》
1963年　《临床医学的诞生》
1966年　《词与物》
1975年　《规训与惩罚》

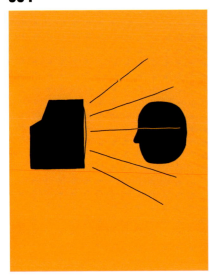

如果愿意，我们可以生活在舒适的幻觉中

诺姆·乔姆斯基（1928年—）

背景介绍

哲学分支
伦理学

聚焦
普遍主义

此前

约公元前380年 柏拉图在《理想国》中宣称我们中的许多人生活在虚幻的世界中。

1739年 大卫·休谟出版了《人性论》。虽然他是个经验主义者，但他也认为道德必然源自一些固定的原则。

1785年 伊曼努尔·康德在《道德形而上学原理》一书中，提出道德应该基于普遍主义。

20世纪初 约翰·杜威认为，政治是大企业强加在社会之上的阴影。

1971年 约翰·罗尔斯在《正义论》一书中为康德的普遍主义赋予了新的生命力。

虽然诺姆·乔姆斯基成名于对语言学的研究，但在今天，他对政治权力的分析却更为人们所熟知。从他在1969年出版的第一部政治作品《美国强权和新官僚》开始，他一直宣称国家的对外宣传和其行使权利的方式是不相符的。他认为，光凭政府的口径，我们不能触及政治权力的真相。政府会用一套所谓的"事实"来使其行为看似合理，但是除非有证据证明政府的这套口径属实，所谓的"事实"都只是幻想，而据此采取的行动都是没有根据的。如果我们想更清楚地理解国家是如何运作的，我们必须跳出各种自相矛盾的言论去研究

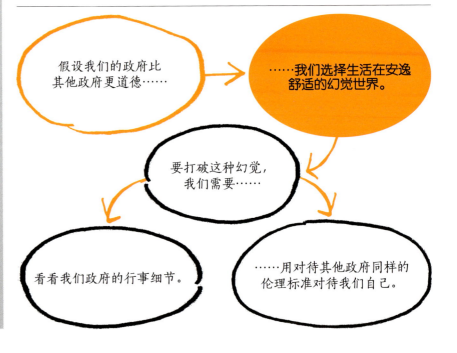

假设我们的政府比其他政府更道德……

……我们选择生活在安逸舒适的幻觉世界。

要打破这种幻觉，我们需要……

看看我们政府的行事细节。

……用对待其他政府同样的伦理标准对待我们自己。

参见: 柏拉图 50~55页,大卫·休谟 148~153页,伊曼努尔·康德 164~171页,约翰·杜威 228~231页,约翰·罗尔斯 294~295页。

> **国家不是道德机构,人民才是。**
>
> ——诺姆·乔姆斯基

历史、制度结构、官方政策文件等。

伦理和普遍性

乔姆斯基的伦理分析建立于他所谓的"普遍性原则"之上。从根源上讲,该原则相对简单,即我们用什么样的标准来对待他人,就应该用什么样的标准来对待自己。乔姆斯基认为,该原则应该是任何负责的伦理系统的核心。在这里,主要的精神洞见是,我们喜欢用道德话语来批判他人,却不愿用同样的标准来衡量自己。因此,如果我们一以贯之地坚守一套伦理或道德标准,就必须用同样的标准来对待他人和自身。对于政府,这意味着我们必须严谨地分析政治行为,而不能让自己被政治说辞蒙蔽。

这是对道德和智力提出的要求。对于乔姆斯基来说,二者紧密相连。他指出,如果一个人所宣扬的道德违背了普遍性原则,这个人所宣扬的观点就不应该被认真对待,而应该被拒绝倾听。如果我们想穿越各种说辞的迷雾,对政治道德进行严格检验,那么就必须从普遍性原则着手。

乔姆斯基关于全球政治的某些观点引起了很大争议,但这并不影响其中心论点的可信度。因为如果要质疑乔姆斯基的某些特定观点,我们必须遵从普遍性的原则,并查找全部的证据。如果发现他的观点有误,我们就应该拒绝或修正其观点;如果证明他是正确的,我们就应该以此为指引,采取实际行动。■

山姆大叔将美国的形象人格化,是美国政府用来寻求民意支持的众多工具之一。乔姆斯基警告道,这种形象可以蒙蔽我们,使我们看不到真相。

诺姆·乔姆斯基

乔姆斯基1928年出生于美国宾夕法尼亚,在能讲多种语言的犹太家庭长大。他在宾夕法尼亚大学学习数学、哲学和语言学,并在学校里开创性地写作了关于哲学语言学领域的论文。1957年,他的著作《句法结构》在语言学界引起了革命,并奠定了他语言学界领军人物的地位。

虽然他继续在语言学领域从事教学并发表作品,乔姆斯基越来越深地涉足政治。他是反对越战的知名人物,受此影响,他在1973年出版了对美国知识文化的评论《知识分子的责任》。今天,他继续在语言学、哲学、政治学和国际事务方面进行写作和授课。

主要作品

1967年 《知识分子的责任》
1969年 《美国强权和新官僚》
2001年 《9·11》
2006年 《失败的国家:滥用权力和践踏民主》

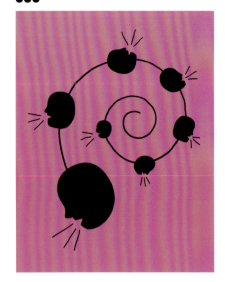

社会基于对其自身传统的批判

尤尔根·哈贝马斯（1929年—）

根据德国哲学家尤尔根·哈贝马斯的观点，现代社会不仅依赖于科学技术的进步，更依赖于我们对于自身传统的批判和保持集体理性的能力。哈贝马斯说，理性体现在我们每天的日常交流之中。某人说了或做了一件事，我们就会问，"你为什么要那样做？"或者"你为什么要那样说？"我们一直在寻找理由，这也是为什么哈贝马斯要讲"沟通"理性的原因。对于

他而言，理性不是为了挖掘抽象的真相，而是为了要向别人证明自己占理的一种需要。

建立一个公共领域

20世纪六七十年代，哈贝马斯总结道，沟通理性和他所称的"公共领域"之间存在关联。他说，直到18世纪，欧洲的文化很大程度上还是"代表型"的，也就是说，统治阶级通过展示无须争辩的权力来代表他们的臣民，比如大型的盛会或是宏大的建筑项目。但是到了18世纪，一些各种各样的不受国家控制的公共场所逐渐形成规模，比如文学沙龙和咖啡馆。在这些地方，很多人聚集在一起，相互交流，进行辩论。随着"公共领域"的逐渐发展，人们对当局"代表型"文化的质疑越来越多。这种公共领域逐渐发展成一种"第三方场所"，成为你我他等个人空间与国家权力控制区域之间的缓冲区。通过建立这样的公共场所，建造者们开拓了

在18世纪的欧洲，咖啡馆逐渐成为一些主要城市的社交和政治活动的中心，作为"愤懑不满者"聚集的地方而闻名。当局曾多次试图关闭这些地方。

参见: 杰里米·边沁 174页,卡尔·马克思 196~203页,西奥多·阿多诺 266~267页,埃德加·莫兰 338页,尼克拉斯·卢曼 339页,诺姆·乔姆斯基 304~305页,爱德华·萨义德 321页。

更多的空间来让人们意识到和其他人之间有很多共同的利益存在——国家难以提供的利益。这会带来更多对国家行为的质疑。哈贝马斯相信,这种公共场所的增加对1789年法国大革命的爆发具有推动性作用。

从18世纪起,此类公共场所的壮大带来了民主选举制度、独立司法和一系列法案的发展和形成。但是,哈贝马斯认为,很多制约独断权力的因素正面临威胁。比如,报纸可以为个人间的合理对话提供机会,可是一旦这家媒体被某个大公司所控制,那么这样的机会恐怕就会大幅减少。基于实质问题的辩论将被名人的绯闻所取代,而我们也会从有判断力、理性的人变成毫无思想的消费者。■

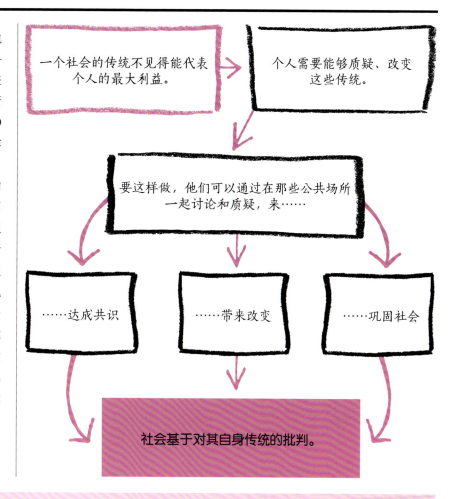

> 一个社会的传统不见得能代表个人的最大利益。

> 个人需要能够质疑、改变这些传统。

> 要这样做,他们可以通过在那些公共场所一起讨论和质疑,来……

> ……达成共识

> ……带来改变

> ……巩固社会

> 社会基于对其自身传统的批判。

尤尔根·哈贝马斯

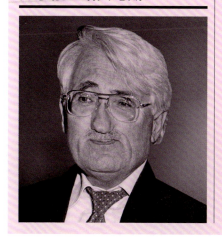

尤尔根·哈贝马斯成长于纳粹政权下的德国。在1946年纽伦堡审判以后,他意识到"我们都生活在一个罪恶的系统中"——这对他的哲学思想产生了长久的影响。

1954年,他完成了博士学位,同时作为法兰克福学派的成员,与马克斯·霍克海默和西奥多·阿多诺共事。20世纪六七十年代,他在波恩和哥廷根的大学任教。1982年,他在法兰克福的大学里担任哲学教授,直到1993年退休。最近,哈马贝斯又积极投身于公共领域,加入关于否认大屠杀和全球恐怖主义的辩论中。

主要作品

1962年《公共领域的结构转型》
1981年《沟通行动理论》
1985年《现代性的哲学话语》
2005年《在自然主义和宗教之间》

文本之外
别无他物

雅克·德里达（1930—2004年）

背景介绍

哲学分支
认识论

聚焦
解构主义

此前

公元前4世纪 柏拉图的《美诺篇》就探讨了"aporia"（诘难）的概念。

20世纪初 查尔斯·桑德斯·皮尔斯和弗迪南·德·索绪尔开始研究符号学，对后来的文字学产生了十分重要的影响。

1961年 伊曼努尔·列维纳斯出版了《总体与无限》。德里达的《书写与差异》深受此书影响。

此后

1992年 英国哲学家西蒙·克里奇利在《解构主义道德观》一书中对德里达的作品进行了探讨。

> 我们都是媒介人和转译者。
>
> ——雅克·德里达

雅克·德里达是20世纪最有争议的哲学家之一，也是与"解构主义"这个复杂又微妙的词语联系起来的第一人。解构主义研究法所研讨的是我们该如何阅读和理解文本的本质。要想理解德里达在其著名的《论文字学》中"文本之外别无他物"的思想的含义，我们需要进一步理解德里达的解构主义研究法。通常，当我们拿起一本书时，无论这是本哲学书，还是小说，我们都会将手中的书视作一

个能够读懂或者可以理解的相对独立的整体。而当阅读哲学文本的时候，我们则会不自觉地认为，这些文字是成体系并有着特定逻辑规律的。设想一下，进入一家书店，拿起《论文字学》这本书的影印本时，你会觉得自己在读完这本书后就应该对什么是"文字学"有一定程度的理解，对德里达的主要思想有所认识，会对这本书所阐释的世界观有一个大致的了解。但是，在德里达看来，文本本身并不会达到以上效果。

Aporia 和 différance

即便是最直观的文本中（《论文字学》并非此类书籍）也充斥着德里达所谓的"aporias"（难点）。"aporias"一词，起源于古希腊语，意思是"矛盾"、"谜题"或者"僵局"。对德里达来说，一切文字都有意义上的鸿沟、漏洞和矛盾之处，而他的解构主义方法则正是为找出阅读中的谜题或者僵局服务的。通过研究出现在不同文本中的这些矛盾，德里达试图拓展人们对文本是什么及文本有什么作用这些问题的理解，力图将最为浅显易

懂的作品中的复杂性呈现出来。解构主义就是将这些隐藏着的悖论、矛盾展现出来的一种阅读方法。当然，解构主义绝不仅关注阅读哲学和文学作品的方式，更多是在探讨语言、思想、伦理三者间的关系。

解释到这里已经能大致帮助我们理解德里达的"différance"这个重要的术语了。这个看上去像是排版、印刷错误的词语，事实上，却在法语字典里有一段典故。德里达的母亲严肃地对他说："雅克，不是这样拼写的。"但事实上différance是德里达为了向人们展现语言有奇特的一面而自创的一个词。

Différance是德里达玩的一个文字游戏。他将法语中的différence（意思为"不同"）与法语deférrer（意思为"延迟"）两个词融合在了一起。我们需要在使用的过程中具体理解这个词的含义。让我们首先从deffering（延迟）这个词开始。假设我先说"那只猫……"，然后又补充"我朋友看见……"，停顿一下又继续说"在

排字工人在印刷前会认真检查排版工具，但是德里达认为，用这些工具印刷出来的文字所表达的思想是有问题或者矛盾的，并且需要大量的分析才能被理解。

参见: 柏拉图 50~55页, 查尔斯•桑德斯•皮尔斯 205页, 弗迪南•德•索绪尔 223页, 伊曼努尔•列维纳斯 273页, 路易•阿尔都塞 338页, 勒内•吉拉尔 338页, 米歇尔•福柯 302~303页。

对德里达而言, 我们所写的字的含义, 取决于我们在它之后写下的字。像写信这种简单的行为, 也会将其文本的含义延迟表达出来。

花园里有黑白花纹的"。那么此时, "猫"这个名词的准确概念, 在我使用的时候, 以及在我进行话语补充的过程中实际上被延迟了。如果我说完"那只猫"后没有被打断, 但并未提及"我朋友"或"花园", 那么此时"猫"这个词所指代的事物就完全不一样了。换言之, 我添加的定语越多, 我所表达的意思就越容易被改变, 其所传达出来的含义就越容易在语言上被延迟。

但这么做也有好处, 德里达认为, 在不断增加定语修饰的过程中, "猫"这个词所传达出来的含义将不会被人误解为依赖于我的话语和实际事物的关系的某种事物。这个词在整个语言体系内发挥了应有的作用, 所以, 当我说到"猫"这个词时, 令其产生意义的不是这个词和"猫"之间的特殊关系,

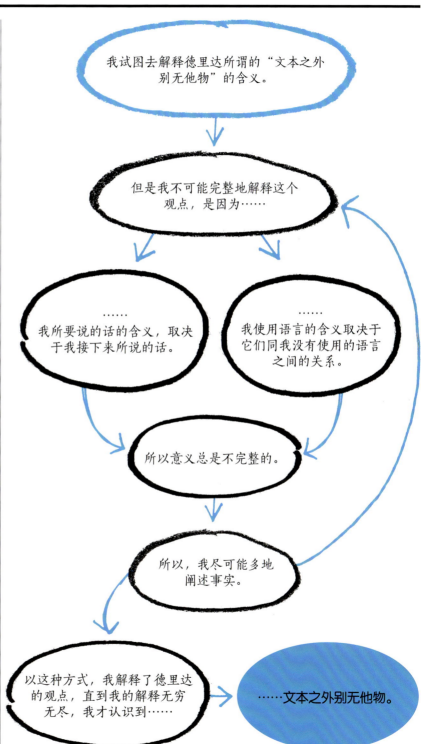

> ## 我们只用符号思维。
>
> ——雅克·德里达

而是因为这个词的概念本身区别于"狗""狮子""斑马"。

"延迟"和"差异"（又称"延异"）的含义相加后呈现出了语言共性之外的一些不同之处。一方面，我们所要传达的意思通常都会被延迟理解，这是由我们所言的他物所造成的。而这些所言他物的含义又进一步取决于其他为了说明而增添的部分等。另一方面，我们使用的特殊词汇的意义，又取决于我们没有表达出来的意思。因此，意义并非自动包含在文本自身之中。

书面语

对德里达而言，正是因为具备了书写这项技能，人类才能认识到语言的延异性。早在古希腊时期，哲学家们就对书面语言持怀疑态度。柏拉图对话录的《斐德罗篇》中，苏格拉底讲述了创造书面语的典故，并称书面语仅提供了"智慧的表象"，而非现实。书面语在刚被哲学家们留意到的时候仅仅被视为口语苍白无力的表述，而口语才是人际交往的主要方式。德里达试图修正这种想法。在德里达看来，书面语能够呈现出口语所不能

及的一面。

传统的观点强调口语是一种传递哲学思想的重要方式，而德里达则认为这种观点令我们误以为自己能够直截了当地获得语言的意义。我们认为，这个"意义"是"在场"的——和其他人对话的时候，我们就会认定对方会把自己的思想"呈现"在我们面前，反之亦然。如果在对话的过程中有任何的困惑，我们可以要求对方进一步解释、澄清。如果在对话中有问题或者难点，我们要么想办法澄清，要么就干脆忽视那些微不足道的小问题。这令我们开始认为"意义"理所当然应当"在场"。再举个例子，当我说"猫"的时候，我肯定指的是"在我膝盖上趴着的那一只猫"。

但是在处理文本的时候，我们就从这种对"在场"的天真依赖中脱离出来。由于阅读的过程中没有作者在旁边为自己所要表达的思想做解释，我们便开始发现文本中的疑惑、问题和不可解答的难题，语

言就突然变得有些复杂了。

质疑意义

当德里达说"文本之外别无他物"的时候，他的意思并不是指，只有书面的世界才是最重要的，"有血有肉"的世界就不重要。他也并不是有意降低文本所反映出来的社会问题的重要性。那么他究竟要表述什么呢？

首先，德里达坚持认为，如果我们认识到意义的本质与"延迟"和"差异"息息相关，那么如果我们想要搞清楚自己应该如何看待这个世界，就必须时刻谨记：文本的意义绝对不会如我们所想的那样直接呈现，随时都有可能在解构主义的研究方法下被动摇。

其次，德里达认为，我们在思考、写作和讲话的时候总会受到各种政治、历史和伦理问题的影响，虽然这一点我们本身是意识不到的，或不愿意承认的。正因为如此，一些哲学家认为解构主义本质上是伦理学的一种实践。用解构的

德里达自己的"文本之外别无他物"的作品，可以用他的解构主义方法进行分析。他本身也是在"延迟"和"差异"（又称"延异"）理论的基础上，创作了诸多作品。

雅克·德里达

雅克·德里达出生自法属殖民地阿尔及利亚的一个犹太家庭，早年就喜欢上了哲学，但又想当专业的足球运动员。最终，哲学还是取代了足球。1951年，他考上了巴黎高等师范学院。在大学里雅克·德里达和同样是阿尔及利亚血统的思想家阿尔都塞结为挚友。1967年，雅克·德里达出版了《论文字学》《书写与差异》《声音与现象》几部著作，这让德里达名扬世界。

在众多欧美大学的邀请信中，他于1986年选择了加州大学欧文分校的人文学教授的职位。他后期的作品部分受到了伊曼努尔·列维纳斯的影响，转到了伦理学方向。

主要作品

1967年 《论文字学》《书写与差异》《声音与现象》
1994年 《友爱政治学》

1968年，德里达在美国就越南战争发表过反战演说。在一次讲座中，他明确表明了反对越南战争的态度。德里达所参与的大量政治活动和政治讨论，影响了他后期的诸多作品。

方法阅读文本的时候，我们总是在质疑文本所要表述的观点，而且会深入到隐藏在文本背后的复杂的伦理问题之中。因而，德里达在后期将注意力转向了现实的伦理学谜题和矛盾，比如由"友好"和"宽恕"所引发的问题。

对德里达的批评

德里达的观点是基于"文本不能直观、完整地表达出需要被了解的含义"这一观念衍生而来，那么他的作品常常晦涩难懂就并不令人惊奇了。与德里达同一时期的著名哲学家米歇尔·福柯就攻击德里达故弄玄虚，称其著作通常不知所云。而德里达对此的反应是：主题存在的观念本身就基于"在场"，而"在场"则正是德里达一直在质疑的问题。这看似是在回避问题，但是，如果我们深入探究德里达的观点，就不得不承认"文本之外别无他物"的观点。如果还要较真的话，那么就要用怀疑的眼光去面对这个问题，去解构这个问题，去探究德里达所谓的隐藏在这个问题背后的谜题、僵局和矛盾。■

为了复杂，我从来没有放弃进行复杂的尝试。
——雅克·德里达

除了自己
放置的东西，
我们心底
别无他物

理查德·罗蒂（1931—2007年）

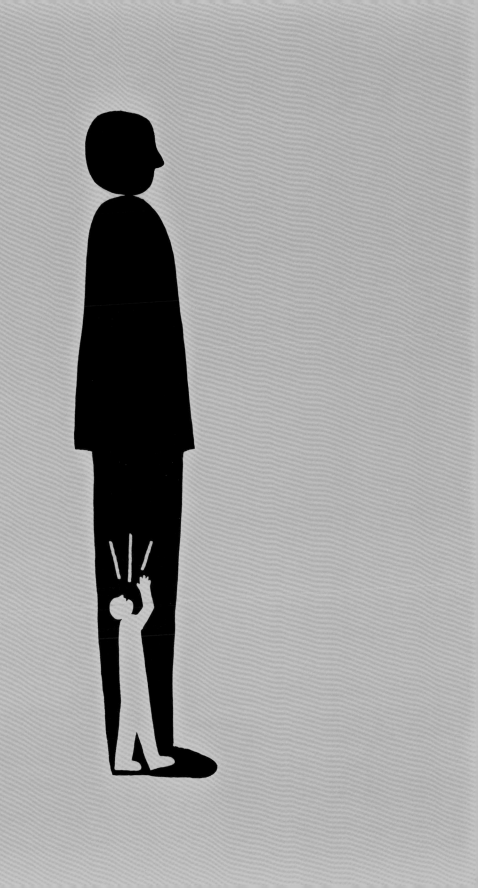

灵魂是神奇的东西。即使我们并不能对灵魂做出多少描述和说明，但许多人仍然坚信，在内心深处某个地方，我们每个人都有这样一种东西。不仅如此，我们可能会认为这个东西是基本的自我（"我"），同时，在某种程度上是直接与真理或现实相关联的。

美国哲学家理查德·罗蒂在他的著作《实用主义的后果》（1982年）的引言部分探讨了我们倾向于幻想自己拥有一种"双重的"（double）——一个"使用现实语言"的灵魂或深层次的自我。罗蒂认为，如果从某种程度上说我们拥有灵魂，那么灵魂也是人类创造出来的，它是我们自己放置在那里的。

知识是一面镜子

罗蒂曾在美国实用主义的传统影响下从事哲学研究。在考虑一个论述时，大多数传统哲学家会问："这是真的吗？"即："这能否正确代表事物的存在方式？"但实用主义者则不同，他们会问："若接受这个论述是真的，有什么实用意义？"

罗蒂的第一部著作《哲学和自然之镜》出版于1979年。该书反驳了知识可以正确呈现世界这一观点，像某种心智之镜。罗蒂认为不能支持这种关于知识的观点的原因有二。首先，我们假设我们对世界的经验是直接"给予"我们的——我们认为我们所经验的是世界的原始"数据"。第二，我们假设这些

> **更富有想象力才能令哲学进步，而非更严格。**
> ——理查德·罗蒂

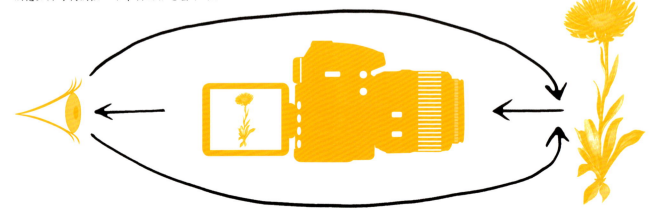

一些认知理论认为人们获取知识，是通过加工"原始的信息"，就像相机捕光一样；但是罗蒂则认为，我们的感知力与我们强加给事物的信念密不可分。

参见: 苏格拉底 46~49页, 亚里士多德 56~63页, 查尔斯·桑德斯·皮尔斯 205页, 威廉·詹姆斯 206~209页, 约翰·杜威 228~231页, 尤尔根·哈贝马斯 306~307页。

原始数据一旦被收集到, 我们的理性 (或其他一些思想能力) 就开始分析, 重建这种知识作为一个整体融合在一起的方式, 并反映世界上存在什么。

和哲学家塞拉斯一样, 罗蒂认为"给予"经验的观念是一个神话。我们不能接触任何类似原始数据的东西, 例如, 在思想或语言之外去经验一只狗的生活是不可能的。我们只能通过将事物概念化来注意到这个事物, 而我们的概念是通过语言获得的。因此, 我们的看法与我们用语言来划分世界的习惯做法之间有着千丝万缕的联系。

罗蒂认为, 知识与其说是一种反映自然的方式, 倒不如说是"一种对话和社会实践"。当我们决定什么算作知识时, 我们判断的依据不是一个"事实"是多么强烈地与世界相联系, 也不是这个事实是不是"社会让我们相信的"。我们认定的知识受到了所处的社会环境、历史, 以及我们周围让我们相信的人的限制。"真相,"罗蒂说,"就是你同时代的人允许你说的话。"

判断的理由

但真相真的被贬低到了可以侥幸认同的地步吗? 对此, 罗蒂意识到了一些令人不安的暗示, 尤其是在道德问题上。想象一下, 例如, 我绑架邻居的宠物仓鼠, 让它承受各种各样的残酷折磨, 仅仅为了好玩, 听到它吱吱地叫。我们可能都

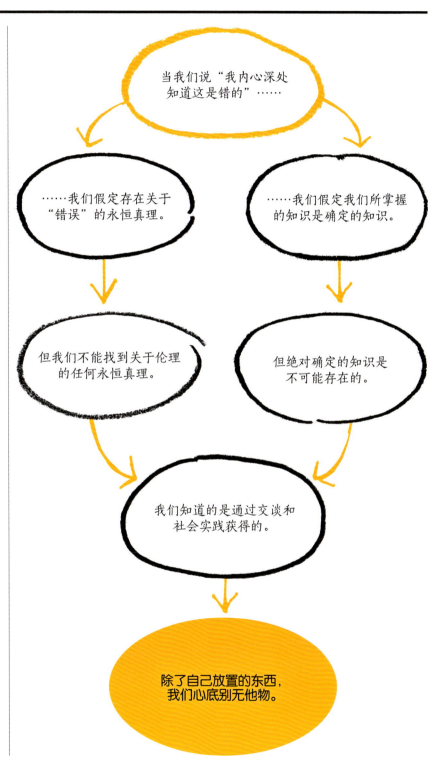

当我们说"我内心深处知道这是错的"……

……我们假定存在关于"错误"的永恒真理。

……我们假定我们所掌握的知识是确定的知识。

但我们不能找到关于伦理的任何永恒真理。

但绝对确定的知识是不可能存在的。

我们知道的是通过交谈和社会实践获得的。

除了自己放置的东西, 我们心底别无他物。

使用童兵似乎在直觉上是错的，但罗蒂说，这从道德上讲并不绝对。道德就是和他人团结一致，尽全力创造一个更美好的世界。

认为对可怜的仓鼠做这样的事（或者可以说是对我的邻居做这样的事）是一种应受道德谴责的行为。我们可能会认为对另一个生命做这样的事是绝对的根本上的错误；我们可能都同意，不应该让做了这种事的人侥幸逃脱。

但在我们说这是一种应受道德谴责的行为时所给出的理由，就很有趣了。例如，想象一下，你被一个特别古怪的道德哲学家询问，为什么这样对待仓鼠（马或人）是错误的。起初你可能会列出各种各样的理由，但是哲学毕竟是哲学，道德哲学家毕竟是道德哲学家，你可能发现对于你想出的每一个理由，哲学家都有反对的理由，或者让你

我们能为子孙后代留下什么样的世界？

——理查德·罗蒂

陷入某种矛盾。

事实上，这正是哲学家苏格拉底在古代雅典所做的。苏格拉底想找出"善"和"正义"等概念究竟意味着什么，所以他询问那些使用这些概念的人们，看看他们是否真的知道这些概念是什么。就像柏拉图的对话中所说的，苏格拉底问的大多数人都不清楚他们谈论的究竟是什么，尽管他们此前坚信他们完全理解相关的概念。同样的，被现代的"苏格拉底"就如何对待仓鼠审问一两个小时后，你可能会困惑地脱口而出以下句子："但在我内心深处，我就是知道这是错误的。"

在我内心深处

"在我内心深处"，我们经常这样说或这样想，但我们并不清楚这到底是什么意思。当我们更加深入地审视这个想法，我们可以把它分成三个部分。首先，当我们说"我知道，在我内心深处，这是错误的"的时候，我们好像在说，这个世界上有些事情是"错误的"，而且这件事情是可知的。或者，正如

一些哲学家所说，我们好像是说这个特定的错误实例对应着一个"错误"的本质。

第二，我们说我们在内心深处就是"知道"，其实是在说我们"内心深处"这个神秘的实体不知为何有特定的捕捉真相的能力。

第三，我们这样说就好像我们的"内心"和这种错误之间有直接关系，因此，如果我们的内心知道什么，我们就可以获得某种绝对知识。换句话说，这只是"知识是反映世界的一种方式"的另一个版本。而罗蒂认为，这是不可接受的。

一个没有"绝对"的世界

为了保持信念一致，罗蒂不得不放弃"基本道德真理"的思想。如果知识是"社会让我们相信的"，那就没有绝对的对与错。

罗蒂知道这个想法很难接受。但真的有必要相信，在做一些有违道德的事时你在背叛你的内心吗？你必须相信为了保持那只剩一丁

如果我们相互依赖，我们就不用依赖其他任何东西。

——理查德·罗蒂

点儿的人类尊严，"你在违反一些生活真谛，或一些绝对的道义"吗？罗蒂认为不是。他坚持认为我们的生命是有限的，我们只存在于历史长河中的一小段时间内，没有人能接触到更深更基本的道德真理。然而，这并不意味着生活的问题消失了或者不再重要了。这些问题一直困扰着我们，在没有绝对的道义时，我们要依靠我们自己的资源。罗蒂写道，我们只剩下"对其他紧靠在一起反对黑暗的人类的忠诚"。没有绝对意义上的对与错等

着我们去发现。所以我们只需要坚持我们的希望和忠诚，并继续参与谈论这些难题。

也许，罗蒂说，这些东西就足够了：谦虚——源自我们认识到没有绝对真理的标准，与他人团结，以及我们的希望——希望我们可以出一份力，给子孙后代留下一个值得生活的世界。■

我们不需要为了生活得像有道德的人而去相信绝对的道义。对话、社会希望和与他人的团结让我们对"好的东西"有了自己的定义。

理查德·罗蒂

理查德·罗蒂1931年出生在美国纽约，他的父母都是政治活动家。罗蒂早年一直在关注列夫·托尔斯泰所描写的俄国革命。他说他12岁就知道"人类的意义是要毕生维护社会公正"。他15岁就开始在芝加哥大学学习，1956年继续到耶鲁大学攻读博士学位。当时他应征入伍，两年后离开军队成为一名讲师。在担任普林斯顿大学的哲学教授期间，他写下了他最重要的一本书《哲学与自然之镜》。他的作品涉及哲学、文学、政治，经常同时引用所谓的分析和大陆传统，这对于一位20世纪的哲学家来说是不同寻常的。罗蒂死于癌症，享年75岁。

主要作品

1979年 《哲学与自然之镜》
1989年 《偶然、反讽与团结》
1998年 《筑就我们的国家》
1999年 《哲学与社会希望》

每个欲望都与疯狂有关

露丝·伊利格瑞（1932年一）

背景介绍

哲学分支
政治哲学

聚焦
女性主义

此前
1792年 玛丽·沃斯通克拉夫特的《女权辩护》首次引起了关于女性社会地位的重要辩论。

19世纪90年代 奥地利心理学家弗洛伊德建立了他的精神分析法，日后对伊利格瑞的作品产生了极大影响。

1949年 西蒙娜·德·波伏娃的《第二性》探讨了性别差异的内涵。

此后
1993年 露丝·伊利格瑞在《性别差异的伦理学》中转而研究关于性别差异的非西方思考方式。

比利时的哲学家和分析师伊利格瑞对性别差异问题高度关注。她是拉康以前的学生，而拉康是一位著名的精神分析学家，他探讨了无意识的语言结构。伊利格瑞表示，所有语言本质上是男性的。

她在《性别与谱系》（1993年）中写道："在任何地方任何事情中，男性的语言、价值观、梦想和欲望都是法律。"伊利格瑞的女权主义作品可以被认为是为了争取摆脱男性主导的、真正女性的语言，梦想和欲望而做的努力。

智慧与欲望

为了解决这个问题，伊利格瑞认为所有的思想都是由欲望支持的，即使是讨论智慧、确定性、正直和节制，且看起来最冷静、听起来最客观的哲学。传统的男性主导的哲学不承认思想是由欲望支持的，也不承认其看似理性冷静的表面下充满了各种非理性的冲动。

伊利格瑞认为每个性别都与欲望有不同的联系，因此与疯狂也有不同的联系。这种观点对长久以来"将男性等同于理性，女性等同于非理性"的传统思想提出了质疑。对于男性和女性来说，这种观点也开辟了哲学新的思考和阐述方式。■

我们必须刻意去扮演女性的角色。
——露丝·伊利格瑞

参见：玛丽·沃斯通克拉夫特 175页，路德维希·维特根斯坦 246~251页，西蒙娜·德·波伏娃 276~277页，埃莱娜·西苏 322页，茱莉亚·克里斯蒂娃 323页。

每个帝国都告诉自己和世界，它不同于其他所有帝国

爱德华·萨义德（1935—2003年）

巴勒斯坦作家爱德华·萨义德是20世纪最著名的帝国主义批评家之一。1978年他出版了《东方学》，探究了19世纪欧洲学者对伊斯兰社会的描述与欧洲国家的帝国主义意识形态是如何紧密相连的。

在他后期的作品里，萨义德对所有过去和现在的帝国主义形式持批判态度。他指出，尽管我们可能对过去的帝国持批评态度，这些帝国却认为它们给世界带来了文明——这一观点并没有得到它们"所帮助的国家"人民的认可。这些帝国进行掠夺和控制，同时用"文明化"的借口掩饰他们对权力的滥用。如果是这样，萨义德警告我们应该提防现在任何进行外交干预的国家的"托辞"。■

很多19世纪的帝国宣称它们给殖民地（例如印度）带来了文明，大英帝国就是其中之一。

参见： 弗朗兹·法农 300~301页，米歇尔·福柯 302~303页，诺姆·乔姆斯基 304~305页。

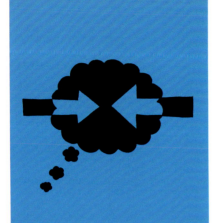

思想总是通过反对发挥作用

埃莱娜·西苏（1937年—）

1975年，法国诗人、小说家、剧作家和哲学家埃莱娜·西苏写下《突围》，该书针对常常决定我们对世界看法的对立思想，进行了颇有影响力的探究。在西苏看来，贯穿几个世纪思想的一根主线就是，我们倾向于将世界上的元素分为对立的组。例如，文化与自然，白天与黑夜，头与心。西苏认为这些成对的元素总是按等级排列，总是有一种元素主导或更优越，并且与男性和主动性有关，而另一种元素相对较弱，与女性和被动性有关。

改变的时候到了

西苏认为这种等级的思考方式正在受到新兴的女权主义思想的质疑。她探讨了这种改变的内涵，不仅是对我们的哲学体系，而且是对我们的社会政治体制而言。然而，西苏自己拒绝设立二元对立这种非赢即输的思想结构框架。她设想了

女性必须书写自己，将女性带入文学中。

——埃莱娜·西苏

"数百万种未知的鼹鼠"，在我们世界观的表层以下挖掘隧道。如果表层开始崩溃会怎样？西苏没有回答。这就好像是她在告诉我们，我们不能做假设，我们唯一能做的就是等着看结果。■

参见：玛丽·沃斯通克拉夫特 175页，西蒙娜·德·波伏娃 276~277页，雅克·德里达 308~313页，茱莉亚·克里斯蒂娃 323页，玛莎·努斯鲍姆 339页。

当今的女权主义中谁是上帝

茱莉亚·克里斯蒂娃（1941年—）

比利时哲学家、精神分析学家茱莉亚·克里斯蒂娃常被称为法国女权主义的主要思想来源之一。然而，克里斯蒂娃是否是，或者在何种程度上是一个女权主义思想家，却引发了广泛的争议。这其中一部分是因为对克里斯蒂娃自己来说，"女权主义"这个说法是有问题的。女权主义的产生是由于女性与男性主导的社会结构有冲突。鉴于这些原因，克里斯蒂娃提醒道，女权主义往往会有一些与它所质疑的男性主导的假定类似的假定。

如果女权运动想完全实现目标，克里斯蒂娃认为女权主义思想有必要多做一些自我批判。她提醒我们，女性主义试图与男性主导世界中她所说的"权力法则"抗争，而很可能会采取这种法则的另一种形式。克里斯蒂娃确信，任何运动想要成功实现真正的解放，必须经常审视它与权力和既定社会体系的关系，如果有必要，还要"放弃对自己身份的信仰"。克里斯蒂娃担心，如果女权运动不这样做，就有可能发展成为正在进行的权力博弈的延续，这是很危险的。■

玛格丽特·撒切尔，像很多掌握大权的女性一样，将自己的公开形象塑造为充满力量和权威的传统男性概念上的形象。

哲学不只是
记录的工作

亨利·奥德拉·欧路卡（1944—1995年）

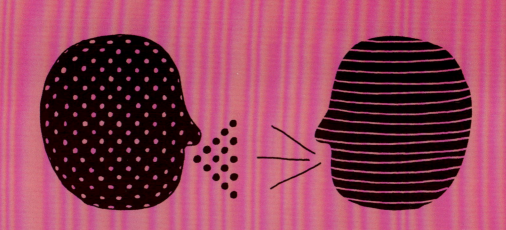

背景介绍

哲学分支
元哲学

聚焦
人种学

此前
公元前600—公元前400年 古希腊思想家泰勒斯、毕达哥拉斯和柏拉图都曾在埃及学习。当时埃及是哲学研究的中心。

此后
20世纪 欧洲殖民力量撤退之后，非洲哲学开始在非洲大陆上开花结果。人类学和人种学的发展致使非洲原住民的思维传统被挖掘出来。

20世纪末 加纳哲学家夸西·维雷杜认为，睿智智慧和民间智慧，应该与哲学进行明确的划分。

亨利·奥德拉·欧路卡1944年出生于肯尼亚，对元哲学，或者说关于哲学的哲学问题很感兴趣。在他的著作《睿智哲学》一书中，探讨了为何黑非洲的哲学经常遭到忽视，并得出这样一个结论：主要是因为黑非洲的哲学是口口相传的，而大部分哲学家都倾向去用文本记录思想。一些人认为哲学需要有文字记录，但是奥德拉反对这种观点。

为了探索哲学在非洲口口相传的传统，他提出了"睿智哲学"的方法。他借用了人类学中的人种学方法，在人们的日常生活环境中，对他们进行观察，并将他们的思想和行为都记录在案。奥德拉游历非洲各地，并与当地的智者进行交谈，将他们的对话记录在案，其目的在于找到是否有支撑他们观点的系统理念。这些智者严格检验了他们关于传统哲学话题的想法，如上

帝和自由，并建立了他们之所以能成为智者的合理基础。这些系统的观点应该得到更广泛的哲学关注，以对其进行深入研究。■

欧路卡认为，哲学判定了非洲某些族群的思想比其他的更重要，但是它必须包含非洲智者的格言，正如它包含希腊智者的一样。

参见：苏格拉底 46~49页，弗里德里希·施莱格尔 177页，雅克·德里达 308~313页。

在苦难面前，人与动物是平等的

彼得·辛格（1946年— ）

背景介绍

哲学分支
伦理学

哲学方法
功利主义

此前
约公元前560年 印度圣人耆那教领袖摩诃毗罗要求执行严格的素食主义。

1789年 杰里米·边沁在其《论道德与立法的原则》一书中建立了功利主义理论，并强调"每个个体的价值都不超过其他的个体"。

1861年 约翰·斯图尔特·密尔在他的著作《功利主义》一书中，将杰里米·边沁的功利主义从个人行为层面发展到道德规范层面。

此后
1983年 美国哲学家汤姆·里根出版了《动物权利状况》。

澳大利亚哲学家彼得·辛格在1975年出版了《动物解放》一书后，成为鼓吹动物权利的最为活跃的人士之一。辛格沿着18世纪末期英国哲学家杰里米·边沁发展的传统，用功利主义的方法研究伦理学。

功利主义要求我们通过行为导致的结果来评判该行为的道德价值。对边沁来说，就是要衡量我们的行为带来的快乐或痛苦的总和，如同一个数学等式。

动物是有情感的

辛格的功利主义是基于他所说的"对利益的等量思考"。苦痛，不论对你、我或是他人的躯体来说，都是苦痛。因为动物们也能感受到苦痛，所以我们在做出可能影响他们生活的决定时也要将它们的利益考虑在内，并避免这些行为给它们带来痛苦。但是，同所有功利主义者一样，辛格也采取了"幸福最大化的原则"，即强调我们在做决定时，要照顾到绝大多数者的最大幸福。辛格指出，他从未说过在动物身上进行实验都是不公正的，而是应该通过行为导致的结果来做出评判。"动物的利益也在那些结果当中"，他们也是等式的一部分。■

> **生命的价值，这是一个臭名昭著的道德问题。**
> ——彼得·辛格

参见：杰里米·边沁 174页，约翰·斯图尔特·密尔 190~193页。

DIRECTORY

人名录

人 名 录

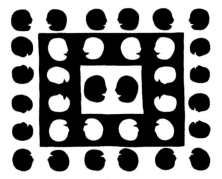

虽然这本书中展示了一些历史上最优秀思想家的广博的哲学思想，但还有更多的人影响着哲学的发展。如恩培多克勒、普罗提诺、奥卡姆的威廉等人，这些思想家的思想都为后来更加著名的理论奠定了基础，并且对后来的哲学家的影响也是清楚可见的。如弗里德里希·谢林或吉尔·德勒兹等人，都纷纷吸收了以往哲学家的作品，并增加了对作品主题新认识的有趣转折。无论他们与哲学历史之间的关系如何，以下所介绍的人，都曾为拓宽哲学思想的界限做出过贡献。

阿那克西曼德
约前 610—前 546 年

阿那克西曼德生于米利都，即现在的土耳其西南部，是西方哲学之父泰勒斯的学生。和泰勒斯一样，他认为一切事物都来源于一个单一的基本实体。他认为其必须是无限和永恒的，并把它称为"阿派朗"（"无限的"）。阿那克西曼德质疑泰勒斯的"地球是由一片海水支持"的想法，认为这片海水还要有其他东西来支持。由于缺乏这种支持结构的证据，他宣称，地球是一个挂在空间中的物体。他进而发布了世界上的第一张地图。

参见：米利都的泰勒斯 22~23页

米利都的阿那克西米尼
约前 585—前 528 年

和其他米利都的哲学家一样，阿那克西米尼也在寻找构成宇宙的基本材料。他选择了空气，指出就像空气维持人体生命一样，一种普遍性的空气维持着宇宙的生命。他是第一位被记录在案的使用观察到的证据来支持其想法的思想家。撅起的嘴唇会吹出较凉空气；松弛的嘴唇会吹出温暖的空气。因此，他认为物体凝结时会变冷，扩张时会变热。同样，空气凝结时会变为可见：首先是薄雾，然后是雨，最终，他认为会成为石头，从而造就了地球。

参见：米利都的泰勒斯 22~23页

阿那克萨戈拉
约前 500—前 428 年

阿那克萨戈拉出生于爱奥尼亚，现今土耳其南部海岸。雅典能成为世界上的探究哲学和科学的中心，阿那克萨戈拉起到了关键作用。他思想的核心是他对物质世界和宇宙的看法。他认为在这个物质世界中的一切物质是由所有其他物质的一小部分组成的，否则不可能产生。由于坚持认为太阳是一个火热的岩石，他因不虔诚被判死刑，后来逃离了雅典，并在流亡中度过了最后的岁月。

参见：米利都的泰勒斯 22~23页

恩培多克勒
约前 490—前 430 年

恩培多克勒是当时希腊殖民地西西里的高级政治家族中的一员。他对自然界的认识让人们相信他具有神奇的能力，例如治疗疾病和控制天气。他重申了赫拉克利特的观点，认为我们生活在一个不断变化的世界中；他反对巴门尼德的理论，其认为任何事物从根本上都是一个固定的实体。他认为存在四种元素：火、水、土和气。它们以有限的方式不断地结合、分开、再结合。这种观点作为西方思想的一部分，一直保持到了文艺复兴时期。

参见：米利都的泰勒斯 22~23页，赫拉克利特 40页，巴门尼德 41页

埃利亚的芝诺
约前 **490**—前 **430** 年

关于埃利亚的芝诺，其生平少有记载，但是他关于运动的悖论却被亚里士多德提到过。据称，芝诺提出过超过40个这样的悖论，但是只有少部分得以保存下来。在这些悖论中，他维护了老师巴门尼德的观点，认为我们所看到的多变而各式各样的世界并不是现实——它实际上是静止、统一和简单的。芝诺认为，运动是感官上的幻觉。他的每一个悖论都从他想要驳倒的立场出发，即运动和由此而来的变化都是真实的，然后继续推理揭示出矛盾的结果，以达到驳倒这一观点的目的。

参见：赫拉克利特 40页，巴门尼德 41页，亚里士多德 56~63页

皮罗
约前 **360**—前 **272** 年

皮罗出生于爱奥尼亚的伊利斯岛。他在为亚历山大大帝的军事行动服役期间接触到了亚洲文化，也是第一位敢于质疑其自身思想核心的著名哲学家。皮罗认为，对关于信念的判断的悬搁是对感觉不可靠性的唯一合理的回应，而事实上，任何争论的双方看起来都是同样正当有理的。皮罗没有留下著作，但是他却开创了古希腊哲学中的怀疑论学派，该学派认为信念的悬搁能使内心平静。

参见：苏格拉底 46~49页，安萨里 332页

普罗提诺
约 **205**—**270** 年

普罗提诺出生于埃及，在当时被认为是世界知识中心的亚历山大港求学。然后他去了罗马，教授他自己所认识的柏拉图主义，又被称为新柏拉图主义。普罗提诺将世界分为几层：万物的不可定义的源头称为"太一"，处于顶层；接下来是心智、灵魂、自然；最后是物质世界。他相信灵魂的转世与不朽，通过努力寻求开悟，达到"太一"的神秘合一，并因此脱离生死轮回。他的思想被收录在《九章集》里，影响十分广泛，尤其是那些支持基督教的内容在当时的罗马帝国深深扎根。

参见：乔达摩·悉达多 30~33页，柏拉图 50~55页

王弼
226—**249** 年

公元220年，中国统治王朝汉朝瓦解，一个道德混乱的时代到来了。哲学家王弼通过调解两个主流思想学派来为这场混乱带来秩序。他认为道家文章不应该逐字地阅读，而更应该像对待诗歌作品那样阅读，因此道家文章与高度实用的儒家政治和道德智慧的理想互不排斥。他对道家和儒家的重新评估确保了两家的共存，并为佛教在中国的传播铺平了道路。

参见：老子 24~25页，乔达摩·悉达多 30~33页，孔子 34~39页

扬布里柯
约 **245**—**325** 年

扬布里柯是一位叙利亚的新柏拉图主义哲学家，据说他出生于一个颇有影响力的贵族家庭。他在如今的安提阿附近建立了一所学校，教授以柏拉图和亚里士多德思想为主的课程。但是他最为有名的是对毕达哥拉斯理论的拓展，他把这些记录在他所著的《毕达哥拉斯定理集》中。扬布里柯提出了灵魂体现于物质中的概念，而且认为两者都是神圣的。他指出，救赎，或者灵魂回归到纯洁不朽的形态，是通过特定宗教仪式获得的，而不仅是通过单纯对抽象概念的沉思取得的。

参见：毕达哥拉斯 26~29页，柏拉图 50~55页，普罗提诺 331页

亚历山大港的希帕提娅
约 **370**—**415** 年

希帕提娅在亚历山大博物馆教授数学、天文学和哲学，最后接替父亲成为该博物馆馆长。她是受人尊敬的新柏拉图主义学者，而且是第一位著名的女数学家，然而她的殉难更加成就了她的名声。她被基督教暴徒谋害，此人宣称她的朋友罗马长官奥来斯特斯和亚历山大港主教西里尔之间的冲突导致了宗教骚乱。希帕提娅没有作品留存下来，但是据称她发明了一个带刻度的黄铜比重计和平面星盘。

参见：柏拉图 50~55页，普罗提诺 331页

普罗克洛斯
约412—485 年

普罗克洛斯生于君士坦丁堡，后继承其柏拉图主义老师西里阿努成为雅典学院院长。他的《对欧几里得几何原本的注释》是希腊几何学早期发展的主要著作，他的《柏拉图〈蒂迈欧〉疏解》被称为最重要的古代新柏拉图主义著作。普罗克洛斯是一位科学家、数学家、律师和诗人，又对宗教兴趣浓厚，注定也确实对中世纪伊斯兰教和基督教哲学流派的许多思想家产生了重大影响。

参见：柏拉图 50-55页，波埃修74~75页，托马斯·阿奎那88~95页

约翰·斐罗庞努士
490—570 年

关于约翰·斐罗庞努士的早期生活，除了他曾和亚里士多德学派的阿摩尼奥斯·赫尔米埃一起求学于亚历山大港之外，其他几乎无人知晓。斐罗庞努士作为一名哲学家和自然科学家，其研究方法却是受基督教信条所影响的。他认为宇宙有一个绝对的开始，而且这个开始是由上帝引起的，于是他成为针对亚里士多德的第一个严肃的批判者。也因此，他开启了研究之路，并对后来的科学家产生了重大影响，其中著名的有意大利天文学家伽略·伽利雷。由于不受同伴欢迎，他后来放弃哲学而转向了神学。但是由于他提出神的三位一体不是只有一个神，而是三个分开的神，而再度引起了争论。

参见：亚里士多德 56~63页，

托马斯·阿奎那 88~95页

阿尔·肯迪
801—873 年

阿尔·肯迪是一名伊拉克博学者，也是第一位把古希腊思想介绍到伊斯兰世界的伊斯兰学者。阿尔·肯迪在巴格达的智慧屋工作，指导他人将伟大的经典著作翻译成阿拉伯语。他写作广泛且涉及多个主题，最有名的是关于心理学和宇宙学的，而其中混合了他自己的新柏拉图主义方法和权威的亚里士多德学派观点。他对哲学与伊斯兰神学的兼容有着特别的兴趣，而他的许多著作都与上帝的本质、人类灵魂和预言知识有关。

参见：阿维森纳 76~79页，阿维罗伊 82~83页

约翰内斯·司各脱·爱留根纳
约815—877 年

他的拉丁名通常译为苏格兰人约翰，但是神学家和哲学家约翰内斯·司各脱·爱留根纳是爱尔兰人，因为在中世纪，爱尔兰的拉丁文是"Scotia"。爱留根纳认为来源于理性和来源于神圣启示的知识之间没有冲突。他甚至着手证明所有基督教教义事实上都是有一个合理的基础的。他的这个做法使他和教会产生了冲突，因为他的理论让启示和信仰看起来是多余的。爱留根纳辩护称，理性是对所有权威的判断，而且启示是需要我们来解释的。

参见：柏拉图 50~55页，圣奥

古斯丁 72~73页

阿尔法拉比
约872—950 年

阿尔法拉比是出生于当今伊朗还是哈萨克斯坦至今仍有争议，但可以确定的是他在901年抵达巴格达，并在那里度过了大半生。他虽然是一位新柏拉图主义者，但也深受亚里士多德影响并针对其著作撰写了许多评论，此外，他的评论还涉及医药、科学、音乐等主题。阿尔法拉比认为哲学是真主安拉授予的召唤，也是唯一通往真知的途径。他说，哲学家在一生中有责任在所有日常生活事务中引导人们。他的著作《美德城居民阶层分析》描述了一个由哲学家先知统治的柏拉图式的理想国。

参见：亚里士多德 56~63页，阿维森纳 76~79页，阿维罗伊 82~83页

安萨里
约1058—1111 年

安萨里的出生地是当今伊朗的所在地。1092—1096年间，他在享有声望的巴格达尼采米亚学校任校长，其间著有《哲学家的观点》，解释了伊斯兰学者的新柏拉图主义和亚里士多德学派的观点。讲课为他带来了极大的荣誉和财富，但是在推断出真理来自信仰和神秘实践而非哲学后，他毅然放弃了教师岗位和财产，而选择做一个流浪的苏菲传教士。他逐渐相信事件之间所有的因果联系都只能由神的旨意决定。

参见：亚里士多德 56~63页，阿维森纳 76~79页，阿维罗伊 82~83页，摩西·迈蒙尼德 84~85页

皮埃尔·阿伯拉尔
1079—1142 年

　　关于皮埃尔·阿伯拉尔，虽然他的哲学思想不如他和他的学生爱洛依丝的悲剧爱情有名，但他仍然是一位卓越的思想家。他是作为一名优秀生进入巴黎圣母学院学习的，并且成了一名颇具魅力的老师。他在22岁时建立了自己的学校，并且在1115年成为巴黎圣母学院的院长。阿伯拉尔擅长辩论，且在共相问题上与继承自柏拉图的流行观念相悖，即认为像"橡树"一样的术语只不过是词语，并不是指实际存在的特定的橡树的任何部分。

　　参见：柏拉图 50~55页，亚里士多德 56~63页，波埃修 74~75页，奥卡姆的威廉 334页

罗伯特·格罗斯泰斯特
1175—1253 年

　　格罗斯泰斯特本是一个英国贫农家庭的孩子，但是他因杰出的智力被林肯市长所识而让他得到了接受良好教育的机会。有证据显示，他在牛津大学和巴黎学习过，后来成为牧师并成了林肯市的主教。格罗斯泰斯特是一位敢于直言的批评家，并因其科学思想而出名。他是中世纪最早掌握亚里士多德双向科学推理方法的哲学家之一，该方法先是对普遍法则的特定观察进行归纳，然后从普遍法则返回到特定事物中进行预测。

　　参见：亚里士多德 56~63页

伊本·巴哲
约 1095—1138 年

　　伊本·巴哲是一位政治顾问、诗人、科学家和哲学家，是摩尔时期西班牙最伟大的思想家之一。他出生于萨拉戈萨，其论述中使用的是柏拉图和亚里士多德的思想，影响到的人有阿维罗伊。他着手表现理性和信仰的兼容性，声称通往真知的路、开悟及与神的联结都只来源于理性的思考和行动。但是，伊本·巴哲提出，每个人必须自己亲力亲为才能达到开悟。如果开悟者试图将其智慧直接传给他人，那么他们是在冒被无知者玷污的危险。

　　参见：柏拉图 50~55页，亚里士多德 56~63页，阿维罗伊 82~83页

拉曼·鲁尔
1232—1316 年

　　鲁尔在西班牙东部马略卡岛的马略卡宫廷接受教育，学到了一种神秘的新柏拉图主义。在梦到基督以后，他加入了方济会，并在北非做传教士。鲁尔坚信理性的辩论可以说服穆斯林和犹太人改信基督教，并写下了《大衍术》。在这部著作中，他使用复杂的推理将所有一神论宗教的基本教义结合成不同的组合，希望可以展示基督教的真理。他还相信如果每个人都有一个信仰，那么所有人类的知识就会组合成一个统一的系统。

　　参见：柏拉图 50~55页，圣安瑟伦 80~81页，麦斯特·埃克哈特 333页

麦斯特·埃克哈特
约 1260—1327 年

　　关于德国神学家麦斯特·埃克哈特的早期生活，人们知之甚少，但可以确定的是他在巴黎求学过，加入了道明会，并在欧洲担任过多种行政和教育职务。埃克哈特是托马斯·阿奎那的追随者，其最著名的是生动的布道文，其中详述了上帝临在于人类灵魂中，而且文中有神秘的意象。他因持有异端邪说而被指控，在审判期间，他承认用于启发听众的华丽感人的语言可能导致他偏离了正统之路。据称，裁决发出之前他就已经死了。

　　参见：圣安瑟伦 80~81页，托马斯·阿奎那 88~95页，拉曼·鲁尔 333页，库萨的尼古拉 96页

约翰·邓斯·司各脱
约 1266—1308 年

　　邓斯·司各脱是一名方济会修士，也是最有影响力的中世纪哲学家之一。他出生于苏格兰，先后在牛津大学和巴黎任教。邓斯·司各脱的论证是以严密和复杂著称的。他反对托马斯·阿奎那认为的当属性用于神时，也和用于普通对象一样保有同样的意义。关于共相的问题，他认为我们可以直接观察个体，不需要一般概念的辅助。他还声称，知识

可以通过合理使用感官而获得，并不需要神的"启示"。

参见：柏拉图 50~55页，亚里士多德 56~63页，托马斯·阿奎那 88~95页

奥卡姆的威廉
约 1285—1347 年

奥卡姆的威廉是一名英国神学家和哲学家，曾在牛津求学和任教。威廉是一位方济会修士，因为声称教皇没有处理世俗事物的俗权而被逐出教会。他在哲学研究中最出名的是以他的名字命名的奥卡姆剃刀原理，即任何事物最好的解释总是最简单的。由于他还赞成共性是从特殊经验中抽象出来的，所以他被认为是英国经验主义的先驱。而到了17世纪，约翰·洛克正式发起了一场经验主义运动。

参见：柏拉图 50~55页，亚里士多德 56~63页，弗朗西斯·培根 110~111页，约翰·洛克 130~133页

奥特库尔的尼古拉
约 1298—1369 年

奥特库尔的尼古拉生于法国凡尔登附近，在巴黎索邦神学院学习神学。对于一位中世纪哲学家来说，他的过人之处在于，他探索了怀疑论逻辑，推断出真理和与之矛盾的真理在逻辑上是不兼容的，所以绝对的真理或知识，以及事件之间或者反应之间的因果联系，都不能单独被逻辑揭示出来。1346年，罗马教皇克莱蒙特六世宣判他的观点是异端邪说。他被勒令放弃该言论，并且其著作被当众烧毁。除了《通论》和一些信件，他的其他作品少有留存下来。

参见：皮罗 331页，安萨里 332页，大卫·休谟 148~153页

纳博纳的摩西
约?—1362 年

纳博纳的摩西，也被称为摩西·本·约书亚，是一名犹太哲学家和医师。他出生于法国加泰罗尼亚地区的佩皮尼昂，后来迁到西班牙。他认为犹太教是通往最高真理的向导。他还称"托拉"（希伯来圣经第一部分和犹太法律基础）有两层含义：字面含义和形而上学的含义，而第二层含义是平信徒不可理解的。

参见：阿维罗伊 82~83页，摩西·迈蒙尼德 84~85页

乔凡尼·皮科·德拉·米兰多拉
1463—1494 年

皮科·德拉·米兰多拉是佛罗伦萨柏拉图学园的成员，最有名的作品是《论人的尊严》，其中提出人的潜力是无限的，而唯一的限制是自己强加的。该文是《900论题》的引言。《900论题》是他智慧的结晶，其中力求调和柏拉图主义和亚里士多德主义的思想。罗马教皇反对其中含有异教的价值，并使米兰多拉短暂入狱。而后，米兰多拉被迫逃离法国。

参见：柏拉图 50~55页，亚里士多德 56~63页，德西德里乌斯·伊拉斯谟 97页

弗朗西斯科·维多利亚
1480—1546 年

弗朗西斯科·维多利亚是一位道明会修士，是托马斯·阿奎那的追随者和萨拉曼卡学派的创立者。他被称为"国际法之父"，主要是因为他提出了一套国际关系准则。他成长于西班牙统一和殖民美洲时期。虽然没有反对西班牙建立帝国的权力，但是他认为基督教不应该被强加于南美洲本土居民，他们应该有权拥有财产和自治政府。

参见：托马斯·阿奎那 88~95页

焦尔达诺·布鲁诺
1548—1600 年

焦尔达诺·布鲁诺是一位意大利天文学家和思想家，深受尼古拉斯·冯·库斯和《秘义集成》的影响。《秘义集成》是一套神秘的论文，据称它在成文时间上早于古希腊哲学。从冯·库斯那里，他吸收了无限宇宙的思想，认为我们的太阳系只是众多支持智慧生命的星系之一。布鲁诺称，上帝是由单子或有生命的原子组成的世界的一部分，而不是独立于其外的。他的这些观点，以及他对于占星术和魔法的兴趣，导致他被认为持有异端邪说而被烧死在火刑柱上。

参见：库萨的尼古拉 96页，戈特弗里德·莱布尼茨 134~137页

弗朗西斯科·苏亚雷斯
1548—1617 年

　　弗朗西斯科·苏亚雷斯出生于西班牙格拉纳达，是一名耶稣会哲学家。他曾对许多主题有过著述，其中最出名的是关于形而上学的。在当时占据主要哲学的关于共相的争论上，他认为只有殊相存在。苏亚雷斯还认为在托马斯·阿奎那的两类神圣知识之间，即关于实际的知识和关于可能性的知识之间存在着"中间知识"，这可以让事物变得不同。他认为上帝拥有所有我们行动的"中间知识"，而不是上帝引起它们发生，或者它们是不可避免的。

　　参见：柏拉图50~55页，亚里士多德56~63页，托马斯·阿奎那 88~95页

伯纳德·曼德维尔
约 1670—1733 年

　　伯纳德·曼德维尔是一名荷兰哲学家、讽刺作家和医师，定居在伦敦。他最有名的作品《蜜蜂的寓言》（1729年），讲述的是一群勤劳的蜜蜂突然变得富有道德了，然后停止工作到附近的一棵树上安静地过活。其主要观点是，任何社会取得进步的唯一途径便是通过丑恶，而美德是统治精英们用来制服下级阶层的谎言。曼德维尔称，经济增长只来源于人们满足自身贪婪的能力。他的观点被视为18世纪亚当·斯密理论的先驱。

　　参见：亚当·斯密 160~163页

朱利安·奥弗雷·德·拉美特利
1709—1751 年

　　朱利安·奥弗雷·拉美特利出生于布列塔尼。他曾学习医药学并当上了一名军队医师。在发表于1745年的一篇论文中，他表达了无神论观点，称情感是身体物理变化的结果，这激起了他人的愤慨而迫使他从法国逃到荷兰。1747年，他出版了《人是机器》，其中扩充了他的唯物主义观点，并反驳了笛卡儿的理论，即心灵和身体是分开的。该书又引起了他的再次逃离，而这一次是去柏林。

　　参见：托马斯·霍布斯 112~115页，勒内·笛卡儿 116~123页

尼古拉斯·德·孔多塞
1743—1794 年

　　尼古拉斯·马奎斯·德·孔多塞是一位法国传统的早期阐述者，从数学的角度来处理道德和政治问题。他著名的公式被称为孔多塞悖论，是关于投票系统的一个悖论，它表明当有三名以上候选人时，多数人的偏好变成了非传递性的。孔多塞是一位自由主义思想家，他提倡所有人，包括妇女，应该权利平等且应接受免费教育。他在法国大革命中起到了关键作用，但是却因反对路易十六的处决而被判叛国罪，最后死于狱中。

　　参见：勒内·笛卡儿 116~123页，伏尔泰 146~147页，让-雅克·卢梭 154~159页

约瑟夫·德·迈斯特
1753—1821 年

　　约瑟夫·德·迈斯特出生于萨伏依的法国地区，而萨伏依是当时萨丁王国的一部分。德·迈斯特是一位律师和政治哲学家。1792年当法国革命军入侵萨伏依时，他是一位参议员，所以被迫逃离，然后他成了一名热情的反革命分子。他宣称，人类天生是虚弱的和有罪的，而君主和上帝的双重权力对社会秩序是必不可少的。在《关于教皇》（1819年）中，德·迈斯特提出，政府应该掌握在一个独权人物的手里，且此人最好与宗教有关，比如教皇。

　　参见：埃德蒙·伯克 172~173页

弗里德里希·谢林
1775—1854 年

　　弗里德里希·谢林起初是一位神学家，但是受伊曼努尔·康德思想的影响，他转入哲学领域。弗里德里希·谢林生于德国南部，和格奥尔格·黑格尔一同在图宾根学习，后来在耶拿大学、慕尼黑大学和柏林大学任教。谢林创造了"绝对唯心主义"这个词，因为他把自然视为受精神驱使的一种持续的变革过程。他认为自然的所有事物，包括心灵和物质，都在一个持续有机的过程中，对现实的纯机械的描述是不恰当的。人类意识是自然变成的意识，所以自然以人的形式达到了自我意识的状态。

　　参见：贝内迪克特·斯宾诺莎 126~129页，伊曼努尔·康

德 164~171页，约翰·戈特利布·费希特 176页，格奥尔格·黑格尔 178~185页

奥古斯特·孔德
1798—1857 年

奥古斯特·孔德是一位法国思想家，以智力论和社会进化论著称，将人类的发展经历分为三个重要阶段：最初的阶段是神学阶段，以欧洲中世纪阶段为代表，以相信超自然力为特点。这一阶段随后让位给了形而上学阶段，其中对现实本质的沉思得到了发展。最后，"实证"阶段到来了——孔德认为兴起于他写作的那个时代——有真正的科学态度，且仅以可观察的规律为依据。孔德认为这种实证主义将有助于建立新的社会秩序，对法国大革命产生的混乱进行调整。

参见：约翰·斯图尔特·密尔 190~193页，卡尔·马克思 196~203页

拉尔夫·瓦尔多·爱默生
1803—1882 年

拉尔夫·瓦尔多·爱默生出生于波士顿，既是美国诗人，也是著名的哲学家。他受浪漫主义运动的启发，相信自然的统一性，认为物质的每个微粒和每个人的心灵都是整个宇宙中的一个小宇宙。爱默生的公开演讲十分有名，它旨在敦促抵制社会从众性和传统权威。爱默生提倡个人诚信和自立是唯一的道德必需品，强调每个人都有权塑造

自己的命运。

参见：亨利·大卫·梭罗 204页，威廉·詹姆斯 206~209页

亨利·西奇威克
1838—1900 年

亨利·西奇威克是英国道德哲学家，也是剑桥大学三一学院的一员。在他的重要作品《伦理学方法》（1874年）中，他通过考察行为的直觉原则探讨了自由意志的问题。他声称，对快乐的追求，并不排除利他主义，或者说为他人提供快乐，因为让他人快乐本身就是一件乐事。作为一位自由主义的慈善家和妇女教育权的拥护者，西奇威克在建立剑桥大学第一所妇女学院纽纳姆学院中发挥了积极作用。

参见：杰里米·边沁 174页，约翰·斯图尔特·密尔 190~193页

弗朗兹·布伦塔诺
1838—1917 年

弗朗兹·布伦塔诺出生于普鲁士，是一位哲学家，最有名的是使心理学成为一门独立学科。布伦塔诺相信心理的历程不是被动的，而应被视为意向性行为。他最有名的作品是《从经验的观点看心理学》。该书出版于1874年，使他获得了维也纳大学的教授职位。后来他在该大学教学并启发了众多勤奋的学生，其中包括精神分析学的创始人西格蒙德·弗洛伊德。

参见：埃德蒙·胡塞尔 224~225页

戈特洛布·弗雷格
1848—1925 年

戈特洛布·弗雷格是耶拿大学的数学教授、德国哲学家，也是哲学分析传统的先驱。他的第一部主要作品《概念演算》（1879年），即指"概念符号"，以及《算术的基础》（1884年）引起了哲学逻辑的一场革命，使得该学科得以迅速发展。在《论意义和指称》（1892年）中，他指出句子有意义是因为两层原因：一是它们有所指，一是该指称有独特的方式。

参见：伯特兰·罗素 236~269页，路德维希·维特根斯坦 246~251页，鲁道夫·卡尔纳普 257页

阿尔弗雷德·诺斯·怀特海
1861—1947 年

阿尔弗雷德·诺斯·怀特海是一名英国数学家，在伦理学、形而上学和科学哲学上有重要影响力。他和以前的学生伯特兰·罗素一起，写下了数学逻辑领域里具有里程碑意义的研究著作《数学原理》（1910—1913年）。1924年，63岁时，怀特海接受了美国哈佛大学哲学教授的职位。他在哈佛大学发展了后来被称作过程哲学的学科。这基于他的一个信念，即传统哲学在处理物质、空间和时间的交互作用上存在不足，他还提出"生存器官或经验意味着整个生命体"，而不仅指大脑。

参见：伯特兰·罗素 236~239页，威拉德·冯·奥曼·蒯因 278~279页

西田几多郎
1870—1945 年

西田几多郎是一位日本哲学家，在学校学习过道家和儒家思想，在东京大学学习过西方哲学。他后来在东京大学任教，并把西方哲学在日本推广成为一个严肃的研究对象。西田几多郎思想的重要部分是"场的逻辑"。"场的逻辑"通过禅宗佛教的"纯粹经验"来克服传统西方关于主体和客体间的对立，其中知者与所知物、自我与世界的区别都不存在了。

参见：老子 24~25页，乔达摩·悉达多 30~33页，孔子 34~39页，田边肇 244~245页

恩斯特·卡西尔
1874—1945 年

恩斯特·卡西尔出生于当今波兰所在地的布雷斯劳，是一位德国哲学家。他曾在柏林大学讲课，后来去了汉堡，并在那里的瓦堡图书馆找到了大量关于部落文明和神话的研究成果。这为他的主要著作《符号哲学》（1923—1929年）提供了资料，他在该书中将神话思想吸收到了类似于康德的哲学系统中。

参见：伊曼努尔·康德 164~171页，马丁·海德格尔 252~255页

加斯东·巴舍拉
1884—1962 年

加斯东·巴舍拉是法国哲学家，先研究物理学，后转到哲学。他在第戎大学任教，后来成为巴黎索邦神学院的第一位历史学和科学哲学教授。他的思维过程研究包含了梦的象征和想象的现象学。他质疑奥古斯特·孔德认为的科学进步是连续不断的这一观点，而认为从历史的角度看科学经常是在交替中前进的，并允许对旧概念进行新的解释。

参见：奥古斯特·孔德 335页，托马斯·库恩 293页，米歇尔·福柯 302~303页

恩斯特·布洛赫
约 1885—1977 年

恩斯特·布洛赫是一位德国马克思主义哲学家，他的作品专注于人文主义中免于剥削与压迫的乌托邦世界的可能性。在第一次世界大战期间，他躲避了瑞士的冲突，1933年逃离纳粹，最后到了美国。他在那里写下了他的重要著作《希望原理》（1947年）。第二次世界大战后，布洛赫在莱比锡教课，但是随着1961年柏林墙的修建，他到西德去寻求避难。虽然是一名无神论者，但他相信宗教天堂的神秘愿景是可以在此世实现的。

参见：格奥尔格·黑格尔 178~185页，卡尔·马克思 196~203页

吉尔伯特·赖尔
1900—1976 年

吉尔伯特·赖尔出生于英格兰南岸布莱顿，在牛津大学学习和任教。他相信哲学的许多问题起于对语言的滥用。他表明，我们通常以为语法功能上类似的表达属于同样的逻辑范畴。赖尔称，这样的"范畴错误"，就是许多哲学问题被混淆的原因，所以对日常语言的基础地位加以关注是克服哲学问题的方式。

参见：托马斯·霍布斯 112~115页，路德维希·维特根斯坦 246~251页，丹尼尔·丹尼特 339页

迈克尔·欧克肖特
1901—1990 年

迈克尔·欧克肖特是一位英国政治理论家和哲学家。他曾在剑桥和牛津大学任教，后来成为伦敦经济学院的政治科学教授。他的作品如《保守主义》（1956年）和《政治中的理性主义》（1962年）成就了他政治理论家的名誉。在20世纪晚期，他对保守党政治有重要影响。然而，由于频繁更改观点，他的作品很难被分类。

参见：埃德蒙·伯克 172~173页，格奥尔格·黑格尔 178~185页

艾茵·兰德（又译安·兰德）
1905—1982 年

艾茵·兰德是一位作家和哲学家，出生于俄罗斯，在1926年搬到了美国。当她的小说《源泉》（1943年，讲述一个关于一位理想男人的故事）使她成名时，她还是一名编剧。她是客观主义的创立者，该主义挑战了认为人的道德责

任是为他人而活的思想。现实是作为客观绝对之物而存在的，而人的推理则是认知它的方式。

参见：亚里士多德 56~63页，亚当·斯密 160~163页

约翰·朗肖·奥斯丁
1911—1960 年

约翰·朗肖·奥斯丁是英国哲学家，学习并任教于牛津大学，是"日常语言"或"牛津哲学"的领军人物，该哲学在20世纪50年代很流行。奥斯丁认为，对语言如何在日常使用中运作进行严密分析，可以发现微妙的语言特征，这有助于解决深奥的哲学问题。他最为出名的是论文和课程，这些都可见于其逝世后出版的《如何用语言做事》（1962年）和《感觉与可感觉的事物》（1964年）两本书当中。

参见：伯特兰·罗素 236~239页，吉尔伯特·赖尔 337页

唐纳德·戴维森
1917—2003 年

唐纳德·戴维森是美国哲学家，曾在哈佛求学，在美国各大学从事过杰出的职业教育工作。他涉足哲学的诸多范畴，较为突出的是心灵哲学。他持唯物主义立场，认为每个象征性的精神事件也是一个物理事件，但是他并不认为精神事件可以完全被化简或者解释为物理事件。戴维森也对语言哲学做出了显著贡献。他坚持认为一门语言必然由有限数量的元素构成，而该语言的意义是这些元素和组合规则的

产物。

参见：路德维希·维特根斯坦 246~251页，威拉德·冯·奥曼·蒯因 278~279页

路易·阿尔都塞
1918—1990 年

路易·阿尔都塞出生于阿尔及利亚，是法国马克思主义者，他认为马克思的早期著作和《资本论》的"科学"时期有着根本的不同。马克思的早期作品反映了那个时代专注于黑格尔的概念，如异化。而在他的成熟作品中，历史被看作有自身动力，且独立于人类能动者的意图和行动。因此阿尔都塞认为，我们是由社会的结构条件决定的，此观点包含了对人类自主性的具有争议的抵制，且否认了个人能动性在历史中的地位。

参见：格奥尔格·黑格尔 178~185页，卡尔·马克思 196~203页，米歇尔·福柯 302~303页

埃德加·莫兰
1921 年—

埃德加·莫兰是法国哲学家，出生于巴黎，是从希腊移民来的犹太人的后代。他积极地认为西方文明是在进步的，但是它受科学和技术进步的副作用调节。进步可以创造财富，但是看上去也可以带来责任感和全球意识的崩溃。莫兰提出了"复杂思维范式"，并创造了"文明政治学"这个词。他的六卷本《方法》（1977—2004年）是他的思想和观点的纲要，其中对人类

研究的本质给出了远见卓识。

参见：西奥多·阿多诺 266 267页，尤尔根·哈贝马斯 306~307页

勒内·吉拉尔
1923 年—

勒内·吉拉尔是法国哲学家和历史学家，他所从事的写作和任教的领域广泛，从经济学到文学批评。他最出名的是模仿欲望理论。在《欺骗、欲望和小说》（1961年）中，吉拉尔用古代神话和现代小说来展示人类的欲望不同于动物的食欲：人类的欲望常常是由他人的欲望引起的。他对暴力的研究《暴力与神圣》更进一步指出这种来自他人的欲望可导致冲突和暴力。吉拉尔称，宗教起源于牺牲或献祭的过程，而这个过程是用来平息暴力的。

参见：米歇尔·福柯 302~303页

吉尔·德勒兹
1925—1995 年

吉尔·德勒兹出生于巴黎，并且一生中大部分时间都在巴黎度过。他认为哲学是一个构建概念的创造性的过程，而不是试图发现和反映事实。他的许多工作都是关于哲学历史的，但是他的著作并没有试图揭露什么，比如说"真正的"尼采。他修订了一些哲学主题的概念机制，产生出新的观点，开启了新的思维方式。德勒兹还与精神分析学家菲利克斯·加塔利合作出版了《反俄狄浦斯》（1972年）和

《什么是哲学》（1991年），其中收录了他对文学、电影和艺术的评论。

参见：亨利·伯格森 226~227页，米歇尔·福柯 302~303页

尼克拉斯·卢曼
1927—1998 年

尼克拉斯·卢曼出生于德国吕内堡，在第二次世界大战中被美国人俘虏，当时他只有17岁。战后，他做了律师，直到1926年休假到美国学习社会学。后来他成为20世纪最重要和多产的社会理论家。卢曼提出了一个宏大的理论，可以解释社会生活的每个元素，包括从复杂的固定下来的社会到社会更替过程中最短暂的只存在数秒的社会。在他最重要的著作《社会的社会》（1997年）中，他认为交流是唯一真实的社会现象。

参见：尤尔根·哈贝马斯 306~307页

米歇尔·塞瑞斯
1930 年—

米歇尔·塞瑞斯是法国作家和哲学家，他在开始从事哲学以前曾研究过数学。塞瑞斯是加利福尼亚州斯坦福大学的教授，是久负盛名的法兰西学院的一员。他的后人文主义研究采取"地图"的形式，其中旅行本身起重要作用。他曾被描述为一位"对他来说旅行就是发明的思想家"，并在科学、艺术和当代文化的联系所揭示的混沌、不调和混乱中寻找真理。

参见：罗兰·巴特 290~291页，雅克·德里达 308~313页

丹尼尔·丹尼特
1942 年—

美国哲学家丹尼尔·丹尼特出生于贝鲁特，是认知系统本质领域颇受赞誉的专家。丹尼特是马萨诸塞州塔夫茨大学的哲学教授，因在语言学、人工智能、神经系统科学和心理学领域拥有广泛的专业知识而著称。他曾使用令人难忘的有创造性的标签，例如"乔伊斯的机器"，来形容意识流，主张自由意志和意识来源于大脑的计算迂回性，而这种迂回性欺骗我们使我们以为自己比实际要聪明。

参见：吉尔伯特·赖尔 337页，威拉德·冯·奥曼·蒯因 278~279页，米歇尔·福柯 302~303页

马塞尔·戈谢
1946 年—

马塞尔·戈谢是法国哲学家、历史学家和社会学家，写下了广泛的关于民主和现代世界中宗教角色的作品。他是法国的知识期刊《争鸣》的主编和巴黎高等社会科学院的教授。他的重要著作《世界的醒悟：宗教的政治史》（1985年）探索了人在有宗教过往的背景下对个人主义的现代狂热崇拜。由于宗教信仰在西方世界的衰落，戈谢认为神圣事物的元素已经融入人们的关系和其他社会活动中了。

参见：莫里斯·梅洛-庞蒂

274~275页，米歇尔·福柯 302~303页

玛萨·努斯鲍姆
1947 年—

美国哲学家努斯鲍姆出生于纽约市，是芝加哥大学法律和伦理学的"恩斯特·福伦德杰出服务教授"。她发表了许多关于伦理学和政治哲学的著作和论文，其中她对学术研究的严谨来自其热情的自由主义思想。她对古希腊伦理学的探索成果《善的脆弱性》（1986年）第一次给她带来了赞誉。但如今同样出名的是她对女性主义的自由主义观点，如《性与社会正义》（1999年）中表述的一样，她为性别和家庭关系的根本改善而争辩。

参见：柏拉图 50~55页，亚里士多德 56~63页，约翰·罗尔斯 294~295页

伊莎贝尔·斯唐热
1949 年—

伊莎贝尔·斯唐热出生于比利时，在布鲁塞尔自由大学学习过化学，但她现在是哲学教授。1993年，她获得了法兰西学院授予的哲学大奖。斯唐热是一位杰出的科学思想家，写了大量关于现代科学进程的作品，内容主要集中于为社会目的而使用科学，以及这种做法与权力和权威的关系上。

参见：阿尔弗雷德·诺斯·怀特海 336页，埃德加·莫兰 338页

术语表

绝对者 the Absolute
被视为一个无所不包的、具有单一原则的终极现实。一些思想将该原则等同于上帝；另一些人则只相信绝对原则，否认上帝；还有一些人对两者皆持怀疑态度。最接近这一观念的哲学家是格奥尔格·黑格尔。

美学 Aesthetics
哲学的一个分支，关注艺术的原理和美的概念。

能动者 Agent
有别于认知自我的行动者，即下决策、做选择或采取行动的自我。

分析 Analysis
通过拆分事物并逐一观察的方式，对某事物进行较深层次的理解。与之相对的研究方法是综合。

分析哲学 Analytic philosophy
一种以澄清为宗旨的哲学，即通过仔细分析的方法澄清概念、陈述、方法、论点和理论。

分析陈述 Analytic statement
陈述的一种，可通过对陈述自身的分析判断其真理性或谬误性。与之相对的是综合陈述。

拟人论 Anthropomorphism
赋予非人类的事物以人类的特征，例如为上帝或天气赋予人类的特征。

后验 A posteriori
只有通过经验验证才能被视为有效的事物。

先验 A priori
先于经验（或不需要经验）就可以确认其有效性的事物。

论证 Argument
一种旨在证实结论正确性的逻辑推理过程。

范畴 Category
事物可被划入的最宽泛分类。亚里士多德和康德都曾试图提出完整的范畴表。

概念 Concept
一种观念或思想；一个词或术语的意义。

偶然 Contingent
某种情况可能发生也可能不发生；事物可以往不同的方向发展。与之相对的是必然。

矛盾 Contradictory
如果两种表述互相矛盾，那么一种正确则另一种错误；它们不可能都正确，或者都错误。

对立 Contrary
如果两种表述不能同时正确或错误，那么它们便是对立的。

佐证 Corroboration
是指能够支持但未必能完全证实结论的依据。

宇宙论 Cosmology
对整个世界、宇宙的研究。

演绎法 Deduction
从一般到特殊的推理方法。例如，"如果人终有一死，那么作为人类的苏格拉底也终有一死。"人们普遍认同演绎推理的有效性。与之相对的是归纳法。

决定论 Determinism
决定论只认定真实发生的事物，因为每一件事都是先前发生事情的必然结果，而这些前因又是在其之前发生的事情的结果。与之相对的是非决定论。

辩证法 Dialectic
（1）质问或论证的技巧；
（2）一种观念，认为一切言语和行为上的论断都可以引起对立，而相互对立的观点又可以在一个涵盖二者的综合观点中相互调和。

二元论 Dualism
一种认为某物由两种不能化约的部分构成的观点。例如，认为人类是由本质上完全不同的身体和心灵组成的。

感情的 Emotive
表达感情。在哲学意义上，这个词通常用来表示贬义，指那些假装客观公正的观点实际上是带着感情态度的，例如"带情绪的决定"。

经验知识 Empirical Knowledge
经验世界的知识。

经验陈述 Empirical statement
关于经验世界的陈述，研究何为经验、何物可被经验等问题。

经验世界 Empirical world
我们通过实际的或可能的经验认识到的世界。

经验主义 Empiricism
认为实际存在的任何事物的所有知识都必然来源于经验的观点。

认识论 Epistemology
一个关注人类能够认识的所有事物分类的哲学分支，包括认识的方式和所获得的知识。认识论是哲学的一个重要分支。

本质 Essence
一个事物的本质是其区别于他物而成为该事物的东西。例如，独角兽的本质是头上有单角的马。当然独角兽并不存在，所以本质并不意味着存在。这一差别在哲学上是重要的。

伦理学 Ethics
哲学的一个分支，关注人类应如何生活的问题，因而关注对与错、好与坏、应该与不应该、职责和其他诸如此类的概念的本质的问题。

存在主义 Existentialism
一种从人类个体的偶然存在出发，并视之为首要的难解之谜的哲学分支。哲学从这个出发点开始寻求理解。

谬误 Fallacy
严重错误的论点，或者是基于错误论点得出的错误结论。

可证伪性 Falsifiability
如果一种表述或一套表述可以被经验证实是错的，那么表述就具有可证伪性。据卡尔·波普尔称，正是可证伪性将科学与非科学区分开来。

人文主义（人本主义）Humanism
一种哲学研究方法，基于人类是现实存在的最重要的事物，以及即便有超自然世界存在，也不会有超自然世界的知识的假设。

假设 Hypothesis
一种暂时假定为真的理论。使用假设能令我们在缺乏证据支持的前提下进行深入研究。

唯心主义 Idealism
唯心主义认为现实最终都是由非物质事物构成的，这种非物质有可能是心灵、心灵的内容、灵魂或某种精神。与唯心主义相对的是唯物主义。

非决定论 Indeterminism
一种认为并非所有事件都必有起因的理论。与之相对的是决定论。

归纳法 Induction
从特殊到一般的推理方法。例如，"苏格拉底死了，柏拉图死了，亚里士多德死了，所有生于公元130年以前的人都死了。因此所有人都终有一死。"通过归纳不一定会得到正确的结果，所以它是否算真正的逻辑过程还存在争议。与归纳法相对的是演绎法。

直觉 Intuition
无论是靠感官知觉还是洞察力，都可直接获得知识的方式，是一种无须推理的认识方式。

不可化约的 Irreducible
具有不可化约性的事物是指其不能被简化或缩减。

语言哲学 Linguistic philosophy
也称语言分析，这一理论认为哲学问题的起因是由于对语言的混乱使用造成的，而要解决或消解这些问题，则需要对被表述的语言进行仔细的分析。

逻辑学 Logic
哲学的一个分支，是一种研究理性论证的科学，包括其使用的术语、概念、规则和方法等。

逻辑实证主义 Logical positivism
逻辑实证主义的观点认为，唯一有意义的经验陈述是那些能够被证实的。

唯物主义 Materialism
唯物主义的观点认为，所有真实存在最终都以物质事物的形式存在。与之相对的是唯心主义。

元哲学 Metaphilosophy
哲学的一个分支，关注哲学的本质和研究方法。

形而上学 Metaphysics
哲学的一个分支，关注存在物的最终本质。它"从外部"质问自然世界，提出一些科学无法回答的问题。

方法论 Methodology
对探究和论证方法的研究。

一元论 Monism
一种把事物看作是由单一成分构成的观点。例如，人类并非由可分隔的要素（如身体和灵魂）构成，而是由一种单一的实体构成的。

神秘主义 Mysticism
超越自然界的直观知识。

自然主义 Naturalism
一种主张现实无须参考超自然事物就

可解释的观点。

必然 Necessary
必须是某种情况。与之相对的是偶然。大卫·休谟认为，必然联系只存在于逻辑中，而不存在于真实世界中，这种观点从一开始就受到许多哲学家的赞同。

充要条件 Necessary and sufficient conditions
X成为丈夫的必要条件是X已婚，而已婚不是充分条件，因为如果X是女性呢？而X成为丈夫的充分条件是X既是男士而且已婚。思维过程中最常犯的一种错误就是把必要条件当成了充分条件。

不矛盾 Non-contradictory
当两种表述的真理性是彼此独立存在的，它们就被认为是不矛盾的。

本体 Noumenon
是存在于人类意识背后的事实，其在人类意识中的呈现则被称为现象。存在自身之中并独立于经验而存在的事物被称为本体。因此"本体的"成为指示现实最终本质的术语。

超自然的 Numinous
任何被认为神秘和值得敬畏的、承载超自然预示的事物。不可将超自然物和本体混淆，参见"本体"。

存在论 Ontology
哲学的一个分支，研究何为实际存在的、区别于认识论分支所研究的我们认知的本质。存在论和认识论构成了传统哲学的核心。

现象学 Phenomenology
一种哲学方法，研究经验对象（被称为现象），并且只研究它们在我们意识里呈现的程度，不需要作任何关于它们作为独立物的本质的假设。

现象 Phenomenon
一种立即呈现的经验。如果我看一个对象，那么这个被我经验的对象就是一种现象。康德把现象与独立于被经验的作为自在之物的客体区分开来，他称这一客体为主体。

哲学 Philosophy
字面意思是"对智慧的爱"，广泛用于对一般原理的持续性的理性反思，并意图从中获得更深刻的认识。哲学可以提供学术分析、论点、理论、方法和各种话语的澄清，以及人们所使用的概念这些方面的训练。从传统上讲，哲学最终追求的是获得对世界的更好认识。但在20世纪，大部分哲学流派开始致力于获取对其自身发展过程的更好认识。

宗教哲学 Philosophy of religion
哲学的一个分支，关注人类信仰体系、实际存在和想象的对象（例如神），它们构成了这些信仰的基础。

科学哲学 Philosophy of science
哲学的一个分支，关注科学知识和科学发展实践的本质。

政治哲学 Political philosophy
哲学的一个分支，研究国家的本质和方法，探讨的主题包括正义、法律、社会等级、政治权力和宪法等。

后现代主义 Postmodernism
一种试图将所有知识限定在一个固定框架内的、对所有理论、叙事和意识形态持普遍质疑态度的观点。

实用主义 Pragmatism
一种关于真理的理论。该理论认为如果某一陈述是真理性陈述，那么此真理可以完成所有其所担负的职责，包括准确描述一种情况，正确帮助我们预判经验，与已经经过检验的陈述吻合，诸如此类。

前提 Premise
论证的出发点。任何论证必须至少从一个前提出发，并且不能以此证明其前提。一个有效的论证可以证明其结论是从前提而来的，但这不同于验证结论，因为结论无法通过任何论证来判断其真实性。

前设 Presupposition
一些不言而喻的条件。一切表达都有前设，不管是有意识的还是无意识的。如果一个前设是错误的，那么由此而生的表达也可能是错误的，虽然这个错误在表达中可能不明显。在研究哲学的过程中，我们要多注意前设。

第一性和第二性 Primary and secondary qualities
约翰·洛克对物质对象的属性进行了分类，将那些独立于经验的属性，如对象的位置、大小、速度、质量等称为第一性；将那些涉及与经验的观察者的相互作用的属性，如该物体的颜色和味道等称为第二性。

属性 Property
在哲学中，属性通常指一种特征，例如"皮或毛是哺乳动物的决定属性"。参见"第一性和第二性"。

理性的 Rational
以（或者根据）推理（或者逻辑）的原则为基础。

命题 Proposition
陈述的内容可以起到确认、否认某物是否就是这样，并能够为真或假。

唯理主义 Rationalism
唯理主义认为人类可以通过推理而无须依靠感官知觉获得世界上的知识，因为感官知觉在唯理主义者看来是不可靠的。与之相对的是经验主义。

批判主义 Scepticism
一种认为我们不可能确知任何事物的观点。

语义学 Semantics
研究语言所表达的含义的学科。

符号学 Semiotics
对标记和符号的研究，尤其研究标记和符号与所指事物的关系。

社会契约 Social contract
社会成员间的一种协议，通过合作以达到使整个群体受益的目的，虽然有时这种合作是以牺牲群体中的个体为代价的。

唯我主义 Solipsism
一种认为只有自我存在是可知的观点。

智者 Sophist
一种在论辩中并非追求真理而是只想赢得争论的人。在古希腊，渴求获得公共知名度的年轻人会向智者学习各种赢得争论的方法。

综合 Synthesis
为了求得对某物更深刻的认识而将其所有组成部分合起来，与之相对的是分析。

综合陈述 Synthetic statement
一种通过依靠外部事实来判断自身真实性的陈述，与之相对的是分析陈述。

目的论 Teleology
对目的或目标的研究，也指依据其目的而对某一事物进行解释。

神学 Theology
研究关于神的本质的学问。相反，哲学并不假定神的存在，尽管有一些哲学家试图证明其存在。

自在之物 Thing-in-itself
源于德语Ding-an-sich一词，属于康德的哲学思想，可作为指代本体的另一个词。

超验 Transcendental
超出感觉经验的世界。那些认为伦理学是超验的人相信，伦理学在经验世界之外有其来源，而彻底的经验主义者则不相信任何超验事物的存在，尼采和人文主义的存在主义者也不相信超验的存在。

真值 Truth-value
两个值之一，即真或假，可用于陈述中。

普遍性 Universal
普遍适用的概念，如"红"或者"女人"，其普遍性是否存在是有争议的。"红"真的存在吗？只存在个别的红色物体吗？在中世纪时，相信"红"真实存在的哲学家被称为"实在论者"，而认为"红"只不过是一个词的哲学家被称为"唯名论者"。

普世主义 Universalism
认为我们应该对他人和自己采取相同

标准和价值的观点。注意不要和"普遍性"相混淆。

功利主义 Utilitarianism
一种通过结果判断行动道德标准的政治和伦理理论。功利主义认为行动最理想的结果是获得最大数量的善，其中对"善"的定义是快乐和没有痛苦。

有效性 Validity
如果一个论证的结论是从其前提出发得来的，那么就说这个论证有效。但这并不意味着结论是真的，因为如果有一个前提是错的，那么尽管论证本身是有效的，可结论也可能是假的。

可验证性 Verifiability
如果一个或一套陈述通过经验可以被证实是正确的，那么它就是可被验证的。逻辑实证主义者相信唯一有意义的经验性陈述是那些可被验证的陈述。大卫·休谟和卡尔·波普尔都认为科学法则是不可验证的。

世界 World
在哲学中，"世界"被赋予了特殊的含义，指"经验现实的整体"，因此被等同于"实际经验与可能经验的整体"。真正的经验主义者相信"世界即为一切"，但有些哲学家则持不同观点：他们认为世界并不包括整个现实，还认为超验领域和经验领域同时存在，两者皆为真。

索 引

加粗显示的页码内有详细介绍。

致 谢

Dorling Kindersley would like to thank Debra Wolter and Nigel Ritchie for their editorial assistance, Vicky Short for her design assistance, and Jane Parker for providing the index and proofreading the book.

PICTURE CREDITS

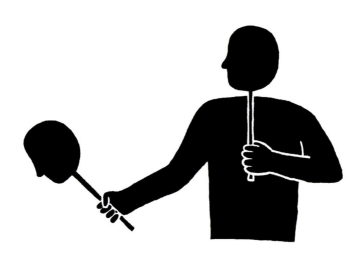